세계화 시대 기독교의 두 얼굴
Globalization and Two Faces of Christian Church

손규태 지음

국립중앙도서관 출판시도서목록(CIP)

세계화 시대 기독교의 두 얼굴 / 지은이: 손규태. -- 파주 : 한울, 2007
p. ; cm. -- (한울아카데미 ; 933)

참고문헌과 색인수록
ISBN 978-89-460-3694-9(양장) 93230
ISBN 978-89-460-3695-6(학생판) 93230

230.9-KDC4
230.09-DDC21 CIP2007000875

머리글

여기에 실린 글들은 필자가 지난 10여 년 동안 여러 학술단체와 교회, 그리고 잡지사의 요청에 따라 쓴 글을 모은 것이다. 지난 10년은 새로운 천 년을 앞두고 굵직한 세계사적 사건들이 잇달은 시기였다. 무엇보다도 1990년 동서 냉전의 세계 체제가 붕괴되었다. 제2차 세계대전 이후 반세기 동안 세계는 구소련을 선두로 한 사회주의권 동유럽 국가들과 미국을 선두로 한 자본주의 국가들이 대립하는 냉전체제가 지속되어 왔다. 이러한 동서 냉전체제가 해체됨으로써 미국을 일극체제로 하는 자본주의적 보편 질서, 즉 세계 질서가 성립되었다. 이것을 우리는 세계화라고 부른다.

세계화의 꿈은 본래 예수가 제자들에게 "너희는 모든 민족을 제자로 삼아 아버지와 아들과 성령의 이름으로 세례를 주어 내가 너희에게 분부한 모든 것을 가르쳐 지키게 하라"(마태복음 28: 19~20)라고 한 기독교의 선교 명령에 뿌리를 두고 있다. 이처럼 세계화를 지향하는 선교 명령에 따라 기독교는 5세기까지 지중해 연안 국가들로 확산되었고, 10세기에 이르러서는 유럽 전역으로 퍼져나가게 되었다.

그러나 유럽인들의 세계화가 본격화된 것은 15세기 자본주의의 발흥과 함께 항해술이 발달하면서부터였다. 말하자면 유럽인들의 세계화는 콜럼버스가 품었던 신대륙을 향한 꿈에서 시작된 것이다. 그것은 새로 등장한 유럽의 자본주의적 욕구에서 출발한 것이지만 기독교적 세계 선교 명령도 그 바탕에 깔고 있었다. 콜럼버스는 신대륙을 향해 출발하면서 “하나님이 승리하실 것이다. 그는 지구상에 있는 모든 백성들의 우상을 비로 쓸어버리고 그들이 처한 곳에서 하나님을 경배하게 할 것이다”라고 한 5세기의 대(大)신학자 아우구스티누스의 기도를 굳게 믿고 항해길에 올랐다. 유럽인들의 기독교적 세계 선교의 꿈과 자본주의적 세계 지배의 의지가 콜럼버스의 항해에서 밀접하게 결합되었다. 중세의 특징인 정치와 종교의 결합이 중세 말에 와서는 자본주의와 기독교 선교의 결합으로 대체된 것이다.

이처럼 기독교 선교의 꿈과 자본주의적 의지의 결합으로 본격화된 세계화는 500년이 지난 지금 자본주의의 독보적 승리라는 현실로 나타났다. 독일의 시사 주간지 ≪슈피겔(Der Spiegel)≫은 콜럼버스 미 대륙 발견 500주년 특집에서 기독교 선교를 뛰어넘은 자본주의의 세계적 승리의 결과를 다음과 같이 평가했다. “전능하신 하나님 대신 시장이 등장했다. 이 신의 현현은 다우존스 주가지수이고, 그의 성체(聖體)는 미국의 달러이며, 그의 미사는 환율 조정이고, 그의 나라는 지금 크렘린의 지도자들까지도 찬양하는 자본주의적 보편 문명이다”(Bitterof, 1991: 97). 유럽 자본주의 문명은 기독교의 선교 희망과 더불어 출발했지만 결과적으로 세계를 지배하는 것은 기독교의 전능하신 하나님이 아니라 자본주의와 시장이라는 보편적 문명이다.

이러한 자본주의적 세계화를 통해서 등장한 새로운 세계 질서는 이전에 경험하지 못한 새로운 형태의 삶을 우리에게 강요하고 있다. 이러한 새로운 세계 질서의 특징을 다음과 같이 정리해 볼 수 있다.

첫째, 새로운 형태의 제국주의, 즉 강력한 자본주의 국가인 미국의 경제력이 세계의 모든 정치·경제·문화를 지배하는 세계 체제가 만들어졌다. 특히 1980년대 중반 이후 산업자본을 능가하는 미국과 유럽의 금융자본은 세계무역기구(WTO), 국제통화기금(IMF), 세계은행(World Bank) 등 새로 정비된 무역과 금융 체제를 통해 세계 지배를 더욱더 강화해 나갔다. 이와 같은 금융자본의 세계 지배는 이전의 모든 민족적·국가적 보호장치를 단숨에 제거하고 약소국 국민들의 삶을 전반적으로 지배하고 통제하게 되었다.

둘째, 정치적·이념적 대결 구도인 동서 냉전체제는 종식되었지만, 북반구의 부유한 국가들과 남반구의 가난한 국가들 사이의 경제적 대결로 인한 열전체제가 등장한다. 세계는 이전의 정치적 이념 대결로 인한 분열 대신 경제적 빈부의 대결로 분열된 것이다. 그야말로 북반구의 부유한 사람들 20%와 남반구의 가난한 사람들 80%의 세계로 분열되었고, 한 나라 안에서도 20대 80의 구도는 더욱 공고화되어 가고 있다. 이러한 세계화를 통해서 '강요된 빈곤', '새로운 빈곤'이 등장했고 그것은 더욱더 심화되고 있다.

셋째, 국가와 국가, 공동체와 공동체, 그리고 개인과 개인 사이의 연대성이라고 하는 인류의 귀중한 가치를 파괴하고 이들을 무한 경쟁의 세계로 몰아넣고 있다. 사람과 사람 사이의 연대성이 무너지자 이 세상은 믿음과 희망과 사랑이라는 그리스도의 가장 고귀한 가치들을 상실하고 말았다. 세계를 지배하는 것은 믿음이 아니라 불신, 희망이 아니라 절망, 사랑이 아니라 증오이다. 이러한 자본주의적 경쟁의 세계에서는 소수의 승리자와 영웅, 다수의 패배자와 열등한 인간이라는 두 종류의 인간만이 존재하며 이들 사이에 연대성은 존재하지 않는다.

이러한 자본주의적 세계화 과정에서 기독교 신학과 유럽의 자유주의 신학은 근세 자본주의 부르주아 세력의 동반자와 지지자의 역할에 충실했다. 유럽의 종교 사회주의 신학과 미국의 사회복음주의 신학은 자본주의의 제반 모순을 발견하고 이에 대한 대안을 모색했다. 그러나 20세기

초 구소련에서 프롤레타리아 혁명이 승리하고 사회주의권 국가들이 등장하자 이에 대해 자본주의 국가들이 대응하기 시작했는데, 이 과정에서 두 신학은 방향을 잡지 못하고 노선이 분열되어 그 역할과 힘을 상실하고 만다. 그 후 1960~1970년대에 제3세계를 중심으로 등장한 신학 가운데 해방신학과 민중신학이 자본주의 세계의 정치 및 경제체제가 가져오는 모순을 폭로하고 거기에 저항하는 운동을 전개하여 행동신학으로 각광받았다. 해방신학과 민중신학은 서구 기독교와 자본주의 유착의 포로가 된 예수의 복음을 해방시킴으로써 예수가 사랑하고 구원하려 했던 민중들을 위한 복음으로 되살리려는 운동이다.

필자는 이제까지 성서의 해방 전통과 민중 전통의 빛에서 신학하면서 글을 써왔다. 이 책의 제1부 '세계화와 기독교'에서는 기독교의 선교 역사에 나타난 세계화의 꿈과 자본주의적 세계화 의지의 결착을 밝히고 그 모순점을 지적하고자 했다. 제2부 '오늘날 한국의 신학적 현실'에서는 한국 개신교, 특히 정통 보수주의 신학의 문제점과 함께 최근에 등장하는 신보수주의 신학과 보수적 정치 세력의 야합에 대한 모순을 밝히려 했다. 마지막으로 제3부 '한국 교회의 신뢰성 위기'에서는 한국 교회가 직면하고 있는 위기는 단순한 조정의 위기가 아니라 목표의 위기임을 밝히고, 새로운 종교개혁과 새로운 교회의 등장을 전망해 보았다. 지난 10여 년 동안 한국에서 가톨릭교회는 두 배 이상 성장했지만 개신교회는 오히려 10% 이상 줄어들었다. 민주화 과정과 사회봉사활동에 동참하여 사회적 신뢰를 얻은 것이 가톨릭교회 성장의 밑거름이 되었다. 그러나 개신교회는 미국에서 들어온 교회성장론에 기초해서 예수 그리스도의 복음을 자본주의적이고 샤머니즘적인 축복 만능의 복덕방망이로 전락시켜 신뢰를 상실함으로써 건실한 신자들을 교회에서 몰아내고 사람들로 하여금 개신교를 불신하게 만들었다.

앞서도 언급했지만 이 책에 실린 글들은 필자의 사상을 체계적으로

서술한 글이 아니고 그때그때 외부의 요청에 따라 쓴 글이기 때문에 부분적으로는 중복된 내용도 있고 모순되는 것 같은 내용도 있을 것이다. 그렇지만 오늘날 세계화 과정에서 신학이 새롭게 걸어가야 할 길을 제시하고 교회가 바르게 갱신해야 할 과제를 제시한다는 측면에서는 일관성을 유지하고 있다고 생각한다. 이 글들은 예수를 바로 보고 새로운 예수 운동에 동참하고자 하는 사람들을 염두에 두고 쓴 것이다.

필자는 지난 13년 동안 신장 투석을 해야 하는 '몸의 가시'를 지니고 살아왔다. 이러한 시련 속에서도 하나님께서 건강을 지켜주어 성공회대학교를 무사히 은퇴하면서 동료들과 후학들의 사랑으로 은퇴 기념 논문집 『공공성(公共性)의 윤리와 평화』를 증정받을 수 있었다. 이 일에 동참해 준 많은 동료 선후배들에게 감사한다. 필자를 위해서 염려하고 기도해 주는 분들을 이 자리를 빌려 기억하고 싶다. 특히 필자의 건강을 위해 몇 년 동안 쉬지 않고 기도해 주시는 성공회 수녀회 카타리나 수녀님과 모든 수녀님들에게 감사를 드린다. 그리고 삶의 동반자로, 신학적 대화의 파트너로 40년 이상 병든 나를 지켜준 아내 김윤옥에게 특별한 사랑을 전한다. 마지막으로 이 글들을 기꺼이 출판하기로 결정한 도서출판 한울의 여러 분들에게도 고마움을 전한다.

2007년 3월

손규태

차례

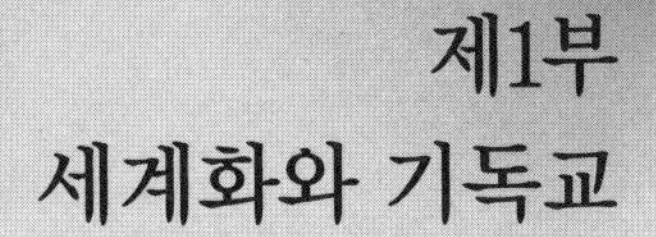

제1부 세계화와 기독교

제1장

세계화 시대 기독교의 두 얼굴

1. 들어가는 말: 세계화의 두 얼굴

지금 우리는 이전과는 전혀 다른 세계 질서, 즉 세계화 시대에 살고 있다. 새로운 세계 질서란 1990년 소연방의 붕괴와 동구권의 해체로 냉전체제가 사라지고 미국을 일극체제로 하여 등장한 자본주의적 세계 질서를 일컫는다. 새로운 세계 질서는 전체 세계의 역학 관계와 상호 관계에서 새로운 틀이 구성되는 것을 말한다. 그것은 미국을 정점으로 일어나는 세계의 정치적·경제적·군사적·문화적 영역에서의 새로운 지각변동을 의미한다. 1990년 미국 대통령 조지 부시는 이것을 '새로운 세계 질서'라고 불렀다. 새로운 질서가 목표로 하는 것은 미국을 정점으로 하고 유럽과 일본을 두 극으로 삼아 미국식 자본주의 시장경제체제를 더욱 확고하게 전 세계적으로 확산시키는 것이다.

서구 역사에서 이러한 세계화의 사상과 의지는 신약성서의 전통에 그 뿌리를 두고 있다. 예수는 제자들과 헤어지기 전 그들에게 다음과 같은 마지막 선교 명령을 전달한다.

내가 하늘과 땅의 모든 권세를 받았다. 그러므로 너희는 가서 모든 민족을 제자로 삼아 아버지와 아들과 성령의 이름으로 세례를 주고 내가 너희에게 분부한 모든 것을 가르쳐 지키게 하라. 보아라. 내가 세상 끝날까지 너희와 항상 함께 있겠다(마태복음 28: 18~20).

전 세계를 향한 예수의 지상명령은 바울을 통해 전파되어 기독교를 지중해 지역과 소아시아까지 확장시켰고, 10세기에는 기독교가 유럽 전역에 퍼지기에 이르렀다. 11세기에 들어와서 이러한 선교 명령은 5세기경 이슬람에 점령당한 과거의 기독교 지역을 회복하려는 십자군운동으로 나타나기도 했으나 실패로 돌아갔다.

이러한 기독교적 선교 명령에서 출발한 세계화의 꿈은 15세기 유럽에서 나타난 초기 자본주의와 항해술의 발전이 결합되면서 세계적 차원으로 확대된다. 1492년 10월 12일 콜럼버스가 미 대륙을 점령하자 유럽인들이 품었던 세계화의 꿈은 구체적으로 실현되기 시작한다. 지금부터 500여 년 전 콜럼버스는 스페인의 페르난데스 왕과 이사벨라 여왕이 참석한 출발 미사에서 "하나님이 승리하실 것이다. 그는 지구상에 있는 모든 백성들의 우상들을 비로 쓸어버리고 그들이 처한 곳에서 하나님을 경배하게 할 것이다"라고 한 성 아우구스티누스의 기도를 굳게 믿고 항해에 나섰다. 이처럼 5세기경 아우구스티누스의 사상에도 잘 드러나있는 기독교적 세계화의 꿈은 콜럼버스의 역사적 항해를 통해 식민주의 혹은 제국주의적 세계화 의지와 구체적으로 결합된다.

콜럼버스의 둘째 아들은 아버지의 전기 및 전설의 저자이기도 한데, 기독교적 선교 명령과 제국주의적 세계화 의지를 다음과 같이 묘사하고 있다.

하나님의 지존하심은 인디오들을 우리 손에 넘겨주었을 뿐만 아니라

> 그들에게 생필품의 부족과 질병까지도 보내주어 그들의 수가 전에 비해 3분의 1로 줄어들게 하셨다. 이것을 통해서 분명해진 것은 오직 하나님의 손과 그의 고귀한 뜻을 통해서 그 같은 놀라운 승리와 원주민들의 굴복이 가능했다는 사실이다. 왜냐하면 그들에 비해서 우리의 것들은 모든 면에서 우수하긴 했지만 그들의 압도적 다수가 우리의 유리한 조건들을 무용지물로 만들 수도 있었기 때문이다(Bitterof, 1991: 101).

15세기 유럽의 기독교적 선교 명령과 제국주의적 의지의 결합으로 시작된 세계화 이후의 세계를 프랑스의 역사학자 페르낭 브로델(Fernand Braudel)은 『물질문명과 자본주의』에서 이렇게 말하고 있다. "대양 항해 기술은 유럽인들과 비유럽인들 사이에 대칭 관계를 만들었고, 따라서 세계적 척도에서 보면 유럽인들에게 유리한 조건을 만들어주었다." 이 말은 바다를 지배하는 자는 무역을 지배하고, 세계무역을 지배하는 자는 세계의 부를 지배하고, 따라서 세계 자체를 지배한다는 영국의 역사학자 월터 롤리(Walter Raleigh)의 명제를 입증해 준다. 문명 비평가 커크패트릭 세일(Kirkpatric Sale)이 『낙원의 정복』에서 말한 바와 같이 콜럼버스로부터 시작되는 유럽인들에 의한 세계화는 오늘날 로마 교황청에서 중국에 이르기까지 세계 곳곳에서 팔리는 코카콜라가 상징하는 의미처럼 서구 문명의 정신적 승리요, 심리적 정복의 성격을 띠고 있다.

콜럼버스 이래 정복지의 주민들에게는 서구의 언어와 의복뿐만 아니라 가치관과 관습까지 강요된다. 유럽의 것이 문화라면 다른 대륙의 것은 민속이고, 유럽의 것이 종교라면 다른 대륙의 것은 미신이고, 유럽의 것이 언어라면 다른 대륙의 것은 방언이며, 유럽의 것이 예술품이라면 다른 대륙의 것은 민속품이 되었다. 유럽인들이 주도하는 세계화의 역사에서 다른 대륙의 역사는 "일식(日蝕)의 역사"이다.

그런데 오늘날 이러한 기독교적 선교 명령과 자본주의적 세계화 의지의 결합을 스페인인과 미국인들은 두 문명, 즉 남미 문명과 유럽 문명의 '만남(Begegnung)'이라고 부른다. 미국은 1992년 10월 12일을 '콜럼버스의 날'로 선포하고 그의 미 대륙 발견 500주년을 축하하는 행사를 가졌다. 이 날을 기해서 미국 레이건 정부는 바르셀로나에 있는 콜럼버스의 동상과 뉴욕에 있는 '자유의 여신상'을 맺어주는 결혼식을 거행했다. 식민지 정복자 콜럼버스와 식민지 해방자 자유의 여신상의 기괴한 결합은 오늘날 미국 대외 정책의 이중성을 상징적으로 증명하고 있다. 언어학자이며 반제국주의 비평가인 노엄 촘스키(Noam Chomsky) 교수는 이러한 정복자 남신상과 자유의 여신상의 결합을 '제국주의적 야합'이라고 강력하게 비판했다. 오늘날 미국은 자유라는 이름으로 정복을 일삼고, 이러한 제국주의적 침략을 민주주의의 수출로 미화하고 있다는 것이다.

이렇게 볼 때 세계화는 이미 오래 전부터 전개된 사건의 새로운 이름이며, 좀 더 구체적으로 말하면 자본주의적 경제 방식이 세계의 변두리까지 공간적으로 확대된 것이라고 말할 수 있다. 세계화의 추세는 오늘날 거스를 수 없는 하나의 경향이자 되돌릴 수 없는 운동이며, 따라서 우리는 거기에 순응해야 하고 저항해서는 안 된다는 것이 일반적인 생각이다. 이러한 자본주의적 세계화 과정은 자본주의 체제를 비판했던 마르크스나 엥겔스도 예견했던 것이다. 기르쉬(Ebert Giersch)에 따르면, 낡은 산업은 새로운 산업으로 대치되어야 하고 "모든 사회적 상황을 지속적으로 뒤흔들어 놓음으로써 낡고 녹슨 사회관계들이 해체되어야 한다"라는 『공산당 선언』의 주장은 바로 오늘날의 세계화를 예견한 것으로 이해해야 한다.

2. 세계화와 민중의 삶

세계화를 통한 전 세계의 연계는 시장이라는 도구를 통해서 지구적 평화를 가져다주고 있는가? 자유, 규제 철폐, 사유화라는 도식으로 미국과 일본, 그리고 서구 유럽의 자본주의 국가들은 지난 30여 년 전부터 자신들이 만들어낸 국제기구들, 즉 국제통화기금, 세계은행, 세계무역기구의 지원을 받아 남반구의 가난한 나라들에게 시장 통합을 강요하고 있다. "파도가 상승하면 그것과 더불어 모든 배도 물 위에서 상승한다"라는 유비를 내세우며 선진국에서 이룩한 자본주의적 발전의 결실은 결국 모든 후진국들에도 자연스럽게 분배된다는 미국 35대 대통령 존 케네디(John F. Kennedy)의 주장은 타당한 것인가? 부자의 밥상에 더 많은 음식이 올라가면 거기에서 떨어지는 부스러기도 더 많아져서 밑에서 기다리는 굶주린 나사로의 배도 그만큼 더 채워지는 것인가?(마태복음 13: 12)

그렇지 않다. 오늘날 세계화를 통한 자본주의적 경제체제의 승리는 사회적 분열과 정치적 불안을 위협적으로 증가시키고 있다. 민족 사이에서뿐만 아니라 한 국가 내에서도 승리자와 패배자의 골은 깊어지고, 격차는 더 크게 벌어진다. 자본가들과 임금노동자들 사이의 소득 격차는 유럽의 복지국가들에서마저도 놀랍도록 심각해지고 있다. 모든 성장의 열매는 세계 인구 가운데 5분의 1만이 차지하고, 나머지 사람들은 점점 더 빈곤해지고 있다. 1960년 세계 인구 5분의 1을 차지하는 복지국가의 개인 소득은 하위 20%에 해당하는 극빈국들의 개인 소득보다 약 30배가 많았다. 그러나 세계화의 물결이 휩쓸고 간 지금 이 격차는 약 80배로 늘어났다. 세계 인구의 5분의 1은 하루에 1달러도 안 되는 수입으로 살아가야 한다. 경기가 나빠지면 자본가들은 구조조정을 단행한다. 노동자를 해고하여 기업의 '몸집을 줄인(downsizing)' 다음에 '재가동화(re-engineering)'를 통해서 다시 이윤을 창조하는 것이다. 그러나 노동자들은 굶주린 배를 더 주리며 고통받거나 비정규직화와 부당한 해고의 위협으로 생존이 불안정하다.

오늘날 국내 기업들은 경기가 좋지 않다고 정부에 감세를 강요한다. 미국의 공화당 정권이나 한국의 한나라당과 같이 친기업적·친자본적 정당들은 작은 정부를 주창하면서 감세와 함께 사회복지 예산의 삭감을 강요한다. 자신들의 기업 안보를 위해서 국방 예산은 늘려야 한다고 주장하지만 민생 안보에 대해서는 무관심하다. 그들은 정부가 법인세의 감세안을 받아들이지 않으면 공장을 외국으로 이전하겠다고 위협한다. 지난 10년 동안 우리나라에서는 노동자들의 근로소득세가 법인세보다 세 배 이상 증가했다. 독일의 거대 자본 알리안츠(Allianz)의 슐테-뇔레(Schulte-Noelle) 회장은 매년 6억 2,500만 유로의 세금 부담이 과다하다고 사회당의 슈뢰더(Schroeder) 정부를 압박했으나 기업 이윤은 25%나 증가해서 83억 유로를 벌어들였다.

한국의 경우 1997년의 외환위기는 수출 의존적이고 취약한 한국 경제에 대한 자본주의적 세계경제체제의 계획된 공격이었다. 한국의 금융시장은 외국자본의 손에 좌우되게 되었다. 노동시장은 김영삼 정부가 감행한 1997년의 비정규직과 근로자 파견을 골자로 한 노동법 개악으로 최악의 상태에 빠진다. 노동법 개악으로 노동자의 절반 이상이 정규직에서 비정규직이나 파견근로자로 전락하고 수입은 절반 이하로 감소했으나 기업의 이익은 두 배로 늘어났다. 구조조정 과정에서 다수의 노동자가 실업자가 된다. 빈털터리가 된 노동자들이 빚더미에 올라앉아 내수시장은 꽁꽁 얼어붙고 재래시장과 중소 자영업자들은 파탄에 이르는 동안 수출하는 대기업들은 높은 이익을 남긴다. 김대중 정부는 IMF 극복을 구실로 경기 부양책을 쓰고 더 가난해진 빈곤층에게 신용카드를 제약 없이 발급해 줌으로써 그들이 빚더미에 올라앉게 만들었다. 신용카드의 무분별한 발급은 노동자들의 삶을 더욱 각박하게 만들었을 뿐만 아니라 우리 사회에 신용불량자를 대량 양산하는 결과를 가져왔다. 산업의 구조조정 과정에서 김대중 정부는 철도나 전력 같은 국가의 기간산업들을 외국 기업에 넘기려는 시도를 했고 서울은행과 외환은행 등 주요 은행을 외국자본에 넘겨 그들에게 막대한 이익을 챙겨주었다. 미국 자본 론스타는 외환은행을 인수한 지 4년 만에 5조가 넘는 이익을 세금 한 푼 내지 않고 고스란히 가져가게 되었다. 5조란 돈은 어떤 돈인가? 5,000만 원짜리 서민 주택 10만 채를 살 수 있는 돈이고 거기에 50만 명이 편안히 잠잘 수 있는 엄청난 액수의 돈이다.

오늘날 노무현 정부는 '한미자유무역협정(FTA)'만이 침체된 경기를 살리고 새로운 도약의 길을 열어줄 것이라며 국민의 반 이상이 반대하는 이 프로그램을 추진하고 있다. 그러나 그것이 우리에게 커다란 위협이 된다는 사실을 멕시코의 예에서 배워야 한다. 1993년 멕시코는 미국과 북미자유무역협정(NAFTA)을 체결했다. 바이엘이나 모토로라 같은 몇몇 다국적기업이 멕시코로 공장을 옮겨왔으나 일자리는 별로 늘어나지 않았다. 미국을 향한 개방은 멕시코의 국민경제를 미국 시장에 내주었고 취약한 중소기업은 밀려드는 수입품으로 인해 경쟁력을 상실해 버렸다. 그 결과 5년 만에 1만 5,000개의 중소기업이 도산하고 300만 명이 일자리를 잃었으며 구매력은 3분의 1로 떨어지기에 이르렀다.

세계화를 통한 자본의 자유화와 더불어 한국의 민중이 처한 현실은 어떠한가? 다음에 제시하는 신문기사는 오늘날 한국 민중이 처한 현실의 단면을 보여준다.

서울 화곡동의 박순옥(59·가명) 씨는 2년 전 아들의 빚을 대신 갚아주기 위해 처음으로 대부업 사무실을 찾았다. 빌린 돈 100만 원과 이자 30만 원을 100일 동안 매일 1만 3,000원씩 갚는 조건이었다. "제때 갚으려고

> 했는데 도배일로 하루 벌어 하루 사는 형편이어서 일수를 10번 정도 못 찍었어요. 만기일이 돼서 사무실로 찾아가니 사채업자가 100만 원을 재대출하라고 하더군요." 명목은 100만 원 재대출이었지만, 갚지 못한 13만 원을 뺀 87만 원만 받고 다시 100일 동안 1만 3,000원씩, 모두 130만 원을 갚도록 했다. 1년 동안 이런 식의 사채를 쓰면 이자가 원금을 훌쩍 넘어선다(연이율 109.5%). 박 씨는 "이자가 늘어나 다른 사채를 다시 쓰게 된다"며 "2년 만에 벌써 사채업자 네 군데에 갚아야 할 돈이 700만 원을 넘는다"고 하소연했다(≪한겨레≫, 2006. 10. 9.).

대부업체에서 급전을 빌리는 사람들은 거의 비정규직 노동자거나 실업자들이다. 말하자면 이 땅에 살아가는 가장 비참한 민중이다.

금융감독원이 금년에 추정한 사금융 금리는 연 204%였는데 등록업체는 167%이고 미등록 업체는 230%였다. 등록업자가 1,000만 원을 10명에게 100만 원씩 빌려주면 그에게 매일 일수로 15만 원이 들어오고, 한 달이면 450만 원, 1년이면 5,400~6,000만 원이 들어온다는 것이다.

국회는 2002년에 「대부업법의 등록 및 금융이용자 보호에 관한 법률(대부업법)」을 제정했다. 이 법은 연리 66%의 고금리를 보장해 주고 있다. 이러한 고금리를 보장받는 대부업은 국내업자들뿐만 아니라 외국 금융자본들에게도 매력적이다. 현재 일본계 자금인 아프로 에프시 그룹과 산와머니 등 약 24개의 집단이 한국에서 활동하고 있다. 아프로 에프시 그룹은 러시앤캐시, 여자크레디트, 파트너크레디트, 해피크레디트 등 업체 7곳을 거느린 대부업 재벌이다. 미국계인 메릴린치 인터내셔널 홀딩스 등도 대부업에 뛰어들고 있다. 1995년에는 3,000여 개의 회사가 약 4조 원의 자금을 보유하고 있었으나 지금은 그 열 배가 넘는 자본금이 민중들의 주머니를 털어가고 있다.

세계화는 개발도상국에게도 축복이 될 것이라는 세계화 옹호자들의 예언은 빗나갔다. 세계화는 민중들에게 축복이 아니라 저주로 나타나고 있다. "거의 어디서나 세계화는 시장으로서의 길을 뛰어넘어 다시금 식민주의라는 추한 얼굴로 나타난다. 서울에서 부에노스아이레스까지 성장했던 중산층은 사라진 반면 미국인들과 유럽인들은 적은 돈으로 은행과 모든 국민경제의 중심을 차지했다"(Schumann, 1999).

콜럼버스가 '하나님이 승리하실 것이다'라고 굳게 믿고 출발한 기독교적 세계화의 꿈은 500년이 지난 오늘날 자본주의라고 하는 보편 문명의 승리로 나타났다. 세계화를 통해서 하나님이 승리하신 것이 아니라 맘몬(Mammon)이 승리한 것이다. 콜럼버스 미 대륙 발견 500주년을 맞아 기고한 글에서 ≪슈피겔(Der Spiegel)≫의 기자는 오늘의 현실을 다음과 같이 묘사하고 있다.

> 전능하신 하나님 대신 시장이 등장했다. 이 신의 현현은 다우존스 주가지수이고, 그의 성체(聖體)는 미국의 달러이며, 그의 미사는 환율 조정이고, 그의 나라는 지금 크렘린의 지도자들까지도 찬양하는 자본주의적 보편 문명이다(Bitterof, 1991).

3. 자본의 자유와 그리스도인의 자유

오늘날 세계화의 실체는 무엇인가? 오늘날 다수 민중의 삶을 고통으로 몰아넣는 근본적 원인은 어디에 있는가? 이것은 자본이라는 맘몬의 실체를 제대로 이해하지 못한 것에서 비롯된다. 좀 더 구체적으로 말하면 자본이라는 맘몬에게 무제약적 자유를 허락한 것에서부터 인간들은 자유를 상실하고 자본의 노예가 되기 시작한 것이다.

1930년대 미국에서 시작된 세계 대공황의 발발은 국가가 자본을 통제하는 데 실패했기 때문이라는 것이 당시 경제학자들, 특히 영국의 케인스(John M. Keynes)의 생각이었다. 자본 이동의 무제약적 자유로 인한 자본 흐름의 왜곡이 위기를 야기했다는 것이다. 당시 자금이 무역 흑자국인 미국에서 무역 적자로 시달리는 유럽으로 흘러가지 않고, 반대로 유럽에서 미국으로 흘러감으로써 미국에서 인플레이션이 생기고 결과적으로 공황을 초래했다는 것이다.

세계무역과 자본의 왜곡된 흐름을 해결하기 위해서 1944년 7월 미국 뉴햄프셔 주의 브레턴우즈에서는 각국 경제 각료들의 총회가 열렸다. 여기서 케인스는 "자본의 자유로운 이동을 통제하는 것이 (경제에서) 더욱 안정적이다"라고 선언했다. 그러나 미국 대표 화이트(Leonard Dupee White)는 이에 대해서 제약을 둔다. "이것은 유동성 자금 소유자들의 자유가 제한되는 것을 의미한다. 이러한 제약은 각국 국민들의 이해관계에 따라서 결정되어야 한다." 이러한 견해차에도 불구하고 이 총회에서는 다른 나라의 통화를 미국 달러에 고정시키는 고정환율제를 채택하고, 채무국에게 필요한 단기 융자금을 제공할 수 있는 국제통화기금을 설립하기로 합의한다. 그리고 각국은 돈이 쉽게 해외로 빠져나갈 수 없게 통제하기로 합의했다.

이렇게 만들어진 안정적 금융 질서는 향후 25년 동안 서구 국가들의 경제를 활성화시켜 세 배 가까운 경제성장을 가져왔다. 자본 이동의 통제를 통한 통화의 안정성이 세계경제와 상품 무역에서 커다란 성과를 거두게 했던 것이다. 그렇지만 고정환율을 달러에 적용함으로써 달러에 무제약적 자유를 제공했다. 급기야 닉슨 대통령은 베트남전 비용을 과도한 통화 발행으로 충당함으로써 달러의 신뢰도를 추락시켰다. 그 결과 1973년 유럽연합(EU)은 달러에 속박된 고정환율을 폐지하고 자국 화폐의 자유를 선언한다. 당시 미국의 중앙은행 총재인 아서 번스

(Arthur Burns)는 금융시장의 고삐가 풀려남으로써 "전체 인류에게 참담한 결과를 가져올 것이다"라고 예언하기도 했다.

이렇게 되자 자본은 더욱 자유를 구가하면서 투기자본화되었다. 독일 수상 슈뢰더는 1998년 1월 다보스포럼에서 "투기자본이 전체 국민경제를 폐허로 몰아갔다"라고 불만을 토로했다. 세계경제포럼의 창설자 슈바프(Klaus Schwab)는 현재의 세계 자본주의가 가는 방향을 거꾸로 돌려 반대로 나아가는 길을 진지하게 고려할 때가 되었다고 선언했다. 이렇게 인류는 다시 세계적 경제와 국가적 정책 사이의 틈바구니에 서게 되었지만, 세계화된 오늘의 현실에서 국가가 자본의 자유로운 이동을 통제하는 것은 거의 불가능해졌다. 왜냐하면 자본은 국가 통제에서 해방되었을 뿐만 아니라, 오히려 국가를 통제하는 상태에 도달했기 때문이다.

기독교 신학은 초대교회에서 그리스 철학, 특히 아리스토텔레스의 형이상학에 의지해서 만들어낸 그리스도론을 통해 예수의 상을 왜곡했다. 그리고 중세에는 로마의 법체제와 봉건 체제에 의지해 성직자 중심의 자기 완결적 권력 체제를 건설하면서 그리스도교의 본질을 왜곡했다. 근대 기독교, 특히 계몽주의 신학은 종교개혁이 쟁취한 복음의 본질인 그리스도인의 자유를 당시 강력하게 등장하는 시민 계층의 자유, 즉 자본주의적 시장의 자유와 혼동함으로써 그리스도교의 본질을 다시금 왜곡했다.

1520년 종교개혁자 마르틴 루터(Martin Luther)는 「그리스도인의 자유에 대하여」라는 짧은 글에서 "그리스도인은 만물에 대해서 자유로운 주인이며 누구에게도 예속되지 않는다. 그리스도인은 만물을 섬기는 종이며 모든 사람에게 예속된다"라고 선언했으며, 이러한 루터의 글은 그리스도인들에게 '삶의 대헌장'이 되어왔다. 그렇다면 루터는 종교개혁을 시작하는 마당에 '그리스도인의 자유'라는 명제를 가지고 무엇을 말하려고 했는가? 우선 여기서 주목해야 할 것은, 그리스도인은 모든 것에 대해서 자유인인 동시에 모든 것에 대해서 종이라고 언급한 점이다. 루터는 주-종이라는 대립 명제에서 출발하고 있다. 그는 자유인과 종, 주인과 신하라는 사회적·정치적 개념 영역을 염두에 두고 있다. 이러한 쌍둥이 개념은 이미 아리스토텔레스의 사상에서 찾아볼 수 있는데 그는 주인이 있으면 종이 있고, 종이 있으면 주인이 있다고 했다.

그런데 주인이 존재하는 곳에서 다른 사람은 필연적으로 종이 된다는 사회적·정치적 의미와는 달리, 루터는 한 사람의 그리스도인은 주인이면서 동시에 종이라고 말한다. 루터는 이러한 모순되는 개념을 두 세계에 살고 있는 인간, 즉 영적 인간과 육체적 인간이라는 바울의 도식으로 풀려고 했다. 그것은 그의 또 다른 명제인 "죄인이면서 동시에 의인이다(simul iustus et peccator)"라는 도식으로도 설명된다. 다시 말하면 그리스도인의 자유란 내적 인간의 자유를 의미한다고 본 것이다. 여기서 한 가지 문제가 제기된다. 루터가 주창하는 자유 개념은 내적 인간과 관련되고 종의 개념은 외적 인간과 관계되는 것으로 보아야 한다는 점이다. 즉 루터의 자유 개념은 이원론적 관점에서 이해된다.

이렇게 그의 사상이 수용되는 과정에서 그리스도인의 자유는 사회적·정치적 지평을 상실하게 되었다. 즉 루터는 영의 자유에서 시작함으로써 자유를 개인의 절대적 내면성으로 제한했다. 그리고 그것은 그리스도인의 자유를 모든 세속적 권위와 대립되는 초월적인 것으로 만들었다. 자유로운 그리스도인의 존재란 외적인 것이 아니며 내적 인간의 경건과만 관련된다는 것이다. 사회철학자 마르쿠제(Herbert Marcuse)는 이러한 루터의 자유 개념을 다음과 같이 비판한다.

> 루터의 「그리스도인의 자유에 대하여」에는 부르주아적 자유 개념을 구성하고 특별히 부르주아적 권위 형성의 기초가 되는 모든 요소들이

> 최초로 총집합되어 있다. 그것은 말하자면 자유를 개인의 내면세계에만 돌리고, 동시에 외적 인간을 세속의 정권에 굴복시키는 것, 이러한 세속적 권력들의 체제를 내적 자율성과 이성을 통해서 초월적인 것으로 만드는 것, '이중 도덕'으로 인격과 사업(직무)을 갈라놓는 것, 실제로 존재하는 부자유와 불평등을 '내적 자유와 평등'의 결과로 정당화하는 것 등이다(Marcuse, 1969: 57).

루터교에서 보수적이고 신앙고백적 전통을 가진 신학자들이나 자유주의적 문화 개신교주의자들은 마르쿠제가 언급한 대로 그리스도인의 자유를 영적 인간 혹은 내적 인간만이 누릴 수 있는 특권으로 이해했다. 그래서 외적 인간을 세상의 권위나 체제에 '복종하는 인간'으로 만들어버렸다. 그리고 현실의 부자유와 불평등은 내적 자유와 평등을 통해서 자족하거나 종말론적 차원으로 밀쳐버린다. 루터 파 신학자들은 종교를 개인적 사안으로 규정하고 순수하게 내적인 것으로 인정함으로써 종교의 자유를 얻고 그 결과 "그리스도를 세상에서 사실상 무해하고, 무책임하며, 무의미한 존재로 만들어버렸다"(Scheler, 1919: 208).

내면성의 찬양은 독일인의 삶에서 커다란 기만으로 나타난다. 따라서 "그리스도인은 만물에 대해서 자유로운 주인이며 누구에게도 예속되지 않는다. 그리스도인은 만물을 섬기는 종이며 모든 사람에게 예속된다"라는 루터의 명제는 그 후예들에 의해서 "그리스도인은 영적 삶에서는 자유로운 주인이며 누구에게도 예속되지 않는다. 그러나 그리스도인은 세속적 삶에서는 만물을 섬기는 종이며 누구에게나 예속된다"라는 명제로 변질되었다. 자유에 대한 개신교의 잘못된 이해는 구자유주의라고 불리는 부르주아 사회를 거쳐 오늘날 신자유주의 세계체제에 이르러서까지, 그리스도인들을 포함한 전 인류를 맘몬에게 양도하고 그것의 종으로 전락하게 만들었다.

루터가 설파한 그리스도인의 자유 이해에서 왜곡되었던 '종 됨과 섬김'이라는 논제를 본격적으로 재해석하고 살려낸 이는 디트리히 본회퍼(Dietrich Bonhoeffer)다. 그는 옥중서신 『저항과 복종』에서 오늘날 그리스도교 교회와 그리스도인들의 과제를 저항과 복종이라는 도식으로 구체화한다. 그는 1944년 11월 21일 친구이자 제자인 에버하르트 베트게(Eberhard Bethge)에게 쓴 편지에서 다음과 같이 말한다.

> 저항과 복종 사이의 경계가 원칙적으로 정해져 있는 것은 아니라네. 그러나 이 둘은 존재해야 하며 이 둘은 결단을 가지고 파악되어야 한다네. 신앙이 그와 같은 동적이고 생동적 행동을 요구하고 있지. 그렇게 함으로써만 우리는 그때그때 현재의 상황을 극복할 수 있고 그것을 결실 있게 만들 수 있다네(Bonhoeffer, 1998: 334).

그리스도인의 자유는 순전히 영적 혹은 내적 자유가 아니며 삶의 모든 영역을 포괄하는 자유이다. 여기서 자유는 삶의 전반적 해방을 목표로 하며 따라서 저항과 복종(고백)을 두 축으로 하여 전개된다. 다시 말하면 문화 개신교주의나 오늘날 한국의 개신교회처럼 내적으로는 영적인 자유를 추구하면서 외적으로는 신자유주의적 사조, 즉 자본의 자유에 복종하는 것이 아니라, 오늘날 만연한 신자유주의 사조에 저항하는 것으로 그리스도의 말씀에 복종함으로써 그리스도가 사랑하고 섬기려 했던 민중들을 섬기는 것이다. 본회퍼는 저항(자유)의 대상과 복종의 대상을 철저히 전환시킨다. 이러한 자유에서는 섬김의 대상이 역전되어 이제까지처럼 강한 자, 권력자, 부자가 아니라 약한 자, 억눌린 자, 고통당하는 자가 된다. 본회퍼에 의하면 하나님은 무력한 분이었고 그렇기 때문에 무력한 사람들을 돕고 계시기 때문이다. 그래서 본회퍼는 이렇게 말한다.

> 하나님은 세상에서는 무력하고 약하시다. 바로 그렇기 때문에만 그는 우리와 함께하시고 우리를 돕는다. 마태복음 8장 17절에서 분명해지는 것은 그리스도는 그의 능력으로가 아니라, 그의 약함과 수난을 통해서 우리를 돕는다는 것이다(Bonhoeffer, 1998: 534).

세계화 시대에서 그리스도인들이 견지해야 할 삶의 계명은 무엇인가? 본회퍼는 감옥에 갇혀 내면적 자유를 즐기면서 사회적·정치적 책임을 망각한 채 부르주아적 기득권 세력으로 등장한 독일 교회의 개혁을 전망했다. 그는 새로운 그리스도인의 삶의 내용을 "기도하며 정의를 행하는 것"이라고 생각했다(Bonhoeffer, 1998: 435). 지상에 정의를 세우고 하나님 나라를 건설하는 것이 모든 것의 중심이라는 것이다. 자본주의적 세계화 시대에 종교, 아니 그리스도교의 미래는 가난에 시달리며 착취당하고 고통당하는 사람들을 위해서 '저항하고' 그들을 위해서 '복종하는 것'에 달려있다고 할 것이다.

> 너희는 이 세대를 본받지 말고 오직 마음을 새롭게 함으로써 변화를 받아 하나님의 선하시고 기뻐하시고 온전하신 뜻이 무엇인지 분별하라(로마서 12: 2).

제2장

기독교 역사의 세계화 의지

1. 세계화의 기독교적 근원과 역사적 발전

김영삼 정권에서 세계화 혹은 지구화라는 말이 언급되기 시작한 이후 신문과 방송을 통해 그것에 대한 논의는 더욱 확대되었다. 한국에서뿐만 아니라 전 세계적 차원에서도 세계화에 대한 다양한 논의가 진행되었다. 세계화라는 말은 제2차 세계대전 이후 미국과 소련을 양 극점으로 해서 전개되었던 자본주의적 질서와 사회주의적 질서, 즉 동서 간의 냉전 질서가 끝나고 등장한 새로운 질서를 의미하는 것이다. 이는 곧 소련 연방의 몰락과 동구 사회주의 국가들의 해체로 미국과 소련 사이의 냉전 질서가 무너지면서 생겨난, 미국을 초극점으로 하는 자본주의적 세계 질서를 말하는 것이다. '새로운 질서'는 미국 제41대 대통령 조지 부시가 처음 사용한 개념으로, 오늘날 전 세계의 정치·경제·군사 등 여러 부분에서 이전과는 전혀 다른 새로운 질서의 틀이 만들어졌음을 의미한다.

이 글에서 필자는 이러한 세계화의 논의들을 기독교 역사의 틀에서 검토해 보고, 이것이 오늘날 우리의 삶에 어떠한 영향을 미치고 있는지

성서적 입장에서 생각해 보고자 한다. 신약성서 마태복음 28장에 나오는 예수의 마지막 위탁에는 제자들에게 온 세계로 퍼져나가 복음을 전파하고 모든 사람들에게 세례를 주어 그리스도의 제자가 되게 하고 그들이 그리스도의 가르침대로 살게 하라고 기록되어 있다. 따라서 세계화 혹은 지구화는 바로 예수의 마지막 선교 명령에 그 뿌리를 두고 있다고 볼 수 있다. 지난 2,000년 동안 교회는 전 세계를 대상으로 선교 활동을 펼쳐왔으며, 따라서 교회는 복음을 통한 세계화 과정 가운데 있다고 볼 수 있다.

이러한 선교 명령 혹은 세계화 명령을 받은 교회는 313년 로마 황제 콘스탄티누스의 기독교 공인과 더불어 동·서 로마를 포괄하는 지역을 기독교화했다. 그리고 5세기 그리스·로마 시대에는 지중해 연안을 중심으로 소아시아와 북아프리카 등 헬레니즘 문화권을 장악하고 다섯 개의 교구를 형성했다. 5세기 이후에는 이슬람 세력의 확장으로 소아시아와 북아프리카 지역, 즉 동방의 기독교 지역을 상실한다. 그러나 서방의 로마 가톨릭교회는 게르만 민족의 이동 이후 북으로 선교의 방향을 잡아서 10세기경에는 북부 유럽 전역을 장악한다. 그리고 동방교회도 이슬람에 의해서 상실한 소아시아와 북아프리카 지역 대신 동유럽과 러시아 등에 세력을 확장하여 넓은 지역을 기독교화하는 데 성공한다.

11세기에 들어오면서 서방 가톨릭 세력은 군사력을 동원하여 5세기에 상실한 예루살렘과 소아시아 지역을 되찾으려고 시도하는데, 이것이 이른바 십자군운동이다. 그러나 여러 차례의 침공에도 불구하고 십자군운동은 실패로 돌아갔고 기독교와 이슬람 지역의 경계선은 고정되는 듯했다. 그 후 16세기에 강력한 이슬람 세력인 오스만투르크의 도전이 있었고 부분적으로 경계선이 변하기는 했지만 더 이상 커다란 변화는 일어나지 않았다. 따라서 15세기까지 기독교의 선교를 통한 세계화는 유럽 대륙 안에서의 사안이었다.

사실상 14세기에서 15세기 초까지는 오늘날 우리가 말하는 본격적인 세계화와 지구화를 경험하지 못했다. 유럽인들은 유럽식으로 살았고, 아프리카인들은 아프리카식으로 살았으며, 아시아인들은 아시아식으로 살았다. 당시만 해도 과학기술이나 항해술이 발달하지 못했기 때문에 문화와 문명의 교류는 극히 미미했고 따라서 각기 다른 대륙에서 자기 식으로만 살았다고 볼 수 있다. 본격적인 세계화가 시작된 것은 15세기 이후 과학기술과 항해술이 발달하면서 유럽인들이 다른 세계로 자신들의 문명과 문화를 확장시키는 역사를 열면서부터이다.

15세기 이후 유럽의 세계화 과정은 세 단계로 이루어진다. 첫 번째 단계는 스페인과 포르투갈에 의해 최초로 새로운 세계 질서가 형성되고 그로부터 본격적인 세계화의 문이 열린 것이다. 1494년 이탈리아 출신의 콜럼버스가 스페인 왕가와 교회의 지원을 받아 미 대륙을 발견한 것이 바로 최초의 세계 질서 혹은 세계화의 시작이라 할 수 있다. 이베리아, 즉 스페인과 포르투갈의 지원을 받아 신대륙을 발견하고 점령함으로써 유럽의 문화와 종교, 특히 가톨릭교회와 유럽의 생활 습관이 남미를 중심으로 미 대륙에 확산되기 시작한 것이다. 그래서 우리는 1494년 콜럼버스에 의해 시작된 최초의 세계화 과정을 이베리아식, 즉 스페인과 포르투갈 방식의 세계화라고 말할 수 있다. 이것은 긍정적으로 말해서 세계화의 방식이지만 부정적으로 말하면 최초의 식민지 과정이다. 이 과정에서 결정적 역할을 한 것이 당시 가톨릭교회이다. 정리하자면, 유럽 문명이 남미를 점령해 가는 과정을 통해서 최초의 세계화가 시작된 것이다.

두 번째 단계는 17세기 영국인들에 의한 세계화 질서의 형성이다. 영국이라는 더욱더 강력한 세력이 등장해서 스페인의 세계화 과정과 발전의 역사를 넘겨받은 것이다. 영국은 다른 대륙의 더 많은 나라들,

아프리카와 중동의 여러 나라를 점령해 식민지화함으로써 유럽의 문명과 다른 대륙의 문명이 서로 만나고 대립하고 투쟁하는 결과를 낳았다. 따라서 두 번째 세계화 단계는 영미식 식민지에 의해서 주도되었다고 할 수 있다. 이 단계의 세계화에서는 가톨릭교회보다는 개신교회가 더 큰 역할을 했다.

세 번째 단계의 세계화는 앞에서 언급한 대로 1990년 소련 연방과 사회주의 국가들이 붕괴된 이후 자본주의 국가의 우두머리라고 할 수 있는 미국이 세계 패권을 장악함으로써 새로운 세계 질서가 형성된 것이다. 이것은 진정한 의미에서의 세계화 혹은 지구화의 진행이라고 볼 수 있다. 앞서 두 단계의 세계화가 유럽 문명에 의한 지역적 세계화라고 한다면 오늘날 우리가 맞이하고 있는 세계화는 유럽 문명의 연장선상에서 미국이 주도하는 자본주의적 세계 질서로서 더욱 공고한 기초를 가지고 있는 세계화라고 할 수 있다.

요약해서 말하자면, 유럽의 가톨릭 국가가 남미로 진출하여 그 대륙을 지배함으로써 최초로 유럽식 세계화가 시작되었고, 17세기 이후부터는 영국을 선두로 하는 프로테스탄트 국가가 여타의 세계를 제패함으로써 유럽의 세계화가 한 단계 전진했다. 그리고 마지막으로 유럽 문명을 이어받은 미국이 이전의 여러 진행 단계를 거쳐 다양한 형태로 형성되었던 세계화를 통괄하는 새로운 의미의 세계화, 특히 경제 질서와 관련된 세계화를 선도하고 있다.

2. 세계화의 정의: 구자유주의와 신자유주의

세계화는 어떻게 정의할 수 있을까? 과연 세계화는 무엇을 의미하는가? 세계화의 본질을 알기 위해서는 세계화를 현대의 경제 관계와 관련해서 정의해 보는 것이 필요하다.

많은 경제학자와 지식인들은 세계화 혹은 지구화를 뒷받침하고 있는 사상이 있다고 말하며, 그것을 자유주의 혹은 신자유주의라고 부른다. 따라서 세계화를 정의하는 데 있어 신자유주의는 중요한 개념이다. 방송이나 토론을 통해서 신자유주의라는 말을 자주 들을 수 있는데, 이 말의 개념을 이해하기에 앞서 신자유주의가 있다면 구자유주의도 있지 않겠느냐는 물음이 제기될 수 있다. 경제학적 관점에서만 바라보면 구자유주의는 '인간의 자유, 특히 개인의 자유를 신장시키는 것을 가장 중요한 목표로 삼고 있는 자유주의'라고 볼 수 있다.

자유주의 사상이 본격적으로 등장한 것은 17세기 이후인데 이 시기의 자유주의를 흔히 '고전적 자유주의'라고 한다. 고전적 자유주의의 뿌리는 일차적으로 절대군주가 절대권력을 가지고 나라를 통치하는 데 대항해서 법의 지배를 주장한 것에 있다. 절대왕정하에서 왕은 무소불위의 권력으로 백성들을 통치했고 백성들은 왕에게 절대 복종해야 했다. 그러나 당시 선진국이던 영국에서는 인간이 누군가에게 절대적으로 복종하는 것은 합리적이지 않다는 생각이 싹트기 시작했고, 인간은 합리적인 법의 지배를 통해 인권을 신장시켜야 하며 만민은 법 앞에 평등하다는 주장이 나오기 시작했다. 사유재산권의 개념도 대두되었다.

절대왕정 치하에서 개인은 자유도 없을 뿐만 아니라 재산도 마음대로 처리할 수 없었다. 그러나 17세기의 고전적 자유주의자들은 법 앞에서 동등한 권리를 가진 사람은 자기의 사유재산권을 주장할 수 있어야 한다고 생각했다. 즉 그들은 법 앞에 평등한 권리, 사유재산권의 보장과 같은 것을 자유의 의미로 해석했다. 프랑스 혁명 이후 등장한 자유주의는 왕이 독점하던 절대권력이 의회로 이전됨에 따라 새로운 내용을 담고 있었다. 그러나 혁명과 더불어 등장한 근대적 국가의 관료체제가 상당히 강력해서 국가가 제반 문제에 깊이 개입했다. 이러한 개입에 대항해서 19세기 자유주의자들은 개인의 정치적 자유뿐만 아니라 경제적 자유, 즉 상업과 무역에 대한 자유를 주장하게 되었다. 그리고 20세기에 들어와서는 국가로부터의 자유, 관료 체제로부터의 자유뿐만 아니라 국가가 통제하는 모든 것으로부터 자유를 추구하려는 경향이 강해졌다.

하지만 17~19세기에 전성했던 고전적 자유주의는 개인에게 국가로부터 허락된 자유를 부여함으로써 모든 면에서 자유를 누릴 수 있게 해준 반면, 국내적으로나 국제적으로 빈익빈 부익부 현상과 같은 경제적 불평등을 심화시켰다. 모든 것을 개인의 능력과 자유에 맡기다 보니 경제적 능력이 있는 사람은 부를 누릴 수 있으나 사회적 약자들은 경제활동을 하지 못해 점점 더 빈곤해지는 것이다. 결국 부자는 점점 부유해지고 가난한 사람들은 점점 가난해지는 불평등이 심화되었고, 이것은 비단 개인의 관계뿐만 아니라 국가 간의 관계에 있어서도 마찬가지였다. 어떤 나라는 부를 축적하지만, 어떤 나라는 식민지가 되어 자국의 부와 자원을 수탈당하고 강대국의 잉여생산물을 처리하는 시장으로 전락했다. 따라서 부유한 나라는 경제 규모가 더욱 커졌지만, 가난한 나라는 더욱더 가난해지는 결과를 가져오게 되었고 이것은 세계적 대공황을 초래했다. 1920년대의 세계대공황은 바로 이러한 과정을 통해서 발생한 것이다. 대공황에 빠져든 세계 각국은 불황을 타개하고 경제적 이익을 확대하기 위해 식민지와 해외시장을 지배하거나 대외적인 침략을 감행했다. 결국 세계대전이 발발하기에 이르렀고 이는 사람들에게 엄청난 고통을 안겨주었다. 이렇게 모든 것에서 자유를 추구하다 보니 개인과 개인의 관계도, 국가와 국가의 관계도 자유라는 이름으로 타자를 점령하고 착취하는 결과를 초래하게 되었다.

이러한 현상의 원인에 대해 영국의 경제학자 케인스는 너무 많은 부분을 개인이나 기업의 자유에 맡겼기 때문이라고 보고 국가가 직접 개입해서 문제를 해결해야 한다고 주장했다. 즉 국가가 이런 문제에 적극적으로 개입해서 시장의 안정성을 유지하고 사회적·경제적 모순을 수정함으로써 자본주의와 민주주의 모두를 구출하고 균형 있게 발전할 수 있다는 것이다. 신자유주의가 등장하기 전에 존재했던 구자유주의는 이런 모순을 안고 있었다. 즉 국가 자유의 극대화는 강한 나라와 약한 나라, 부유한 나라와 빈곤한 나라 사이에 전쟁과 점령, 약탈과 착취를 만연하게 했고, 개인 자유의 극대화는 한 국가 안에서도 빈부의 격차를 증대시켰다. 이러한 국가 간, 개인 간의 제반 모순과 불균형 문제를 해결하기 위해 국가가 일정한 통제자의 역할을 수행해야 한다는 것이 바로 케인스의 주장이었다.

그러나 식민주의, 제국주의 및 군국주의 등이 가져온 제반 모순의 문제를 더욱더 철저한 방식으로 해결하겠다는 움직임이 나타나기 시작하는데, 그것이 바로 사회주의 운동이다. 모든 것을 인간의 자유에 맡겨놓자 힘 있고 능력 있는 개인과 국가는 끊임없이 부를 축적하는 반면 힘없는 개인과 국가는 점점 더 나약해지는 현실이 눈앞에 펼쳐졌으며, 법 앞의 평등은 오히려 더 심한 경제적 격차를 초래했다. 이러한 현실의 문제를 해결하겠다는 기치를 들고 등장한 사회주의 운동은 1990년대 초 소련이 붕괴하고 동구 사회주의권 국가가 무너짐에 따라 꿈을 상실해 버렸다. 이러한 상황에서 등장한 것이 소위 '신자유주의'라는 사상 체계이다.

신자유주의는 1970년대 말과 1980년대 초, 자본주의적인 세계적 차원의 경제 불황에 빠진 영국과 미국에서 출현한 단어이다. 신자유주의가 주장하는 바를 몇 가지로 정리하면 다음과 같다.

첫째는 국가에 의한 기업의 규제를 철폐하는 것이다. 국가는 사회적 격차를 줄이기 위해 기업의 자유로운 활동을 통제하는데, 그것이 곧 기업의 활동을 위축시키고 그 결과 경제가 불황에 빠진다는 것이다.

따라서 이러한 규제를 제거해야만 기업 활동이 활성화되고 일자리가 늘어나며 삶의 질이 향상된다는 것이다. 이것은 자본주의적 모순들을 제거하기 위해 국가의 규제가 필요하다는 케인스의 방식이 잘못되었다는 뜻이다. 각종 규제 때문에 오늘날 기업들은 자유롭게 활동할 수 없고 경제 불황에서 빠져나올 수 없으므로 국가가 시행하는 규제들을 폐지해야 한다는 것이다. 이것이 신자유주의가 주장하는 대안이다.

둘째는 금융자본의 세계화이다. 금융자본의 세계화는 자본의 세계화로 대변되는데 자본 축적이 많은 나라, 특히 선진국인 미국이나 서유럽 국가에 축적되어 있던 금융자본을 마음대로 움직여 투자할 수 있는 세계적 금융 상황을 조성하는 것을 목표로 한다. 많은 나라에서는 자국의 금융과 기업을 보호하기 위해 외국의 자본이 마음대로 들어오지 못하게 하는 제도를 만들어놓았다. 그러나 미국을 비롯한 강대국들은 국민국가적인 울타리가 금융자본의 자유로운 이동을 막고 있기 때문에 경제 불황이 발생한다고 주장했다. 즉 금융자본이 마음대로 투자하고 자유롭게 이동할 수 없기 때문에 경제 불황에 빠진 것이고, 그것을 해결하기 위해서는 금융자본의 자유화를 이루어야 한다는 것이다.

셋째는 국가가 운영하는 공기업을 민영화하는 것이다. 신자유주의자들은 경제 불황의 원인이 국가 중심의 경제체제에 있다고 본다. 한국에도 상당히 많은 공기업이 있다. 신자유주의자들은 국가가 철도, 전기, 석탄 등의 기간산업들을 공기업화해서 운영하기 때문에 경제가 활성화되지 못한다고 주장한다. 따라서 경제 불황을 타개하기 위해서는 공기업을 민영화해야 한다는 것이다.

요약하자면 신자유주의자들은 기업의 규제 철폐, 금융자본의 자유화, 공기업의 민영화라는 목표를 달성함으로써 세계경제가 불황에서 벗어날 수 있다고 주장한다. 이것이 신자유주의가 내걸고 있는 핵심 사안이다. 따라서 신자유주의는 일종의 거대 자본 또는 다국적 자본과 다국적기업 등이 벌이는 자유화를 위한 투쟁이라고 말할 수 있다. 기업과 자본, 특히 금융자본이 국가의 통제로부터 벗어나 세계적 차원에서 마음대로 활동함으로써 결과적으로 경제 불황에서 벗어날 수 있다는 것이 신자유주의의 주장이다.

기업의 규제 철폐, 금융자본의 자유화, 공기업의 민영화 조치를 우리는 전반적인 의미에서 구조조정이라고 부른다. 구조조정은 국가의 규제가 심해 금융자본이 국가의 장벽을 넘지 못하거나 공기업이 민영화되지 못했을 때, 그것이 경제구조에 전반적인 문제점으로 작용할 때 이루어지는 것이다. 또한 세계적인 차원에서 이러한 구조를 바꾸어나가는 것이 바로 구조조정이다. 구조조정은 좁게는 기업 내부에서 이루어지는 조직적 변화를 의미하지만, 크게는 전 세계적 차원에서 일어나는 개개 국가의 규제 철폐, 금융의 자유화, 공기업의 민영화를 의미하기도 한다. 따라서 신자유주의는 세계은행과 국제금융기구를 앞세워 자본의 자유로운 이동을 확보하고 세계무역기구를 통해 세계 통상을 자유롭게 확보해 나가는 단계에 있다. 이렇게 신자유주의가 추구하고자 하는 목표가 하나하나 달성되고 있는 것이다.

3. 기독교적 세계화의 결과

뜻있는 많은 학자들이 세계화와 신자유주의 물결을 비판하고 있다. 커크패트릭 세일은 『파라다이스의 점령』에서 "콜럼버스로부터 시작되는 서구문명의 승리는 오늘날 로마의 교황으로부터 시작해서 중국에서 팔리는 코카콜라에 이르기까지 정복자들의 창던지기와 대포소리와는 달리 정신의 세계요, 심리적 성격을 띠고 있다"라고 말했다. 콜럼버스의 신대륙 발견 이후 우리는 단순히 물리적인 전쟁에 점령당하고 있을 뿐만 아니라 정신세계까지도 서구 사람들에게 점령당하고 있다. 프랑스의 역사학자 페르낭 브로델은 『물질문명과 자본주의』에서 항해 기술의 발전은 유럽인들과 비유럽인들 사이에 대칭 관계를 형성하고 세계 척도에서 유럽인들에게 유리한 조건을 만들었다고 말했다.

월터 롤리(Walter Raleigh)는 이런 말을 남기기도 했다. "바다를 지배하는 자는 무역을 지배하고 세계무역을 지배하는 자는 세계의 부를 지배하고 따라서 세계 자체를 지배하게 된다." 남미의 사상가 에두아르도 갈레아노(Eduardo Galeano)는 "콜럼버스 이래로 유럽인들은 자신들이 굴복시킨 다른 대륙 사람들에게 자기들의 언어를 말하도록 하고 자기들의 옷을 입게 했으며 자기들의 가치관을 마음속에 심어줬다"라고 말한다. 오늘날 우리의 의식주는 물론 사고방식이나 가치관까지 우리 고유의 문화라기보다 서구적 양식에서 비롯된 것이 대부분이다. 이것이 세계화가 우리에게 가져다주는 여러 가지 문제점이라고 볼 수 있다. 갈레아노는 이를 "콜럼버스 이래로 유럽인들의 눈에 남미의 인디오 문화는 문화가 아닌 민속으로, 그들의 종교는 미신으로, 그들의 언어는 방언으로, 그들의 예술작품은 수공업으로 이해되었다"라고 간명하게 표현하였다. 우리나라에서도 우리 음악을 그냥 '음악'이라고 하지 않고 '국악' 혹은 '민요', '민속음악'이라 부르고 우리 춤은 '민속춤'이라고 부르는데, 이것은 서구의 것이 보편적이고 우월하며 우리의 것은 그에 비해 열등하거나 시대에 뒤떨어지는 것이라는 이데올로기가 반영된 것이다. 언어도 마찬가지이다. 오늘날 많은 사람들이 외국어, 특히 영어를 배우려고 하는 것은 이러한 세계화가 가져다주는 지배 이데올로기가 우리를 사로잡고 있기 때문이다.

이러한 세계화 과정에서 특히 기독교인으로서 깊이 생각해 보아야 할 것이 있다. 예수의 선교 명령과 그에 기초한 기독교 역사가 추구한 세계화는 오늘날 어떤 결과를 낳았는가? 신앙심이 깊은 가톨릭 신자였던 콜럼버스는 1494년 범선을 타고 대서양의 망망대해로 항해를 떠나면서 성 아우구스티누스의 기도를 되뇌었다. "하나님이 승리하실 것이다. 그는 지구상에 있는 모든 백성들의 우상들을 비로 쓸어버리고 그들이 처한 곳에서 하나님을 경배하게 할 것이다." 당시 콜럼버스는 다른 나라를 점령한다는 생각보다 하나님의 세계 지배를 생각하면서 떠났다. 그러나 오늘날 신자유주의적 이데올로기에 의해서 등장한 세계화를 보면, 콜럼버스로부터 시작된 새로운 세계 질서에서 세계를 지배하는 것은 하나님이 아니라 맘몬이라는 사실을 인정할 수밖에 없다. "전능하신 하나님 대신 시장이 등장했다. 이 신의 현현은 다우존스 주가지수이고, 그의 성체(聖體)는 미국의 달러이며, 그의 미사는 환율 조정이고, 그의 나라는 지금 크렘린의 지도자들까지도 찬양하는 자본주의적 보편 문명이다"(Bitterof, 1991: 97)라는 비유는 그러한 현실에 대한 날카로운 풍자이다.

4. 한국의 현실에서 세계화 문제

그렇다면 이러한 세계화의 모순과 문제점들이 한국의 현실에서는 어떻게 드러나는지 살펴보기로 하자. 첫째, 한국의 현실에서, 특히 경제적 현실에서 볼 때 신자유주의가 지향하는 바는 순수 자본주의적 시장경제라고 말할 수 있다. 그러나 학자들은 아직 한국에는 이러한 순수한 자본주의적 시장경제를 추진할 수 있는 주체 세력들이 없다고 말한다. 한국에도 재벌과 기업은 있지만, 이들은 과거 성장 과정의 면면을 보나 오늘날의 상황을 보나 주체가 될 수 없다. 왜냐하면 이들은 순수한 의미의 자본주의적 시장경제를 추구하고 그에 따라 기업을 운영하는 것이 아니라 전근대적 방식, 즉 족벌 경영, 선단 경영 등을 일삼으면서 사회적 책임을 회피하고 있기 때문이다.

둘째, 한국의 재벌들은 순수 자본주의적 시장경제 원리에 의해서 성장하고 경영하는 것이 아니라 오랜 동안의 정경유착을 통해서 성장했기 때문에 자본주의 원리에 의한 공정한 경쟁 원리를 갖추지 못하고 있다. 새로운 세계화의 시대를 맞이해서 한국의 재벌들이 문제를 야기하는 까닭이 여기에 있다. 그 대표적인 예가 대우그룹이다. 승승장구하는 대기업이었던 대우는 정경유착의 고리를 끊어버리자 하루아침에 무너지고 말았던 것이다.

셋째, 한국의 재벌들은 기술이나 자본의 측면에서 외국 기업에 과도하게 의존하고 있어 세계화 시대에서 경쟁력이 떨어진다. 그 단적인 예가 1997년에 있었던 IMF 위기라고 할 수 있다. 재벌들은 전문성을 갖추지 않은 상태에서 과도하게 외국자본을 끌어들여 기업을 확장하고 문어발식 경영을 함으로써 외국자본이나 외국 기업의 공격 앞에 자기방어 능력을 갖추지 못하고 있다. 이러한 사태는 앞서 지적한 전근대적 족벌 경영과 정경유착의 폐해와도 밀접하게 관련되어 있다.

넷째, 한국의 재벌과 기업들은 노동자들을 진정한 파트너로 인정하지 않고 있다. 이는 자본주의 시장경제에서 대단히 중요한 덕목 가운데 하나인데, 이를 갖추지 못하고 있는 것이다. 노동자들이 당연히 차지해야 할 몫을 주지 않으면서, 그들이 정당한 임금을 요구하여 파업을 할 때는 정경유착의 방법을 통해서, 다시 말하면 정치적 권력을 통해서 노동자들을 탄압하고 문제를 해결해 왔다. 그리고 이러한 방식은 아직까지도 상존하고 있다.

이러한 거대 기업들이 존재하는 한국에서 신자유주의가 요구하는 국가의 규제 철폐는 시장의 공정한 경쟁보다는 거대 기업, 또는 외국 기업들을 포함한 재벌들의 이윤 극대화에만 기여할 가능성이 높다. 금융자본의 자유화는 거대 자본의 시장 지배만을 보장하고 약자들의 이익은 보장하지 못한다. 그리고 공기업의 민영화는 거대 기업이 공룡이 되는 것을 보장할 뿐이다.

세계적 차원에서 경영해야 하는 상황임에도 불구하고 한국에서 정경 유착과 족벌 경영을 고수해 온 기업들이 세계적 차원의 경쟁을 하기란 굉장히 어려운 일이다. 그리고 경제학자들의 지적처럼 한국에서도 20대 80의 사회가 가속화되고 빈익빈 부익부 현상이 심화되고 있는 상황을 간과해서는 안 된다.

이러한 신자유주의적 세계 지배의 결과는 시장에서뿐만 아니라 우리의 삶 전체에 영향을 미치고 있다. 경제적 측면에서 벗어나 생각해 보면, 우선 인간의 가치관을 심각하게 왜곡한다. 정신적 세계보다는 물질적 가치를 우선시하는 금전 만능주의의 악령이 사람들을 지배함으로써 그것을 얻기 위한 온갖 경쟁과 부조리, 범죄, 인간 파괴가 점점 더 심각해지고 있다. 우리 사회에서 매일 일어나고 있는 절도, 강도, 심지어는 인신매매, 살인 등과 같은 범죄들을 보면 왜곡되고 전도된 가치관이 사람들의 마음을 지배하고 정신을 황폐화시키고 있음을 알 수 있다. 이것이 오늘날 신자유주의적 세계 지배의 결과 나타나는 현상 가운데 하나라고 볼 수 있다.

학창시절부터 공부라는 과도한 경쟁에 내몰리고 있는 젊은이들의 미래는 어둡고 불안하다. 어린 시절부터 공부 경쟁, 입시 경쟁, 취직 경쟁에 시달리다 보니 즐겁고 의미 있게 보내야 할 청소년 시절이 삭막해지고 있다. 과도한 비용이 드는 사교육, 무분별한 조기교육과 신자유주의 경쟁 사회가 강요하는 영어교육 등 다른 나라에서 볼 수 없는 교육 전반의 부조리가 전체 사회를 지배하고 있다. 건전하게 성장해야 할 젊은이들이 정신적 파탄 상태에 내몰리고 있는 것이다. 이렇게 애써서 공부해도 정작 대학을 졸업해서는 취직하기가 대단히 어렵다. 취직을 한다 해도 자신이 원하는 직업을 선택하거나 자아를 완성할 수 있는 직장을 얻기란 매우 어려운 일이다.

이윤을 극대화하기 위한 오늘날의 신자유주의적 이데올로기는 노동시장의 유연성을 강요한다. 그런 까닭에 노동자들의 반 이상이 임시직에 고용되어 있고, 언제 직장을 잃을지 모른다는 고용 불안에 시달린다. 임시직이기 때문에 자기가 일한 만큼의 대가를 받을 수도 없어서 생활고에 시달리면서 막대한 부채로 인해 고통받고 있다. 전체 노동자의 50% 이상이 이런 처지에 있다.

비정상적인 교육열, 가치관의 전도, 젊은이들의 진로 문제, 노동시장의 문제 등 사회적 모순을 열거하자면 한도 끝도 없다. 왜 우리는 점점 살기 어려워지는가? 왜 이렇게 불안해지는가? 인간이 자아를 실현할 수 있는 길은 없어지고 왜 나날이 경쟁만 치열해지는가? 치열한 경쟁과 팽팽한 긴장 속에 살다 보니 사람들의 정서가 각박해지고 사회적으로 잔혹한 범죄들이 만연하고 있어 많은 사람들이 불안해하며 살아가는 것이 오늘날의 현실이다.

5. 세계화 과정에서 그리스도인의 길

복음이 세계 전역으로 퍼져서 전 세계 사람들이 하나님의 자녀로서 세례를 받고 평화롭게 살아야 한다는 성서적 의미에서 세계화를 고려할 때, 그리고 "하나님이 승리하실 것이다. 그는 지구상에 있는 모든 백성들의 우상들을 비로 쓸어버리고 그들이 처한 곳에서 하나님을 경배하게 할 것이다"라고 한 성 아우구스티누스의 선언에서 세계화의 의미를 고려해 볼 때, 우리는 맘몬에 의해 추동된 세계화가 빚어내는 문제에 대해 한국의 그리스도인으로서 어떻게 대처해 나가야 하는지 생각해 보지 않을 수 없다.

오늘날 한국에서 개신교회의 현실을 들여다보면 교회도 신자유주의적인 세계화에 물들어 그리스도의 복음보다는 맘몬이 지배하는 물질 중심의 사고가 만연해 있다. 마태복음 4장에는 예수 그리스도가 공생애를 시작할 때 마귀의 유혹을 극복한 내용이 기록되어 있는데, 이 이야기는 자본, 즉 맘몬이 지배하는 세계에서 그리스도인으로서 살아가야 할 방향들을 일러주는 좋은 예이다. 예수님이 극복했고 앞으로 우리 그리스도인들이 극복해야 할 세 가지 유혹을 살펴보고, 그리스도인들과 교회가 새로운 모습으로 변모해서 진정한 하나님의 뜻대로 세계화 시대를 살아갈 수 있는 길을 모색해 보자. 왜냐하면 예수는 이 세 가지 유혹에서 당시 각기 다른 문화들의 세계화 의지와 그것들의 모순을 발견하고 그것들을 극복하는 것을 선교의 과제로 삼았기 때문이다.

첫째, 마귀가 돌로 떡을 만들어보라는 유혹에 대해서 예수는 사람이 떡으로만 살 것이 아니라 하나님의 말씀으로 살아야 한다고 설파했다. 돌로 떡을 만들어보라는 유혹은 그리스적 유혹, 과학적 이성의 유혹이다. 필자는 이것을 도구적 이성에 의한 과학만능주의의 유혹으로 파악한다. 돌로 떡을 만들라는 유혹은 오늘날 많은 사람들이 보고 듣는 것과 마찬가지로 과학만능주의를 상징한다. 우리는 첨단 과학기술이 발달할수록 인간의 삶이 더 풍요로워질 것이라는 유혹에 사로잡혀 있다. 서구의 자유주의 신학자 로데(Rohde)는 과학의 발달이 우리에게 하나님 나라를 가져다줄 것이라고 생각하기도 했다.

그렇지만 과학기술이 발달하면 할수록 우리는 물질적인 것에 더욱더 속박된다. 모두가 돌을 가지고 떡을 만들려는 욕심으로 온갖 수단과 방법을 동원해 과학 탐구에 몰두하고, 결국 하나님의 말씀을 상실하기에 이르렀다. 오늘날 정보 통신의 발달로 정보의 홍수라 할 만큼 방대한 정보를 접할 수 있음에도 불구하고 정작 올바른 지식은 얻지 못하고 있으며, 인간과 인간 사이의 소통은 더 어려워지고 있는 형편이다.

과학의 무제약적 발전과 개발은 자연과 환경의 파괴를 가져와서 결과적으로 인간의 삶에 더 큰 고통을 안겨주고 있다. 그동안 우리는 얼마나 환경을 파괴했는가? 오늘날은 파괴된 환경에 의해서 인간이 파괴당하고 있지 않는가? 야생동물은 걸리지 않는 새로운 질병들이 인간을 괴롭히고 있다. 그 예로 수많은 어린이들이 앓고 있는 아토피 피부염이나 각종 알레르기 질환은 과학만능주의와 개발주의에 의한 환경오염이 불러온 것이다.

둘째, 마귀는 예수를 높은 성전 꼭대기에 올라가게 하고 뛰어내려 보라고 한다. 이것은 유대적 유혹, 즉 종교적 유혹이라고 볼 수 있다. 그는 시편 91편을 인용하면서 하나님까지 시험해 보라고 유혹한다. 하나님의 말씀에 복종해서 사는 것이 아니라 하나님을 인간의 복덕방망이(Theos ex machna)로 만들어서 인간이 마음대로 사용할 수 있는 수단으로 삼으려는 유혹들이 존재한다. 마술사가 마술봉을 이용하여 "금 나와라 뚝딱, 은 나와라 뚝딱" 하듯이 종교인들이 하나님을 마술봉으로 만들어버려 자신들이 필요로 할 때 불러내는 복덕방망이로 삼는 것이다.

오늘날 우리 종교인들, 특히 기적을 행한다는 성직자들은 하나님을 필요할 때 써먹을 수 있는 마술쟁이로 삼는다. 하나님은 이 마술쟁이의 요청에 응하는 수단으로 전락한다. 치유 목회를 한다는 사람들은 하나님의 치유 능력을 이용해 자기 잇속을 챙기려는 자들이다. 그들은 스스로 목회의 성공자로 군림하면서 치유 기도를 돈벌이 수단으로 삼는다. 이적과 기사를 행하면서 그것이 마치 자기의 능력인 양 업적을 자랑하여 종교를 "이권의 수단으로 생각하는 자들"(딤전 6: 6)이 판을 치는 세상이 되었다. 그들은 이러한 모든 자본주의적 업적주의와 성공주의에 사로잡혀서 예수의 십자가 정신과 섬김의 정신을 상실하고 있다. 큰돈을 모아서 큰 교회를 짓고 그것을 성공으로, 그리고 자기 업적으로 삼고 있다.

그러나 예수는 우리가 인간의 능력, 인간의 업적으로 살 것이 아니라 하나님의 은총으로 살아야 한다고 강조한다. 이것은 또한 종교개혁의 전통이기도 하다. 그러므로 교회는 이러한 종교적 유혹에서 벗어나야 한다. 성직자들이 종교적 유혹에 사로잡힐 때 우리는 '은총만으로'라는 종교개혁의 전통을 상실하고 사람들을 업적주의자로 만들어서 결국은 신자유주의가 요구하는 업적주의, 즉 성공주의를 지향하는 사람으로 만들어버린다. 이러한 기독교적 성공주의가 곧 자본주의적 업적주의와 하나가 됨으로써 교회도 그리스도의 은총을 멀리하고 신자유주의의 후원자가 된다.

셋째로 마귀는 예수를 높은 산봉우리로 데리고 가서 천하만국과 그 영광을 보여주면서 그것들을 다 줄 것이니 자기에게 절을 하라고 한다. 이것은 일종의 로마적 유혹이라고 볼 수 있다. 즉 권력에 대한 유혹이다. 당시 예수가 직면했던 가장 큰 문제는 강력한 힘을 가진 로마 제국과 로마 제국의 식민지가 된 유다 왕국의 해방과 자주의 문제였다. 로마 제국은 유다의 헤롯 왕을 불러서 로마 황제에게 충성을 맹세하게 했다. 헤롯 왕과 그 일당들은 로마의 식민지 지배하에서 온갖 특권을 누리면서 자기 민족의 뜻을 배신하고 로마의 충복이 되었다. 이렇게 강력한 힘을 가진 제국의 지배를 받는 약소국가, 그리고 식민지 국민들의 고통은 항상 역사적 화두가 되었고, 이는 오늘날에도 마찬가지다. 예수는 이 문제와 관련해서 단호한 입장을 취한다. 그는 하나님만을 공경하고 경배해야 한다는 구약성서의 제1계명을 들어서 인간 숭배, 강대국 숭배를 거부한다. 이것이 예수의 길이고 그를 따르는 그리스도인의 길이다.

오늘날 정치가는 물론 성직자나 종교인까지 강대국의 권력이나 자국의 정치 세력에 과도하게 굴종하는 자세를 보이고 있다. 이것은 구약성서에 나오는 제1계명에도 반하는 것이지만 모든 영광과 권력을 버리고 종의 모습으로 와서 십자가에 죽기까지 복종한 그리스도의 모습과도 상치되는 것이다. 그동안 한국 기독교회는 강대국으로 등장한 미국을 숭배하면서 그들이 범하고 있는 제반 비리를 옹호하는 세력이 되어왔다. 또한 박정희로부터 시작되는 군사독재 정권의 인권 침해와 반민주주의적 행태에 대해서 비판하기는커녕 음으로 양으로 그들과 협조하면서 그들을 비호하는 세력으로 성장해 왔다. 그 결과 기독교는 하나의 종교 권력으로 등장하여 선거 때만 되면 정당을 만든다느니 특정인을 대통령으로 만들어야 한다느니 하면서 정치적 세력과 유착한다. 이렇게 특정 강대국이나 권력 집단에 절하면서 세력을 확대한 한국의 기독교, 특히 보수적인 성직자 집단은 십자가에 달린 그리스도의 모습을 상실하고 영광의 자리에서 권력을 누리는 특권 귀족으로 변모했다.

6. 맺는 말

오늘날의 세계화된 세계, 자본이 왕 노릇을 하는 세계에서 인간들이 당하는 고통을 극복하려면 교회는 예수가 극복했던 이 세 가지 유혹을 뿌리치고 제 모습을 찾는 것부터 시작해야 할 것이다.

교회는 돌로 떡을 만들고자 하는 그리스적 유혹, 즉 과학적 유혹에서 벗어나야 한다. 자연과학의 발전을 통한 물질적 풍요가 인간에게 반드시 행복을 가져다주는 것은 아니다. 자연과학의 발전을 통한 다양한 정보 전달 체계가 인간들에게 풍요로운 소통을 보장하는 것도 아니다. 이것들을 과도하게 만들고 사고파는 과정에서 인간들은 고통을 당하고 자연은 파괴되어 오늘날과 같이 살기 힘든 세상이 되는 것이다. 하나님의 말씀, 즉 하나님의 선하시고 기뻐하신 뜻이 담긴 말씀대로 사는 길이 구원의 길이다.

교회는 성전에서 뛰어내리려는 종교적 유혹, 즉 자기 교만과 종교적 업적주의에서 벗어나야 한다. 기적을 낳으려고 하는 유혹으로 인해서 성직자들은 거짓과 교만을 일삼으며 신자들을 현혹하고 오류에 빠뜨린다. 한국에서 믿음이 좋다는 신자들일수록 많은 문제점을 갖게 되는 것은 이러한 종교적 유혹에 사로잡혀 있기 때문이다. 성직자들은 그리스도의 가르침보다는 자기 자랑과 성공주의의 우상에 빠져서 종교의 본질을 상실하게 되는 것이다. 더 이상 기독교는 하나님을 시험하지 말아야 한다.

또한 교회는 온 세상과 그 영광을 차지하려는 로마적 유혹, 즉 권력에 대한 집착에서 벗어나야 한다. 교회는 몸을 낮추어 고통당하는 사람들을 섬기는 단체이다. 오늘의 제국 미국의 실체를 바로 파악하고 이 '미국적 유혹', 즉 권력의 유혹에서 벗어나야 한다. 나아가서 정치적 권력과의 왜곡된 유착을 청산하고 하나님 나라의 파수꾼으로서 교회의 본래적 사명을 지켜야 한다.

우리는 여기서 예수 그리스도가 극복하려 했던 이 유혹들이 신자유주의라는 맘몬에 지배당하고 있는 이 세상과 너무도 닮아있다는 것을 확실하게 발견할 수 있다. 이 세상을 지배하려는 신자유주의의 맘몬을 물리치고, 성 아우구스티누스가 우리에게 가르쳐주었고 콜럼버스가 외면서 망망대해를 항해했던 그 기도의 내용처럼, 그리스도가 승리하고 하나님의 뜻대로 통치하는 세상을 만드는 것이 우리 그리스도인들에게 주어진 과제이다.

제3장

신자유주의 세계경제체제에 대한 신학적 비판

1. 들어가는 말

500여 년 전 대서양을 건너던 신실하고 충성스런 가톨릭 신자 콜럼버스는 성 아우구스티누스의 다음과 같은 기도를 굳게 믿었었다. "하나님이 승리하실 것이다. 그는 지구상에 있는 모든 백성들의 우상들을 비로 쓸어버리고 그들이 처한 곳에서 하나님을 경배하게 할 것이다"(Bitterof, 1991).

그러나 콜럼버스의 믿음과는 달리 오늘날의 승리자는 전능자 하나님이 아니고 찬양을 받는 이도 위대한 하나님이 아니다. 승리한 것은 자본주의적 세계경제체제이며, 찬양을 받는 것은 그 체제를 뒷받침하고 있는 미국의 달러로 상징되는 맘몬이라는 우상이다. 오늘날 서구 자본주의 보편 문명은 로마의 교황청에서 북한까지 팔리는 코카콜라를 통해서 전 세계를 지배하고 있다. 서구의 자본주의 원리는 중동의 마호메트 후예들에서 극동의 공자의 후손들에게까지 햄버거를 통해 관철되고 있다. 서구의 자본주의 보편 문화는 남아프리카공화국에서 리비아에 이르기까지 전체 대륙을 정복해 가고 있다. 이러한 자본주의 문명은 오늘 전 세계인에 대한 정신적 승리요 심리적 정복의 성격을 띠고 있다. 오늘날 우리의 삶 전체를 지배하고 있는 것은 전능자 하나님이 아니라 자본주의적 시장에서의 맘몬이다.

콜럼버스에 의해서 시작된 자본주의적 문명은 지난 500여 년 동안 리비아적 식민주의를 거치면서 중남미에서부터 본격적으로 확대되었다.[1)] 16세기 스페인과 포르투갈은 중남미 대륙에 사는 원주민들을 학살하고 그들의 종교와 문화를 말살했으며, 식민지에 자국의 종교와 문화를 이식했다. 당시 제국주의 신학을 믿고 있던 식민주의자들과 선교사들은 '식민주의와 선교의 종합(Synthese von Kolonialismus und Mission)'이라는 논제에 근거해서 식민주의적 확장을 곧 '세계를 위한 선하고 자비로운 하나님의 준비(Präparatio)'로 파악했다. 다시 말하자면 식민주의는 야만을 극복함으로써 유럽 문화를 확장하기 위한 예비 단계였다는 것이다. 동시에 선교는 식민지 주민들의 우상을 제거하고 참된 신을 선포하기 위한 하나님의 소명으로 파악되었다. 이러한 이베리아식 '식민주의와 선교의 종합 모델'은 사실상 가톨릭 신학자 토마스 아퀴나스의 자연법사상에도 반하는 것이었다. 토마스 아퀴나스는 "온 세계로 나아가서 복음을 선포해야 한다는 기독교인들의 의무는 타 민족들이 우리를 받아들이고 또 우리의 말에 귀를 기울이기를 원하는 것을 전제로 한다"라고 선언했다(손규태, 1992: 224; Worsley, 1967). 그러나 이러한

1) 이베리아식 식민지는 유럽 대륙의 남부, 즉 스페인과 포르투갈을 중심으로 전개된 중남미의 식민지화를 의미한다. 리비아식 식민지는 본래적 의미의 식민지를 말하는데, 여기서는 중남미의 본토인들을 집단적으로 살상하거나 추방하고 유럽의 본토인들을 이식시키는 방식으로 전개되었다. 콜럼버스 이후 70년 동안 스페인 지배하의 남미에서는 전 인구의 90%에 해당하는 약 7,000만 명의 원주민들이 학살당했다. 그리고 멕시코는 정복 초기에 2,500만 명이던 원주민들이 80년이 지난 후에는 100만 명으로 줄었다(두크로, 1997: 61).

자연법사상도 유럽인보다 미개한 민족을 선교할 때는 해당되지 않았다. 자연법사상은 단지 유럽의 문명인들에게만 해당되는 것이었다.

따라서 식민주의와 선교의 종합이라는 이름으로 남미를 정복한 유럽인들은 식민지 원주민들에게 유럽의 언어를 쓰게 했고, 유럽의 옷을 입혔으며, 유럽의 가치관을 강요했다. 남미의 작가 갈레아노는 콜럼버스로부터 시작되는 유럽의 지배가 중남미에서는 '일식의 역사'라고 규정한다. 그에 의하면 콜럼버스 이후부터 남미인들의 문화는 민속이 되었고, 그들의 종교는 미신이 되었으며, 그들의 언어는 방언이 되었고, 그들의 예술품은 수공업품이 되었다. 유럽의 것이 윤리학의 가치 기준이 되었다. 유럽의 것은 좋고 선한 것이다. 유럽의 것이 미학의 기준이 되었다. 유럽의 것은 아름답고 여타의 것은 추하다.

2. 고전적 자본주의 세계경제체제

이렇게 시작된 최초의 자본주의적 세계 질서는 17~18세기 유럽의 중상주의와 맞물리면서 그 발전의 속도를 더해갔다. 유럽의 중상주의는 유럽에서의 산업화와 자본축적의 본질적 원천이었던 삼각무역을 성립시켰다. 이 삼각무역 체제란 유럽, 아프리카, 중남미를 연결하는 삼각형의 무역 통로를 의미한다. 유럽에서 완제품을 실은 배는 남미로 가서 완제품들을 비싼 값에 팔고, 싼 값으로 구매한 원자재를 싣고 아프리카로 가고, 거기서 값싸게 산 노예들을 싣고 유럽으로 되돌아와 그들을 비싼 값에 판다(물론 그 반대 항로를 택할 수도 있다). 이렇게 국가가 독점했던 무역회사들은 엄청난 이익을 남겼다. 이 무역회사들은 군대와 식민지 관리들, 그리고 선교사들의 지원을 받아 대외무역의 주역이 되었다. 이러한 중상주의에 기초한 삼각무역은 1885년에 콩고 조약이 체결되고

1890년 브뤼셀에서 「반노예법」이 채택될 때까지 계속되었다.[2)]

16세기에 시작된 이베리아식 식민주의의 확대에 의한 새로운 세계 질서는 17~18세기 중상주의 시대에도 당시의 공업화와 교통수단의 제약으로 지구의 일부분, 즉 중남미와 서부 아프리카에 국한되어 있었다. 그러나 19세기에 들어오면서 식민주의 확장의 주도권은 영국으로 넘어갔다. 영국식 식민지는 이전의 이베리아식 식민지와 그 성격을 달리한다. 후자가 주로 원주민의 학살과 추방을 통하여 유럽인들을 이주시키는 데 역점을 두었다면, 전자는 자국의 완제품 시장을 개척하고 원자재원을 발굴·확보하는 것이 주된 목표였다. 영국에 의해서 식민지화되었던 인도의 경우 훈련받은 영국 관리 3,000명이 인도의 전체 인구를 통솔했다는 점에서 이전의 식민지와는 그 성격이 달랐다. 인도에서 영국 식민주의자들의 관심은 산업자본의 축적을 위한 시장 개척과 원자재 확보에 있었던 것이다.[3)]

영국식 식민주의자들은 중상주의를 통해서 마련된 산업자본주의적 기초 위에 혁명적인 산업 발전의 기틀을 마련하게 되었다. 따라서 16세기 제1단계 자본주의적 세계 체제를 거쳐 17~18세기에 등장한 제2단계 자본주의적 세계 체제는 더욱 확고한 산업자본주의적 세계 체제를 형성한다. 이러한 삼각무역에 기초한 대외무역이 본격적으로 시작되면서

---

2) 정복 초기의 중남미에서는 대량 살상으로 인해 원자재를 캐기 위한 노동력이 부족했다. 동시에 유럽인들에 의해서 전파된 매독 등의 질병으로 인해 수많은 원주민들이 죽어갔다.

3) 유럽에서 무역은 12세기의 십자군운동과 밀접하게 연관되어 있었다. 북이탈리아의 무역상들과 은행가들은 십자군운동을 통해서 엄청난 부를 축적했으며 동시에 십자군운동을 통해서 동방으로 무역로를 개척하려고 했다. 콜럼버스도 인도를 향한 무역로를 찾던 중 미 대륙에 도착한 것이다. 유럽에서의 중상주의는 콜럼버스의 신대륙 발견과 함께 등장한 국민국가들의 국가적 목표로 채택되었다. 네덜란드, 영국, 프랑스 등이 대표적인 예이다.

유럽에서 시장의 기능은 현저하게 달라진다. 이전의 지역 시장들은 기본적으로 주민들의 기본욕구를 충족시켜 주는 가정경제(Hauswirtschaft)에 봉사했었다. 그러나 대외무역 시장이 등장하면서 사태는 전혀 달라지기 시작한다.[4] 국민들의 기본욕구 충족에 봉사하기보다는 사치 계급들의 욕구 충족에 봉사하는 한편 전쟁 물자 조달에 열을 올리게 된 것이다. 따라서 대외무역 시장은 엄격한 의미에서 사회적 관계의 틀 밖에 서게 된다. 이렇게 대외무역 시장의 성립은 시장을 이전의 가정경제에 봉사하는 시장에서 화폐 증식의 시장(Geldvermehrungsmarkt)으로 바꾸어놓았다. 이것은 필연적으로 사회적 공동체성을 파괴하는 방향으로 나아갔다 (Duchrow und Gück, 1997: 3).

결국 산업자본주의의 출현으로 가정경제를 위한 경제적 동기가 이윤동기로 대치되었다. 그리하여 노동력과 자원, 즉 인간과 자연이 상품으로 변했다. 이러한 자본주의적 시장경제는 매우 추상적이어서 인간의 구체적 삶의 문제를 외면하고 냉혹한 화폐 증식 메커니즘의 법칙만을 따른다. 노동은 단지 금전 가치로만 측정되며 노동자들은 생산수단으로부터 분리되어 생산품에 대한 결정권을 상실한다. 따라서 생산품의 가격은 자본가가 독점적으로 결정한다. 자연자원인 토지는 그것이 가진 화폐가치만 관심의 대상이 되므로 화폐의 증식을 위해서 무제약적으로 개발되고 파괴된다.

---

4) 유럽에서 대외무역의 기원은 12세기의 십자군운동에서 찾을 수 있을 것이다. 일반적으로 십자군운동을 성지 회복을 목적으로 한 십자가와 칼의 동맹으로 파악하고 있지만, 거기에는 영토 회복(확장)이라는 원시 제국주의적 요소와 함께 북이탈리아(특히 베니스) 무역상들과 은행가들의 이해관계가 얽혀있었다. 당시 십자군 참가자에 대한 면죄부 이론의 발전은 십자군원정 비용을 활용하면서 이자 금지를 철폐한 은행가들에게 하늘나라의 입장을 가능하게 했고, 이자소득 일부를 교회가 차지했다.

이러한 자본주의적 화폐 증식과 소유 증식의 시장 메커니즘은 이미 로크(John Locke)와 로(John Law) 등에 의해서 신학적으로, 그리고 철학적으로 합법화되었다.[5] 이러한 신학적·철학적 합법화는 마침내 자본주의적 시장경제의 정치적 토대를 만들어준다. 국가의 역할은 국가의 안위와 함께 시민의 생명과 재산을 지키는 것으로 규정되었다. 그러나 고전적 자유주의 시기에 국가의 가장 큰 기능은 부유한 자들의 재산을 지켜주는 것이었다고 할 수 있다. 로크는 또한 소유관계를 통한 인간들 사이의 근본적인 권력의 차이를 법적으로 승인하고 있다. 그에 의하면 노동자들은 노동력이라는 재산을 가지고 시장에 나가고, 자본가들은 생산수단과 생산품(상품)을 가지고 시장에 나간다는 것이다. 돈이 정치·경제적 권력을 정치적인 제도에서 경제적 기구로 바꾸어놓게 된 것이다. 동시에 '시장 인간(homo oeconomucus)'이라는 이데올로기는 인간을 화폐 증식과 소비 확장만을 추구하는 존재로 파악하게 만든다.[6]

고전적 자유주의에 기초한 시장과 시장 인간의 등장은 유럽 내 사회적 관계에서뿐만 아니라 대외적 관계, 즉 다른 세계와의 관계에도 커다란 변화를 가져다주었다. 무엇보다도 이러한 고전적 자유주의에 기초

---

5) 로크는 국가와 법의 기능을 재산과 시장의 자기규정의 보호에서 찾는다. 그는 노동력, 토지, 돈, 상품들을 재산 형식으로 나란히 병치함으로써 이것들을 동등한 것처럼 다루고 있지만 실제로는 그 반대이다(Binswanger, 1982: 33).

6) 두크로(1997: 67~68)는 시장 인간의 특성을 다음 여섯 가지로 규정하고 있다. ① 시장 인간은 삶에 필요한 기본욕구들의 충족이 아니라 무제약적 탐욕의 충족을 추구한다. ② 시장 인간은 타인을 희생해서 자신의 재산 증식을 꾀하는 이기적 권력 추구의 인간이다. ③ 노동하는 인간으로서 시장 인간은 시장에서 화폐가치를 최고의 가치로 추구한다. ④ 기업하는 인간으로서 시장 인간은 가능한 최고의 이윤을 얻으려는 합리적 인간이다. ⑤ 사고하는 인간으로서 시장 인간은 인간과 자연의 현실을 다양한 모델에 따라 인식하고 기술적으로 조작할 수 있는 수학자이다. ⑥ 시장 인간은 시간과 공간, 공동체성으로 제약된 삶의 현실을 인공적 기술을 통해 극복할 수 있다고 보는 인간이다.

한 세계 체제가 바로 본격적으로 제1세계와 제3세계를 구분 짓는 경계선을 만든 것이다. 이러한 19세기적 식민주의 세계 체제는 유럽과 타 지역 사이의 관계를 구조적으로 규정했다고 할 수 있다. 요한 갈퉁(Galtung, 1981)은 새로운 세계 체제의 구조적 규정을 '구조적 폭력'이라는 개념으로 도식화하고 있다. 그의 구조적 폭력의 개념에 따르면 제1세계는 '착취(Ausbeutung), 가르기(Spaltung), 침투(Durchdringung)'라는 직·간접적 방식을 통해서 제3세계를 폭력적으로 지배한다. 19세기의 영국식 제국주의에 의해 자행된 구조적 폭력의 결과가 곧 제3세계 국가들의 종속적 지배와 저개발로 나타난 것이다. 즉 이때부터 제국주의 국가들과 제3세계의 국가들 사이에는 '비대칭적 갈등(die asymmetrische Konflikt)'이 구조화되었다. 비대칭적 갈등이란 각기 다른 수준에 있지 않고 동일한 지원처를 갖고 있지도 않은 두 개의 불평등한 당파나 집단 혹은 민족들 사이의 갈등을 말한다. 19세기 이래 선진 공업국들과 제3세계 사이에는 이러한 구조적 폭력이 체제화되었다.[7)]

3. 신자유주의적 자본주의 세계 체제

1930년대 초 미국의 경제공황에 의한 자유주의 세계경제체제의 붕괴는 다시 민족국가들이 그 조정 기능을 장악할 수 있는 계기를 마련해 주었다. 그 대표적 예는 나치의 민족제국주의(Der Nationalsozialismus)이다. 후진국 독일은 민족주의에 호소하여 영국·미국·프랑스 등 선진국

---

7) 비대칭적 갈등은 노예상과 노예, 군인과 학생들 사이의 갈등과 같은 것으로 적대자들 사이의 위계질서는 군사력의 차이, 경제력의 정도, 교육과 독립성의 정도에 따라서 규정된다.

들로부터 세계 정치와 경제 헤게모니를 빼앗아오는 동시에 노동자들을 동원함으로써 선진국과 연계되어 있던 산업을 장악하는 데 성공했다. 다른 한편 1917년 사회주의 혁명에 성공한 러시아는 선진국들의 경제적 패권에 대항하여 노동자·농민이 주축이 되는 전혀 새로운 사회를 실험하게 되었다. 이러한 갈등 관계들은 결국 제2차 세계대전으로 발전하게 된다.

그러나 제2차 세계대전에 승리한 미국은 자본주의적 세계경제 재건의 첫 단계를 시작한다. 당시 세계경제 재건의 목표는 무엇보다 포드주의적이고 케인스주의적 방법을 통해서 자본축적을 사회적 이해와 결합시키는 것이었다. 포드주의는 생산과정의 합리화를 통해서 높은 생산성을 올리면 노동자들은 거기에 따라 높은 노임을 받게 되는데, 이들 중 일부를 중산층으로 끌어올려 대중소비사회를 만드는 것이다. 그리고 케인스주의는 국가가 사회법 제정을 통하여 노동자를 보호하고 공공 부문에 많은 투자를 하여 경기를 부양함으로써 노동자들의 고용 안정에 기여하자는 것이다.

이러한 경제적 목표를 달성하기 위해서 정치는 자본주의적 생산관계를 고려하여 제약된 한계 안에서 경제를 위한 정치적 조건을 만들어 가야 했다. 다시 말하자면 정치는 여전히 사회적 약자들을 위한 제약된 사회법을 더욱 강화해 나가는 방식으로 작용했다. 그러나 이러한 국민국가적 제약의 틀은 자본의 초국화와 더불어 그 규제력을 점차 상실하게 되었다. 1960~1970년대에 들어오면서, 이른바 다국적 혹은 초국적 기업들의 등장과 더불어 점차 경제가 정치를 지배하게 되었다. 이때 '시장의 탈규제화'가 거대한 표제어가 된 것이다.

따라서 신자유주의적 자본주의 세계 체제 혹은 세계화는 한마디로 자본시장들과의 초국가화(Transnationalisierung)와 탈규제화(Deregulierung)라고 규정할 수 있다(Duchrow und Gück, 1997: 4~5). 여기서는 금융자본,

산업자본, 무역자본이 서로 밀접하게 연계된다. 그러나 금융자본이 선두를 점하고 따라서 그것은 매우 포괄적 성격을 가진다. 다시 말하자면 산업자본과 무역자본 등은 금융자본에 일정 부분 혹은 전적으로 종속되며, 산업과 무역은 금융자본의 지원 없이는 제 기능을 발휘하지 못하게 된다. 그리고 금융자본이 선두에 서서 산업자본과 무역자본이 초국가적 자본으로 활동할 수 있도록 그 공간을 확대해 나갔다.

동시에 제2차 세계대전 이후 등장했던 사회주의 국가들, 러시아와 그 동맹 세력들의 붕괴로 인해 체제 경쟁이 끝나자 이들 자본들의 활동 영역은 전 세계적으로 확대되었다. 그리고 유럽 안에서는 노동력을 감축할 수 있는 새로운 기술이 발달되어 노동운동이라고 하는 반대 세력이 약화됨으로써 지역적으로 제약되었던 (민족)국가들을 뛰어넘어서 민족 단위로 구성되었던 인간들을 전적으로 장악하게 되었다. 이것은 국가 단위로 구성되었던 국민경제를 세계 자본주의 경제체제로 편입시키는 것을 의미한다.

이렇게 만들어진 초국적 시장의 주역은 앞서 말한 다국적기업과 은행이다. 다국적기업은 '관세와 무역에 관한 일반 협정(GATT)'이라는 정치적 틀을 이용하여 전 세계적으로 생산요소에서 가격이 유리한 입지를 찾아 나섰다. 이것은 일면 국제 분업의 성격을 띠기도 했지만 사실은 다국적기업들의 생산요소와 연관되었다. 다른 한편 금융시장의 초국화는 가히 혁명적이었다. '자유로운 은행 시장(Offshore)'의 등장은 세계적 차원에서 거래를 세계 화폐인 달러로 하는 것과 함께 기장에 있어서도 자국의 통제 가능한 결산으로 처리하는 것과 통제 불가능한 초국가적 기장으로 처리하는 것을 모두 가능하게 했다. 따라서 금융자산은 달러라는 세계 화폐를 통해 국가적 통제에서 벗어나 통제 불가능한 존재가 된다.

이러한 자본, 특히 금융자본의 세계화는 이전의 사회주의 국가군에 속했던 제2세계와 이전의 식민지 국가들이었던 제3세계 국가들에게 매우 중대한 결과를 가져왔다. 무엇보다 부유한 나라들과 가난한 나라들 사이의 격차가 점차 심화되었다. 동시에 부유한 나라 안에서도 빈부의 격차가 심화되었을 뿐만 아니라 가난한 나라 안에서 빈부의 격차는 심각한 상태에 도달했다.

4. 금융 지배의 세계화와 남반구에서의 결과

선진 공업국, 특히 미국에 의한 금융시장의 세계화는 1970년대 초에 들어와서 외환시장의 자유화를 동반했다. 또한 1970년대 말에는 미국 달러의 통화량과 이자 정책에 커다란 영향을 미쳤다. 당시 카터 행정부 하에서 연방은행은 안정적 통화량만을 보장하고 이자율은 통제하지 않는 정책을 취했다. 말하자면 이자율은 자유시장 원리에 맡긴 것이다. 그 결과 제한된 통화량과 막대한 군비 증강 자금의 조달로 인하여 이자율이 20%까지 치솟았다. 레이건 정부가 이 정책을 더욱 강화함에 따라 엄청난 국제자본이 미국으로 들어오게 되었다.

이러한 정책의 배후에는 몇 가지 이해관계가 도사리고 있다. 첫째, 더 높은 이자를 얻고자 하는 금융자산가들의 이해관계, 둘째, 차변금리와 대변금리 사이에서 더 높은 이윤을 취하려는 은행들의 이해관계, 셋째, 레이건 정부를 지지하는 세력들의 이해관계 등이 그것이다(두크로, 1997; Greider, 1987: 170, 251). 당시 주로 케인스주의를 지지했던 미국의 민주당마저도 이러한 돈의 지배를 방지하는 법을 폐기해 버렸다.

따라서 '돈의 지배'의 시대가 도래한 것이다. 돈의 지배란 모든 정치적·경제적 결정에서 화폐 증식의 안정성을 우선적으로 확보하는 것을 의미한다. 좀 더 구체적으로 말하자면 모든 경제적·사회적·환경적 요인들은 가변적인 반면 금융시장, 즉 화폐의 가치를 드러내는 이자는 불변적인 것으로 남는 것이다. 이러한 금융정책은 불가피하게 금융자산가들이 모든 것 위에 군림하는 것을 의미한다.

이러한 금융정책의 일차적 희생자들은 당연히 부채를 안고 있는 제3세계 나라들이다. 이 나라들은 갑작스런 이자율 상승 때문에 파산으로 내닫게 되었다. 특히 차관 협정을 차환 계약(roll-over Vertrag)으로 한 나라들은 더욱 심각한 위기에 직면하게 되었다.[8] 제3세계에 닥친 금융위기의 배후에는 다양한 이유가 존재하지만 무엇보다 금융자산가들이 포드주의적으로 발전된 산업국가에서는 충분한 이윤 획득이 불가능하기 때문에 개발도상국의 지배계층을 찾아서 그들에게 이른바 '근대화' 추진 자금을 지원하고 더 높은 이윤을 받아낸 것에 있다. 1980년대 선진 공업국에서는 평균 이자가 연 4%였지만 개발도상국에서는 연 17%에 달했다(Schilling, 1994).[9]

그 결과 채무국들은 세계시장에서 경쟁 가능한 산업, 발달된 은행체계 등을 갖추지 못한 상황에서 융자 기간 안에 빚을 갚기 위한 경화

8) 제3세계의 가난한 나라들은 1982년 외환위기가 발생한 이래 1989년까지 2,362억 달러를 선진 공업국으로 송금했다. 그런데도 부채는 1982년도에 433조 519억 달러에서 624조 9,840억 달러로 상승했다(UNDP, 1992: 89).

9) 1988년 9월 독일 베를린에서 국제통화기금(IMF)과 세계은행(World Bank)의 연차 총회가 열릴 때 교회 단체들이 주관한 "국제 금융 체제와 교회들의 책임(Das Internationale Finanzsystem und die Verantwortung der Kirchen)"이라는 주제의 청문회가 나란히 열렸다. ≪퍼블릭포룸(Publik-Forum)≫이라는 진보적 그리스도인들의 잡지가 이 청문회의 자료집을 출간했는데, 여기에는 IMF의 대표가 참석해서 참석자들의 질문에 답하는 내용과 함께 제3세계 대표자들의 실태 보고가 실려있다. 1988년 당시 외채의 총액은 1조 1,930억 달러였는데, 이중 5,000억 달러가 해당 국가들의 재산 도피로 해외로 빠져나간다. 그리고 IMF 기준에 따르면 부채 상환이 한 나라의 수출 수익금에서 20%를 넘지 말아야 하지만 아프리카의 경우 그것의 45%를 능가하는 것으로 나타나있다.

확보를 강요당했다. 이 기간 동안 개발도상국의 원자재 가격은 약 40% 정도 하락했다. 국제무역 조건 역시 경화 확보를 더욱 어렵게 했다. 선진 공업국들은 약한 나라에 침투할 때는 자유무역을 내세우지만 약한 나라들의 상품에 대해서는 공공연히 보호주의를 추구한다. 이러한 조건 때문에 개발도상국들은 외채 상환과 시장 조작에 의해서 약 5,000억 달러의 손실을 입었다. 이것은 곧 부유한 서방 공업국들이 그만큼의 이윤을 취했다는 것을 의미한다. 결과적으로 1956년부터 1990년까지 북반구가 남반구에서 얻은 이익은 27~55조 달러로 계산할 수 있다. 이것은 콜럼버스 이래 500년 동안의 식민지 착취는 고려하지 않은 것이다(Sabet, 1991: 81~).

이런 조건에서 경화 확보가 어려운 채무국들은 가난한 국민들의 주머니를 짜내야 하며 공공 분야 특히 사회복지 분야의 예산 삭감을 단행하지 않을 수 없다. 그리고 중요한 원자재들이나 농산물과 삼림자원 등 국민의 삶에 절대적으로 필요한 것을 내다 팔게 된다. 그리고 치솟는 이자로 인한 산업활동의 위축으로 엄청난 실업자들이 발생한다. 실업자가 증가하면 범죄율이 높아지고 마피아와 같이 비공식적 경제활동에 참가하는 인구가 늘어난다. 이런 과정에서 전통적 자급경제체제와 사회적 연대가 파괴됨으로써 사회적 혼란이 가속화된다. 그리하여 사회의 전반적 해체가 뒤따르게 된다.

5. 국제통화기금과 세계은행의 역할

1944년 미국의 브레턴우즈에서 열린 세계경제회의는 오늘날 신자유주의적 세계경제체제를 규정하는 데 결정적 역할을 했다. 이 모임은 1929년 이래 자본주의적 실패를 반성하고 사회주의권의 도전에 직면해서 새로운 세계경제 질서를 수립하기 위한 것이었다. 그것이 원래 목표했던 것은 다음과 같은 것들이다. 우선 세계의 균형적 발전을 위해 초국가적 세계중앙은행을 창설하고 세계 화폐를 제정해야 한다는 것이었다. 그 다음으로는 국가 간, 특히 선진국들과 후진국들 사이의 무역 불균형을 해소하고 약소국가를 지원하기 위한 메커니즘이 만들어져야 한다는 것이었다. 케인스는 이러한 목표를 실천에 옮기기 위한 상세한 내용을 제안했다.[10)]

그러나 케인스의 안은 미국의 압력으로 관철되지 못하고 화이트 플랜이 관철되었다. 그것은 1972년까지 지속되었던 것으로서 수지 균형이 깨질 경우 단기적 임시 자금의 지원, 고정환율제 도입 등을 주요 내용으로 한다. 그리고 세계 화폐 대신 금본위와 연결된 달러가 그 역할을 넘겨받았다. 이러한 과제를 수행할 기구로서 초국적 세계중앙은행 대신 국제통화기금이 탄생한다. 이러한 결정은 여기에 참가했던 회원국들이 모두 원하는 바는 아니었지만 제2차 세계대전 이후 강화된 미국의 국제적 위상을 반영하는 것이었다.

국제통화기금에서 문제가 되었던 것은 일차적으로 잠정적 금융 지원을 위한 재정을 조달하는 방식이다. 가맹국들의 일정한 쿼터에 따른 출자금으로 마련되는 재정에서 미국은 가장 많은 20%의 지분을 확보했다. 여기에서 회원국들 사이의 불균형이 드러났다. 그러나 더욱 문제가 되는 것은 쿼터의 지분에 따른 의사결정권의 배분이다. 전체 자금에서 20%의 지분을 가진 미국은 의사결정권에서 25%의 권리를 행사하게 되었다. 국제통화기금에서는 모든 결정을 85%의 찬성에 의해서 결

10) 케인스는 무역 불균형 개선을 위해서 무역 흑자국은 일정 기간 동안 무역 적자국의 상품이나 서비스를 구매하도록 했다. 하지만 케인스는 질병 때문에 회의에서 자신의 의사를 제대로 관철할 수 없었다.

의될 수 있도록 했기 때문에 표결정족수 25%를 가진 미국의 지지 없이는 어떤 결정도 불가능하게 되었다. 따라서 각 나라가 하나의 표를 행사할 수 있는 유엔기구와는 달리 국제통화기금은 미국의 독점적 지배하에 들어간 것이다.

그리고 이른바 가장 부유한 10대 강국으로 구성된 '10대 집단'이 전체 쿼터의 54%를 점하고 있어서 미국과 더불어 부유한 나라들이 세계금융에 관한 모든 의결권을 행사하게 되었다. 10대 국가에 속한 나라들은 미국, 독일, 일본이 가장 강력한 선두 집단에 속하고 그 다음으로 영국, 프랑스, 이탈리아, 캐나다, 네덜란드, 스웨덴이다. 이들은 자본 참여와 의결권의 순차에 따라서 분류한 것이다.

같은 시기에 창설된 세계은행은 이 기구의 개발 기금 대신 설립된 것이다. 세계은행의 일차적 과제는 전후 유럽의 재건을 위한 자금 제공에 있었다. 이전의 식민지 지역이었던 제3세계의 국가들의 개발과 지원은 전혀 고려되지 않았다. 따라서 세계의 균형적 발전이나 무역수지 불균형의 시정 같은 문제도 도외시되었다. 이른바 저개발 국가들의 정치와 경제는 미국의 모델에 따라서 발전되어야 한다는 것만이 강조되었다(Sachs, 1992: 9).

국제통화기금과 세계은행의 설립은 초기에는 세계무역의 확대와 그에 따른 세계경제의 경기 활성화에 기여한 측면도 있다. 그러나 이 기구들은 세계적 차원에서 균형 발전이나 무역수지 균형이 가능하도록 하는 규제 장치가 결여되어 있었기 때문에 체제 자체에 부식할 요소를 내포하고 있었다. 다시 말하자면 금융자본가들의 무제약적 이윤 추구를 통제할 수 있는 수단이 없었기 때문에 빈부의 격차를 첨예화시킨 것이다.

이 제도들의 결정적 결함은 일차적으로 미국의 인플레 결손 정책에서 나타났다. 미국은 통화 예비 국가로서 외국의 부채 이자를 통해서 자신들의 지속적 금융 결손을 채워나갔다. 유럽공동체 국가들의 고이자 정책에서도 결함이 나타났다. 유럽공동체는 계절적 화폐가치 인상과 높은 이자로 자금을 미국 달러로부터 도피해 오게 함으로써 통화질서의 팽창을 가져왔다(Hankel, 1992: 10).

1970년대 중반부터 이른바 '개발도상국들'은 완전히 좌절 상태에 빠진다. 몇몇 '급성장 국가들(Schwellenlander)'—예를 들면 한국, 대만, 홍콩, 싱가포르 등—은 좀 나은 편이었지만 여타 나라들에서는 절대적 빈곤의 경계선에 처한 사람들이 전체 인구의 40%를 상회했다(칠레 등). 외채는 점점 늘어났고 그것을 갚기 위해서 원자재와 생산품을 헐값에 내다 팔았다. 거기에다 엘리트층의 자금 도피로 민중들의 삶은 점점 도탄에 빠졌다. 따라서 많은 나라들이 외채 상환을 할 수 없는 처지가 되었다.

이러한 상황에서 국제통화기금과 세계은행은 새로운 정책을 모색한다. 그것은 채권국과 채권 은행의 이해에 따라 채무국을 국제적 시장경제 메커니즘에 연계시킴으로써 채무 상환에 맞추어 채권국의 경제에 개입하는 것이다. 이로써 국제적 채권·채무 체제의 붕괴를 방지하고자 했다. 한마디로 말하자면 국제통화기금은 서구 국가들의 금융자산 소유자들을 위한 경찰 역할을 담당하게 된 것이다. 채무국의 경제를 강제로 수출 주도로 바꾸게 만들고 사회보장제도의 철폐를 통해 사회적 부담을 줄인 데서 생긴 돈으로 외채를 갚게 한다. 이리하여 채권국들은 매년 5,000억 달러 이상을 이자로 가져갔다. 이는 곧 가난한 사람들이 부자들에게 재정을 지원해 주는 셈이었다.

국제통화기금은 자금을 지원받아야 할 나라들에 대해서 몇 가지 조치들을 강요한다. 첫째는 구조조정이다. 구조조정에는 노임 차단(삭감)이나 노동자들의 정리해고, 사회보장 지출 삭감, 농민들을 위한 식료품 보조금 폐지, 환율의 평가절하 및 고이자 정책 등을 들 수 있다.[11] 이러한 구조조정을 하는 국가에만 자금을 보다 유리한 이자로 빌려준다. 그리고 이러한 구조조정은 해당국가의 경제를 부채 상환에 상응하게 통제하는 것을 의미한다.

채권국들의 동맹체라고 할 수 있는 국제통화기금이 부채를 받아가기 위해서 사용하는 가장 악랄한 방법은 '지분 교환을 위한 부채(debt for equity-swaps)'이다. 이것은 채권국들이 채무국의 빚 대신 그들의 수익성 높은 산업 등을 차지하는 것이다. 이러한 방법은 주식시장 개방이나 외국자본의 경제활동 허용 등을 강요함으로써 달성된다. 그래서 IMF 구제금융을 받은 나라의 수익성 높은 산업이나 유통업 등이 선진국의 금융자산가들에게 넘어간다.[12)]

한 걸음 더 나아가서 동서 갈등이 사라진 다음 서구의 군사적 안보체제의 방향은 점차 제3세계를 향하고 있음이 분명해졌다. 1989년부터 개발된 저강도 전쟁(Kriegführung mittlerer Intensität)의 대표적 예는 걸프 전쟁인데, 여기서는 서구의 무기 기술을 통해서 세계경제에 압력을 행사하는 것을 목표로 하고 있다.[13)] 미국을 정점으로 한 현존하는 세계에 도전하는 국가들에 대해서 군사적으로 대응하는 것이다. 이러한 대응이 이슬람과 국제 난민들에 대한 새로운 적대상을 부추기고 있

11) 한국에서의 구조조정에는 대기업과 은행에 대한 것들도 있는데, 예를 들면 은행의 자기자본금 8%의 확보를 필두로 해서 대기업의 차입 비율 하향 조정 및 선단식 경영 철폐 등을 들 수 있다.

12) 금융자산의 황제로 알려진 소로스는 국제적 고리대금업자일 뿐만 아니라 기업 사냥꾼이기도 하다. 마이클 잭슨도 이제는 노래로 돈 버는 것이 한계에 달하자 이런 기업 사냥꾼으로 나섰다. IMF 구제금융을 받은 나라들은 이러한 기업 사냥꾼들 앞에 노출된 짐승들처럼 자기를 내주지 않을 수 없다(Altvater, 1992: 175).

13) 저강도 전쟁에 대해서는 히플러 외(Hippler u.a., 1992)의 저서와 두크로(1997: 121)의 저서를 참고할 수 있다.

다. 동시에 서구적 경제 모델이나 사회 모델에 대한 대안을 찾고자 하는 쿠바나 니카라과, 그리고 북한과 리비아 등과 같은 나라들에 대해서 정치적·경제적 불안정을 조성한다. 그뿐만 아니라 마약 밀수나 테러 수출 등과 같은 갖가지 선전 방식을 통해서 그들에게 압력을 가하여 통일된 세계경제체제에 굴복하도록 한다. 미국이 북한을 향해서 "국제 사회의 일원이 되라"라고 요구하는 것은 오늘날의 경제체제에 편입할 것을 강요하는 것이다.

6. 오늘날의 자본주의적 세계경제체제

16세기부터 시작된 약탈적 제국주의 시대에서 17~18세기의 중상주의적 삼각무역 시대를 거쳐 19세기 영미의 헤게모니하에 탄생한 고도 자본주의까지, 각각의 자본주의 발전 단계에서는 유럽 안팎에서 다양한 저항운동이 있어왔다. 유럽 밖에서는 주로 식민지 해방운동의 차원에서 저항운동이 전개되었고 유럽 안에서는 노동운동을 중심으로 사회주의, 파시즘, 케인스주의 등 다양한 형식으로 전개되었다(두크로, 1997: 69~82). 그러나 길고 다양한 저항의 역사들이 부분적으로는 성공을 거두었다고 할 수 있으나 사태를 획기적으로 바꾸어놓지는 못했다. 그것은 오늘날의 신자유주의적 자본주의 세계경제체제를 고려해 볼 때 더욱 분명하게 드러난다.

1985년 이래 사회주의권의 붕괴 이후 신자유주의에 기초하여 금융자본이 지배하는 세계경제체제를 우리는 세계화 혹은 지구화라고 불렀다. 이것은 가장 강력한 저항 세력인 사회주의가 붕괴함으로써 자본주의적 단일 경제체제가 전 세계를 지배하게 되었음을 의미한다. 이러한 세계화는 몇 가지 특성을 가지고 있다. 고속 전자 통신의 무제한적 네

트워크로 상징되는 세계화는 이전의 모든 사회조직, 권력 행사 방식, 생산방식들을 바꾸어놓았다. 특히 전 세계적 경제체제와 금융체제는 지난 200년 동안 민족국가적 경계를 철폐했을 뿐만 아니라 그들의 정치적 주권도 뛰어넘었다. 한마디로 이러한 금융체제의 세계화는 전 세계를 전횡적으로 지배하는 세력으로 군림하고 있다. 이 체제는 경쟁을 통한 성장 논리에 따라 움직이며, 지구를 권력과 부의 지속적 축적을 위한 자원으로 다루고 있다. 따라서 세계화는 엄격하게 말해서 자본시장의 세계화라고 할 수 있다.

세계화의 가장 직접적인 결과는 무엇보다 통일된 체제의 변두리에 있는 인간들을 소외시키고 생존을 위협한다는 것이다(Raiser, 1996: 18~). 과거에 식민지 역사를 경험했던 제3세계의 국가들이 이제는 외환위기라고 하는 새로운 식민지적 지배체제하에 시달리고 있다. 이러한 위기의 실상을 1970년대에는 '종속이론'을 통해서 설명하기도 했다. 외환위기는 1980년대 주로 남미의 국가들, 즉 16세기의 약탈적 식민지 국가들을 강타했다. 이들 국가과 국민은 역사상 가장 오랜 약탈과 착취의 대상이 되어왔다. 그 정점은 1982년의 멕시코의 외환위기이다. 멕시코는 석유 등 엄청난 자연자원을 가지고 있지만 500년 전부터 지속되어 오는 식민지적 착취의 유산을 아직도 청산하지 못하고 있다.

또한 자본시장의 세계화는 1990년대 중반에 들어와서 아시아 국가들을 덮치고 있다. 제3세계 국가들의 외환위기는 해당 국가에 그 원인이 있다고 분석하기도 한다. 그러나 근본적 원인은 선진 공업국들의 헤게모니하에 있는 오늘날의 왜곡된 세계경제 질서에 있다고 할 것이다. 따라서 오늘날 왜곡된 신자유주의적 세계경제체제에 대항해서 새로운 대안을 찾는 길도 역시 이러한 왜곡된 세계경제 질서의 수정에서부터 출발해야 할 것이다.

앞에서도 언급했지만 가톨릭교회는 16세기부터 시작된 약탈적 자본주의에 대해 책임을 져야 한다. 그리고 개신교는 중상주의 이래 오늘날의 신자유주의적 세계경제체제의 왜곡에 대해 깊은 책임감을 가져야 한다. 신자유주의의 왜곡된 세계경제체제에 대한 일차적 책임은 지난 50여 년 동안 '복음주의'를 표방한 일단의 보수적 개신교 집단들에서 찾을 수 있다.[14] 이들은 19세기 중엽 이래 경건주의(Pietismus)와 각성운동으로부터 시작된 '영혼과 육신을 분리하는 선교 신학'에 기초하여 인간 영혼의 구원만을 고집함으로써 사회적·정치적·경제적 관계성에 있는 인간을 도외시하는 선교 활동을 전개해 왔다. 엄격한 의미에서 그들은 구체적 삶의 현장에 있는 인간들의 구원을 문제 삼지 않고 추상적으로 인간 영혼의 구원만을 담당한다고 자부했다. 이러한 입장은 성서의 전통에서도, 교회사의 전통에서도 찾기 힘든 것이다. 사실상 영혼 구원론은 초대교회의 형성기에 침투해 들어온 그리스의 영혼 불멸 사상과 동방 영지주의의 산물이라 할 수 있다.

그들은 또한 종교개혁자 루터의 '이왕국론'을 왜곡하여 이른바 '정교분리'라는 사회윤리적 도식을 주창함으로써 그리스도인들의 정치적 봉사(the political Diakonia)를 외면한 채 교회 안에서만 농성해 왔다. 한국 장로교회의 경우 칼뱅의 '그리스도 왕권 통치 사상(die Königsherrschaft Christi)'이라고 하는 사회윤리적 전통을 무시하고 오히려 루터적 이왕국론에 치우침으로써 장로교의 신학 전통에서 이탈하고 말았던 것이다.

이러한 한국 개신교회들의 선교 신학적·사회윤리적 왜곡과 일탈에 더해서 1970년대 미국의 자본주의적 성장 동기를 배경으로 탄생한 '교회성장론' 또한 커다란 문제였다. 그것은 일종의 '시장화(市場化)된 종교

---

14) 필자는 편의상 1948년 암스테르담에서 창설된 세계교회협의회(WCC)의 신학 노선과 실천 활동에 동의하지 않는 일단의 보수적 교회 집단들을 '복음주의파'에 속한 것으로 분류한다.

(Die vermarktete Religion)'로서 한국에 들어와서는 보수적 개신교회를 무제약적 경쟁 논리로 몰아넣었다. 몰트만(Moltmann, 1996: 84)은 이러한 '시장화된 종교'를 가리켜 복음을 상품으로 만들어 선전하는 것으로 그 내용은 '행복, 성공, 자의식의 메시지'라고 했다.[15] 따라서 1960~1970년대 개신교 성장 운동(이 운동은 교단마다 1만 교회, 혹은 2만 교회 배가 운동으로 나타났다)은 교파 간, 교회 간의 불건전한 성장 경쟁을 야기했고 결국 교인 쟁탈전으로 전락하고 말았다. 교회성장론의 배경에는 '인간이 하면 된다'라는 인본주의적 메시지가 깔려있었다. 이러한 성과에의 집착이 '하나님 주권주의'를 이탈하는 반신적(反神的) 업적주의를 낳았으며, 결국 한국 교회는 물질만능주의, 샤머니즘적 축복주의의 온상이 되었다.

왜곡된 선교 신학과 윤리학의 배경을 이루고 있는 것은 '식민주의와 선교의 종합'을 추동했던 국가 신학과 '제국주의와 선교 신학의 종합'을 추구했던 자본주의 신학이다. 이들은 오늘날에도 미국에서 기업과 은행의 자금 지원을 받아 자본주의 신학을 수행하고 있다. 그 대표적 예로서 마이클 노박(Michael Novak) 같은 학자들을 들 수 있을 것이다.[16]

---

15) 미국에서 TV를 통해 선전하는 교회의 설교나 한국에서 개신교, 가톨릭, 불교방송에서 돈을 내고 설교·강론하는 것은 모두 이러한 '시장화된 종교'의 전형적 행태라고 할 수 있다. 그들은 복음을 전한다고 하지만 그 동기는 장삿속에 있다. 예수는 이렇게 시장화된 종교 행사, 즉 교회를 장사꾼의 소굴로 만드는 것에 대해 채찍을 들고 교회에서 몰아냈다(마가복음 11: 15~19; 마태복음 21: 12~17; 누가복음 19: 45~48).

16) 노박의 『민주적 자본주의의 정신(The Spirit of Democratic Capitalism)』(1982)은 '자본주의 신학'을 선전하는 대표적 저작이다. 신보수주의 혹은 신자유주의 신학을 지원하고 있는 학자들에 대해서는 손규태(1992: 78~90)와 스타인펠스(1983)를 참조한다. 스타인펠스의 저서에는 노박 등 일단의 신보수주의자들의 면모와 그들의 사상, 그들의 사회적 활동 전술 등이 자세히 다루어지고 있다(Habermas, 1987).

이들은 오늘날의 왜곡된 자본주의적 세계 질서의 대표적인 옹호자들이며 사회 변혁과 새로운 세계경제 질서를 요구하는 이들을 공산주의자, 테러리스트의 지원자 등으로 매도하고 있다. 이들은 미국에 근거지를 두고 남미 등 제3세계 국가들과 옛 동유럽 지역에서 활동하고 있는 친자본주의적 종파들에게 자금을 지원하고 있다.

왜곡된 선교 신학과 사회윤리, 그리고 성장이론의 뒤범벅 속에서 참된 복음과 구원의 길을 제시하지 못한 한국의 개신교회는 지난 30여 년 동안의 반독재 민주화운동에서 소외되었을 뿐만 아니라 이들의 부패와 투쟁하는 사회정의 운동에도 참여하지 못함으로써 교회 안팎에서 그 신뢰성을 상실하고 말았다. 가톨릭교회와 달리 노동운동으로부터 완전히 소외된 개신교는 앞으로 억눌리고 약한 자들을 위한 그리스도의 선교 전선에 동참할 수 없게 되었다. 따라서 한국의 개신교회는 오늘날 심각한 신뢰성 위기와 더불어 선교의 위기에 직면하고 있다. 최근에 와서 가톨릭교회는 성장하고 있는 반면 개신교회의 교인은 줄고 있는 원인도 여기에 있다고 본다.

특히 '복음주의적 교단들'이 얼마 전부터 전개하고 있는 해외 선교활동은 거의 전적으로 16세기 '식민주의와 선교의 종합 모델'과 19세기 '제국주의적 선교 모델'을 그대로 답습하고 있어, 피선교지 국가들과 기존의 교회들로부터 커다란 반발을 사고 있다. 제대로 훈련받지 못한 젊은 선교사들이 비복음적 객기와 대단치 않은 한국의 경제발전을 등에 업고 시작한 해외 선교는 몇몇 지역에서 약간의 성공을 거둘 수 있을지는 모르지만 올바른 선교 신학과 실천이 갖추어지지 않는 한 '모래 위에 세운 집'에 그칠 가능성이 많다는 것이 사려 깊은 그리스도인들의 걱정이다.

그러나 세계교회협의회(WCC) 회원 교회들과 한국의 개혁적이고 진보적인 신앙을 가진 교회들은 신자유주의적 세계경제체제의 모순과 그것이 1960년대 이래 한국에서 자행한 정치적·사회적·경제적 왜곡에 대해서 그동안 깊이 성찰하고 함께 투쟁하며 대안을 제시해 왔다(손규태, 1992).

우선 세계교회협의회의 활동에 대해서 생각해 보자. 세계교회협의회는 1948년 창설된 이래 세계에 대한 책임성에 기초한 그리스도인들의 정치적 봉사를 줄기차게 실천해 오고 있다. 기독교인들이 기독교인과 대항해서 싸운 제1, 2차 세계대전의 참화를 막지 못한 것에 대해서 세계교회협의회 창설 교회들은 깊은 참회와 성찰을 하고 정치적 행동을 위한 목표로서 '책임사회론(Responsible Society)'을 주창했다.[17] 책임사회론은 1952년 당시 독일 빌링겐에서 열렸던 선교 대회를 '하나님의 선교(Missio Dei)' 신학으로 확대하고 발전시켰다.[18] 이 신학에 기초해

---

17) 1948년 암스테르담에서 열린 세계교회협의회 창립총회에서 '책임사회론'은 다음과 같이 정의되었다. "책임사회란 정의와 공공질서에 대한 책임을 승인하는 사람들의 자유가 성립되는 곳에 존재하며, 여기서 정치적 권위나 경제적 힘을 가진 사람들은 그것을 하나님과 사람들에 대해서 책임 있게 행사해야 한다." 책임사회란 자유롭고 민주적인 사회이며 동시에 사회적·경제적 정의가 실현되는 사회이다. 그리고 1954년 에번스턴에서 열린 세계교회협의회 총회는 책임사회를 기독교적 사회체제로 정의하는 것이 아니라, 자본주의와 공산주의의 대결 상황에서 정의롭고 자유로운 제3의 사회로 규정했다. 여기에는 바르트의 신학적 입장이 강하게 반영되었다. 이 개념의 창설자라고 할 수 있는 영국의 평신도 신학자 올담(J. H. Oldaham)은 책임사회의 개념과 관련해 그리스도인의 행동은 하나님의 인도를 받았을 때만 옳다고 주장했다. 그리고 뉴델리 대회(1961)와 '교회와 사회협의회'(1966)에서는 책임사회를 세계교회협의회의 사회윤리적 준거로 파악했다(Lossky et al., 1991: 866).

18) '하나님의 선교' 개념은 1950년대 국제선교협의회의 테두리 안에서 성공회 신학자 집단이 선교 활동을 위한 신학적 기초로 발전시켰다. 1952년 빌링겐 선교 대회에서는 전통적인 '교회 중심적 선교(church-centered mission)'에 대해 비판을 가하고, 하나님은 교회를 통해서뿐만 아니라 교회 밖에서도 삼위일체 하나님으로서 세계와 자신을 화해시키는 선교 활동을 한다는 주장을 제기했

서 이른바 '평신도 신학(Theology of the Laiety)'이 출현하기도 했다.

그러나 세계교회협의회가 신학적 방향에 있어서나 실천 프로그램에 있어서 변신을 하게 된 것은 1960년대 중반부터였다. 이 시기에 제3세계 교회 대표자들의 위상과 발언권이 강화된 것이 이러한 방향 전환의 계기가 되었다. 제2차 세계대전 이후 제1세계와 제2세계의 교인 수는 엄청나게 감소했으나 제3세계에서는 그리스도인들과 교회가 급증했다 (Wiedenmann, 1987: 7~19; Bühlmann, 1974).[19] 그것은 필연적으로 세계교회협의회의 신학적 주제들을 제1세계의 문제에서 제3세계의 문제로 바꾸게 되었다. 제3세계의 문제들, 예를 들면 제1세계에 종속된 상황의 정치적 억압, 경제적 착취 등으로 인한 빈곤, 차별, 인종주의, 도시화 등의 문제가 세계교회협의회에서 첨예한 문제들로 등장했다. 이러한 제3세계의 신학적 흐름은 남미의 해방신학과 아시아의 민중신학, 그리고 아프리카의 해방신학들에 의해서 규정되었다.

유럽에서는 19세기 말~20세기 초에 등장했던 종교 사회주의 운동과 미국의 사회복음주의, 디트리히 본회퍼의 신학, 독일의 고백교회 등이 자극이 되었다. 이러한 신학사상과 운동이 세계교회협의회의 창설과 운동 방향 설정에 결정적 역할을 했던 것이다. 제3세계 교회와 유럽 및 미국의 새로운 신학적 자극들이 에큐메니컬 운동의 다른 한 축을 이루었던 실용주의적 현실주의자들(Pragmatic Realists)과의 '교파 간 연

다(J. C. Hoekendijk). 초대교회부터 그런 전통을 가지고 있던 가톨릭교회와 동방정교회는 '하나님의 선교' 개념을 환영했다. 하나님의 선교에서 신학적 도식에 따르면 전통적 도식인 '하나님-교회-세계'는 '하나님-세계-교회'의 도식으로 대치된다.

19) 뷜만은 그리스도교의 역사를 제1교회(1~8세기까지 지중해 연안의 동방교회 중심 시대), 제2교회(10~19세기까지 로마 가톨릭의 서방교회), 제3교회(20세기 제3세계의 중심 교회들)로 구분하고 있다. 그는 가톨릭 신학자이므로 종교개혁 이후의 북방교회 시기는 언급하지 않고 있다.

합 운동' 차원을 뛰어넘어 '해방신학과 민중신학'의 방향으로 나아가게 했다(손규태, 1997: 213~251).[20]

1966년에는 제네바에서 세계교회협의회의 '교회와 사회 협의회'가 개최되어 이러한 방향에서 세계적 문제에 대한 연구와 해결 방안을 모색했다. 그것은 무엇보다 인종주의를 제거하기 위한 프로그램(Programme to Combat Racism)의 설치에서 구체화되었다. 그리고 제3세계에 대한 경제적 착취 문제를 다루게 될 프로그램으로서 '개발에 대한 교회의 참여를 위한 위원회(Commission on the Churches' Participation in Development: CCPD)'가 구성되었다. 1977년부터 CCPD의 주관하에 교회와 다국적기업의 문제점을 다루었고, 1979년에는 그 테두리 안에서 '경제문제에 대한 자문 집단(Advisory Group on Economic Matters)'이 구성되어 '정치경제학의 새로운 패러다임'을 추구하게 된다. 이 위원회 안에 '정의롭고 참여적이며 지속 가능한 사회(Just, Participatory and Sustainable Society)'라는 목표 프로그램과 함께 '도시 농촌 선교(Urban Rural Mission)' 프로그램이 만들어졌다. 이러한 프로그램들은 인종차별 철폐, 성차별 철폐, 그리고 인권 및 사회경제적 정의 실현을 그 목표로 하고 있다(Lossky et al., 1991: 556~). 이러한 문제들은 1983년 캐나다 밴쿠버에서 열렸던 세계교회협의회 총회에서 다시 종합적으로 논의되었고 그 실천 방향을 다음 두 가지로 새롭게 정리했다.

첫째, '정의, 평화, 창조 질서의 보전(Justice, Peace and the Integrity of

---

20) 한국에서의 에큐메니컬 운동은 1960~1970년대에는 해방신학적이고 민중신학적인 방향에서 정치적 억압과 경제적 착취에 대항해서 투쟁했으나 1980년대 중순 이후부터는 사회적·정치적 상황의 변화와 함께 에큐메니컬 운동의 리더십 교체로 '실용주의적 현실주의'의 방향으로 나아가고 있다. 그 대표적 예는 그동안 해방신학적이고 민중신학적 방향에 대해서 거부감을 가지고 있던 순복음교회의 참여에서 볼 수 있다.

Creation)'이라는 주제의 상호 연계된 연구와 함께 그 실천 프로그램을 개발하기로 했다. 둘째, 이러한 프로그램은 교회의 존재와 이해라는 교회론적 문제와 결합되었다. 다시 말하자면 이러한 새로운 프로그램에 대한 교회의 책임과 함께 그것을 실천할 담지자로서 교회의 역할이 신학적·실천적인 문제로 대두된 것이다. 이러한 새로운 프로그램과 교회론의 문제는 1968년 웁살라 대회에서 천명한 비서트 후프트(Visser't Hooft)의 다음과 같은 발언에서 잘 나타난다. "가난한 자를 위한 책임을 부정하는 교인들이 있다면 그들은 신앙의 이런저런 항목을 부정하는 것과 똑같이 이단의 죄를 범하는 것이다." 인종차별이라고 하는 구조적 인종주의와 같이 가난한 형제를 돌보지 않는 것 역시 이단이며 따라서 이들을 외면하는 것은 신앙고백의 문제(status confessionis)로 규정되었다. 즉 인종차별주의자와 같이 사회적 약자에 대해 책임지지 않는 자는 곧 그리스도 신자가 아니라는 말이다.

특히 신자유주의의 왜곡된 세계경제체제에 대한 문제를 본격적으로 연구하고 다루기 시작한 것은 세계교회협의회의 경제백서 『삶과 만민을 위한 충족: 기독교 신앙과 오늘날의 세계경제』가 나온 1992년부터이다(Lossky et al., 1991: 1~57). 이 문서는 '정의, 평화, 창조 질서의 보전'을 통해서 논의된 것의 결실이라고 할 수 있다(이 문제는 유럽 차원에서는 스위스 바젤, 그리고 세계적 차원에서는 1990년 3월 서울에서 다루어졌다).

이 경제백서는 제2장에서 오늘날 세계경제의 제반 문제들을 9가지 영역으로 나누어 분석하고 있다. 세계은행에 따르면 세계 인구의 4분의 1, 즉 약 13억의 인구가 절대 빈곤 상태에서 신음하고 있다. 그리고 유엔개발보고서에 따르면 약 9억의 사람들이 빈곤으로 인해서 읽거나 쓸 줄 모르는 문맹이다. 1960~1989년 사이에 세계 인구의 부유한 20%가 총생산 중에 차지하는 비율은 70.2%에서 82.7%로 올라간 반면 가난한 20%가 차지하는 비율은 2.3%에서 1.4%로 떨어졌다. 또한 가난한 나라들이나 부유한 나라들이나 그 안에 살고 있는 사람들 사이에 빈부 격차도 커지고 있다.

절대 빈곤의 원인은 1970년대부터 발생하기 시작한 제3세계 국가들의 외채와 그에 대한 상환 과정에서 더욱 심화되었다고 한다. 제3세계 국가들의 엘리트 지배자들은 '경제개발'이라는 명목으로 엄청난 외채를 도입했다. 그들은 이 자금을 경제개발에 일부 사용하기는 했으나 지역 분쟁을 막고 자신들의 불의한 정권을 유지하기 위해 군비 증강과 무기 구매에 엄청난 돈을 사용했다. 그리고 외채의 상당 부분을 해외로 도피시켰다. 그 결과 외채 상환 기간이 돌아오자 심각한 위기에 직면했다. 1982년부터 1990년 사이에 개발도상국들은 1조 3,450억 달러의 원금과 이자를 채권국에 송금해야 했는데, 이것은 개발도상국들이 빌린 부채의 총액보다 4,180억 달러 더 많은 액수이다. 이 경제백서는 이러한 부채 문제가 1990년 이후 더욱 심각해지고 있다고 보고하고 있다(독일개신교공공책임성위원회, 1994: 23~).

이외에도 많은 개신교회들이 오늘날 자본주의의 불의한 세계경제 질서를 비판하고 있다. 바티칸은 마르크스주의와 산업 프롤레타리아의 현실에 대한 교황 레오 13세의 「노동헌장 교서(Enzyklika Rerum novarum)」 발표 100주년을 맞이해서 「1891년 5월 15일 100주년 기념 교서(Enzyklika Cenestimus annus)」를 출간했다. 이 교서는 오늘날의 불의한 경제 질서에 대한 우려를 담고 있다. 여기에 따라서 미국의 가톨릭 주교 회의도 1987년 신자유주의적인 레이건의 경제정책에 반대하는 운동을 전개했고 영국의 성공회 역시 대처 정부의 경제정책을 비판했다.

독일의 경우 '공동의 복리와 사리(Gemeinwohl und Eigennutz)'라는 주제로 1991년에 경제백서를 발간했다(독일개신교공공책임성위원회, 1994). 이 문서는 '사회적 시장경제(Soziale Wirtschaft)'를 오늘날의 대안으로 제시하고 있다. 사회적 시장경제는 미국식 신자유주의 경제체제와 사회주의적 계획경제체제를 모두 비판하고 그 중간노선을 가고 있는 독일 정부가 채택한 체제이다.

그 밖에 유럽의 유수한 신학자들이 '경제윤리'라는 주제를 통해 오늘날 신자유주의적 경제 질서를 비판하고 있다. 독일의 대표적인 주자는 리히(Arthur Rich)와 슈피겔(Yorck Spiegel) 등이다. 이들은 오늘날의 세계경제체제를 문제 삼고 세계경제에 있어서 참여적 협력(Partizipative Koorperation)을 제안하고 있다. 이러한 참여적 협력의 조건으로서 리히는 '참여적 외채 상환(Partizipative Schuldentilgung)'과 '참여적 시장 질서(Parzipative Marktwordnung)'를 제시한다. 오늘날의 외채 구조는 채권국의 참여적 협력 없이는 해결될 수 없다는 것이다(Rich, 1987; 1990; Spiegel, 1992).

7. 그리스도인의 과제

오늘날 신자유주의적 세계경제체제하에서 벌어지고 있는 빈부 격차의 지속적 확대, 특히 금융자본의 무제약적 횡포는 반인간적일 뿐만 아니라 반신적이다. 오늘날 세계를 지배하고 있는 것은 전능자 하나님이 아니라 맘몬이다. 맘몬은 전체 세계를 지배하고 있을 뿐만 아니라 교회 안에서까지 그 지배력을 확대하고 강화해 가고 있다. 따라서 불의한 자본주의적 세계 체제를 용인하느냐 거부하느냐 하는 문제는 아디아포라(adiaphora)의 문제가 아니라 기독교 신앙의 문제다.

체제 통일을 강요하던 로마 제국의 세력하에 살아가고 있던 사람들을 향해서 예수는 "아무도 두 주인을 섬기지 못한다. 한쪽을 미워하고 다른 쪽을 사랑하거나 한쪽을 중히 여기고 다른 쪽을 업신여길 것이다. 너희(그리스도인들)는 하나님과 재물(맘몬)을 함께 섬길 수 없다(마태복음 6: 24)"라고 했다. 예수는 맘몬, 즉 재물 및 그것의 증식을 목표로 하는 자본주의적 원리를 확실하게 부정하고 있다.

오늘의 현실에서 그리스도인들의 과제는 무엇일까? 두크로(1997: 233)는 『성서의 정치경제학』에서 해석학적 틀로서 성서의 다섯 가지 '회상 규율(Errinnerungsregeln)'을 말한다. 첫째, 그리스도인들의 위치 설정(Ortsbestimmung)이다. 그리스도인들은 권력 및 경제체제에 의해서 희생당한 자들이 있는 곳에 서야 한다(출애굽기 3; 마태복음 25: 31). 둘째, 성서와 기독교의 역사에는 개인적 경건의 전통도 있으나 우선적으로 '공동체성'과 '연대성'이 강조된다. 셋째, 노예화와 탈연대화를 강요하는 체제하에서는 갈등 없이 해방과 연대성이 불가능하다(출애굽기 및 사회적 예언자들). 따라서 그리스도인들은 이러한 체제와 타협하지 않고 저항해야 한다. 넷째, 오늘날의 체제와 이데올로기의 신격화에 대한 신학적 비판이 요구된다. 다섯째, 그리스도인들은 성서 및 그리스도의 전통에 서서 이성의 세계나 타 종교와 협력해야 한다. 말하자면 오늘날과 같은 왜곡된 세계경제 질서에 대항하는 철학적 사상이나 타 종교들과의 협력이 필요하다는 말이다.

따라서 그리스도인들의 과제는 다음 세 가지로 정리할 수 있다. 첫째, 그리스도인들은 오늘날의 교회를 갱신해야 한다. 즉 중세적 식민주의 신학, 19세기의 제국주의 신학에 기초한 국가 신학 및 자본주의 신학을 극복해야 한다. 오늘날의 한국 개신교 안에서 '축복신학'으로 위장된 자본주의적 맘몬 신학과 그 실천은 하나님을 자신들이 마음대로 사용할 수 있는 복덕방망이(Deus ex machina)로 만들고, 교회를 샤머니즘의 소굴로 만들었다. 삼박자 축복으로 대변되는 이러한 축복신학은 성서의 회상 규율에 따르면 왜곡된 위치 설정과 함께 탈연대성을 낳았고 사회적 공동체성을 파괴했다. 사람들의 생명을 빼앗는 자본주의적 몰록 신(레위기 18: 21; 열왕기상 11: 7; 사도행전 7: 43)은 전 세계적으로 사람들을 기아로 죽어가게 만든다. 이것은 우리나라에도 IMF라는 탈을 쓰고 나타나 수많은 생명을 앗아가고 재산을 약탈해 갔다. 오늘날의 왜곡된 세계경제 질서의 문제는 단순히 경제문제가 아니라 신학과 교회의 문제이다. 그것은 인간을 돈으로 살상하고 돈의 노예로 만들고 있기 때문이다. 따라서 오늘날 자본주의의 왜곡된 세계경제 질서는 일차적으로 이 체제를 신학적으로 지원하는 세력(신보수주의자들)과 이 체제를 옹호하는 교회들의 참회와 개혁 없이는 새로운 희망을 기대할 수 없다.

둘째, 교회와 그리스도인들은 '하나님의 선교'의 정신에 따라 등장한 새로운 시민운동(Non-Govermental Organisation)과 연대해야 한다. 하나님은 교회 안에서 활동하실 뿐만 아니라 교회 밖에서 익명의 그리스도인들과 함께 자기의 역사를 이끌어간다. 오늘날에는 왜곡된 자본주의 경제체제에 대항해서 투쟁하는 많은 시민단체가 있고 노동운동 또한 활발하게 진행 중이다. 이들은 교회보다 훨씬 앞장서서 정의로운 세계를 만들어가고 있다. 19세기 중엽처럼 교회는 이들을 '교회를 떠난 방탕한 군상들'로 매도하고 회피할 것이 아니라 그들과 협력하여 새로운 세계경제 질서를 만들어내야 한다.

셋째, 교회는 '하나님의 선교 신학'에 따라 왜곡된 경제 질서와 투쟁하는 타 종교들과 협력해야 한다. 그리스도 일원주의에 따라 교회가 타 종교를 저주의 대상으로 생각하던 제국주의적 신학의 시대는 끝났다. 우리는 불교, 힌두교, 회교 등 세계의 고등종교들과 힘을 합해 새로운 세계 질서를 창출함으로써 평화로운 세계를 만들어가야 한다.

오늘날 정의롭고 평화로우며 자연을 보전하는 삶의 형식을 구현하는 것은 그리스도인들의 삶의 계명이다. 그리스도인들은 예배 행사에만 치중할 것이 아니라 구체적 실천의 장으로 나가야 한다. 아모스는 우리에게 이렇게 말하고 있다.

나는 너희가 벌이는 (교회의) 절기 행사들이 싫다. 역겹다. 너희가 교회로 모여도 도무지 기쁘지 않다. 너희가 나에게 번 제물이나 곡식을 바친다 해도, 내가 그 제물을 받지 않겠다. 너희가 화목제로 바치는 살찐 짐승도 거들떠보지 않겠다. 시끄러운 너의 노래(찬송)소리를 내 앞에서 집어치워라! 너의 거문고 소리도 나는 듣지 않겠다. 너희는 다만 공의가 물처럼 흐르게 하고 정의가 마르지 않는 강처럼 흐르게 하여라(아모스서 5: 21~24).

제4장

애덤 스미스 사상의 신학적 · 철학적 기원에 관한 연구

1. 문제 제기

지난 세기말 소련과 동구권의 몰락과 함께 미국을 정점으로 등장한 새로운 자본주의적 신자유주의 세계 질서[1] 혹은 세계화에 대해 경제학계에서 강력하게 제기한 문제는 '경제와 윤리의 관계'이다. 이성적 합리성에 기초한 시장경제 원리에서 윤리라고 하는 다분히 당위적인 원리가 오늘날의 경제 운영에서 어떤 의미를 갖는 것일까? 도대체 이성

1) 새로운 세계 질서는 미국의 전 대통령 부시가 규정한 것으로, 미국을 정점으로 일어나고 있는 세계의 정치적·군사적·경제적·문화적 관계에서의 새로운 지각변동이다. 이 질서는 미국을 초극으로 하고 유럽과 일본을 다른 두 극으로 삼아서 자본주의적 시장경제를 더욱 확고히 관철시키는 것을 목표로 하고 있다. 이와는 달리 '새로운 질서'는 규범적으로 사용되기도 한다. 이것은 주로 유엔의 테두리에서 논의되고 있는 개념으로 미국이 주도하는 세계 질서에 대칭되는 개념이기도 하다. 여기서 합의하고 있는 내용은 평화, 평등, 복지, 환경보전, 인권 신장 등 인류가 추구하고 있는 보편적 가치의 범세계적 실현을 의미한다(손규태, 1992: 539~541).

적 합리성에 근거한 오늘날의 시장 원리에서 윤리적인 것을 말하는 것이 가능한가? 아니면 시장의 원리는 전적으로 인간의 이성적 합리성에만 맡겨둘 수 있는 것인가? 오늘날 사회·경제적 삶에서 인간들 사이의 조화로운 삶을 위해서는 시장 원리에 선행하는 도덕적·종교적 원리들이 존재해야 하는 것은 아닐까?

케인스는 1926년 베를린에서 '자유방임주의의 종말(Das Ende des Laisser-faire)'이라는 강연을 통해 "국민경제학자들은 오늘날 사회 조화 교리의 뿌리를 이루고 있는 신학적·정치적 철학자들과는 무관하게 되었다. 그리고 학문적 연구에서 그들은 더 이상 이와 유사한 결론에 도달하지도 않는다"(Keynes, 1926: 20; Büscher, 1991: 123~124)라고 선언함으로써 국민경제에 있어서 윤리적 기초와 사회·기술적 형성 사이의 관계 규정이 매우 골치 아픈 쟁점이 되고 있다는 것을 지적했다. 자유방임주의를 뜻하는 'Laisser-faire'라는 말은 정치와 종교의 분리를 주장하는 'Laizismus'와 그 어원을 같이하는 것으로서 경제 연구에 관한 한 신학적 혹은 철학적 논거를 배제하는 것을 의미한다. 다시 말하자면 자유방임주의는 경제활동에 대한 어떤 정치적 간섭도 불가능하며, 도덕적·윤리적 논거 또한 인정하지 않는다는 의미를 내포하고 있다.

발전된 산업사회에서 자유방임주의라고 하는 경제정책은 경제학의 아버지라 할 수 있는 애덤 스미스(Adam Smith)와 경제적 주체들의 자유로운 활동에 관한 이론에 뿌리를 두고 있다. 그런데 여기서 제기되는 물음은 애덤 스미스, 특히 자유방임주의 경제이론의 연구에 있어서 이론적 설계의 기초를 형성하고 있던 당시의 신학적·철학적 배경들이 어떤 역할을 했는가 하는 것이다. 이 글에서는 스미스의 경제이론의 기저에 깔린 신학적이고 종교적인 배경들을 밝힘으로써 오늘날 심각하게 제기되고 있는 경제와 윤리의 관계에 대한 문제를 해명하고자 한다.[2)]

이러한 물음은 오늘날의 변화된 상황에서 세계경제 질서가 갖는 사회윤리적 기초를 찾는 데 애덤 스미스의 도덕론이 경제이론의 틀과 어떤 관계가 있으며, 자유방임주의로 해석되는 경제이론에 대해 새로운 해석 가능성은 없는지 모색하는 것이다. 왜냐하면 자유방임주의 이론에 근거해 시장의 자기 치유 능력에서 윤리적 논거를 찾는 학자들은 낙관적 입장에서 오늘날의 왜곡된 경제 질서의 치유법을 제시하고 있기 때문이다. 그 대표적 예가 다음과 같은 주장에서 제기되고 있다.

> 사회적 약자들은 빈곤이라는 뾰족한 가시를 철저하게 감지해야 한다. 왜냐하면 그렇지 않으면 그들은 일하려고 하지 않을 것이기 때문이다. 다른 한편 사회적 강자들은 자신들의 부를 숨김없이 드러내 보임으로써 가난한 자들의 노동이 가져다주는 노임의 생생한 상을 보게 될 것이다 (Sautter, 1983: 602~).

이 연구에서는 주로 '보이지 않는 손(invisible Hand)'으로 설명하는 애덤 스미스의 시장이론 개념과 자유방임주의 원리의 철학적·신학적 기원을 다루고자 한다. 그렇게 함으로써 스미스의 자유시장경제 원리에서 다시 도덕적·철학적 기초를 발견하는 것이다. 간단히 말해서 시장 자체가 발전된 산업사회에서도 어떤 종교적·도덕적 원리가 기능하고 있는가 하는 것이다.

이러한 경제윤리적 분석에서 요청되는 것은 애덤 스미스 사상의 정신사적, 아니 종교사적 기초들을 밝혀내는 일이다. 이를 위해서는 한 걸음 더 나아가서 영국 중상주의의 정치적·사회적 조건의 분석, 스미스로부터 20세기 말에 이르는 일련의 정신사적 발전, 그리고 애덤 스미스의 인간관을 밝혀내야 할 것이다. 특히 애덤 스미스의 주저인 『도덕

2) 이 문제에 대한 국내 학자들의 연구는 김광수(1995)의 논문이 있다.

감정론』과 『국부론』의 사상적 연속성 혹은 단속성을 밝힘으로써 윤리학과 정치학, 그리고 경제학자로서의 애덤 스미스를 전체적으로(in toto) 새롭게 해석해 보고자 한다. 이는 곧 애덤 스미스의 경제이론을 도덕철학적 관점에서 해명해 보자는 것이다(Meyer-Faje und Ulrich, 1992: 11).

필자의 생각으로는 애덤 스미스의 세계관뿐만 아니라 그의 도덕철학 및 경제학에서 당시의 이신론적(理神論的) 노선(deistische Linie)이 기타 다른 요소들과 나란히 중요한 구성 요소가 된 것으로 보인다. 이신론은 신학적·철학적 복합물로서 세계를 종교의 전통적 교리와 세계관으로부터 결정적으로 해방시킨 사상이며 운동이다. 다시 말하자면 이신론이 당시의 자유주의적 세계관의 뿌리를 형성하고 있다는 말이다. 이신론은 전통적 신학에서 신의 섭리에 대한 이해, 즉 신이 자신의 계시를 통해서 직접적으로 이 세상에 관여하고 통치한다는 이론을 거부하는 것에서 출발한다. 이신론에 의하면 신은 자신이 직접적으로 세계에 관여하고 통치하는 것이 아니라 그의 계획에 따라서 세계를 만들고 스스로 운행되도록 일정한 기계적 법칙을 부여했다는 것이다. 따라서 전통적 신학에서 신과 세계와의 관계가 목적론적으로 규정되어 있다면 이신론에서는 신과 세계와의 관계가 기계론적으로 규정되고 있다고 해야 할 것이다.

2. 종교개혁 세계상의 기본 성격

이신론의 세계상을 다루기 전에 중세와 종교개혁자들의 세계상을 먼저 살펴볼 필요가 있다. 중세에는 신학과 기독교적 윤리가 사회적·경제적 삶을 규정했다. 인간의 종교적 구원, 즉 영원한 나라에서의 삶이 모든 삶의 궁극적 목표이기 때문에 지상에서의 경제적 삶이나 그것을 위한 질서는 잠정적이었고, 따라서 그것은 이래도 저래도 좋은 것이었다. 그렇기 때문에 도덕적·종교적 질서가 세속적 삶이나 경제적 필요에 선행했다. 경제적 사고는 전적으로 종교적 질서, 즉 종교적 가치와 관습에 철저히 종속되었다.

그러나 중세적 사고는 르네상스(Renaissance)와 종교개혁(Reformation)을 거치면서 결정적 변화를 겪게 된다. 사람들은 과거와 전통의 속박에서 벗어나 미래 지향적인 사고를 갖게 되었다. 천상을 향한 삶에서 지상적이고 현실적인 삶으로 그 방향을 바꾸어가기 시작한 것이다. 즉, 형이상학적인 종교적 기도(Ora)의 세계에서 현실적 기도와 노동(Ora et labora)의 세계로 나오게 된 것이다. 프로테스탄트 종교의 창시자라고 할 수 있는 마르틴 루터(Martin Luther)나 요한네스 칼뱅(Johannes Calvin) 같은 사람들에게서 그러한 전환을 뚜렷하게 발견할 수 있다. 루터는 그의 소명(Berufung)을 직업(Beruf)과 결합시킴으로써 이 세상에서의 경제적 삶을 포괄하는 삶 자체가 구원을 위한 소명과 밀접하게 연관되어 있음을 분명히 했다(Wingren, 1957: 171~). 루터는 천상의 삶만을 궁극적 실재로 파악하고 현세적 삶은 지나가는 그림자로 간주하는 것이 아니라, 차안의 삶이 피안의 삶과 밀접하게 연관되어 있음을 분명히 한 것이다. 그것은 가톨릭교회의 신학, 특히 토마스 아퀴나스(Thomas von Aquin)의 신학적 도식, 즉 자연과 은총에서 주장하고 있듯이 지상에서의 공로(work)가 천상의 삶을 위한 전제가 아니라 지상의 삶이 천상의 삶 못지않게 중요하다는 것을 강조하고 있다. 말하자면 지상의 삶에서 중심을 이루는 직업(Beruf)을 신의 소명(Ruf)과 같이 중요하게 생각하고 살라는 것이다.

이러한 사고는 개혁교회의 창시자라고 할 수 있는 칼뱅에게서도 찾아볼 수 있다. 이 문제는 특히 그의 예정론(Prädestinationslehre)에 잘 나타나있다. 칼뱅에 의하면 직업적 삶의 성공은 곧 종교적 예정의 징표라는 것이다. 칼뱅은 그의 이중 예정론을 통해서 인간은 전적으로 신에 의해서 구원으로 예정되거나 아니면 멸망으로 예정된다는 것을 분명히 하고 있다(Calvin, 1958: 964~).

> 우리는 예정을 신의 영원한 의지 결정이라고 부른다. 그것에 의해서 그는 그의 뜻에 따라 각 사람에게 일어날 것을 스스로 결정하신다. 왜냐하면 모든 사람이 동일한 조건하에 지음을 받은 것이 아니라 어떤 이는 영생으로, 어떤 이는 영원한 형벌로 예정된 것이기 때문이다. 따라서 사람이 어떤 한 목적을 위해서 창조되었으므로 우리는 이 사람이 생명으로 혹은 죽음으로 예정되어 있다고 말하게 되는 것이다(Calvin, 1958: 926~).

그런데 칼뱅에 의하면 예정 혹은 선택은 전적으로 신의 섭리의 영역에 속한 것이지만 부수적 표징(signa posteriora)을 통해서 사람들이 그것을 확인할 수 있다는 것이다. 학자들은 부수적 표징을 입증하는 방식으로 칼뱅의 실천적 삼단논법(sylogismus practicus)을 들고 있다(니젤, 1973: 171~). 이러한 논거는 막스 베버(Max Weber)에게 와서 칼뱅주의적 예정론이 선택의 확실성을 신자의 근면성, 세계 내적 금욕주의, 그리고 그것을 통해서 축적된 부에 두고 있으며, 이 요소들이 자본주의 정신을 발현하게 하는 개신교 윤리의 기초가 되었음이 입증되었다. 성공적 직업 활동이 신의 영광을 드러내는 데 기여하며, 따라서 세속적 합리성과 종교가 이전처럼 대립되지 않는다. 세상에서의 경제 활동의 기초가 곧 종교적 논거와 함께 종교적 의미를 갖는 것이다.

여기서 자유주의의 목표는 내적 혹은 외적 해방과 서로 맞물리는데, 그것의 목표는 개인의 종교적 자유와 정치적 자유의 결합이다. 말하자면 자유주의가 추구하는 해방은 일차적으로는 종교적 자유에서 출발하며 나아가 정치적 자유까지를 지향하는 것이다(Schmid, 1989: 36~). 경제적 관점에서 자유주의가 지향하는 것은 무엇보다 종교적 영역에서의 해방과 밀접한 관련을 가지고 있다. 말하자면 애덤 스미스의 도덕철학에서 나타나는 새로운 윤리적 사상 체계가 그의 경제적 교환 관계나 무역 관계에 대한 관점에 깊은 영향을 미쳤다. 이런 의미에서 애덤 스미스가 경제학의 정신적 아버지로 불리는 것이다.

스미스의 시장경제적이고 자유주의적인 관점의 근거가 되는 종교적 기초는 영국의 이신론(Deismus)으로 알려져 있다. 시장경제적이고 자유주의적인 관점들은 영국 이신론의 자연법 사고에 기초하여 발전했다(Stavenhagen, 1957: 51~).

3. 영국의 이신론

1) 이신론의 개념

18세기 중엽부터 사용되기 시작한 이신론의 개념을 일률적으로 규정하기는 힘들다. 합리적이고 도덕적인 것에 기초한 유일신 신앙이 일반적으로 받아들여졌던 유럽 사회에서 이신론을 특정한 시대에 등장했던 사상으로 국한시키는 것도 곤란하다.[3] 그런데 이신론 혹은 이신론자는 특별히 근대적인 개념으로서 프랑스어권에서는 16세기 중엽에 언급된다. '신(deus)'이라는 최고의 존재를 사려 깊게 경외하는 사람의

3) 근대적 의미에서 이신론은 고대 철학, 특히 스토아주의 사상에서도 발견되는데 아우구스티누스와 같은 초대 교부도 자연신학(theologia naturalis)이라는 이름으로 그것을 알고 있었다. 물론 성서 자체도 자연종교를 알고 있었다(로마서 1: 19~; 2: 14). 이러한 내용은 중세 신학자 토마스 아퀴나스에게서도 발견된다.

관점에서, 이신론자는 한편으로는 모든 무신론자를, 그리고 다른 한편으로는 모든 비관용적 종교적 열광주의자와 대립하는 사람들을 지칭하는 말이었다. 교조적 사고를 가지고 있는 교회 집단에서는 물론 이러한 이신론자를 위장한 무신론자로 간주했다. 이신론을 공격하는 대표적인 인물로는 프랑스의 개혁교 신학자 피에르 비르(Pierre Viret)를 들 수 있다. 그에 따르면 이신론자들은 창조주인 신이 한 번 세상을 창조한 다음에는 세계에 더 이상 개입하지 않는다고 믿는다는 것이다(Müller, 1979: 391). 이것은 곧 기독교의 신앙 진술을 보편적·자연적 종교, 즉 모든 역사적 요소들 특히 예수의 구원의 의미를 배제한 종교로 환원시키는 것을 의미한다(Schmid, 1958: 60).

이신론은 16세기 중엽 개혁교의 영향을 받은 지역에서 등장한 것으로 15세기 이탈리아의 르네상스 운동에 뿌리를 둔 인문주의자들이 종교적 개혁 사상을 새롭게 살려내려고 시도한 운동이다. 이신론은 문화사적으로 종교개혁 자체의 자극을 수용하고 있지만 종교개혁이 남겨놓은 교파들 사이에서 교리적 대립에 반대하는 요소를 담고 있다. 그런 의미에서 르네상스를 '이신론의 어머니'로 간주했던 필립 멜랑톤(Philip Melancthon)의 논제는 타당한 것이라고 할 수 있다.

이신론과 범신론 사이의 관계를 살펴보면 17세기에 이신론이라고 불렸던 것은 오늘날의 범신론과 다를 바가 없다. 17세기 말에는 이신론과 범신론 사이에 아무런 구별도 없었기 때문이다. 그래서 스피노자(Spinoza)는 신에 대한 합리주의적이고 '범신론적'인 이해로 인해 이신론자로 간주되기도 했다. 영국의 전형적인 이신론자인 톨란드(J. Toland)는 범신론자로 간주되었다(Müller, 1981b: 393).

프랑스의 디도레(D. Didoret)에 의하면 이신론과 인격신론(Theismus)이라는 개념도 17세기 말까지는 같은 의미로 사용되었고, 그 구별은 단지 언어학적으로만 이루어졌다. 전자는 라틴어에, 후자는 그리스어에 기원을 두었을 뿐이다. 그렇지만 18세기 말부터는 이신론과 인격신론 사이에 구별이 생기기 시작했다. 인격신론자는 신의 존재, 도덕적 선악의 실재, 영혼의 불멸성, 피안에서의 형벌과 보상을 확신하는 사람들로 신의 계시에 대해서 부정도 긍정도 하지 않는다. 이신론자들은 신의 존재와 도덕적 선악의 실재를 인정하지만 계시나 영혼의 불멸, 그리고 피안에서의 상벌에 대해서는 부정하는 입장을 취하고 있다 (Müller 1981a: 393).

인격신론자는 신을 인간의 정신적 존재에 비유되는 자연신학 과정에서 본다. 따라서 인격신론자에게 신은 최고의 지적 능력이다. 그러나 칸트에 의하면 이들 이신론자들이나 인격신론자들 모두 계시를 배제하고 있다. 그들은 단지 이성을 통해서만 신을 인식한다. 물론 인격신론자들은 인간 본성의 유비로부터 신적 본질에 대한 관점을 얻고 있으나 이신론자들은 그것을 거부한다. 인격신론자들은 신에게 오성, 자유, 자연적이고 도덕적인 세계 질서에 대한 보증자의 자격을 부여한다. 그래서 칸트는 다음과 같은 논제를 제시한다. "이신론자는 하나의 신을 믿지만 인격신론자는 하나의 살아있는 신을 믿는다"(Kant, 1968: 659~661).

그러나 이러한 칸트의 구분도 한 세기 전 영국에서 발전했던 내용과 일치하는 것은 아니다. 왜냐하면 영국에서는 존재의 근거에 대한 초월적·존재론적 물음이 전혀 전면에 나타나지 않았기 때문이다. 칸트에 의하면 이신론자들의 신은 시계공과 비교할 수 있는데 그가 '세계라는 시계'를 만든 다음에는 스스로 돌아가고 있는 그 시계에 다시는 손을 대지 않는다는 것이다.

2) 이신론의 등장 배경과 특징

첫째, 중세 말 스콜라주의 신학에서 던스 스코투스(Duns Scotus), 오컴

(William of Occam) 등의 신학사상인 유명론(Nominalismus)은 이후 영국의 경험론에 강한 영향을 미쳤다. 실재론이 "보편적인 것이 개별적인 것 앞에 존재한다(universalia ante res)"라는 명제를 주장하는 반면, 유명론은 "보편적인 것이 개별적인 것 뒤에 존재한다(univeralia post res)"라는 명제를 주장한다. 이른바 종(種)의 개념들은 이름(nomina)의 단순한 추상들이라는 입장을 가진다. 따라서 참된 것은 개별적인 것이다. 이러한 입장은 가톨릭의 신학사상에 나타난 보편주의와 교황을 중심으로 한 제도적 전체주의를 해체하는 데 결정적 역할을 한다. 다시 말하자면 전체적인 것이 참되다는 실재론의 주장이 로마 가톨릭교회에서는 교황을 정점으로 한 전체주의적 토대를 뒷받침하고 있었는데 유명론은 그것을 붕괴시킨 것이다.

개별적인 것을 강조하는 유명론은 결과적으로 프로테스탄티즘의 구원론 형성에 결정적 영향을 미쳤다. 말하자면 인간의 구원은 전체 교회에 소속원이 된다든지 또는 성직 계급을 매개로 하여 가능한 것이 아니라 단독자로서 오직 신앙을 통한 신과의 인격적 만남에서 이루어진다는 것이다. 이러한 개체를 중요시하는 사상은 그 후 사회·정치적 영역에서도 개인의 존엄성, 즉 인권사상이 발아하는 데 토대가 되었다. 따라서 이러한 유명론은 이신론의 역사에서 존 로크(John Lock), 데이비드 흄(David Hume)과 같은 철학자들의 사상에 중요한 영향을 미친다.

둘째, 영국에서는 14~15세기 이래 존 위클리프(John Wyclif)의 성서주의적 사고에 기초해서 생겨난 시민들 사이의 신앙적 대립을 극복해야 할 필요성이 있었다. 성서주의는 신앙적 진리를 로마 가톨릭의 주장처럼 어떤 교리나 교회의 전통에서 구하지 말고 오직 성서 자체에서 찾아야 한다고 주장한다. 따라서 인간의 구원 역시 어떤 성직자나 교회가 매개하는 것이 아니라 바로 성서에 나타난 진리, 즉 예수 그리스도와의 직접적·인격적 만남에서 가능하다는 것이다.

셋째, 15~16세기에는 지도적 인문학자들이 등장하는데, 존 콜레트(John Colet), 에라스무스(Erasmus), 토머스 모어(Thomas More), 피셔(Fisher) 등과 그 이후에 등장한 자유주의적 성공회의 광교회주의(Latitudinarism)가 이신론의 발전에 영향을 주었다. 모어의 『유토피아』(1516)는 합리적 신앙의 표준 단계들을 이미 내포하고 있었다.

영국에서는 17세기에 와서야 종교적 관용과 교회와 국가의 관계에 관한 문제가 전면에 등장한다. 그리고 종교에 대한 검열제도가 폐지된 18세기로 넘어와서 처음으로 성서 비판과 신앙의 합리적이고 도덕적인 정화가 이루어진다. 영국의 이신론 저자들은 대부분 신학자들이나 교회의 직무를 가진 사람들이 아니었다. 일반 시민들이 이러한 종교적 문서들의 저자가 되었다. 이 문서들은 학자들에 의해 매우 낮게 평가되었지만 시간이 지나서는 성서 해석 등에 결정적인 단서를 제공하기도 했다.

이신론의 등장 배경과 특징을 요약하자면 다음과 같다. 첫째, 그것은 기존의 종교 혹은 교파의 절대적 자기주장을 거부하기 위해서 등장한다. 특히 종교개혁 이후 개신교의 분열 과정에서 신앙고백의 차이에 따라 교파주의자들은 매우 배타적으로 자신들의 교리가 절대적임을 강조하고 다른 신앙적 사고를 가진 사람들을 거부했다. 이러한 상황에서 종교적 진리의 다양성을 인정함과 동시에 종교의 절대적 자기주장을 거부하는 이들은 주로 이신론의 입장을 취했다.

둘째, 이신론자들이 등장한 것은 많은 사람들이 종교적 관용과 양심의 자유를 원했기 때문이다. 여기서는 국가가 일정한 종교의 후견인이 되거나 반대로 일정한 종교를 박해해서는 안 된다. 이러한 종교적 자유는 동시에 정치적 자유도 내포하고 있다.

셋째, 이신론자들은 유대교, 기독교, 이슬람이 모두 참된 경건함 혹은 신앙이라는 동일한 가치를 가지고 있다고 생각했다.[4] 오늘날의 방식으로 말하자면 그들은 종교 다원주의자들이라고 할 수 있다.

넷째, 어느 시대 어느 곳에서나 합리적으로 신을 예배하는 자들이 존재한다.

다섯째, 초자연적 계시에 대한 신앙은 부분적으로는 거부되지만 부분적으로는 (인간의 미성숙으로 인해서 올바른 이성적 판단을 할 수 없을 경우) 가능한 것으로 받아들여진다.

여섯째, 이신론자들은 교조적 전통이나 종교적 기관과 무관하게 종교의 모든 대상에 대해서 자유로운 생각을 가졌다.

일곱째, 그들은 모든 종교의 본질적인 내용을 도덕적·윤리적 영역에서 찾으려 했다. 그들은 성서를 역사적으로, 자연과학적으로, 도덕적으로 비판함으로써 그것이 가진 합리적 의미를 찾아내려 했다. 여기에서 성서의 역사 비판학이 시작된다.

여덟째, 그들은 신을 철학자들이나 형이상학이 말하는 신과 유사한 존재로 파악했다.

아홉째, 그들은 보편적 기독론이나 삼위일체론을 거부했고 당시 이단으로 알려졌던 소치니안주의(Sozzinianismus), 유니타리안주의(Unitarianismus), 아리안주의(Arianismus) 등을 승인하려는 경향을 가졌다.

마지막으로 이신론자들은 제도적 교회를 거부하는 탈교회화를 시도하거나 그것을 전제로 활동을 했다(Müller, 1981b: 394).

이신론의 특징을 살펴보면 그것이 근대적 계몽주의와 밀접한 관련을 가진 세력이라는 것을 파악하게 된다. 그래서 트뢸치(Ernest Troeltsch) 같은 신학자가 이신론을 가리켜 '계몽주의의 종교철학(die Religionsphilosophie der Aufklärung)'이라고 말한 것은 타당한 판단이라 하겠다

---

4) 레싱(Lessing, 1778)의 작품 『현자 나단』은 유대교, 기독교, 이슬람교가 그 핵심적 내용에서는 동일한 가치를 가지고 있음을 드라마 형식으로 표현하고 있다.

(Troeltsch, 1898: 532~559). 따라서 이신론과 같은 매우 복잡한 내용을 가진 개념을 정의하는 것은 불가능하지는 않지만 매우 힘들다. 그래서 레클러(Lechler)는 다음과 같이 이신론을 정의하고 있다. "이신론은 그 개념에 따르면 사고를 통한 자유로운 검정(檢定)에 근거해서 자연적 종교를 모든 실증적 종교의 규범과 규율로 올려놓는 것을 말한다"(Lechler, 1841; Müller, 1981b: 395). 이신론은 합리적 수단을 통해서 계시종교의 최고 정점에 도달하려는 시도이다. 따라서 이신론은 종교개혁 이후 유럽에서 계시종교를 믿는 다양한 신앙 형식들로 인해 발생한 사회적 갈등을 비판적으로 해결하려고 했던 운동이라고 정의할 수 있을 것이다.

4. 17~18세기 영국 이신론의 등장과 의미

1) 이신론의 내용

이신론의 등장은 당시 영국의 정치적 상황과 역사에 지대한 영향을 미쳤다. 영국에서는 종교개혁의 결과로 발생한 사회적 갈등과 이신론적 문서의 등장이 밀접한 관련을 가지고 있는 것이 분명하다. 따라서 영국의 이신론은 17~18세기 영국의 정치적 상황을 고려하지 않고는 제대로 이해할 수 없는 것이다.

영국에서 성공회와 개혁교회적 장로교, 이른바 청교도(Puritan)들 사이의 대립은 1637~1638년 크롬웰(Cromwell)의 민주주의적 혁명과 이에 근거한 1689년의 「관용법(Tolerance Act)」을 탄생시켰다. 다시 말하면 박해받던 개신교도들의 종교적 자유가 곧 민주주의 혁명을 수반했다는 말이다. 그리고 이들 사이의 대립은 사실상 영국에서 이신론을 탄생시키는 온상이 되었다. 영국에서 이신론 사상이 출현한 것은 종교적 자유와 함께 정치적 자유가 그 배경이 되었다는 것은 이미 언급한 바 있다.

이신론자들이 목표했던 것은 무엇인가? 영국 이신론자의 대표적 인물로 꼽히는 에드워드 허버트(Edward Herbert of Cherbury)는 오랫동안 정치활동을 했다. 그는 정계에서 은퇴한 후 교파들 사이에서 신앙고백의 차이로 생겨난 국민들 사이의 심각한 갈등에 주목하고 그것을 극복하기 위해 전력을 다했다. 그는 갈등의 극복을 위해서는 진리 인식에서 새로운 논거를 제시하는 것이 무엇보다 중요하다고 생각했다. 그는 1624년에 출간한 『진리(De veritate)』에서 종교적 진리란 영원한 이성의 진리의 영역에 속하는 것으로서 감성적 대상과 일치해야 하는 경험적 진리의 영역과는 구별된다고 했다(Müller, 1981b: 396).

교파들 사이의 대립과 갈등을 자연법사상으로 극복하려고 했던 네덜란드의 휴고 크로티우스(Hugo Crotius)와 같이 허버트도 역사적 과정에서 성립된 종교 형식들의 배후에 있는 자연적 원종교(Ur-Religion)를 추구해 들어갔다. 자연적인 것이란 기독교에서 말하는 초월적이고 계시적인 것이 아니라 모든 사람들이 생래적으로 공유하고 있는 종교적 경험을 염두에 둔 것이다. 초월적인 것이나 초자연적인 것을 종교 경험의 기초로 삼기 때문에 교파가 생기고 서로 대립 투쟁하게 되는 것이다. 따라서 그것을 떠나 인간들이 자연적으로 소유하고 있는 공통의 것, 즉 원종교를 발견하자는 것이다. 여기에서 허버트에게 중요했던 것은 새로운 종교사적 이론의 정착화가 아니라 실제적인 정치적 프로그램이었다. 따라서 그는 모든 종교의 영원한 이성적 핵심 다섯 가지를 다음과 같이 제시하고 있다.

- 최고의 신이 존재한다.
- 그는 마땅히 경외되어야 한다.

- 덕성과 경건은 예배의 본질적 부분이다.
- 죄는 참회와 회개를 통해서 해결되어야 한다.
- 신의 선하심과 정의로부터 시간과 영원에서나 보상과 형벌이 초래된다(Müller, 1979: 597).[5]

허버트에 의하면 종교적 진리가 초자연적 계시에 완전히 의존할 수는 없지만 그것의 가능성을 완전히 부정하거나 배제할 수 없다. 그에 따르면 종교적 진리 인식을 확실하게 만드는 것은 초자연적 계시로부터만 오는 것이 아니라 인간들의 삶의 공동체가 생래적으로 가지고 있는 것(ideae innatae, notitiae communes)이자, 모든 민족들 가운데 공통적으로 존재하는 종교적 진술(consensus gentium)이다. 이것들은 자연법에도 상응한다. 따라서 그것은 이성적이고 보편타당한 진리라고 할 수 있다.

반면에 초자연적 진리란 신의 영(靈)을 받을 수 있도록 마음의 정화를 경험한 사람에게나 주어지고 그런 사람에게나 타당한 것이다. 그런데 허버트에 의하면 종교는 시간이 흐름에 따라 타락하고 사람들 사이에서 모든 갈등의 원인이 되는데 그것은 곧 '사제들'과 그들의 제의 및 교리 때문이다. 계시종교들은 거의 예외 없이 시간이 경과하면 제도화되고 그 과정에서 사제들 간에 권력투쟁이 일어나며, 세력을 장악한 자들이 교리를 만들어 반대 세력을 제거함으로써 사회적 갈등이 발생한다는 것이다. 이렇게 종교는 그 역사적 과정에서 항상 진리에 거역하는 일이 생긴다. 그것을 그는 종교의 '타락 원리(Principle of depravation)'라고 했다. 허버트의 이러한 이론은 기독교 신학 일반에서는 큰 반향을

5) 이러한 이신론적 신앙의 기본 항목은 후에 칸트의 실천이성의 요청으로서 '신, 자유, 불멸성'이라는 명제로 등장한다.

불러일으키지 못했으나, 계몽주의 시대에 들어와서 종교를 사회적 관계에서 연구하는 사람들에게 큰 주목을 받았다.

특히 17세기 토머스 홉스와 존 로크는 허버트의 프로그램에 대한 대안을 만들어낸다. 홉스는 그의 책 『리바이어던(Leviathan)』을 통해서 이신론에 대한 반대 입장을 분명히 밝힌다. 그는 종교 간의 평화는 자연적·이성적 원종교로 되돌아가는 것이 아니라 철저한 국가교회(State Church)를 발전시킴으로써 가능하다고 했다. 국가권력이 종교의 권력을 장악해야만 다양한 방향을 가진 교파들 사이의 분열과 다툼을 통제할 수 있다는 것이다. 이러한 홉스의 사상은 그의 인간관에 기원을 두고 있다. 즉 인간은 늑대이며, 자연상태에서 인간은 '만인 대 만인의 투쟁'으로 나아가기 때문에 이를 통제할 유일한 수단은 국가뿐이다. 홉스는 종교의 갈등을 이러한 인간 본성에서 파악했기 때문에 대립하고 투쟁하는 성직자들을 국가기관의 통제하에 두어야 한다고 주장했다. 그는 이른바 '국가교회 제도(Staatskirchentum)'를 해결책으로 제시했던 것이다. 허버트가 종교의 '자연적 기원들'에서 완전한 것을 찾으려 했다면 홉스는 역사적이고 정치적인 것에서 최상의 것을 찾으려고 했다. 홉스에 의하면 종교에서 중요한 것은 자연적 상태가 아니라 역사적·정치적으로 발전된 형태이다. 초기 인간의 종교는 자연현상에 대한 불안과 공포의 산물이며 그것들의 기원과 원인들을 파악하기 위한 초기 단계의 과학적 노력이었다. 기적이나 계시에 대한 신앙은 그와 같은 원종교의 틀에서 보면 '학문적' 연구를 포기한 것에 대한 표현에 불과하다.

그러나 로크는 홉스와 정반대로 생각했다. 교파들 사이의 갈등을 극복하고 종교 간의 싸움을 막기 위해서는 국가와 교회가 완전히 구별되어야 한다는 입장을 제시했다. 그는 미국 캐롤라이나 주의 헌법 제정을 위탁받았고 그가 만든 헌법이 1669년에 발효되었다. 그 헌법에 따르면 모든 주민은 교파들 가운데 하나의 구성원이 되어야 한다. 또한 7~8명

이상의 구성원을 가지고 있을 때 종교 단체는 교회로서 인정된다. 그 교회의 구성 요건은 ① 한 분 하나님을 믿고, ② 하나님은 공적으로 예배되며, ③ 정부가 요구할 때 주민들은 신앙고백을 할 의무가 있다. 그리고 어떤 사람도 종교적 집회를 방해받거나 종교적 견해나 예배 방식 때문에 불이익을 당하지 않는다. 즉 국가는 종교 활동에 일체 개입해서는 안 된다는 것이다.

존 로크가 쓴 종교들 사이의 『관용에 관한 편지』(1685~1686, 1690, 1692, 1704)은 커다란 사회적 반향을 불러왔다. 그는 편지 서문에서 "종교적 관용을 참 교회의 가장 중요하고 특징적인 표식으로 간주한다"라고 쓰고 있다. 그러나 로크는 국가 또한 관용의 자세를 게을리 해서는 안 된다고 보았으며, 이것을 게을리 하면 사회적 평화가 깨지고 전쟁이 일어난다고 보았다. 신학적으로도 교리가 사회에서 갈등을 초래할 경우 전통적 교리를 피해서 행동할 것을 요구한다. 그래서 그는 허버트와 같이 종교적 진리의 상대화를 주장하고 있다.

그는 첫 편지에서 교회와 국가의 다양한 과제를 다음과 같이 규정하고 있다. 교회는 영생을 얻기 위해서 신을 자기 방식으로 예배하는 것을 목적으로 한 단체다. 모든 교회법은 이것에 국한해서 제정되어야 한다. 따라서 교회는 시민적이거나 세속적인 것의 소유와 관련된 것을 지향해서는 안 된다. 국가는 시민들의 일반적 관심을 보살피며, 특히 물질적 행복을 위해서만 노력해야 하고 종교에 대해서 간섭해서는 안 된다. 홉스와는 달리 로크에 의하면 국가는 종교적 사안에 대해서 간섭해서는 안 된다. 따라서 국가는 종교적 활동에 대해서 관용의 자세를 가져야 하며 시민적 법을 심각하게 위협하는 것에 대해서만 최소한으로 관여해야 한다. 따라서 로크에게 있어서는 '기독교적 국가'란 생각할 수 없다. 이렇게 볼 때 로크야말로 진정한 의미에서 정교분리 사상의 원조라고 할 수 있다.

로크는 '생래적 사고(ideae innatae)'라는 허버트의 생각을 거부하고 신의 존재는 생래적 사고를 통해서 인식할 수 있는 것이 아니라 경험적 이성에 의해 우주의 존재로부터 밝혀지는 것이라고 주장했지만, 사실상 그도 이신론자였다. 로크는 경험적 이성을 종교적 인식 원천의 척도로 본다는 점에서 이신론자이다. 그래서 그는 경험적인 것에 추가되는 것으로서 계시의 가능성을 완전히 배제하지 않고 있다. 따라서 존 로크는 『성서에 나타난 것으로서 기독교의 합리성(Reasonableness of Christianity as delivered in the Scriptures)』(1695)에서 홉스가 "예수는 메시아다"를 유일한 신앙 항목으로 주장한 것을 받아들인다.

2) 이신론의 목표

이신론은 16세기 종교개혁을 통해 등장한 개신교들 사이의 교리적이고 교파적인 갈등과 대립 때문에 유럽 사회가 심각한 분열 양상에 직면하게 되었을 때 이것을 해결하기 위한 수단으로서 종교를 계시나 교리의 범주로 해석하지 않고 '이성적이고 합리적'으로 설명하려는 시도로 등장한 것이다. 그렇다면 당시 이신론자들의 주된 관심사와 목표는 무엇일까?

첫째, 이신론의 주된 목표는 신의 본질을 해명하는 것과 함께 신과 세계의 관계를 규정하는 데 있었다. 당시 이신론자의 대표자라고 할 수 있는 허버트에 따르면 종교적 진리 인식은 초자연적 계시로부터 주어질 뿐만 아니라 인간 삶의 공동체가 생래적으로 가지고 있는 것(ideae innatae, notitiae communes)으로부터, 즉 민족이 공통적으로 가지고 있는 종교적 진술(consensus gentium)로부터 온다는 것이다. 따라서 허버트가 주장하는 이신론에서는 원종교를 찾는 것이 중요하다. 이제는 더 이상 종교적 진리를 어떤 초월적인 계시에서 찾지 말고 원종교를 이성적이고 합리적으로 해석함으로써 그 다양성을 승인하는 것에서 피차간의 조화를 발견하자는 것이다. 왜냐하면 어느 민족이나 갖고 있는 공통적·종교적 진술들이 존재하기 때문이다. 이것들은 자연법에도 상응한다. 그것은 이성적이고 보편타당한 진리라고 할 수 있다. 따라서 종교적 진리 인식은 어떤 초자연적 신이 역사에 개입하거나 계시를 내림으로써 가능한 것이 아니라 생래적 경험을 통해서 가능하다. 이렇게 볼 때 신은 세계와 모든 인간사에 직접적으로 개입한다고 볼 수 없으며 세계는 그가 창조 후에 부여한 일정한 법칙에 따라 운영되는 것이다. 그러므로 신과 세계의 직접적인 연속성은 더 이상 존재하지 않는다. 신은 세계 운영의 법칙을 제공한 시계공에 불과하다는 것이다.

초자연적 진리, 즉 계시의 종교도 부인할 수는 없지만 그것을 감지하는 것은 마음의 '정화'를 경험한 사람이나 가능하다는 것이다. 그리고 이러한 계시적 종교도 시간의 흐름에 따라서 제도화되고, 그 주도 세력인 성직자들이 권력투쟁에 몰입함으로써 타락하게 되어 그 본래의 기능을 상실하게 된다는 것이다. 이것이 이른바 당시 개신교파들 사이의 교리 투쟁을 빙자한 권력투쟁의 실체라는 것이다.

따라서 허버트의 이신론에 따르면 직접적으로 역사에 개입해 들어오는 인격신은 더 이상 존재하지 않으며 단지 이 세상을 창조하고 일정한 법칙을 부여한 신만이 존재한다. 성숙하고 계몽된 인간은 더 이상 초자연적 계시나 기적 같은 것을 믿지 말아야 하며 세계의 운영은 신이 부여한 일정한 법칙에 따라 이루어진다고 생각해야 한다. 여기서 이신론은 전통적 신으로부터 인간의 자유를 선언하고 나선다. 이렇게 볼 때 서구의 고전적 자유사상은 그 뿌리를 멀게는 그리스 철학 사상과 스토아주의에서 찾을 수 있으나, 진정한 의미에서 근세의 자유사상은 그 뿌리를 이신론에서 말하는 신으로부터의 자유에서 찾는 것이 타당하다.

둘째, 정치적 관용과 결합된 종교적 관용이 또 하나의 주된 관심사라고 할 수 있다. 전통적인 교리종교와 성직자 중심의 종교에서 발생하는 교리 때문에 생기는 갈등과 성직자들의 권력투쟁으로 생기는 싸움을 극복하기 위해서 이신론이 제시하는 조건은 종교들 간의 관용이다. 교리상의 갈등은 계시종교가 내세우는 진리에 대한 절대적 주장에서 생긴다. 그러나 이성적 종교관에 따르면 어느 민족이든지 생래적으로 종교적 진리와 의식들을 가지고 있어서 어떤 특정한 종교의 것이 더 우수하다거나 진리에 가깝다고 주장하는 것은 잘못된 생각이다. 따라서 특정 종교의 교리나 제의를 통해서 다른 종교를 배제하거나 적대시하는 것은 잘못된 사고라는 것이다. 여기서 이신론은 종교 간의 관용을 그 목표로 하고 있다. 서구, 특히 영국에서 이러한 종교적 관용은 정치적 관용과 밀접한 관계를 맺으며 발전해 왔다.

이신론은 수직적으로는 신으로부터, 수평적으로는 특정 정치 세력 혹은 종교 세력으로부터 인간의 자유를 쟁취하기 위한 신학적 구호로 사용되었음을 발견하게 된다. 이러한 자유는 곧 근대적 민주주의에서 추구하는 정치적 자유의 뿌리가 되었다. 이러한 근대적 민주주의에서 추구한 자유가 곧 경제적 자유의 근간이 된 것은 말할 필요도 없다.

5. 애덤 스미스 사상의 종교적 뿌리

1) 이신론에 의한 세계와 인간의 해석

자유주의의 목표는 개인의 종교적·정치적 해방에 있었다. 인간의 해방은 경제 영역에서도 종교적·정치적 틀로부터의 인간의 자유를 의미하는 것으로 해석된다. 따라서 경제학적 관계들의 해방이라는 관점에서 보면 애덤 스미스에게 경제학적 관계들 자체는 사실상 어떤 직접적·

형이상학적 기원이나 논거가 필요하지 않았다고 할 수 있다. 그 이후의 경제학 발전 과정에서 중요한 것은 자율적인 경제의 상호 관계 분석이라고 이해할 수도 있다.

그러나 최근 학자들의 연구에 따르면, 스미스의 전망에서 보면 경제적 현상들은 그렇게 자율적인 것으로만 해석할 수 없다. 그의 자유시장 경제적 관점들은 영국의 이신론이 가지고 있는 자연법적 사상에 뿌리를 두고 있으며 그의 사상은 그것을 배경으로 하는 경제윤리적·경제신학적 배경을 가지고 있다는 것이다(Stavenhagen, 1957: 51). 이러한 경제윤리와 경제신학적 배경을 이루고 있는 사상은 바로 영국의 이신론이라는 것이 일반적으로 받아들여지고 있다(Büscher, 1991: 123). 18세기 중반에 등장한 영국의 이신론은 기독교의 신앙 진술을 보편적이고 '자연적'인 것, 즉 역사적 요소들로 환원시킴으로써 기독교가 가지고 있는 계시라고 하는 초월적 차원의 독특한 구원의 의미를 해체시키는 역할을 했다. 이신론이 가지고 있는 핵심 사상은 신은 천지를 창조했으며 그것의 궁극적 목적은 인간의 행복에 있다는 것이다. 이신론에서 창조주 신은 시계공과 같아서 세계를 기계부속품과 같은 것들로 조립해서 그것들이 질서와 조화를 이루어 돌아가게 했다. 말하자면 "세계는 하나의 기계이며 그것은 신이라는 기술자에 의해서 최고의 피조물인 인간의 행복을 위해 돌아가게 했다"라는 것이다(Thielicke, 1983: 99). 따라서 우주라고 하는 거대한 체제를 움직이게 하고 이성적이고 감성적인 존재들의 보편적 행복을 돌보는 것은 인간의 일이 아니라 신의 일이라는 것이다(Smith, 1985: 400).

이신론적 세계관은 이미 애덤 스미스의 초기 저작인 『도덕감정론』에 잘 나타나있다. 그는 다음과 같이 쓰고 있다.

우주의 곳곳에서 우리는 그것이 달성하려는 목적에 아주 적합하도록 최고의 기교로 조정된 수단들을 발견한다. 우리는 식물 또는 동물 신체의 구조 속에서 모든 것이 개체의 존재와 종족의 번영이라는 두 가지의 위대한 목적을 달성하기 위하여 너무나 잘 고안되어 있다는 사실에 감탄을 금하지 못한다. 그러나 그것들뿐 아니라 그와 같은 모든 대상물 속에서 우리는 그들의 운동과 조직에 있어서 목적 동기(final cause)와 작용 동기(efficient cause)를 구별한다.

시계의 톱니바퀴들은 모두가 시계가 만들어진 목적, 시간의 가리킴을 위해 훌륭하게 조정되어 있다. 각 톱니바퀴들의 모든 다양한 움직임들은 가장 정교한 방식으로 이 효과를 창출하도록 협력하고 있다. 설령 그것들이 이 효과를 창출할 소원과 의도를 부여받는다고 하더라도 그것을 더 잘 해내지는 못할 것이다. 그러나 우리는 그와 같은 어떤 소원 또는 의도도 시계의 톱니바퀴들에 돌리지 않고 시계공에게 귀속시킨다. 우리는 시계가 용수철에 의하여 작동한다는 것을 알고 있으나 그것이 일으키는 작동은 톱니바퀴의 그것들처럼 그것이 의도한 것이 아니다. 우리가 세련되고 계몽된 이성이 우리에게 권하는 것으로 보이는 저 목적들을 자연의 충동을 통해서 추구하게 된다면 우리는 그와 같은 목적들을 달성하는 데 사용되는 우리의 감정과 행위들을 이 목적들의 작용 동기로서의 세련되고 계몽된 이성의 탓으로 돌려버리고 그것이 사실은 신의 지혜임에도 불구하고 인간의 지혜라고 생각하기가 대단히 쉽다(스미스, 1996: 164~165).

모든 존재하는 것은 신에 의해서 의도된 것이라는 말이다. 사물의 본성에서 신의 계획과 의지를 발견할 수 있다. 거대한 우주에서부터 그 안에 살고 있는 동물이나 식물에게서도 이러한 작동 원인으로 움직이고 있는 신의 의지와 계획을 찾을 수 있다는 것이다. 세계의 운행은 하나의 기계적 자연 원인(Naturkausalität)에 종속된다. “세계는 기계 작동의 수단과 규정된 체계와 더불어 움직이는 물질이며 인간도 여기에 편입되어 있다.” 당시 자연의 법칙으로부터 생겨난 모든 것은 완전하고 합목적적인 것으로 간주되었고 사람들은 자연적인 것에서 이성적인 것의 이상을 보았다. 인간은 창조물 가운데 가장 완전한 존재로 보호된다는 것이다. 따라서 자연주의는 이성주의와 일치했고 이러한 일치성은 우주를 신의 이성이 표현된 것이라고 간주하는 것에서도 드러난다. 세계는 신의 예술품으로 간주되었고 따라서 “사물의 자연적 운행은 인간의 노력을 통해서 완전히 제어될 수 없다”(Smith, 1985: 255).

애덤 스미스에 의하면 인간 사회의 혼란과 고통은 신이 원하는 질서들을 파괴하는 데서 온다. 말하자면 신이 창조한 세계가 인간의 죄로 인해 무질서에 빠진다는 것이다. 만일 인간이 자연적 시계 작동을 정확히 이해할 수 있다면 인간 행위의 법칙들, 사회의 법칙들을 제시할 수 있고 거기에 따라서 이성적으로 행동할 수 있다. 사물의 운동을 가능하게 하는 것은 신이 원하는 자연의 법칙이다. 사물의 운동을 자연의 흐름에 맡겨두면 보이지 않는 손(invisible Hand), 즉 신의 손이 모든 것을 지배한다. 애덤 스미스에 따르면 이러한 보이지 않는 손은 자연법칙에서뿐만 아니라 인간의 삶 전체에서 작동한다는 것이다(스미스, 1996: 331).

자유방임의 원리는 곧 신에게 영예를 돌리는 것을 의미하며 ‘보이지 않는 손’이 사물들을 그 자연적 운행에 맡겨두는 곳에서 지배하고 있다. 그것은 신이 만든 자연의 원리이기 때문에 신이 원하는 것(das Gewollte)이다. 따라서 세계는 기계적 필연성에서 움직이는 하나의 체제이며, 이신론적 사고에서 신과 신에 대한 신앙은 이러한 자연적 체제가 방해받지 않고 잘 돌아가게 하는 것에 대한 보증이다(Janssen, 1982: 112). 개인들의 자율적 자기 이해가 자신들의 능력과 경쟁이라고 하는 자유로운 활동을 통해서 사회 전체의 조화로 발전될 수 있다는 것이다.

애덤 스미스의 이러한 사고는 신의 섭리를 통해 모든 사물이 잘 정돈되어 있어서 전체의 행복이 달성될 수 있다는 이신론적 사상에 기초를 두고 있는데, 그 사상의 깊은 뿌리는 고대 스토익 사상에 있는 것으로 알려져 있다. 스토익 사상에서는 '불같은 이성(die feurige Vernunft)'이 문제가 되는데 그것은 세계 이성(Weltvernunft)으로서 세계와 사물에 관통되어 있어서 그 법칙성에 따라 만물이 움직인다.[6] 사람들은 이러한 법칙성에 따라서 행동하게 되며 상호 조화를 이루고, 따라서 행복한 사회를 만들어갈 수 있다는 것이다.

신과 그가 창조한 세계에 대한 기계론적 이해는 신학사상에서는 19세기 중반부터 강력하게 등장한 이른바 자유주의 신학의 발전에도 적지 않은 영향을 미쳤다. 자유주의 신학의 기수라고 할 수 있는 슐라이어마허(Friedrich Schleiermacher)는 인간의 본성에서 종교의 기원을 찾고 있다. 그에 의하면 그것은 곧 모든 인간이 가지고 있는 '절대 의존의 감정(die schlechtinnige Abhängigkeitsgefühl)'이라는 것이다. 그리고 칸트학파의 영향을 강하게 받은 리츨(Albrecht Ritschl)은 인간이 본래 가지고 있는 도덕성을 완성하는 것이 종교의 궁극적 목표이며 이것이 가능하게 될 때 신국이 달성된다고 주장한다(손규태, 1998: 119~129). 창조주의 역사적 계시와 '보이는 손'이 이끄는 섭리에 기초한 전통적 신학과는 달리 인간의 자연적 본성, 즉 신의 창조를 통해 이미 주어진 것들(die Gegebenheiten)에서 신의 보이지 않는 손을 감지하려는 것이 곧 자유주

---

6) 이신론적 사고의 기원은 스토익 사상과 에피큐리언(epicurean)의 철학 사상에 찾을 수 있다(Rüstow, 1945: 110). 스토익 사상의 핵심은 세계 이성(Weltvernunft), 세계영혼으로서 세계와 물질을 관통해서 흐르고 있다. 여기서는 신성과 물질의 대립이란 존재하지 않으며 모든 질료들은 시간의 과정에서 원화(Urfeuer) 혹은 신성으로부터 발전되어 나오며 그것들은 개개 세계 시대의 마지막에 가서 동일한 것으로 해소된다. 이러한 기본 원리는 엄격한 합법칙성(Gesetzmässigkeit)에 대한 신앙을 내포하고 있으며, 또한 사물들이 일반적 법칙과 세계 전체에 절대적으로 의존하고 있다고 본다(Büscher, 1991: 128~129).

의 신학의 기초라고 할 때 이것은 애덤 스미스에게 영향을 주었던 이신론의 발전된 형태라고 말할 수 있을 것이다. 그 본성이 인간의 의존적 감정이건 도덕성이건 그것의 깊이를 추구하면 종교적 원리를 발견할 수 있고, 그것을 달성함으로써 사람들은 자기 구원에 도달할 수 있다.

2) 이신론적 경제 원리와 윤리 사상

이신론에서는 지혜와 선하심으로 세계를 창조한 신이 만들어놓은 법칙과 기계론에서 인간이 자신의 행복을 찾을 수 있다고 주장한다. 토니는 이렇게 말한다. “따라서 신과 자연은 일반적인 틀을 만들었고 자기 사랑과 사회적 사랑이 같은 것이 되게 했다”(Büscher, 1991: 129). 이런 의미에서 스미스는 비록 도덕적으로 부정적인 방식으로 자기 이해를 추구하더라도 그것이 곧 타인의 이해를 손상시키거나 그것을 고려하지 않은 것이 아니고 많은 경우 매우 칭찬받을 만한 행동으로 나타난다고 보는 것이다. 스미스에 의하면 인간의 자기 사랑, 즉 자기의 이해 관철은 인간의 유일한 충동이 아니며 따라서 인간은 같은 수준으로 타인의 행복을 위해서 행동하게 된다는 것이다. 신이 부여한 본성 혹은 자연법에 따라서 행동하면 그것이 저절로 자기와 타인에게 행복을 가져다주는 결과로 나타난다는 것이다. 세계에 대한 기계론적 자연법 이해가 애덤 스미스의 국민경제에서 기초를 형성하고 있다(Janssen, 1982: 106~).

이러한 기계론적 존재론과 인간론은 인간이 가지고 있는 죄성(罪性)이나 자기만족을 위한 이기적인 행동이 저절로 이타적인 결과를 가져온다고 하는 것인데, 이는 인간이 가지고 있는 비관적이고 부정적 측면을 간과한 것이다. 종교개혁의 전통, 특히 개혁교(장로교) 전통에 따르면 인간은 전적으로 타락한 존재이며 따라서 스스로 자신을 구원할 수 없을 뿐만 아니라 인간의 행동은 불가피하게 죄의 결과로 나타나므로 신의

'은총'을 통해서만 구원에 이를 수 있다. 경험적 차원에서 보더라도 인간은 본질적으로 이타적 존재라고 말할 수 없으며 동시에 이기적인 행동이 저절로 타인에게 이타적인 결과로 나타나는 것도 아니다. 인간의 자연적 본성에 호소하는 것은 곧 이타적인 결과로 나타나지 않을 수도 있는 것이다. 기계론적 존재론과 인간론은 세계와 인간을 자연에 부합한 과정의 기계론에 굴복된 것으로 파악한다. 여기서 나타나는 주체가 상실된 필연성은 '경쟁 사회와 시장 사회'를 불러왔다(Büscher, 1991: 127; Janssen, 1982: 96). 이것이 위에서도 간략히 언급한 바 있는 자유주의자들이 범했던 치명적 오류이기도 하다.

한편 인간은 기계론적이거나 숙명론적으로 행동한다고 본 이신론의 인간관도 문제가 있다. 로테르담의 에라스무스에 의하면 인간은 '자유의지'를 가진 존재이며 결단에 따라 선을 행할 수도 악을 행할 수도 있는 존재이다. 그러므로 세계와 인간에 대한 기계론적 이해는 인간의 본성을 제대로 파악했다고 볼 수 없다. 애덤 스미스가 생각했던 것처럼 인간이 단지 이타적으로만 행동하는 것은 아니다. 인간이 이타적 행동을 할 수 있는 것은 본성에 따르기보다는 오히려 어떤 명령 혹은 신적 계명, 나아가서는 '증언적 명령'에 의해서만 가능하다. 오직 유일한 신의 행동 원리만이 이타적 원리라고 할 수 있다. "인간과 같은 불완전한 피조물은 자기 존재의 보존을 위해서 많은 외적인 것들을 필요로 하며 이때는 다른 활동 원인들 가운데서 행동해야 한다"(Eckstein, 1985: 129).[7)]

---

7) '경제생활의 조화(harmonies economiques)'에 관한 내용은 스미스의 후예라 할 수 있는 바스티아(C. F. Bastiat, 1801~1850)의 다음과 같은 글에서 발견된다. "인간 사회를 지배하는 신의 법칙의 조화를 보여주고자 한다. …… 물질적 세계 질서를 창조한 그가 사회적 세계 질서에 주목하지 않았다고는 생각할 수 없다. 그는 자유로운 세력들을 결합시켜서 생명이 없는 분자들과 같이 조화롭게 움직이게 한다. …… 내 생각으로는 사회적 경향도 공동의 도덕, 즉 무한히

인간들은 자기의 생존과 보존을 위해서뿐만 아니라 그것들을 더욱더 확고하게 지키기 위해서 타인의 생명을 해치기도 하고 타인의 재산을 탈취하기도 한다. 사실상 서구의 역사는 인간과 인간의 투쟁의 역사이며, 홉스가 지적한 대로 '인간은 인간에 대해서 늑대'로 활동하는 것이다. 이러한 사악한 인간성을 순화하기 위해서 종교가 존재했으나 그것이 오히려 역기능을 했을 때 국가라는 수단을 통해서 그 일을 하게 했다.

따라서 케인스가 그의 책 『자유방임주의의 종말』에서 지적한 대로 18세기 중엽의 '낙관주의적 자유방임주의' 사상은 19세기 초반에 와서 '비관주의적 자유방임주의'로 전환된 것이다(Keynes, 1926: 19).[8] 이미 고전적 국민경제의 두 번째 단계에서 신과 인간 사이의 조화라고 하는 낙관적 신앙은 당시의 모순적 사회발전의 과정에서 무너지게 된다. 다시 말하자면 '18세기의 살롱 종교(Salonreligion)'였던 이신론이 그 빛을 상실한 것이다(Jöhr, 1943: 18; Büscher, 1991: 130). 여기에 대해서는 친구이자 동시대인인 흄(David Hume)이 커다란 공헌을 했다. 흄은 인간의 행복을 위한 신의 전체상을 상대화하고, 정의와 재산에 관한 규율의

고양하고 상승하는 정신적·신체적 단계를 향해 인류에 지속적으로 접근하게 된다. 인류의 점진적이고 평화로운 발전을 위해서는 이러한 경향들이 좌절당하지 않고 방해받지 않는 것보다 더 필요한 것이 없다고 믿는다"(Bastiat, 1855; Büscher, 1991: 129).

8) 자유방임주의에 대한 부정적 판단이 내려지던 시기에 유럽에서는 개신교 신학사(神學史)에서도 이른바 종교개혁 전통을 이어받는 '신정통주의(Neoorthodoxe)' 혹은 '변증법적 신학(Die dielektische Theologie)'이 등장한다. 이러한 흐름은 자유주의 신학의 인본주의적이고 낙관적인 세계관을 비판하고 신 중심적이고 비관적인 인간관을 제시했으며, 신의 '은총'을 통해서만 구원에 이른다는 신학 운동이 카를 바르트(Karl Barth), 루돌프 불트만(Rudolf Bultmann), 에밀 부르너(Emil Brunner) 등에 의해서 주도되었다. 미국에서는 니부어(Reinhold Niebuhr) 같은 신학자가 이런 흐름에서 활동했다.

정당성을 직접 합의와 유용성이라는 논거에 두고 있다. 이로써 이 문제에 대한 철저한 전환 과정이 시작된 것이다(Hume, 1968: 111~115).

6. 결론

애덤 스미스는 당시의 종교적 세계관, 즉 이신론의 원리에 따라 그의 도덕철학을 발전시켰고, 도덕철학의 이론적 기초에서 경제이론을 발전시켰다. 그의 출발점은 도덕적·사회적 주체로서의 개인이며 동시에 자기 이해에 기초한 경제적 주체라고 말할 수 있다. 따라서 그는 개체를 철두철미하게 일정한 자연적 원리에 따라서 기능하는 인간 공동체의 '선한 질서(gute Ordnung)'와의 상호 관계에서 보고 있다. 이러한 공동체는 사회적 성숙도에 따라서 정치적·경제적으로 조직되며 개인들도 거기에서 다양한 발전의 기회를 얻게 되는 것이다. 자유주의적 사상가인 스미스에게는 개인의 자유가 중요했고, 그 결과 오늘날 신고전주의적 경제학의 주된 조류와 방법론적으로 차이를 보이게 되었다.

스미스에게 '선한 삶(das gute Leben)'에 대한 문제는 곧 자유를 통한 개인의 도덕적 자기실현이라고 할 수 있는데 그것은 사회정의라고 하는 범주의 엄격한 존중을 통해 가능하다(Meyer-Faje und Ulrich, 1992: 11). 정치적 혹은 국가적 행위는 시민들 사이의 사회적 책임성을 통한 정의의 실현을 통해서 그 합법성과 정당성을 얻게 된다는 것이다. '시장 이전의 법'이라고 하는 도식은 곧 정치적 상황하에서의 경제적 제약이라고 하는 결론을 도출하게 된다. 따라서 경제학은 윤리학과 정치학의 제약 가운데에서만 시민들 사이에서 행복을 증진시키는 도구가 될 수 있다는 것이 스미스의 생각이다. 스미스는 사회적 연대를 발전시키고 조정하는 데 개인의 자유도 실현되고 경제학의 의미와 가치가 드러나는 것이라고 생각했다. 인간 조건의 무조건적 보전이야말로 스미스가 윤리적으로나 정치적으로나 가장 깊이 생각했던 사안이다.

스미스의 사상은 그의 도덕철학의 배경이 되고 있는 이신론적 세계관과 인간관을 통해서도 입증된다. 오늘날의 현실에서 우리가 스미스의 경제이론을 그의 도덕철학과 정치철학과의 연관성에서 해명해야 하는 이유도 여기에 있다.

제5장

독일 개신교 경제백서 『사회적 시장경제』에 대한 신학적 평가

1. 들어가는 말

통일 독일의 개신교협의회(Evangelische Kirche in Deutschland: EKD)는 1991년 10월 10일 '경제백서(Wirtschaftsdenkschrift)'를 채택하여 발표했다. 이 경제백서는 이미 독일 통일 이전부터 서독 교회에 의해서 준비되어 오던 것이지만 통일과 더불어 동독 교회의 대표들까지 참가하여 동독의 관점과 의견들도 반영한 것으로서 명실 공히 독일 전체 개신교인들의 백서로 탄생한 것이다. 『공동의 복리와 사리: 그리스도교와 미래를 책임지는 경제활동(Gemeinwohl und Eigennutz: Wirtschaftliches Handeln in Verantwortung für die Zukunft)』(1991)이라는 제목을 가진 183쪽 분량의 이 경제백서는 네 개의 장(章)과 세 개의 부록으로 구성되어 있다. 이 백서는 뮌헨 대학의 사회윤리학 교수인 렌톨프(Trutz Rendtorff)를 의장으로 하고 25명에 달하는 저명한 교수들과 학자들로 구성된 독일개신교공공책임성위원회(Die Kammer der Evangelischen Kirche in Deutschland für Öffentliche Verantwortung)가 작성한 것으로, 개신교협의회 총회에서 공식적으로 받아들여진 것이다.

경제백서의 발표로 독일 개신교는 모든 신도들에게 이후의 경제생활에 관한 일반적인 지침을 제공함은 물론 그것의 실천을 위한 구체적인 프로그램을 만들어서 사용하게 되었다. 통일 이전에도 동·서독 교회들은 환경문제나 핵 문제, 그리고 민주화 문제에 이르기까지 중대한 사안들에 대해서 오랜 연구를 거쳐서 백서나 연구서들을 발표하곤 했다. 이러한 백서나 연구서가 공적으로 개신교협의회 총회에서 받아들여지면 그것은 교회 생활 및 신자 개개인의 생활과 활동을 위한 지침서로서 구속력을 갖게 된다. 대표적인 것으로는 1969년에 동구와의 화해를 위해 발표한 바 있는 『동방백서(Frieden wahren, fördern und erneuern)』와 『독일 개신교와 자유민주주의(Evangelische Kirche und freiheitliche Demokratie: Der Staat des Grundgesetzes als Angebot und Aufgab)』 등이 있다.

금세기 말에 들어와서 전 세계 교회들은 경제문제, 특히 '정의로운 세계경제 질서'에 관해서 깊은 관심을 표하고 있다. 이는 미증유의 풍요를 구가하고 있는 선진 산업국가들뿐 아니라 빈곤과 기아에 허덕이는 다수의 제3세계 국민들이 존재하고 있음을 말해주는 것이다. 그리고 부유한 국가들은 더욱 부유해지고 가난한 나라들은 더욱 가난해지는 구조적인 문제를 내포하고 있다. 국제적인 차원에서 정의로운 경제질서를 수립하는 것이야말로 오늘날 세계 모든 나라들에게, 특히 교회에게 부과된 가장 시급한 과제라고 인식하고 있기 때문이다.

1985년에 채택된 바 있는 『독일 개신교와 자유민주주의』에서는 주로 민주적 국가 형태의 기본 문제들이 다루어졌고 또한 기본법(헌법)에 나타나있는 자유민주주의에 대한 개신교인들의 동의가 명백하게 천명되었다. 당시만 해도 이러한 국가 형태라고 하는 정치적 문제만을 다루었고 경제문제는 상세히 다루지 못했다. 그러던 차에 경제문제가 매우 중요한 '현재의 도전'으로 등장하면서 독일 개신교회에서는 이 문제에 대한 심도 있는 연구를 하기 시작했다. 이 백서는 사회적 시장경제(Soziale Marktwirtschaft)라고 하는 맥락에서 경제행위의 구조와 과제를 다루고 현재의 도전을 고려하여 그리스도교적 책임의 전망을 발전시키고 있다.

독일 교회의 경제백서는 세계교회협의회의 개발부가 마련하고 있는 『신앙의 문제로서의 경제: 경제생활에 관한 에큐메니컬 선언 초안』[1]과 더불어 앞으로 독일 그리스도인의 경제행위는 물론 전 세계 그리스도인들의 경제적 삶을 위한 매우 포괄적인 안내자의 역할을 하는 동시에 과제를 제시해 주고 있다. 이 글에서는 이러한 경제백서가 출현하게 된 배경과 그 내용을 살펴보고 앞으로의 과제들을 비판적으로 모색해 보고자 한다.

2. 경제백서의 출현 배경

경제백서가 출현하게 된 배경으로 지난 40년 동안의 동서 냉전체제와 그 대결 국면의 변화를 들 수 있을 것이다. 1960년대부터 유럽의 교회 안에서는 그리스도교와 마르크스주의의 대화가 매우 중요한 이슈로 등장했다. 그러나 이러한 대화는 사실상 냉전체제의 완화나 그 후에 일어난 평화운동에서 반핵을 목표로 한 공동전선의 수립에만 기여했을 뿐이다. 1980년대에 들어오면서 제기된 물음은 오히려 자본주의와 사회주의의 경제적 성과에 집중되었다. 말하자면 경제적 성과에 있어서

1) 1988년 8월 서독에서 열린 세계교회협의회 중앙위원회는 경제생활에 관한 에큐메니컬 선언을 위한 준비위원회를 구성했다. 이 위원회는 '교회의 개발 참여 위원회(CCPD)'를 통하여 '경제문제에 관한 자문단(AGEM)'의 협조하에 진행되고 있다.

'자본주의냐 아니면 사회주의냐' 하는 논의가 교회 안에서 활발하게 진행된 것이다. 두 체제 가운데 어느 것이 더 경제적 성과를 달성하는 데 우수하냐 하는 것이다. 두 체제 가운데 어느 것이 더 인간에게 정의롭고 바람직한 삶의 조건들을 제시해 주느냐 하는 주제와는 거리가 먼 토론이 전개되었던 것이다. 자본주의냐 사회주의냐 하는 토론들은 점차 동독의 그리스도인 사이에서 새로운 움직임을 동트게 했다. 이제까지 서독에서 달성한 자본주의적 성과가 동경의 대상이 되었고, 이러한 과정에서 과거의 이념적 탈출이 이제는 경제적 동경에 의한 탈출로 변모하기 시작했다.

이러한 논의가 진행되는 1980년대 중반부터 사태의 급박한 변화들이 예견되기 시작했다. 당시 권력을 장악한 소련의 고르바초프는 자본주의와 사회주의의 오랜 이념적 대결의 폐해를 감지하고 새로운 사고를 하기 시작했다. 이러한 대결의 지속은 결과적으로 사회주의는 물론 자본주의 세계도 파탄으로 몰고 갈 것이라는 것이 그의 생각이었다. 그러나 이러한 '신사고'의 배경에는 당시 '현존하던 사회주의'가 직면하고 있는 심각한 딜레마가 놓여있다. 중앙 통제적인 계획경제의 관료주의적 모순과 이로 인해 발생하는 부정과 부패가 결국 사회주의의 이상을 실현 불가능하게 만들었다는 것이 그의 인식이었다. 이러한 신사고의 가장 구체적인 결실이 곧 독일의 통일이었고, 분단된 유럽의 통합이었다.

이념과 체제를 달리하고 살아왔던 동·서독이 통일을 맞이해서 새로운 삶을 살아가는 데 있어서 새로운 경제 질서를 모색하는 것은 지극히 당연한 귀결이다. 흔히 자본주의가 성공했으므로 경제체제를 전적으로 시장경제로 전환하는 것이 모든 문제를 해결할 수 있는 방안이라고 생각할 것이다. 그러나 문제가 그렇게 간단한 것만은 아니다. 왜냐하면 구동독뿐만 아니라 사회당이 건재하고 있는 구서독 지역에도 사회주의적 이상을 추구하는 많은 사람들이 존재하고 있기 때문이다. 따라서 과거의 이질적인 경제체제와 이념적 지향성을 가진 사람들이 같이 살아가기 위한 장치로서 새로운 경제 질서의 모색은 매우 중요한 과제라고 할 것이다(독일개신교공공책임성위원회, 1994). 여기에서 사회적 시장경제와 그것이 가지고 있는 모순을 해명하고 보완하는 일이 시급히 요청되었던 것이다.

경제백서가 등장하게 된 두 번째 배경으로는 자본주의적 시장경제 주도하에서 심각하게 왜곡된 국제 경제 질서를 들 수 있다. 왜곡되고 불의한 국제 경제 질서에 관한 문제는 주로 세계교회협의회의 사회신학적 발전과 맥락을 같이하고 있다. 세계교회협의회의 전신이라고 할 수 있는 '삶과 노동(Life and Work)'의 국제기독자대회는 이미 1925년에 스톡홀름에 모여서 "그리스도의 영성과 가르침이 경제 및 산업생활에 적용되어야 한다"라고 강조한 바 있다(Lossky et al., 1991: 612~664). 이러한 관점은 1937년 옥스퍼드에서 열린 대회에서도 그대로 반영되었고 토론은 당시의 대공황과 더불어 제기된 문제들, 즉 대량실업, 경제적 삶에 있어서의 기회 균등, 그리고 부의 과도한 집중의 문제들을 다루었다.

1948년 기존의 에큐메니컬 단체들이 연합하여 암스테르담에서 탄생시킨 세계교회협의회는 '책임사회론(Responsible Society)'을 제창하고 "정의와 공공질서에 대한 책임감을 가진 사람들의 자유가 보장되고, 정치권력과 경제력을 소유한 사람들이 하나님과 또한 자신들의 권력 행사에 의해서 영향을 받게 되는 민중들에 대해 책임감을 가져야 한다"라고 선포했다(Lossky et al., 1991: 866~867). 이때 교회협의회는 자본주의 사회에서 경제적 힘이 과도하게 집중되는 것과 사회주의 사회에서 정치 및 경제력이 한 곳에 집중되는 것을 극복한 정치적 자유와 경제적 평등의 세계 사회를 지향점으로 제시했다.

책임사회론은 1975년 나이로비 총회를 거치면서 '정의, 참여, 보전가능성(Justice, Participation and Sustainablilty)'이라는 도식으로 발전한다.

도식에 분명하게 드러나는 것은 무엇보다 당시 세계교회협의회에서 강력하게 발언권을 행사해 오던 제3세계 대표들의 주장이 반영되었다는 사실이다. 정의의 문제와 참여의 문제는 철두철미하게 제3세계의 대표들의 의견을 반영한 것이다. 사실상 나이로비 총회를 기점으로 해서 불의한 세계경제 질서에 관한 물음이 첨예화되었다. 1960년대만 해도 아시아교회협의회를 비롯해서 세계교회협의회 관계자들은 '개발'의 문제를 교회 중심적인 과제로 삼았다. 말하자면 제3세계의 문제는 저개발의 문제요, 따라서 이들에게 개발 가능한 자원과 기술을 제공하는 데서 문제를 해결할 수 있다고 생각했던 것이다. 그러나 나이로비 총회는 이러한 개발 이데올로기에 대해서 종지부를 찍는 계기가 됨과 동시에 제3세계가 안고 있는 빈곤의 문제는 인위적인 것, 즉 불의한 세계경제구조에 기인한다는 인식이 일반화되었던 것이다.

그러나 다른 한편 보전 가능성에 관한 문제는 당시 서구 선진 자본주의 국가들의 상황을 환경과 관련해서 고려한 것이었다. 말하자면 산업사회의 현재적 발전은 보존 가능한 방향으로 나아가고 있지 못하다는 인식에 기초하고 있는 것이다. 보전 가능성의 문제는 더욱 발전되어서 1983년 캐나다 밴쿠버 대회에서 "생태계에 대한 책임과 경제 정의가 실현되며 우리의 삶을 위협하고 우리의 미래를 위태롭게 하는 권력에 대항해 효과적으로 투쟁해 나갈 수 있는 '참여적 사회'에 대한 도덕적 지표가 필요하다"라는 선언으로 나타났다(Lossky et al., 1991).

이러한 도덕적 지표를 필요로 하는 가장 큰 이유 가운데 하나는 전세계적인 현상으로서 심각한 빈부의 격차라 할 것이다. 이것은 비단 선진 공업국과 저개발 국가들 사이에서 나타나는 빈부 격차뿐만 아니라 부유한 나라 안에서 출현한 '새로운 빈곤'과 가난한 나라 안에서 점점 확대되고 있는 빈부의 격차까지 포함하는 것이다. 지난 30년 동안 세계 인구 가운데 가장 가난한 20%와 가장 부유한 20% 사이의 격차가 30배에서 60배로 늘어났다고 한다. 그뿐만 아니라 미국과 같은 부유한 나라 안에서 지난 20년 동안 상위 20%의 소득은 13.8% 상승한 반면 하위 20%의 소득은 오히려 10.9% 감소했다고 한다(Lossky et al., 1991).

결국 불의한 세계경제 질서는 지극히 인위적이라는 것이 밝혀지면서 1990년 3월 '정의, 평화, 창조 질서의 보전' 대회가 서울에서 거행되었다.[2] 남북문제의 핵심이라고 할 수 있는 정의와 동서 문제의 핵심이라고 할 수 있는 평화가 사실상 서로 순위다툼을 벌였지만 동서 냉전체제의 해체와 더불어 가장 핵심적인 교회의 선교적 과제로서는 역시 정의의 문제가 앞으로 나서게 되었다. 정의의 문제는 곧 경제문제와 직결되는 것이다. 이 점에서 경제백서의 출현은 불가피한 것이었다.

마지막으로 독일 교회에서 경제백서가 출현한 것은 보전 가능성(Sustainability)에서부터 창조의 보전(Integrity of Creation)이라고 하는 더욱 구체적인 생태학적 미래 설계와 연관되어 있다. 세계교회협의회의 경제문서도 지적하고 있듯이 빈부의 양극화 및 정치적·경제적 권력의 집중화와 더불어 전 세계적으로 긴박하게 대두한 문제는 환경, 즉 창조 질서를 보전하는 것에 대한 문제이다(Lossky et al., 1991). 사실상 경제적 착취와 생태계의 파괴는 동전의 양면처럼 서로 밀접한 관계를 가지고 있다. 이것은 1991년 세계교회협의회의 캔버라 총회에서 "산업화 이후 약 200년 만에 지구 생명의 근원 자체를 위협하게 된 것은 놀라움을 금할 수 없는 일이다"라고 선언했다(Lossky et al., 1991). 환경 파괴의 원인으로는 인간 중심적인 세계관과 전쟁, 그리고 인구의 증가를 들 수 있지만 사실 가장 심각한 원인은 시장경제적 가치에 기초한 산업화에 있다. 이는 모든 것을 시장경제적 가치로만 판단하는 데서 오는 폐

2) 이 대회의 자료집은 같은 해 기독교사회문제연구원에서 모아 출판한 것을 참조.

해인 것이다. 그 결과 경제발전을 삶의 수단으로서가 아니라 삶의 궁극적 목적으로 삼게 되었다. 경제발전 자체가 목적이 됨으로써 돌이킬 수 없는 환경의 파괴를 자행한 것이다.

동·서독의 경험을 통해서 보면 환경 파괴는 단순히 자본주의 국가들에서만 나타난 것은 아니다. 자본주의와 경쟁 관계에 있었고 환경보호를 위한 자원과 기술이 부족했던 동구에서는 더욱더 심각한 공해가 유발되기도 했다. 환경 파괴는 인간이 만든 문명 그 자체의 보전 가능성을 위협할 뿐만 아니라 인간의 생물학적 삶 자체를 위태롭게 한다.

우리는 이제까지 통일된 독일에서 경제백서가 등장하게 된 배경을 세 가지 측면, 즉 사회주의의 몰락과 독일의 통일, 전 세계적으로 첨예하게 나타나는 빈부의 양극화 현상, 그리고 근대적 산업화와 시장경제적 가치의 과도한 추구 등에서 찾아보았다. 경제백서는 이러한 국내외적인 난관들을 극복하기 위해서 이른바 사회적 시장경제라고 하는 대안을 제시함으로써 문제 해결을 시도하고 있다. 그렇다면 사회적 시장경제의 개념을 역사적으로, 그리고 조직적으로 검토해 보자.

3. 사회적 시장경제의 본질과 내용

사회적 시장경제(Soziale Marktwirtschaft) 체제는 1945년 제2차 세계대전이 끝난 후 서방세계에 점령되었던 독일연방공화국에서 실시되었다. 이 체제의 창시자는 알프레드 뮐러 아르마크(Alfred Müller Armack)로 알려져 있다. 그러면 이 사회적 시장경제의 원리란 무엇인가? 한마디로 말하면 "시장의 자유 원리를 사회적 균형의 원리와 결합시키는 것이다"(Müller-Armack, 1966: 243). 자유시장경제의 기본 원리인 자유경쟁 요소를 살리되 이것이 가져오는 사회적 불균형을 시정하기 위해 국가가 다양한 형태로 필요한 조처를 취한다는 것이다. 따라서 자유경쟁의 원리와 사회적 의무의 원리를 조화시키는 것이 주된 문제가 된다. 경제적 주체가 생산자, 공급자, 소비자로서 각자의 경제적 결단에 따라 행동할 수 있는 개인적 자유를 누린다는 시장경제의 기본 원리에 충실하되 동시에 거기에 절대적으로 집착하지 않고 사회적 의무의 원리도 따른다는 것이다. 이것은 자신의 이해관계를 추구하는 데 있어서 경제적 주체의 자유를 가장 우선시하는 자본주의적 시장경제와는 상충되는 것이다.

사회적 시장경제의 원리는 믿음, 소망, 사랑이라고 하는 기독교적 가치와 행위 지향에 기초한 인간적인 관계 개념이라고 할 수 있다. 따라서 관계성의 기본 구조는 다음과 같은 두 개의 극과 대치된다. 첫째는 사회주의적 경제체제에서 추구되었던 자유 원리를 부정하는 중앙통제경제이며 둘째는 통제받지 않고 스스로에게 맡겨져 사적 이해에 얽매인, 따라서 사회 원리를 결여한 자본주의적 시장경제이다(Rich, 1990: 269). 이런 의미에서 사회적 시장경제는 극단적인 자유주의와는 거리를 두고 있지만 근본적으로는 자유주의적 개념으로 파악할 수 있을 것이다. 사회적 시장경제 원리는 경제적 과정의 근본적인 조정 원리로서 경쟁을 받아들이고 있는 것이다.

초기 자유주의와는 달리 오이켄(Walter Eucken) 등에 의해서 제시된 신자유주의(Neoliberalismus oder Ordoliberalismus)에 따르면, 경제적 경쟁의 원리가 기능하기 위해서는 경쟁이 허락된다고 해도 독점적이고 기업 동맹적인 경제력의 형성은 배제되어야 한다. 국가는 그것을 위한 조건을 만들어주고 그것을 지키게 함으로써 경제행위에 참여한다는 것이다. 물론 자유방임주의와는 달리 이것은 시장의 법적 틀을 설계하는 것을 의미하지, 경제적 활동 과정을 설계하는 것은 아니다.

뮐러 아르마크에 의해 설계된 사회적 시장경제는 처음부터 신자유주의적 경쟁 원리를 그 기초로 삼았다. 그러나 산업사회에서 경쟁 원리의 메커니즘은 단지 경제적 조정만을 통해서는 해결될 수는 없었다. 그래서 아르마크는 이렇게 주장하고 있다.

> 나는 이전부터 경제정책의 형성 수단으로서 경쟁 질서를 강요하는 것을 너무 편협한 것이라고 생각했었고, 따라서 한걸음 더 나아가서 보다 시장 조정적인 것, 즉 사회복지적이고 사회정책적인 조처들을 요구하게 되었다(Rich, 1990: 10).

따라서 경제활동 과정에 국가의 관여는 불가피하게 되는 것이다. 여기서 중요한 것은 시장경제에 대한 도구적 이해다. 시장경제는 자기목적이 될 수는 없다는 것이다. 시장경제는 하나의 수단, 즉 목적을 향한 수단이다. 시장경제의 일차적인 목적은 경제활동을 통한 탐구와 성과에서 찾을 수 있으며, 다른 한편으로는 경제활동을 통해서 고용을 창출하는 것에서 찾을 수 있다. 이 두 가지 목표를 달성하기 위해서는 거기에 필요한 조건들이 만들어져야 한다. 이러한 조건들이 마련될 때 경제는 사회적 목적을 달성하게 되는 것이다.

요약하자면 시장경제란 그것이 가지고 있는 경쟁 원리로 인해서 사회적이라고 말할 수 없다. 일정한 목표하에서 또 일정한 수단을 통해 통제되지 않을 때는 그것이 사회적 성격을 띨 수 없게 되는 것이다. 따라서 시장경제는 시장 메커니즘이 구성적인 기능을 발휘할 수 있도록 국가가 통제하는 경제정책을 필요로 한다. 즉 시장과 계획의 결합(Markt-Plan-Verbindung)이 요청된다는 것이다. 이 경우에는 시장적인 사실 법칙성을 구성 요소로 하고 계획 통제적 관여를 규범 요소로 하는 것이다(Rich, 1990: 272).[3] 즉 시장이라고 하는 도구를 침해하지 않으면서도 시장 법칙성에만 모든 것을 맡겨두지 않는 일종의 타협적인 성격을 사회적 시장경제의 원리에서 발견하게 된다.

물론 이러한 시장 타협성(Marktkonformität)이 갖는 어려움도 존재한다. 우선은 이 개념이 매우 다양하게 해석될 수 있다는 것이다. 시장 타협성의 개념에서 시장의 경쟁 원리와 사회적 의무의 원리 사이에 선을 어떻게 설정하느냐 하는 것이 가장 어려운 과제이다. 시장의 경쟁 원리를 억제할 경우 기업들은 국제경쟁력을 상실하게 될 뿐만 아니라 자본의 해외 도피를 초래할 수도 있다. 그러나 기업의 경쟁 원리에 역점을 두다보면 사회적 의무의 원리가 제한된다. 따라서 사회적 시장경제의 원리도 모든 것을 해결해 주는 만병통치약은 아닌 것이다.

1948년 서독의 화폐개혁 이후 이룩한 경제발전은 사회적 시장경제 원리에 기초한 것이었다. 서독에서 지난 40년 동안 실시해 온 사회적 시장경제 원리는 철저하게 관철되었다고 말할 수는 없지만, 몇 가지 단계를 거치면서 일정 정도의 성과를 달성했다. 그 단계란 한마디로 말하자면 자유주의적 요소들이 규범적인 틀에서 구형화되어 왔다고 할 수 있을 것이다(Rich, 1990: 275). 나아가서 사회적 성과도 달성했다. 1950년의 주택 건설 프로그램 실시, 1951년의 「해고방지법」 통과, 1951년의 공동 결정권 획득, 1952년의 「기업법」, 1953년의 「모성보호와 장애자 고용촉진법」의 통과, 1957년의 역동적인 「연금법」의 도입과 사회 및 노동재판소 설립 등은 그동안 사회적 시장경제의 여건에서 달성한 것들이다.

---

3) 뮐러 아르마크는 '속박과 자유(=계획과 시장)' 원리들의 변증법적 병치를 말하고 있다(Müller-Armack, 1966: 202).

4. 사회적 시장경제의 문제점

1950~1960년대 서독에서 달성한 사회적 시장경제의 경제적 성과와 사회적 업적은 높은 평가를 받아 마땅하다. 특히 이러한 경제 원리가 가져다준 결실은 고도의 산업화를 지속적으로 추진할 수 있게 했을 뿐만 아니라 '현실 사회주의'를 추구했던 동독과 비교해서 그리 뒤지지 않는 사회적 성과도 달성할 수 있었다. 순수 자유시장 경제 원리에 기초한 미국 등 선진 자본주의 국가들이 해결하지 못하고 있는 사회적 의무의 원리에도 비교적 충실했다. 1990년대 동구 사회주의의 몰락과 함께 순수 자유시장경제를 추구하던 국가들이 경제적 위기에 직면하자 사회적 시장경제 원리는 더욱 많은 사람들의 관심사가 되었던 것이다.

그렇지만 사회적 시장경제 원리도 결점과 약점이 없을 수는 없다. 앞에서 지적한 대로 사회적 시장경제는 어떤 완결된 체제가 아니라 역동적 과정이므로 수정 가능성을 내포하고 있다(독일개신교공공책임성위원회, 1994). 이런 점에서 이 제도는 새로운 발전의 전망을 요청받고 있다. 그러나 우리가 여기서 주목하고자 하는 것은 사회적 시장경제의 원리가 어떤 완결된 체제가 아니라 역동적 과정이라고 말할 때 그것을 단순히 약점으로만 평가할 수 없다는 것이다. 오히려 역동적 과정으로서 상호적 시장경제의 원리는 만일 그 역동성이 지속될 수만 있다면 강점으로 평가될 수도 있다. 시대적·지역적 조건에 따라 새로운 대안을 계속해서 제시할 수 있고 그 대안을 실험할 수 있다면 이러한 역동성은 약점이 아니라 강점으로 평가될 수 있는 것이다. 그것은 동구의 사회주의가 역동성을 상실함으로써 직면했던 문제들을 고려할 때 더욱 그러하다. 어쨌든 사회적 시장경제의 원리는 미래 개방적인 원리라는 점을 지적해 두어야 할 것이다.

이것은 사회적 시장경제의 원리를 창안한 아르마크도 인정했다. 그는

1960년 「사회적 시장경제의 제2단계」라는 논문에서 결점의 시정과 함께 다음과 같은 제안을 하고 있다. ① 직업학교에 이르기까지 모든 단계에서 교육제도의 포괄적인 확대와 투자, ② 사업장에서 노동조건의 인간화를 통한 새로운 독자성 형성, ③ 통화의 안정에 선행하여 국제적인 차원에서 적극적인 경기 부양 정책 실시, ④ 인간을 고려한 도시와 농촌, 그리고 교통 계획을 포함한 물과 공기의 깨끗한 보존을 위한 환경 정책 실시 등이 그것이다(Rich, 1990: 276). 그는 1969년에 발표한 「도덕주의자와 경제학자: 경제의 인간화 문제에 대해서」라는 글에서 사회적 시장경제가 '비대칭적 재산 형성(Asymmetrische Vermögensbildung)'의 문제를 안고 있다는 것을 지적하고 있다. '기업 재산의 급격한 증가'와 '폭넓은 계층의 자본 참여 결여'를 지적하는 것이다(Rich, 1990: 276).

그럼에도 불구하고 사회적 시장경제의 문제점들은 다음 몇 가지로 요약할 수 있을 것이다. 첫째, 비교적 높은 실업과 함께 이로 인한 새로운 형태의 빈곤과 사회적 불안을 들 수 있다(Rich, 1990: 276). 오늘날 경제력은 정치력과 밀접하게 연관되어 있다. 경제적 성과를 가진 개인이나 집단들이 실제로는 정치적 자유와 권리도 행사할 수 있는 것이다. 따라서 실업의 문제는 단순히 경제의 문제를 넘어서 정치의 문제가 되며 나아가서 인간 본성을 왜곡시킬 수 있는 문제도 될 수 있다. 이런 점에서 사회적 시장경제를 추구했던 서독의 경우 1960년대를 제외하고는 완전고용을 달성할 수 없었으며 오늘날까지 수많은 실업자가 존재한다는 것은 이 제도의 가장 심각한 약점으로 지적될 수 있다. 그리고 심각한 실업 문제가 사회적 연대의 원리를 통해서 해결될 수 없다는 것이 가장 큰 약점으로 부각되고 있다. 말하자면 경제적 삶에 있어서 순수 시장경제적 요소의 적절한 유지는 가능하지만 여전히 경제적인 것과 사회적인 것, 말하자면 경제적 성과와 사회적 성과를 매개하는 틀로서의 국가적 행위는 문제가 있다는 것이다.

이러한 문제는 서독의 경우 몇 가지 분명하게 나타난 지표를 통해서도 발견할 수 있다. 1970년대 초반을 기점으로 등장하고 있는 200만에 가까운 실업자들은 이러한 제도를 통해서도 완전고용은 달성되지 않는다는 것을 보여주고 있다. 1980년대에 들어와서 특히 기민당의 집권과 함께 등장한 이른바 '새로운 빈곤' 현상은 사회주의권의 몰락으로 이주해 온 난민들과 더불어 새로운 문제로 나타나고 있다.

둘째는 국내적·국제적인 경제력 집중이 경제는 물론 정치적·사회적으로 중대한 결과를 초래하고 있다는 점이다. 오늘날 시장경제가 가지고 있는 문제점은 국내적·국제적 차원에서 경제력의 과도한 집중과 이로 인한 정치적 영향이라 할 것이다. 사회적 시장경제는 국내적 차원에서는 사회적 의무의 원리를 통해서 그 경제적 성과를 어느 정도 나눌 수 있었지만 국제적인 차원에서는 여전히 자유시장경제의 원리에 따라 움직이는 경제활동을 통제할 수 있는 장치를 갖고 있지 못하다. 관세와 무역에 관한 일반 협정(GATT)이나 국제금융기구 혹은 세계은행과 같은 국제적 장치들은 그 설립 목표를 국가 간의 의무 원리를 기초로 하고 있지만 실제로는 강대국과 선진 공업국가들의 이익에 봉사하는 기구로 전락하고 있는 실정이다.

선진 공업국들은 이런 기구들을 통해서 국제경제 관계에서 경제적 힘을 일방적으로 사용할 뿐만 아니라 자국의 국익을 극대화하기 위해서 분쟁 지역에 대량의 무기를 수출하고 있다. 따라서 사회적 의무의 원리가 단순히 특정 국가 안에서만 통용되어서는 안 되고, 국제적인 연대의 차원까지도 적용되어야 할 것이다. 그렇지만 현재로서는 사회적 시장경제의 원리가 이러한 국제적 의무의 원리를 제시하지 못하고 있다. 엄격히 말해서 사회적 시장경제는 국제 관계에서는 전적으로 자유시장 경쟁의 원리에 의존하고 있는 실정이다.

마지막으로 사회적 시장경제의 원리가 가져다준 심각한 문제는 환경 파괴의 문제이다. 1992년 리우 환경회의는 환경 파괴가 현재와 같은 속도로 계속된다면 인류는 금세기 안에 심각한 환경 위기에 직면할 것이라고 경고했다. 환경 파괴의 문제가 사회적 시장경제에 의해서만 발생하는 것은 아니지만 이 원리가 시장 원리, 즉 경쟁 원리에 의존하는 한 이러한 환경 파괴 현상은 지속적으로 악화될 것이다.

5. 맺는 말

서독개신교협의회(EKD)는 이제까지 서독에서 실시한 사회적 시장경제 원리를 경제적 차원에서 분석하고 윤리적 차원에서 판단하여 다음과 같은 구체적인 실천 방안들을 제시하고 있다. 이는 '책임성'의 차원에 바탕을 두고 있는데, 책임의식이란 문화적 상황에서 형성되며 제도적 질서들을 통해 구체화되고 시민 개개인의 경제적 삶을 통해서 실천된다는 전제하에 다음과 같은 것을 요청하고 있다(독일개신교공공책임성위원회, 1994).

첫째는 문명의 방향 전환이다. "경제활동에 있어서도 인간들은 목표와 가치관에 따라 행동하게 된다. 이러한 목표와 가치관은 문화적으로 구형된다. 독일과 같은 부유한 산업국가에 사는 사람들에게 삶의 목표는 무엇인가? 경제적 행위와 그 성공 자체가 삶의 내용이 되고 있는 것을 확인할 수 있다. 그러나 삶은 경제 그 이상이다. 따라서 삶의 전적인 경제화는 막아야 한다"(독일개신교공공책임성위원회, 1994).

이것은 사회적 시장경제가 많은 사회적 성과를 달성했음에도 불구하고 여전히 사람들을 시장경제적 가치에 매달리게 함으로써 제기되는 문제점을 지적하고 있다. 서독 사회와 같은 고도의 산업사회는 허다한 문제점을 가지고 있어 앞으로도 계속 지속되리라는 보장이 없다. 하다

못해 에너지 사용의 문제 하나만을 고려하더라도 그렇다.

둘째는 민주적 정치체제의 구현이다. 오늘날 삶의 전반적인 문제는 정치적 결단을 통해서 결정된다. 따라서 문화적 의식의 변화는 정치적 조건의 구조적 형성을 통해서 가능한 것이다. 이때 정치적 구조는 유권자들의 순간적인 욕구 충족에 급급할 것이 아니라 문화적 방향 전환이 가능한 정책과 그것들을 실현할 수 있는 틀로서 정책들을 구현해 나가야 할 것이다.

셋째로는 개인의 책임성의 전망이 고려되어야 한다. 민주주의 사회에서 책임의식은 위에서 명령할 수 있는 것이 아니다. 개개 시민들은 미래 가능한 경제활동, 더 나은 정의의 실현과 이웃 사랑의 실천을 위해서 책임 있게 행동해야 하는 것이다. 특히 그리스도인들은 하나의 시민으로서도 '더 나은 의'(마태복음 5: 20)를 실천할 책임을 부여받고 있다.

나아가 개인적인 책임성은 기구와 조직, 그리고 책임적인 기능들을 하는 데서도 나타나야 한다. 기업가이든 노조원이든 개개 시민이 결단을 내릴 때는 사회적 연대성과 생태학적 의무를 목표로 해야 한다는 것이다. 특히 그리스도인들은 구체적인 경제적 삶의 현장에서 사회적 연대와 생태학적 보전이 가능한 결단에 동참해야 한다(독일개신교공공책임성위원회, 1994).

그리고 독일 개신교의 경제백서는 경제 원리로서 사회적 시장경제를 맞아들이면서 다음과 같은 점을 보강해야 한다고 지적하고 있다. 첫째, 사회적 시장경제는 앞으로 생태학적 도전에 더 깊은 관심을 가져야 한다. 둘째, 정의로운 세계경제의 형성을 위해서 노력해야 한다. 셋째, 사회적 대칭 관계를 존중해야 한다. 넷째, 사회적 시장경제를 민주적 경제로 형성해야 한다. 다섯째, 독일 안에서 통일적인 삶의 조건들을 형성해야 한다.

요약하자면 독일 개신교협의회가 발표한 경제백서는 사회적 시장경제의 원리를 원칙적으로 받아들이면서도, 이것이 앞으로 기능하기 위해서는 생태학적 삶의 기초가 위협당하고 있고 세계적인 차원에서 빈부의 격차가 심화되고 있으며 사회적 불평등과 경제력의 오용이 자행되고 있는 현재의 실정을 개선해야 한다는 것을 강조하고 있다. "사회적 시장경제는 결코 마술지팡이가 아니며 마술지팡이가 되려고 해서도 안 된다" 라는 독일 개신교협의회 의장 마르틴 크루제(Martin Kruse)의 경고를 경청할 필요가 있다(Evangelischer Pressedienst, 1991b: 3). 그러나 가톨릭의 사회선언 「노동헌장(Rerum Novarum)」이 나온 지 100년이 되는 해에 그동안 경제문제에 대해서 일정한 입장을 취하지 않았던 독일 개신교회가 이런 경제백서를 낸 것은 매우 의미 깊은 일이 아닐 수 없다. 동시에 세계교회협의회의 초안으로 나온 경제백서와 함께 독일 개신교의 경제백서는 오늘날의 경제문제가 그리스도인들뿐만 아니라 인류가 직면한 가장 심각한 문제라는 것을 말해주고 있다.

제6장

기독교 역사에 나타난 경제 사상

1. 서론적 고찰

우리나라를 비롯한 아시아 대부분의 나라들은 몇 년 전 불어 닥친 외환위기로 국제통화기금(IMF)의 지배 체제하에 들어감으로써 제2차 세계대전 이후 가장 고통스런 경제 전쟁으로 어려운 시기를 보냈다. 한국에서는 IMF의 관리 체제가 시작된 이후 정부 통계로 약 200만 명의 실업자가 거리로 쏟아졌고, 그들에게 속한 약 600~700만 명의 가족들이 생존에 위협을 받았다. 노조의 통계에 따르면 약 350만 명이 실업 상태에 빠졌다. 노동자들은 경제적 위협뿐만 아니라 심각한 심리적·정신적 고통에 시달렸으며, 직장에 남아있는 사람들 역시 불안한 미래 때문에 희망을 잃고 깊은 시름에 빠졌다. 그들은 월급을 삭감당했고 상여금을 받지 못했으며 지금까지 계획했던 경제적 미래를 수정하게 됨으로써 심한 패배감과 정신적 고통에 시달렸다. 외환위기로 인해서 우리나라의 성인 인구 약 1,500만 명이 이런저런 방식으로 고통을 당하였으며, 한 통계에 의하면 3개월 동안 1,188명의 가장이 스스로 목숨을 끊었고 이로 인해서 약 3,000개의 가정이 해체되었다고 한다.

지금도 경제위기로 인한 서민들의 고통은 사라지지 않고 있으며 이러한 고통스런 삶이 언제까지 지속될지 알 수 없다.

전 세계적으로 가난한 나라들은 지금 5조 달러에 달하는 외채를 걸머지고 있다. 이들이 1년에 갚아야 할 원금과 이자가 약 1,000~1,200억 달러에 달한다. 이 금액은 우리나라 1년 예산의 약 4분의 1로서 우리나라 국방비의 1.5배에 달한다. 이것은 200만 명의 실업자를 먹여 살리거나 그들을 고용할 수 있는 일자리를 창출할 수 있는 액수다.

그것은 1980년대 중반을 기점으로 해서 '금융자본'이 이자로 벌어들인 돈이 '산업자본'이 상품을 생산하고 수출해서 남긴 이익을 능가했다는 사실과 무관하지 않다. 그 결과 부유한 나라들에서도 부유한 사람들이 더 많은 돈을 벌게 되고 가난한 나라들에서도 부유한 일부 계층이 더 많은 돈을 벌게 되었다. 이것을 제도적으로 보장해 주고 가능하게 해주는 기구가 바로 IMF와 세계은행이다. 이렇게 볼 때 오늘날은 그야말로 금권 통치(Plutokratie)의 시대가 도래한 것이다. 부유한 나라의 부유한 사람들이 가난한 나라의 가난한 사람들의 주머니를 털어가고 있는 것이다. 세계적 차원에서 볼 때 부유한 나라들이 가난한 나라들을 원조하는 것이 아니라 그 반대로 가난한 나라들이 부유한 나라의 부유한 사람들을 원조하고 있다.

그래서 독일의 시사 주간지 ≪슈피겔≫은 1992년 12월 콜럼버스의 미 대륙 발견 500주년을 기념하는 특집호에서 콜럼버스로부터 시작된 오늘날의 자본주의적 세계경제 질서를 다음과 같이 말하고 있다.

> 전능하신 하나님 대신 시장이 등장했다. 이 신의 현현은 다우존스 주가지수이고, 그의 성체(聖體)는 미국의 달러이며, 그의 미사는 환율 조정이고, 그의 나라는 지금 크렘린의 지도자들까지도 찬양하는 자본주의적 보편 문명이다(Bitterof, 1991: 97).

500년 전 거친 파도를 타고 대서양을 건너던 경건한 가톨릭 신자 콜럼버스는 다음과 같은 성 아우구스티누스(Augustinus)의 기도를 굳게 믿었다. "하나님이 승리하실 것이다. 그는 지구상에 있는 모든 백성들의 우상들을 비로 쓸어버리고 그들이 처한 곳에서 하나님을 경배하게 할 것이다." 그러나 콜럼버스의 기도와 희망과는 달리 오늘날 승리한 것은 하나님이 아니라 자본주의이며 경배받는 것도 하나님이 아니라 미국의 달러이다. 사회주의 국가나 회교 국가들에서도 찬양과 영광과 존귀의 대상이 되는 것은 하나님이 아니라 미국의 달러이며 자본주의적 보편 문명이다.

이러한 상황에서 성서에 나타난 경제 사상, 그리고 교회사에서 추구했던 경제 사상들을 살펴보는 것은 매우 중요한 일이다. 자본주의적 보편 문명의 실체를 성서와 교회사의 빛에서 조명해 보는 것이 중요한 이유는 앞으로 새로운 천 년을 맞으면서 새로운 길을 모색해야 하기 때문이다. 오늘날 이 자본주의적 보편 문명으로 인해서 너무나 많은 사람들이 고통받고 있기 때문이다. 필자는 여기서 교회사에 국한해서 성서의 가르침에 따라 살고자 했던 사람들의 경제 사상을 간략하게 소개하고자 한다.

2. 고대 교회의 경제생활에 대한 이해

예수는 천 년 동안 강대국의 침략을 받고 조공을 강요받으면서 자신들의 삶을 파괴당했던 유대인들이 해방하시는 하나님의 뜻에 따라 대안적 사회질서와 인간다운 삶의 질서를 추구하며 살아가는 전통 속에서 태어났다. 예수는 유대인들의 전통 가운데서 새로운 계약(신약), 즉 대안 사회를 하나님의 나라 실현에 두고 있다. 예수가 추구했던 하나님 나라는 유대적 전통 가운데 서있지만 그것이 새로운 것은 유대교에서와 같이 어떤 묵시문학적이고 종말론적인 것이 아니라 "하나님 나라는 너희 한가운데 있다"(누가복음 17: 21)라고 하듯이, 이 세상에서 찾을 수 있는 것이라는 데 있다.[1] 다시 말하자면 세계 제국들(아시리아, 바벨론, 페르시아, 그리스)과 헬레니즘, 그리고 로마의 세계 체제에 저항하고 인간의 얼굴을 가진 하나님 나라에 대한 희망은 일차적으로는 유다의 율법과 예언자적 전통에 뿌리를 두고 있다(두크로, 1997: 208). 당시 에세네파 사람들은 이런 희망을 가지고 광야에서 동굴 생활을 하면서 메시아를 기다렸고, 가난한 사람들로 구성된 예언자적이고 메시아적 집단들은 지하운동을 전개했다. 이러한 집단 출신이었던 세례 요한은 '하나님 나라의 도래'를 선포하면서 사람들에게 회개를 요청했다.

예수의 운동이 세례 요한의 운동 선상에서 전개된 것은 매우 중요하다. 그도 요한의 호소를 받아들였고 그에게서 세례를 받았다. 그러나 그는 세례 요한과는 달리 하나님 나라를 선포하는 동시에 그것이 사람들 안에서 실현될 것을 확신했다. 그는 하나님의 나라라고 하는 대칭 사회(Kontrastgesellschaft)가 '이 땅', 즉 유다에서 실현되리라 기대했다. 그는 동시에 이러한 대칭 사회가 유다 땅에서뿐만 아니라 전 세계적으로 실현될 것을 생각했다. 말하자면 예수는 하나님 나라의 실현을 '민족들의 순례시'(사도행전 2: 2~5)와 결합시킴으로써 전 세계적 사건으로 이해하고 있었다. 즉 그는 하나님 나라가 유대 땅에서부터 시작되어 세계 모든 민족으로 퍼져나갈 것이라고 전망한 것이다. 예수는 한걸음 더 나아가 자기가 추구하는 하나님 나라가 "오늘날 성취되었다"(누가복음 4: 17)라고 선포함으로써 그 나라는 이미 '실현된 종말'의 틀 안에

---

1) 이러한 주제에 대해서 여기서는 '성서학적으로' 길게 다룰 수 없다. 이에 대한 참고서로서는 노베르트 로핑크(Lohfink, 1996)와 게하르트 로핑크(Lohfink, 1993), 할러(Haller, 1989) 등이 있다.

들어왔다는 것을 확신하고 있었다. 그리고 이러한 하나님 나라의 윤리를 산상설교를 통해서 좀 더 구체화하고 있다.

하나님 나라의 정치경제학 원본이라고 할 수 있는 마태복음 20장을 살펴보면 그 내용이 더욱 분명하게 나타나 있다. 즉 하나님 나라의 통치 형식으로서 '섬김'과 하나님 나라의 경제 질서로서 '나눔'이 곧 예수의 제자들이 이 세상에 추가해야 할 새로운 삶의 질서였다. 하나님 나라의 삶에서 통치 형식은 다음에서 잘 나타난다.

> 너희가 아는 대로 민족들을 통치하는 사람들은 그들을 마구 내리누르고 고관들은 세도를 부린다. 그러나 너희끼리는 그렇게 해서는 안 된다. 너희 사이에서 위대하게 되고자 하는 사람은 누구든지 너희를 섬기는 사람이 되어야 하고 너희 가운데서 으뜸이 되고자 하는 사람은 너희의 종이 되어야 한다. 인자는 섬김을 받으러 온 것이 아니라 섬기러 왔으며 많은 사람을 위하여 자기 목숨을 대속물로 내주러 왔다(마태복음 20: 24~28).

동시에 하나님 나라의 삶에서 경제 질서는 "아침 일찍 와서 8시간 일한 사람이나 오후 늦게 와서 한 시간 일한 사람이나 똑같은 대접을 받는 것이다"(마태복음 20: 1~16). 하나님 나라의 경제 질서는 오늘날 자본주의적 세계의 노동 질서에서처럼 '일한 만큼' 대접받는 것이 아니다. 능력이 있는 사람이나 능력이 없는 사람이나 자기 능력만큼 일하고 모두 삶에 필요한 것만큼 받는 것이 하나님 나라의 경제 질서이다.[2)]

2) 아리스토텔레스도 그의 정치학(Politik)에서 생필품인 가정경제와 화폐 증식 경제를 구별하고 가정경제학(Oikonimia)의 목표를 가족들과 전체로서의 정치적 공동체(polis)의 조화(koinonia)로 파악했다.

예수는 변방 갈릴리 출신으로 의도적으로 가난한 자들과 버림받은 사람들 가운데 살았다. 그는 분명하게 가난한 자들이 하나님 나라를 얻게 될 것이라고 선언했다. "가난한 자는 복이 있나니 하나님 나라가 저희 것이다"(누가복음 6: 20). "권세 있는 자를 그 위에서 내리치셨으며 비천한 자를 높이셨고 주리는 자를 좋은 것으로 배불리셨으며 부자를 공수로 보냈다"(누가복음 1: 52). "수고하고 무거운 짐을 진 자들아, 다 내게 오라"(마태복음 11: 28). 그리고 예수는 부자들에 대해서는 이렇게 분명하게 말하고 있다. "낙타가 바늘귀로 나가는 것이 부자가 하나님 나라에 들어가는 것보다 쉽다"(마태복음 10: 25). 과거나 오늘날이나 부자가 된다고 하는 것은 가난한 자들의 몫을 차지하지 않고는 불가능하기 때문이다.

여기서 외적으로는 당시 세계 제국이라는 틀 안에서 예수의 제자들은 적어도 초기에는 예수의 선포와 가르침 가운데 공동체를 이루고 살았다. 그것은 사도행전에 나타난 초기 공동체의 삶의 조건에서도 잘 나타나 있다. 사도행전에 보면 하나님의 영을 받은 제자 공동체가 형성되는데 그들은 우선 제국 언어, 즉 바벨탑의 지배 언어로부터 해방된다(창세기 11). 바벨탑은 정치적·경제적·군사적·문화적 지배 세력을 상징하는 것으로서 당시 약소국들은 강대국에 의해서 정치·경제·군사적으로 지배를 받았을 뿐만 아니라 문화적으로, 즉 언어적으로도 강제를 당했다. 그러나 하나님 나라를 지향하던 메시아 공동체는 성령을 받음으로써 이러한 제국주의의 언어로부터 해방되어 자신들의 말로 서로 소통했다.

그리고 내적으로는 제자들 가운데 모든 것을 서로 나누는 생활공동체가 형성된다. "그것들은 사도들의 가르침을 통한 하나님 인식, 기도를 통한 하나님과의 생동적 사귐, 매일의 공동 식사, 예수에 대한 회상과 만족스런 봉사, 공동체의 공동 과제를 위한 사유재산의 자발적 포기

등이다"(두크로, 1997: 218; Theißen, 1997: 122).[3] 그들은 자기들 주변에서 궁핍한 자들을 없애는 것을 과제로 삼았다(사도행전 4: 34; 신명기 15: 4). 나아가서 아나니아와 삽비라의 설화를 통해서 사유재산을 목적으로 한 탐욕을 강력하게 거부했다(사도행전 5: 1~6).

'하나님 나라'를 지향하는 사도행전의 공동체가 어느 정도까지 지속되었는지에 대해서는 정확히 알 수 없다. 분명한 사실은 이러한 공동체가 상당 기간 '하나님 나라' 운동의 정신에서 살아왔다는 것이다. 그러나 그리스·로마 시대, 즉 헬레니즘 문화가 꽃피던 시절에 등장하던 도시화와 함께 거기에 사는 상부 계층의 사람들은 상당한 정도로 부를 누렸다. 반면 다수의 농민들과 도시 하층계급들은 상대적으로 빈곤한 생활을 해야 했다. 이러한 상황에서 하층계급들과 자기 일치를 추구했던 교회와 그리스도인들은 소유에 대해서 매우 비판적 거리를 두었으며 속세의 부에 집착하는 것에 대해 강한 거부감을 가지고 있었다.

부에 대한 비판적 입장은 사도적 교부(Die Apostolische Väter)들의 문헌에도 그대로 나타나 있다. 100년경부터 시작되는 사도적 교부 시대의 그리스도인들은 재림이 지연되고 종말론적 긴급성이 교회 안에서 점차 사라져갔지만 그들 가운데서 세상의 소유에 대한 입장이 달라진 것은 아니었다. 어떤 면에서는 동방 종교들과 그리스 철학 사상, 특히 플라톤주의에 영향을 받은 동방의 교회들 가운데 금욕적 요소들이 교회 안에서 더욱 강화되는 경향을 보이기도 했다. 물론 이 교회들 중에는 교회의 헌법이나 조직 등에 대해 더욱 상세한 규율을 제시함으로써 어느 정도 정착하는 모습을 보이는 곳도 있다(바나바의 편지 등).

한편 100년경에 로마에서 활동했던 사도적 교부들 가운데 한 사람인 클레멘스의 편지에는 동방에서와는 다른 요소들이 발견되기도 한

3) 타이슨은 예수 주변의 메시아적 집단들이 교회의 기원이라고 본다.

다. 예를 들면 클레멘스는 도미티아누스 황제 시절에 이른바 ‘로마의 평화(Pax Romana)’를 찬양하는데, 여기에서 예수의 제자들과 사도들이 시작한 ‘하나님 나라’ 운동으로서의 교회 공동체 운동이 다소 친로마적 운동으로 변질되는 것을 발견할 수 있다.[4] 정치적 권력에 박해받던 당시의 상황을 고려하더라도, 이것은 교회 공동체들이 점차 정착 단계에 들어서면서 세상에 대한 생각이 달라지기 시작한 것을 보여주는 것이다. 왜냐하면 사도적 교부들의 글이 대체로 반유대적 입장 표현이나 교회의 조직 등에 대한 언급인 것으로 보아 로마 제국이라는 정치적 현실에서 교회의 정착화가 상당 부분 전개되었다는 것을 발견할 수 있기 때문이다.

2세기 말~3세기 초의 변증론자들(Apologeten)은 소유에 대한 금욕적 사고들을 더욱 철저하게 철학적 논거들과 결합시키고 있다. 그 대표적 예를 디오그네트의 편지에서 발견할 수 있다.

> 행복이란 인간이 자기의 이웃들을 지배하거나 자기보다 약한 이웃들보다 더 많은 것을 소유하는 것에서 성립되는 것이 아니다. 행복이란 또한 인간이 스스로 부해지고 낮은 사람들을 억압하는 것에서 성립되는 것도 아니다. 이런 방식으로는 아무도 하나님을 본받을 수 없다(Schmid, 1958: 365).

같은 맥락에서 미누키우스 펠릭스(Minucius Felix)도 다음과 같이 말하

4) 사도적 교부들은 로마 교회의 클레멘스로부터 헤르마스의 목자에 이르기까지 100~160년경에 활동했던 인물들이다. 특히 로마의 클레멘스는 도미티아누스의 기독교인 박해에 직면해서 로마 제국과의 평화적 관계를 유지하기 위해서 그것과 타협을 시도함으로써 이른바 ‘국가 신학(Saatstheologie)’의 원조로 알려져 있다(Heussi, 1976: 38; 두크로, 1997: 238).

고 있다.

> 우리는 우리가 가진 재산들을 유용한 것으로 간주한다면 하나님에게 그것을 주실 것을 간청할 수 있을 것이다. …… 그러나 우리는 이러한 재산들을 소유하기보다는 오히려 경멸해야 할 것이다(Schmid, 1958: 365).

2~3세기 그리스도인들의 삶에서 특별히 강조되었던 것은 그들 사이의 사회적·경제적 연대성이다. 왜냐하면 당시 그리스도인들은 대부분 사회적으로 가난한 계층에 속한 사람들이었기 때문이다. 아리스티데스(Aristides)의 『변증서』에는 이런 글귀가 있다.

> 여분의 물건들을 가지고 있다고 해도 그대들 가운데서 어떤 이가 가난하거나 곤궁에 처해있거든 그를 위해 2~3일간 금식하라. 그렇게 할 때 그대들은 그가 필요로 하는 먹을 것을 줄 수 있을 것이다(Aristides, *Apologetia*, 15. 9).

당시 로마 교회는 250년경에 약 1,500명의 가난하고 거처할 곳 없는 사람들을 도운 것으로 알려져 있다. 이러한 숫자는 몇 만 명의 인구가 살던 로마에서는 커다란 사업이었다.

그리고 많은 부유한 가문의 여성 그리스도인들이 자기의 전 재산을 팔아서 가난한 사람들을 구호한 것으로 알려져 있다. 여성들이 이런 구호사업에 동참했던 것은 의미 있는 일이다. 왜냐하면 당시만 해도 교회가 오늘날처럼 남성화되거나 성직화되기 이전이기 때문이다. 이것은 당시 교회에서 여성들의 활동이 대단히 활발했던 것을 반증해 주는 것이기도 하다(Euseb, *historia ecclesia*, IV. 43).

초대 교부(Kirchenväter)들에게서는 빈곤과 금욕보다는 소유와 부가 더 문제였다. 그들은 성서의 관점에서 하나님의 통치는 로마 제국의 법 지배와는 일치할 수 없다고 생각했다. 로마 제국에서 지배적 세력인 맘몬은 우상숭배의 유혹을 내포하고 있다. 구원의 메시지를 전하는 담지자들은 원칙적으로 가난한 자들의 편에 서야 한다(Schmid, 1958: 366). 카파도키아의 세 신학자들 가운데 한 사람으로 기독론에서 뛰어난 해결책을 제시했었고 콘스탄티노플의 대주교로 『신학론(logoi theologoi)』, 『필로칼리아(Philokalia)』 등의 책을 쓴 나지안즈의 그레고리(Gregor von Nazianz)는 빈부의 격차로 이루어진 당시의 경제 질서를 받아들일 수 없다고 했다. 그는 이러한 왜곡된 경제 질서는 인간의 타락에 기인한다고 생각했다(Gregor von Nazianz, *MPG*, 35, 889~). 초대 그리스 교부들의 입장은 단순히 그리스 철학에 기초한 금욕주의 사상만을 강조하기보다 당시 교회 안에 침투한 탐욕적 삶의 자세와 이로 인한 교회 안의 빈부 격차 때문에 발생하는 문제점들을 해결하고자 하는 것이었다.

카파도키아의 신학자들 가운데 대(大)바실리우스(Basilus der Grosse)는 뛰어난 정치가요 실천가로서 경제 질서에 대해서는 공산주의적인 것이 가장 이상적이며 기독교 정신과 일치하는 것이라고 주장했다. 그리고 카파도키아의 신학자들 가운데 한 사람인 닛사의 그레고리(Gregor von Nyssa)도 역시 영적 부요함이 현실적 선이라고 말했다. 그는 지상의 부는 소유할 수 없고 단지 관리할 수 있을 뿐이라고 했다. 이러한 입장을 종합적으로 대변해 준 교부는 크리소스톰(Chrysostom)이다. 그는 이렇게 말하고 있다.

> 어떤 사람이 공동의 것으로 같이 사용해야 할 것을 홀로 지배하려고 한다면 이것이 바로 악이 아니겠는가? 특별한 소유가 존재하지 않는다면 싸움도 분쟁도 없을 것이다. 따라서 물물 공동체는 사적 소유보다

> 우리에게 더 적절한 삶의 형식이다. 이것이 자연에도 상응한다 (Chrysostom, *PG*, 62: 563).

동방의 교회들이 그리스 사상, 특히 플라톤 철학의 영향을 많이 받았다면 서방교회는 스토아 철학의 영향을 받았다고 할 수 있다. 서방교회에서는 이 철학 사상, 특히 자연법사상에 근거해서 만인은 소유에 있어서도 평등하다는 것을 주장했다. 거기에 따르면 사유재산이나 부의 과도한 축적은 인간의 본성에 반하는 것이다. 밀라노의 주교였던 암브로시우스(Ambrosius)에 따르면 인간 사회에서 소유의 질서 혹은 부의 축적이 생겨난 것은 인간이 죄로 타락한 결과라는 것이다.

> 자연은 만물을 모든 사람의 공익을 위해서 제공한다. 왜냐하면 하나님은 모든 사람이 공동의 음식물을 취하게 하고 땅을 모든 사람들이 공동으로 소유하게 할 목적으로 모든 산물을 낸다. 이렇게 자연은 만인을 위한 공동의 소유권을 형성한다. 그러나 그것에 대한 찬탈에서 사유재산권이 등장한다(Ambrosius, *PL*, 16: 67).

암브로시우스처럼 사유재산이 곧 악에서 기인했다는 것을 가장 분명하게 말한 사람은 없다.

5세기 성 아우구스티누스에게 와서 이러한 성서적이고 플라톤적이며 스토아 철학의 자연법적 노선들이 약화되고 사라지기 시작한다. 이러한 변화는 313년 콘스탄티누스 대제에 의해 기독교를 국교로 공인한 것과 밀접한 연관이 있어 보인다. 4세기 이후부터 기독교는 박해받는 종교에서 인정받은 종교로 한 걸음 더 나아가 여타의 종교를 탄압하는 특권을 누리는 종교의 지위를 차지하게 된다. 따라서 이제까지의 소유에 대한 이해도 달라지지 않을 수 없다. 우선 기독교의 중심이 동방교회에서 서방교회로 옮겨오기 시작했고 그에 따라 동방교회적 금욕주의가 사라지기 시작하자, 소유에 대한 저항이 교회에서 점차 사라지게 된다. 아우구스티누스의 사상에서 사유재산에 대한 이해도 이러한 역사적 맥락과 궤를 같이한다고 볼 수 있다. 그래서 아우구스티누스에 의하면 사람은 사유재산을 관리할 권리를 가진다는 것이다. "우리는 가난한 자들의 물건으로서 사유재산을 소유한다. 우리는 그런 권리를 어느 정도 대변하고 있다"(Augustinus, *MPL*, 1437, 35).[5)]

따라서 고대 기독교가 견지해 오던 부에 대한 성서적 이해가 예수의 재림 지연과 종말론적 긴급성의 약화와 함께 콘스탄티누스적 전환과 더불어 완전히 새로운 면모를 띠게 되었다. 이렇게 시작된 '국가 신학'과 함께 교회는 중세에 들어와서 하나의 특권계급으로 등장하며 예수의 민중적 전통을 완전히 상실하게 된다.

3. 가톨릭교회의 경제 사상

고대 교회의 사회적 전통과 사상은 공동 경제를 전제로 하고 있던 게르만 민족의 침입에 의해 그들의 법체계와 결합될 수밖에 없었다. 따라서 중세의 경제 사상에서 공동 경제의 전통은 매우 중요한 흐름 가운데 하나가 되었다. 그러나 고대 교회의 사회적 전통은 중세에 와서 장원제를 중심으로 한 봉건제와 대결하지 않을 수 없었다. 이러한 대결은 주로 수도원의 등장과 더불어 나타나기도 했고 천년왕국설을 추종

5) 아우구스티누스를 비롯하여 앞에 인용한 아리스티데스, 유세프, 나지안즈의 그레고리, 크리소스톰, 암브로시우스의 글은 렌토르프(Rentorff, 1982: 331~)에서 재인용.

하는 소종파 운동을 통해 나타나기도 했다. 초대교회로부터 이어지는 이러한 사회주의적이고 공산주의적 전통들은 알비겐스 파와 프란체스코 파 등 금욕주의적 수도 단체를 거쳐서 종교개혁 당시에는 보헤미아의 얀 후스에게까지 미친다.

성 프랜시스와 그의 추종자들에 따르면 인간의 사적 소유는 곧 죄의 결과이다. 3세기에 이집트의 안토니오(Antonio)나 파코미우스(Pachomius) 등에 의해서 시작된 수도원 운동에서도 이미 소유라고 하는 것이 문제되었지만 12세기 이후, 즉 중세 중기에 등장했던 수도원 운동은 특히 사적 소유에 대해서 강한 거부감을 나타내고 있다. 그것은 일차적으로는 십자군운동을 통해서 일반인들 가운데 등장한 동양의 부에 대한 과도한 동경과 약탈에 대한 반작용인 동시에 당시 가톨릭교회 안에서 일어났던 부를 둘러싼 부패와 연관되는 것이다. 도미니크 파는 가톨릭의 정통 교리에 대한 도전을 문제 삼았다면 프란체스코 파는 오히려 가톨릭 자체가 가지고 있는 부와 그것을 둘러싼 부패를 문제 삼았다. 프란체스코는 스스로 모든 것을 버렸을 뿐만 아니라 그를 따르는 형제들에게도 모든 것을 버릴 것을 요구했다. 그리고 가톨릭교회 자체가 가지고 있는 부에 대해서도 비판을 가했다. 그에게 있어서 모든 악의 근원인 사유재산 제도를 폐기하는 것이야말로 그리스도인의 일차적 과제였다. 이것은 당시 봉건 체제하에서 교회가 차지했던 막대한 재산들과 당시 초기 자본주의적 시대의 문제점을 깊이 통찰한 데서 나온 결론이었다.

프란체스코 파나 다른 수도원 운동과는 달리 중세 중기 스콜라 철학의 대변자라고 할 수 있는 토마스 아퀴나스는 아리스토텔레스의 철학에 근거해서 인간학적 측면에서 인간의 소유에 대한 권리를 제시하고 있다. 그에 의하면 인간은 사적 소유를 통해서 인간됨을 드러낼 수 있다는 것이다. 다시 말하자면 인간은 자기가 먹고 입고 마실 수 있는 조건을 형성함으로써 인간의 존엄성을 가지고 살 수 있다는 것이다.

이렇게 볼 때 그는 재산권을 인권과 결합시켰고 이러한 이론을 기독교적이고 철학적 이론을 통해서 뒷받침했다. 토마스에 의하면 '재산의 공동 소유(communis omnium possesio)'라고 하는 그라티안(Gratian)의 칙령은 인류가 무죄 상태(status innocentiae)에 있을 때만 가능하다. 당시 상황에서 사유재산은 인간학적으로 볼 때 모순되는 것이 아니며 재산의 합리적 사용과 함께 그것을 사용하는 데 자연적 필요에 따를 때는 하나님의 창조와 상합한다는 것이다(Thomas von Aquin, 1985: 66). 따라서 재산권 행사(proprietas)란 인류의 법에 따른 일차적 자연법의 실현을 의미한다. 만물의 질서(ordo)가 요구하고 있는 것은 만물이 재산 소유자의 필요에 따르는 것이다. 다만 사용의 관점에서 개개인은 사물을 '공동의 것'으로 간주해야 한다는 것이다. 사유재산은 인정해야 하지만 사용에 있어서는 공동의 것으로 간주해야 한다는 이론은 사실상 그 자체에 모순을 내포한다. 왜냐하면 소유권은 사용권을 전제로 하기 때문이다. 따라서 자선의 의무는 사용 개념과 밀접하게 연관되지만, 그것도 사실은 의무라기보다는 자발성에 근거하고 있다. 자선도 자신의 신분에 맞게 수행되어야 하며 그것을 넘어서면 질서를 범하는 것이 된다. 여기서는 교부들의 원리적 경고들이 복음적 권면들로 약화되었다.

사유재산권과 인간의 본성을 인간학적으로, 말하자면 개인 윤리적으로 결합시킨 것은 토마스 아퀴나스 이래 로마 가톨릭에서 도덕신학의 사회윤리적 진술들이 움직이는 틀을 형성했다. 이 틀에서 시민적·보수적 경향도 등장했고 사회 개혁적 경향도 가능했던 것이다. 왜냐하면 인간의 본성을 경제적 판단의 준거로 삼을 때는 자유에 기초한 무제약적 사유재산의 소유를 긍정할 수도 있고, 동시에 공동체성에 기초한 소유의 상호적 공유를 긍정할 수도 있기 때문이다. 따라서 자연법 혹은 양심을 윤리적 판단의 준거로 삼는 것은 대단히 합리적인 것처럼 보이지만 모든 판단을 개개인에게 맡겨버림으로써 모든 것이 가능하다는 결론에 도달하게 된다. 여기서 자연법에 기초한 윤리적 혼란이 야기될 수 있다.

그런데 1891년에 나온 교황 칙서 「노동헌장(Rerum Novarum)」이 하나의 척도를 제시한다. 그것도 역시 자율적 인간성이라고 하는 토마스 아퀴나스의 인간학은 자유주의와 상치하기도 하지만 결과적으로는 '자유주의'로 나아가고 말았다. 이것은 어느 정도 당시의 세계 경제적 상황을 반영하는 것이기도 하다. 그런 맥락에서 교황 레오 13세는 일차적으로 사회주의를 반대하여 사유재산의 폐지는 노동자들의 권리를 더욱더 박탈하게 될 것이라고 주장했다. 그는 인격적 품위와 가정을 돌볼 수 있는 정도의 재산을 소유하는 것이 필요하다는 입장에 머문다.

그러나 얼마 지나서 비오 11세는 그의 교서 「40주년(Quadragesimo anno)」(1931)에서 협동 국가(Kooperationenstaat)라는 프로그램을 통해서 자유주의와 자유시장경제를 반대하고 '프롤레타리아의 탈프롤레타리아화'를 선언하고 나선다. 그에 의하면 생산품이 노동자들에게 충분히 돌아가야 하며 노동자들의 완전고용이 보장되어야 한다는 것이다(Schmid, 1958: 367). 이렇게 볼 때 로마 가톨릭의 견해에 따르면 사유재산권이라는 법적 질서는 하나님이 내리신 사랑의 계명을 완성하는 것이다.

4. 개신교의 윤리 사상

로마 가톨릭교회가 사유재산권을 자연법에 따라서 인간에 속한 고유한 권리로 인정한 반면 개신교(Protestantismus)는 이 문제에 대해 합의된 내용을 제시하지 못했다. 잘 아는 대로 개신교는 가톨릭교회와는 달리 자연과 초자연, 자연과 은총 사이의 조화와 거기에 따른 종합을 부정하고 인간을 죄 된 존재로서, 인간의 공동체를 죄인들의 공동체로 봄으로써 새로운 하나님의 은총의 질서를 제시해야 했다. 따라서 개신교회는 사유재산권의 문제를 자연의 질서에 속한 것으로만 받아들일 수 없었다. 이런 관점에서 루터는 한편으로는 토마스 아퀴나스의 자연법 이론이나 승려제의 자발적 청빈 사상에 나타난 공로 사상 등의 위험을 제거하는 데 전력하지 않을 수 없었다. 특히 루터에게 문제가 되었던 것은 공로 사상에 근거한 면죄부였다. '오직 은총만'이라는 종교개혁적 명제는 그것을 받아들일 수 없었던 것이다. 다른 한편으로는 재세례파나 반율법주의자들 및 그들과 연계되었던 농부들의 과격한 사회혁명적 시도들에 대해서도 반대하는 입장을 표시하고 있다. 이렇게 볼 때 자연질서를 승인하는 로마 가톨릭교회의 율법성에 대해서도, 그리고 자연질서를 과격하게 변화시키고자 하는 종교개혁의 좌파 운동에 대해서도 루터는 거리를 둘 수밖에 없었다. 이러한 그의 입장은 그의 해석학적 도식 '율법과 복음'을 다루는 데서 가장 잘 나타나있다(손규태, 1991: 7~52).[6)]

루터는 토마스 아퀴나스와 같이 사유재산의 폐지는 사회에서 무정부상태를 초래할 것이라는 점에서 같은 생각을 가졌다. 그렇지만 루터의 삼중 질서론, 즉 정치적 질서, 교회의 질서, 그리고 경제적 질서는 모두가 공동체적 삶의 보호와 밀접한 연관을 가지고 있다. 따라서 경제적 질서에 속하는 토지의 소유 문제는 국민경제적 기능과 밀접하게 연관되어야 한다고 보았다. 따라서 루터에 의하면 정치적 질서는 경제생활과 관련해서 고리대금업이나 독과점, 투기 등을 막아서 그 질서를 유지해 주어야 한다. 그리고 대중들 사이에서는 진실한 노동을 장려하고 교회의 건물들을 유효하게 사용하도록 도와야 한다는 것이다(Luther, 1519: 1; 1520: 33; 1524: 218; 1540: 325).

---

6) 이 문제에 대해서는 루터의 『갈라디아 주석』을 참조한다.

루터의 설교와 글에 나타난 문제는 어떤 자연법적 문제나 경제 질서 일반에 대한 문제가 아니라 신학적 문제, 즉 '하나님이냐 맘몬이냐?'의 문제와 밀접하게 연관되어 있다. 루터는 그의 『대교리 문답서(Der große Katechismus)』에서 "너희는 다른 신들을 섬기지 말라"라는 계명을 다음과 같이 해석하고 있다.

> 많은 사람들이 돈과 재물을 가지면 하나님과 모든 것을 가진 것으로 생각하고, 거기에 굳게 안심하고 의지하고 자랑하여 아무에게도 아무것도 주지 않는다. 보라. 그러한 인간은 맘몬이라는 돈과 재물을 가진 것이며 지상에서 가장 평범한 우상인 그것에 자기의 마음을 의지하는 것이다. 돈과 재물을 가진 자는 자신을 잘 아는데, 그는 마치 파라다이스에 있기나 한 것처럼 즐거워하고 두려워하지 않는다. 그러나 그것을 갖지 못한 사람들은 마치 어떤 하나님도 알지 못하는 것처럼 의심하고 낙담한다. 왜냐하면 그것들을 적게 가졌으나 선한 용기를 가진 자들은 맘몬을 못 가졌어도 슬퍼하고 원망하지 않기 때문이다. 그들은 구렁텅이에 빠졌다 해도 자신의 본성에 확고히 서있다(Evangelische Lutherische Kirche, 1956: 543~).

따라서 루터에게 재물의 문제는 단순히 윤리적 문제가 아니라 신학적 문제, 즉 신앙의 문제였다.

루터는 당시 등장하고 있던 초기 자본주의적 상황을 고려하여 '도적질하지 말라'는 계명을 다음과 같이 해석하고 있다.

> 왜냐하면 사람이 물건 상자나 돈주머니를 강탈하는 것만을 도적질한 것이라고 말할 수 없고, 가게, 정육점, 포도주와 맥주 판매대, 대장간 등 사람들이 장사하는 곳이나 물건이나 노동을 제공하고 돈을 받는 곳,

즉 장을 벌이는 것도 도적질하는 것이기 때문이다. …… 길드상들은 이자를 떼는 고리대금업자들이며 날강도들이다. 그들은 의자에 앉아 스스로를 귀공자들과 경건한 시민들이라고 칭하며, 그럴듯하게 강도질을 하고 도적질을 한다. …… 지배자들과 영주들로 단체를 만든 거대한 최고의 도적은 도시나 마을뿐만 아니라 전체 독일에서 매일같이 도적질을 한다(Evangelische Lutherische Kirche, 1956: 545~).[7]

칼뱅 역시 경제문제와 관련해서는 루터의 논거를 그대로 받아들이고 있다. 루터와 칼뱅도 소비를 위한 자금에서와는 달리 생산을 위한 자금에 대해서는 이자를 받는 것을 예외적으로 인정하고 있는 것이다. 특히 칼뱅은 제네바로 이주해 온 난민들을 염두에 두는데, 그들이 생산 자금을 빌려서 일정한 이익을 낼 경우에는 거기에 상응하는 이자를 지불할 것을 요청하고 있다. 그런 경우에도 정부는 이자율을 적극적으로 통제할 것을 요구하고 있다.

이렇게 볼 때 칼뱅도 소유 자체를 문제 삼지 않고 그것의 과제를 더 문제 삼은 것을 알 수 있다. 칼뱅에 의하면 재산은 의무적 요소를 가진 하나님의 질서에 속한다는 것이다. 모든 자산가들은 하나님의 세계 지배 기관(Organ)이라는 것을 잊어서는 안 된다. 칼뱅의 경제 사상에서는 하나님의 세계 통치를 향한 공익성이 기초를 이루고 있다. 칼뱅의

---

7) "지금 라이프치히에서 100굴덴을 가진 자는 매년 40굴덴을 먹어치워서 사실상 1년에 농부 한 사람을 파멸시킨다. 1,000굴덴을 가진 자는 매년 400굴덴을 먹어치워 기사나 귀족 한 사람을 파멸시킨다. 1만 굴덴을 가진 자는 매년 4,000굴덴을 먹어치우므로 1년에 부유한 백작 한 명을 삼킨다. 부자가 만일 100만 굴덴을 가졌다면 그는 매년 40만 굴덴을 차지함으로써 1년에 왕 한 명을 파멸시킨다. 따라서 이러한 고리대금업자는 편안히 집에 앉아서 10년이면 전 세계를 삼킬 것이다"(Fabiunk, 1963: 206).

경제 사상의 기초는 말할 것도 없이 성서에 나타난 하나님의 말씀이지만 이것은 또한 로마법에 나타난 논거, 즉 공동체성과 결합되어 있다.

칼뱅의 사상은 교회론과 밀접하게 연관되어 있다. 그리스도인은 교회 형성을 통해서 그리스도의 영광이 드러나고 거기서 가난한 자들과 부한 자들이 같이 살아가야 한다는 것이다. "부한 자가 부한 것으로 선한 일을 할 수 있고, 또한 가난한 자가 하나님의 이름으로 인하여 먹을 것을 얻게 된 것을 감사하면 이 둘은 다 하나님을 찬양하게 될 것이다"(Calvin, 1958: 342). 칼뱅의 사상에서는 근면의 훈련과 세계 내적 금욕도 교회론적 상관관계를 가지고 있다. 다시 말하자면 그리스도인은 근면을 통해 하나님에게 봉사하며 동시에 사람들에게 봉사할 수 있다는 것이다. "경건한 사람은 자기의 모든 가능성을 형제의 가능성을 위해서 바치고 사적 이해는 오직 교회의 공동체적 건설과 관련해서 고려해야 한다"(Calvin, 1958). 교회의 공동체 안에서 형제애로 결속된 그리스도인은 타인의 필요를 도외시할 수 없다. 따라서 칼뱅에 의하면 타인의 간청을 거절하는 것은 이미 도적질하는 것이다. 농사짓는 일이나 수공업에 종사하는 것과 같이 장사를 해서 이익을 남기는 것 역시 공공의 복리와 연관되어야 한다.

이렇게 볼 때 종교개혁자들은 경제문제와 관련해서 철저하게 성서의 말씀을 따르려고 했다. 따라서 화폐 증식 경제를 그대로 받아들이지 않고 매우 강력한 제한 조치를 강구했다. 이 경우 판단의 준거는 언제나 사회적 약자들의 삶의 조건이었다. 그들은 교회가 당시 새롭게 등장하던 초기 자본주의 사회에서 화폐 증식 메커니즘을 통제하는 집단이 될 것을 촉구했던 것이다(두크로, 1997: 257).

종교개혁을 통해 등장한 개신교회들이 점차 성공을 거두고 지역에 따라서 점차 안정을 얻자 제기되는 문제는 각기 다른 개신교 집단들 사이의 신앙고백상의 차이에서 오는 것이었다. 이러한 견해 차이를 극복하고 일정한 합의점이 도출되는데, 그것이 곧 루터 파나 개혁파 안에서 만들어진 신앙고백서 혹은 신조들이다. 이러한 교파 형성과 정착 과정에서 등장한 정통주의적 흐름이 지배하면서 종교개혁 좌파의 사상이 내포하고 있던 천년왕국적이고 종말론적인 사상은 점차 후퇴하게 된다. 이러한 과정에서 예정론과 그에 기초한 근면과 절약정신을 강조했던 칼뱅주의가 자본주의 발전에 결정적 역할을 했다는 것이다(Weber, 1988; Troeltsch, 1923). 이러한 칼뱅주의, 즉 개혁교 전통의 동인과 역할에 대해서는 여러 가지 의견이 존재한다. 지상에서 경제적 부를 누리고 복되게 사는 것이 바로 신자들 개개인의 예정(혹은 선택)을 확인하는 논거가 되었다는 주장이 있는가 하면, 노동을 가능하게 하는 하나님을 모든 결실의 유일한 소유자로 보는 해석도 존재한다. 칼뱅주의자들은 사치스러운 생활을 엄격하게 금하고 자신들이 얻은 소득을 자선에 사용하는 것 외에는 전부 저축하여 재투자에 사용했다는 것이다.

루터교의 신앙고백서나 개혁교의 신앙고백서에서는 고대 교회의 천년왕국적이고 종말론적인 동기들이 제거됨으로써 세상에서 얻어지는 물질적 부의 축적과 더불어 그것을 더 많이 늘려가기 위한 이윤 동기들이 발생한다. 그것은 곧 기업 원리로 발전하게 되었던 것이다.

칼뱅주의적 전통에서 볼 때 하나님 앞에서의 개인적 책임성을 매우 강조했던 청교도주의(Puritanismus)에서도 사적이고 자본주의적 사고가 나타났다. 종교개혁적 봉토 사상으로부터 일련의 자본주의와 사회 개량주의, 그리고 사회주의 등이 등장하는데 공적 조건들의 조정이 점차 정치적 권력의 손으로 넘어가면서 개신교는 변화된 상황에서 복음이 가졌던 평등적 원리를 관철하는 데 별 역할을 하지 못한다. 17세기에 들어와서 정치적 의식과 소유 및 생산관계의 변화에 따라 대다수의 민중들은 궁핍해졌지만, 이에 대항해서 정통주의(Orthodoxie)는 이렇다 할 대안을 제시하지 못했다. 이러한 상황에서 자선으로 대처하려고 했던 경건주의나 각성 운동은 초기 산업사회와 더불어 등장하는 산업 프롤레타리아의 문제를 해결하는 데는 역부족이었다. 경건주의자들은 기껏해야 의지할 수 없는 고아들이나 노인들을 돌보기 위한 시설을 만들어 대처했다. 따라서 강력하게 등장한 자본주의적 모순에 대해서는 이렇다 할 대처 방안을 내놓지 못했다. 무제약적 소유와 이윤 추구를 목표로 한 자본주의적 원리와 여기에서 탄생한 시장 인간(homo oeconomicus)에 대해서 교회는 속수무책이었다.[8)]

산업자본주의에 대한 본격적인 비판은 19세기 중엽에 들어와서 마르크스주의에 의해 시작되었다. 19세기 독일의 경우 비헤른(Johann Wichern)의 지도하에 등장했던 내지 선교(Die Innere Mission)가 당시의 국가 체제와 소유관계에서 제기되고 있는 프롤레타리아의 빈곤화에 대한 각성을 촉구하고 나섰다.[9)] 이 기구는 가난한 자들과 소외된 자들을 위한 주거지를

---

8) 시장 인간이란 '소유 개인주의', '재산 증식 개인주의', '화폐 증식 개인주의'를 의미하는 것으로서 르네상스 연구의 대가인 페트라르카(Francesco Petraca)는 이러한 인간을 가리켜 '최초의 현대적 인간'이라고 규정했다. 인간이 자산을 소유하고 증식시키는 경제적 존재라는 것을 이론적으로 입증한 사람은 토머스 홉스와 존 로크이다. 홉스에 따르면 인간은 본성상 권력을 추구하는 존재이기 때문에 인간은 타인에 대해서 '늑대'이며 그들이 사는 인간의 자연 상태를 '만인 대 만인의 투쟁'이라고 정의했다. 이러한 권력 추구는 부의 추구와 밀접하게 연관된다. 로크는 화폐 증식의 메커니즘을 이성을 가진 인간에 대한 하나님의 창조 위탁으로 합법화해 주었다. 홉스는 국가를 만인 대 만인의 투쟁을 통제하는 기구로 파악한 반면 로크는 한걸음 더 나아가서 투쟁을 통해서 축적된 부를 지켜주는 기구로 이해했다. 이렇게 유럽의 계몽주의와 더불어 등장한 부르주아 사회에서 철학자들은 자산 증식과 화폐 증식을 철학적으로 합리화해 주고 있다(두크로, 1997: 62).

9) 비헤른 목사에 의해서 19세기 말에 창설된 '내지 선교회'는 그동안 경건주의자들에 의한 외지 선교(해외 선교)뿐만 아니라 유럽 내에 등장하고 있는 산업 프롤레타리아의 처참한 참상에 대해서도 교회가 눈을 돌려야 한다는 입장에서 창설된 기구이다. 당시의 많은 사람들이 산업 프롤레타리아의 문제에 대해서 관심을

만들고 빈민 구제 단체들을 만들어갔다. 교회가 공적으로 산업 프롤레타리아의 문제를 의식하고 행동으로 실천했지만, 그들은 여전히 구조적인 해결책을 찾지 못하고 자선적 단계에 머물렀다. 그들은 가난한 자의 문제를 사회경제적 측면에서 접근하기보다는 세속화되고 교회를 멀리하는 이들을 다시 교회로 돌아오게 하려는 '복음화'의 입장에서 접근했던 것이다.

프리드리히 나우만(Friedrich Naumann)과 같은 사회적 자유주의자들은 당시의 상황에서 기독교와 사회혁명적 형식들은 일치할 수 없다는 논제를 제시함으로써 당시 교회 주변에서 일어나고 있던 '혁명적 사회개혁 운동들', 그 가운데서도 마르크스주의 운동과는 거리를 두었다. 그도 역시 이러한 사회 변혁 과정에서 노동자들을—기업가들의 편인 교회를 멀리하는—교회의 품으로 끌어들이기 위한 '밑으로부터의 해방'을 시도했지만 결과는 정반대로 나타났다.

당시에는 산업 프롤레타리아를 단순히 '고향을 상실한 떠도는 젊은 이들'로 회개하고 교회로 돌아와야 하는 존재라고 생각했다. 그들의 문제를 사회경제적 관점에서 파악하고 대처했던 이들은 '종교 사회주의자들'이다(슈레이, 1985: 125; 부에스·마트뮐러, 1987). 그들은 당시의 사회경제적 문제를 심층적으로 분석하고, 그리스도교와 노동운동의 상호 불신이라는 역사적 불행을 극복하는 데 운동의 목표를 두었다. 1906년 이래 스위스에서는 헤르만 쿠터(Hermann Kutter)와 레온하르트 라가즈(Leonhardt Ragaz)를 중심으로 종교 사회주의 운동이 본격적으로 진행되

가졌으나 그것이 교회의 공적 관심사가 된 것은 이 내지 선교회를 통해서다. 그것은 후에 '독일개신교 사회봉사기관(Das Diakonische Werk)'으로 발전했고 그것의 해외 지원 기관으로는 '세계원조기구(Das Brot für die Welt)'가 있다. 이 기관은 그동안 한국의 노동자들과 농민들을 위한 '산업 선교'와 '사회 선교' 활동을 지원해 왔다.

었다. 그들은 도래하는 하나님 나라와 승리자 예수의 여명을 당시 열화와 같이 일어나고 있던 노동운동과 사회주의 운동에서 발견했다. 가난한 자들을 위한 사회주의 운동에서 하나님이 이 세상을 향해 오고 있다는 것, 즉 중산층의 세계에 대한 혁명적 공격이 인식되었다. 말하자면 그들은 중산층의 삶에 철학적 기반이 되었던 자본주의가 하나님 나라의 질서와는 근본적으로 상치된다고 보았다.

사회주의와 마찬가지로 종교 사회주의도 19세기 말~20세기 초 자본주의적 세계 질서의 사악성과 그로 인한 유럽인들의 위기에서 새로운 질서를 찾으려는 운동이었다. 교회는 억압당하고 착취당하는 계층의 문제를 자신의 문제로 삼고 사회의 멈출 수 없는 혁명에 동참해야 한다는 것이다. 따라서 교회가 정치적 억압과 경제적 착취를 당하고 있는 사람들과 연대하고 그들의 운동을 지원하는 것은 복음의 정신에 기초한 것이고, 나아가서 지상에 하나님 나라를 건설하는 것으로 파악되었다(Wendland, 1967: 208).

5. 결론

필자는 교회사에 나타난 경제 사상을 매우 간략하게 살펴보았다. 여기서 발견하게 되는 것은 2,000년 동안의 교회사에서 경제문제에 대한 교회의 입장은 교회가 처해있던 역사적 상황과 밀접하게 연관되어 있다는 것이다. 초대교회는 로마 제국하에서 천년왕국적이고 종말론적인 공동체로서 소수의 소외된 집단이었으며 경제생활에 있어서도 예수의 가르침에 충실하려고 노력했다. 그것은 사도행전에 나타난 '생활공동체' 운동에서 잘 나타난다. 초기 예수의 공동체는 '신앙 공동체', 혹은 요즘 식으로 표현하면 '예배 공동체'에 머물지 않고 삶을 같이 나누는

'생활공동체'였다. 그러나 재림이 지연되고 따라서 로마 제국의 정치적·경제적 체제에 적응해 가는 동안 교회는 많이 세속화되었으며, 여기에 반대하는 집단들은 수도원 운동을 통해서 교회의 세속화를 막고 나아가 경제적 부를 따르려는 유혹에서 벗어나려고 노력했다.

그러나 '콘스탄티누스적 전환'(313) 이후 교회는 로마 제국 안에서 박해받던 종교에서 특권을 누리는 종교의 지위를 차지함으로써 교회의 종말론적 차원은 완전히 사라지고 세속적인 정권과 하나가 되었다. 중세의 교회는 봉건 영주들의 지원자 내지는 협력자가 되었다. 한걸음 더 나아가서 교황권의 강화로 수많은 장원과 토지를 차지한 교회는 더 이상 가난한 자들의 교회, 가난한 자들과 연대하는 교회가 되지 못했다.

종교개혁에서도 종교개혁을 주장했던 사람들과 사회 개혁을 주장했던 집단들 사이에는 경제문제를 둘러싸고 현격한 견해 차이를 보였다. 루터나 칼뱅 등 초기 개혁자들은 경제문제에 대해서도 성서로 돌아갈 것을 요구하고 고리대금업자에 대한 비판적 시각을 보였다. 그렇지만 종교개혁이 성공을 거두고 정착되어 가는 과정에서 군주 체제하에 편입된 지방 교회(Landeskirche)로서는 정치적·사회적 개혁을 거의 추동하지 못하고 말았다. 이러한 상황은 정통주의나 경건주의 시대에도 마찬가지였다. 특히 계몽주의 시대에 들어오면서 교회는 오히려 산업자본주의의 파트너가 되었던 것이다. 특히 19세기에 들어오면서 자유주의 신학에 매몰된 교회는 정치에서의 자유주의, 경제에서의 자유시장경제, 무역에서의 자유무역이라는 도식을 전적으로 수용함으로써 등장하는 산업 프롤레타리아를 외면하고 그들의 적이 되는 상태에까지 나아가게 되었다.

이러한 상황을 타개하기 위해서 종교 사회주의가 등장하고 당시의 사회주의적 노동운동과 연대하지만 그 성과는 역시 미미한 것이었다. 여기서 주목할 것은 카를 바르트 등 종교 사회주의에 그 신학적 기초를 두고 출발했던 변증법적 신학 혹은 위기신학이 당시 약자들, 특히 노동자들과 그들의 운동, 그리고 소외되었던 자유주의적이고 부르주아적인 기독교의 위기를 잘 간파했다는 것이다. 바르트의 위기신학은 교회와 신학의 부르주아화를 교회 전체의 위기로 보았던 것이다. 이런 차원에서 변증법적 신학자들 특히 투루나이젠(Thurneysen, 1985) 같은 이는 '사회주의와 기독교 사이의 역사적 대립'을 극복하기 위해서 노력했다.

오늘날 한국 교회는 어떤 처지에 있는가? 1980년대 경제적 번영의 과정에서 한국 교회는 중산층의 교회, 부르주아적 교회, 자본주의적 교회로서 정치적·물질적 특권을 누렸다. 그러다 보니 물질에 대한 예수의 가르침, 예언자적 전통을 상실하게 되었다. 교회 안에서는 성장 신학, 축복주의라고 하는 물신숭배가 지배하게 되었고 그것으로 인해서 교인들은 경제윤리, 사회적 책임을 망각하게 되었다. 그 결과 왜곡된 물질 추구와 잘못된 소비 문화가 교회와 그리스도인들 안에서도 판을 치게 되었다.

기독교인들이 이 지구상에서 추구하는 가치의 핵심을 믿음과 소망과 사랑이라고 말할 때(고린도전서 13), 그리고 인간들 사이의 참다운 관계성을 믿음과 사랑과 소망에서 찾는다고 할 때(Rich, 1987: 104), 오늘날 우리는 경제적 불의로 인해 믿음도 소망도 사랑도 상실하고 있다. 한국의 개신교회도 비판적으로 설교하고 경고하는 파수꾼의 역할을 해내지 못했으므로 오늘날의 경제위기에 대한 책임에서 자유로울 수 없다. 앞으로 예수의 정신에 따라서 믿음과 사랑, 그리고 소망이 지배하는 사회를 만들기 위해서 청빈한 생활을 영위하는 교회, 가난한 자들과 연대하는 교회로 나아갈 때 비로소 한국 교회도 오늘날 상실한 신뢰를 되찾고 참된 선교의 길을 갈 수 있을 것이다.

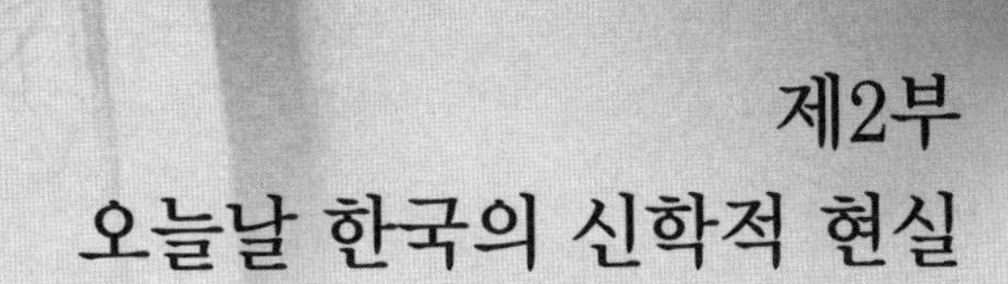

제2부
오늘날 한국의 신학적 현실

제7장

오늘날 한국에서 신학하는 것은 무엇을 의미하는가?

1. 교회사적 회상

"이 땅에서 신학함이란 무엇인가?"라는 물음을 좀 더 정확히 도식화한다면 "오늘날 이 땅에서 신학한다는 것은 무엇을 의미하는가?"라는 물음이 될 것 같다. '신학함'의 어원은 신 혹은 신적인 것에 관해 말하는 것, 신과 그들의 세계에 대한 이론을 전개하는 것이라는 뜻이다. 이러한 방식으로 신학하는 것은 서양의 고대 세계, 많은 신들을 가졌던 그리스나 로마 세계에 그 기원을 두고 있다. 여기서는 신들의 탄생이나 계보들, 그리고 역할들이 주로 다루어진다. 그러나 이러한 문제를 다루는 것은 오늘 우리의 과제가 아니다. 우리는 오늘날 이 땅에서 기독교 신학함의 의미를 찾는 것이다. 그러나 오늘날 이 땅에서 신학함의 의미를 정확히 찾기 위해서 과거사에서 나타나는 신학함의 의미를 간단히 살피는 것은 도움이 될 것이다. 신학함은 역사적 회상 규율 없이 바르게 이해될 수 없고, 미래의 전망 규율 없이는 무의미하기 때문이다. 과거에 대한 회상과 반성, 그리고 미래에 대한 전망과 예견 가운데에서만 '오늘'을 말할 수 있는 것이다.

오늘날 신학함의 의미를 발견하기 위해서 세계 교회사를 네 단계의 발전 과정으로 나누고 각 단계에서 신학함의 의미를 간략히 살펴보자. 첫 단계는 동방교회로서 지중해 연안을 중심으로 헬레니즘 문화 지역에서 시작되고 성장한 초대교회 시대를 들 수 있다. 이 시대의 신학은 선교를 목표로 한 '변증 신학'이 중심이었다. 로마인들의 정치적 박해와 그리스인들의 철학적 공세에서 기독교는 반로마적 종교가 아니라는 것과 참된 철학적 진리는 기독교에서만 발견될 수 있다는 것을 논증한다. 특히 유스틴 같은 변증 신학자는 그리스 철학에서 예시된 진리가 그리스도 사건에서 참되게 드러났다고 주장하고 알렉산드리아 학파의 지도적 신학자들인 클레멘스나 오리게네스는 소크라테스나 플라톤과 같은 철학자들도 모세와 같이 그리스도를 예증했던 사람들로서 그들도 그리스도인들이라고 부를 수 있다고까지 했다. 당시 서방 지역의 신학자들, 예를 들면 리옹의 이레네우스, 로마의 히폴리투스, 카르타고의 터틀리아누스 등도 그리스 철학, 동방의 신비주의 등과 결합된 이원론적 기독교 영지주의와 대결하면서 신학을 전개했다. 그런 의미에서 이들도 변증론을 통한 선교 신학자들이라고 할 수 있다.

두 번째 단계는 서방교회로서 로마를 중심으로 한 가톨릭교회 시대, 즉 중세 교회 시대를 들 수 있다. 5세기에 등장한 이슬람 세력이 동방교회 지역을 점령하고 북아프리카의 대부분을 장악함으로써 기독교의 중심축이 서방, 즉 로마 교구로 옮겨지게 된다. 게르만족의 이동으로 서방교회는 민족적으로 로마와 게르만족의 교회가 되었다. 이러한 변화된 역사적 상황에서 교회는 이전의 그리스 철학과 헬레니즘 사상과의 대결에서 등장한 변증 신학이나 선교 신학보다는 교회의 제도와 체제, 즉 교황제를 정점으로 성직 계급 제도를 강화하는 방향으로 발전한다. 이러한 제도적 발전에는 로마와 게르만의 법제도들이 매우 유용하게 사용되었다. 특히 13세기 이후에 등장한 스콜라주의 신학은 '자연과 은총의 종합'이라는 도식을 통해 인간의 공로주의를 구원론에 도입함으로써 그리스도의 복음으로부터 이탈시켰다.

세 번째 단계는 16세기 로마의 정치적 보편주의와 가톨릭교회의 종교적 보편주의의 제반 모순들을 해체시키고 등장한 북방교회, 즉 종교개혁운동으로 등장한 개신교다. 루터는 1517년 95개 조의 논제와 1520년 종교개혁 문서들(「독일 개신교 귀족에게 보내는 글」, 「교회의 바빌론 포로」, 「그리스도인의 자유에 대하여」)을 통해서 무엇보다도 교황제, 즉 교황의 교회 수장권, 교회의 성서 해석 독점권, 교황의 공의회 소집권 등을 문제 삼는다. 교회의 우두머리는 교황이 아니고 그리스도이며, 교황만이 바른 성서 해석을 할 수 있다는 것은 잘못이고, 공의회는 니케아 공의회처럼 황제나 영주들이 소집할 수 있다는 것이다. 그리고 가톨릭교회의 일곱 성사 가운데 성서가 제시하는 세례와 성만찬만이 참되다고 주장한다. 또한 인간의 구원은 면죄부와 같은 인간의 '공로'가 아니라 그리스도의 은총으로 이루어진다는 것이다. 여기에서 '은총론'이 종교개혁 신학의 중심을 이루게 된다. 따라서 종교개혁 신학의 중심 주제는 '의인론'이었다고 할 수 있다.

네 번째 단계는 유럽과 미국의 제국주의 물결을 타고 선교된 아프리카, 남미, 그리고 아시아의 교회들, 즉 남방교회들이다. 이들 세 대륙의 역사적 배경들을 살펴보면 ① 이들은 서구 기독교 국가들에 의해서 식민지화되었고 지금도 신식민지적 지배를 받고 있다. ② 이들은 산업에서 후진국이며 경제적으로 빈곤하다. ③ 이 대륙의 국가들은 사회적으로 계급차별과 성차별이 만연하다. ④ 이 대륙의 국가들은 종교적으로 다양한 고등종교를 가지고 있지만 문화적으로 정체되어 있다. 따라서 이 대륙에서는 식민지적 경험과 정치적 억압을 배경으로 한 해방신학, 경제적 불의와 빈곤을 배경으로 한 민중신학, 인종차별과 계급차별, 그리고 성차별에 맞선 흑인신학과 여성신학, 다양한 고등종교와의 대결에서 벗어나 종교 간 대화에 기초한 종교신학 혹은 문화신학 등이 등장했다. 따라서 남방교회들의 공통 경험에서 나온 신학 운동은 해방신학, 민중신학, 종교신학, 여성신학 등으로 대별할 수 있을 것 같다. 특히 1970년대 전 세계적 관심을 얻었던 우리나라의 민중신학은 우리의 역사적 현실과 경험, 즉 우리의 시간과 땅에서 출현했던 기독교의 독특한 해석이라고 할 수 있다.

이렇게 볼 때 신학하는 것은 동시대의 사상과 역사적 현실과의 대결을 통한 선교적 활동의 일환이라고 할 수 있다. 이런 의미에서 신학은 곧 선교학이고 신학하는 행위는 필연적으로 선교와 밀접한 관계를 갖게 된다. 바르트의 말처럼 신학은 곧 설교학이요 따라서 선교학이라 할 수 있다. 한 시대의 사상적 조류와 역사적 현실을 무시한 신학, 아니 설교는 저 혼자 울리는 꽹과리 소리처럼 공허할 뿐이다.

2. 새로운 세계 질서의 출현과 새로운 신학 운동

1990년대에는 소련의 해체와 사회주의권의 붕괴로 동서 냉전체제가 붕괴된다. 그 결과 자본주의의 종주국 미국을 정점으로 새로운 자본주의적 세계 질서가 등장하고 동서 냉전은 남북 열전으로 대치된다. 그 결과 부유한 국가는 더 부유해지고 가난한 국가는 더 가난해져 이들 사이의 괴리가 더 깊어졌다. 부유한 국가 안에서도 가난한 국가 안에서도 부유한 사람들과 가난한 사람 사이의 격차는 더 깊어간다. 이것을 가리켜 학자들은 20대 80의 세계라고 부르기도 하고 근래에 와서는 10대 90의 세계라고 말하기도 한다. 그러나 오늘의 형편은 더욱 악화되어 세계 전체 인구의 0.1%가 세계 전체 부의 40%를 소유하게 되었다.

미국 같은 부유한 나라에서도 인구의 11%가 끼니 걱정을 한다. 전 세계에서 7초 만에 어린이 한 명이 기아로 사망한다. 유엔 통계에 의하면 세계 인구 중 약 2억 명이 하루에 1달러 이하의 생활비로 살아간다.

한국의 현실도 다르지 않다. 경제인구 1,200만 명 중 약 600만 명이 제대로 된 일자리를 갖지 못한 비정규직이나 파견근로자들이다. 우리나라 전체 인구 중 600만 명 이상이 빚을 지고 있고 그중 350만 명이 신용불량자이다. 이들의 부채 총액은 700조 원을 넘어서고 있다. 초등학생 10%가 끼니를 제대로 먹지 못하고 1년에 수천 가구가 빈곤으로 해체되고 있으며 매년 5,000명 이상이 부채와 빈곤, 실직 등으로 자살한다.

경건한 가톨릭 신자 콜럼버스가 미 대륙을 발견함으로써 처음 시작된 '새로운 질서'는 500년 후, 1990년에 조지 부시가 선포한 '새로운 세계 질서'로 완결된다. "하나님께서 세계를 통치하실 것이다"라는 아우구스티누스의 기도를 외우며 스페인을 출발한 콜럼버스의 세계화에 대한 꿈은 이 세계를 하나님이 아니라 맘몬, 그리스도가 아니라 달러가 지배하는 세계로 만든 것이다. 맘몬이 지배하는 자본주의적 세계 질서가 선이며 여기에서 이탈된 것은 모두 악이다. 이 질서에 편입되지 않은 나라들은 악의 축이나 테러 국가로 지목되어 미국의 국가적 테러에 직면해야 한다. 미국의 아프가니스탄 침략과 이라크 침공은 바로 자본주의적 새로운 세계 질서에의 통합을 목표로 한다.

새로운 자본주의적 세계 질서를 향한 세계화의 추세에서 신학함의 의미는 어떤 것일까? 바알의 물신숭배가 전 인류를 노예화하고 몰록 신들이 도처에서 인간의 생명, 특히 어린 생명들을 제물로 요구하는 오늘날의 세계 질서에서 우리는 어떻게 신학하고 하나님의 말씀을 선포할 것인가?

1) 성서와 복음으로의 복귀

성서적 회상 규율에 따르면 민중들의 고통에 귀를 기울이고 거기에 동참하는 것이 신학함의 출발점이고 귀결점이다. 왜냐하면 하나님은 민중이 고통당할 때 그들의 목소리에 귀를 기울여주고 그들을 만나 구해주기 때문이다.

> 나는 이집트에 있는 나의 백성이 고통받는 것을 똑똑히 보았고 억압 때문에 괴로워서 부르짖는 소리를 들었다. 그러므로 나는 그들의 고난을 분명히 안다. 이제 내가 내려가서 이집트 사람의 손아귀에서 그들을 구하여 젖과 꿀이 흐르는 땅으로 데려가려고 한다(출애굽기 3: 7~8).

구약성서의 핵심을 이루고 있는 율법 가운데 사회법은 하나같이 민중들, 고아와 과부와 나그네를 돌보는 것을 주된 관심으로 삼고 있다. 그리고 이 율법의 사회법 전통을 이어가고 있는 주전 8세기 사회적 예언자들 역시 이러한 율법의 사회법 정신을 계승하여 민중의 고통에 귀를 기울이고 그들을 돌보는 것을 최대의 관심사로 삼고 있다. 아모스는 다음과 같이 말한다.

> 나는 너희가 벌이는 (교회의) 절기 행사들이 싫다. 역겹다. 너희가 교회로 모여도 도무지 기쁘지 않다. 너희가 나에게 번 제물이나 곡식을 바친다 해도, 내가 그 제물을 받지 않겠다. 너희가 화목제로 바치는 살찐 짐승도 거들떠보지 않겠다. 시끄러운 너의 노래(찬송)소리를 내 앞에서 집어치워라! 너의 거문고 소리도 나는 듣지 않겠다. 너희는 다만 공의가 물처럼 흐르게 하고 정의가 마르지 않는 강처럼 흐르게 하여라(아모스서 5: 21~24).

예수는 어떤가? "때가 찼다. 하나님의 나라가 가까웠다. 회개하고 복음을 믿어라"(마가복음 1: 15)라는 설교로 그의 공생애를 시작한다. 그는 베들레헴 마구간에서 태어나 들에서 고생하는 민중인 목자들에게 기쁜 소식을 전했다. 천사들은 예수 탄생의 의미가 하늘에서는 하나님께 영광이고 땅에서는 모든 고난당하고 갈등 가운데 있는 사람들을 위한 평화에 있다고 노래한다. 바울은 그리스도 찬가에서 다음과 같이 선언한다. "그리스도는 자기를 비워 종의 모습으로 사람과 같이 되었고 자기를 낮추어 죽기까지 복종했다"(빌립보서 2: 7~8). 그는 마침내 이 세상 지배자인 헤롯에게 박해를 당하고 로마 제국의 손에 죽음을 당했다. 예수의 시간과 장소는 고통당하는 사람들, 즉 민중의 시간과 장소였다. 따라서 예수가 성육신한 장소인 교회의 시간과 장소도 역시 고통받는 사람들의 시간과 장소가 되어야 한다. 신학함의 시간과 장소도 고통받는 사람들의 장소와 시간에서 출발하고 그곳에서 귀결되어야 한다. 이러한 민중의 공통에 귀 기울이지 않으면 진정한 의미에서 예수 그리스도의 신학이 될 수 없다.

이 점에서 기독교 신학은 위대한 신들의 출생이나 이들의 계보를 다루는 그리스·로마 신화에 기초한 신학이나 위대한 왕과 황제의 수호자로서 신들을 다루는 아시리아, 바빌론, 이집트의 신학들과 구별된다. 그리고 오늘날 신학은 기독교의 헬레니즘화를 시도했던 초대교회의 신학, 중세 봉건사회체제의 정치적·종교적 지배계급을 위한 로마 가톨릭 신학, 종교개혁 이후 등장한 서구의 부르주아적 자본주의 계급들의 경제적·사회적 토대를 위한 자유주의적 신학과는 구별되어야 한다. 오늘날의 신학, 아니 진정한 의미에서 신학함은 가난하고 억눌린 인간들의 고통이 있는 곳, 즉 하나님의 현현과 그리스도의 성육신한 때와 장소가 그 출발점이고 종착점이 되어야 한다.

2) 정의의 실현으로서 신학하기

한국 신학의 출발점은 어디에 있는가? 지난날 고통받던 이스라엘 백성이 있던 이집트의 광야는 어디이며 그리스도 탄생의 소식을 듣던 목자들이 있는 곳은 어디인가? 그곳은 노숙자들이 괴로운 삶을 이어가는 서울 지하철역이고 안산과 성남, 그리고 부천 등에서 인간 대접을 받지 못하고 중노동과 저임금에 시달리는 외국인 노동자들이 있는 곳이며 항구도시 부산에서 몸을 팔고 살아가는 러시아, 필리핀 등지에서 온 외국인 여성들의 신음소리가 들리는 곳이다. 이들은 앞서 말한 미국의 자본주의가 추동하는 세계화를 통해서 전 세계를 지배하는 금융자본, 즉 맘몬에 의해서 희생된 인간들이다.

그런데 우리의 신학적 현실은 어떠한가? 한나라당 정치가들은 선거에 이기기 위해서 수백억의 돈을 차떼기로 도둑질하고, 삼성 같은 대기업은 30대 젊은 아들에게 수천억 원의 재산을 불법으로 상속하고 있으며, 은행은 가난한 사람들에게 돈을 빌려주고 이자를 짜내기에 혈안이 되어있다. 그러므로 한국 교회, 아니 세계 교회들이 1990년 서울 올림픽 경기장에 모여 '정의, 평화, 창조 질서의 보전'이라는 세계 대회를 열고 하나님과 계약을 맺은 대로 맘몬이 지배하는 세계에서 정의를 실현하고 전쟁과 갈등으로 고통당하고 인간의 탐욕에 의한 난개발로 파괴되어 가는 자연을 살리는 것이 우리 그리스도인들의 과제요, 우리들 모두의 삶의 목표이다. 자본주의적 맘몬 숭배의 세계에서 정의를 실현하고 하나님이 통치하는 평화의 세계로 돌려놓고 신음하는 자연을 되살리는 것이 우리의 신학함의 일차적 과제인 것이다.

3) 평화의 실현으로서 신학하기

한국은 분단 현실에서 전쟁을 치렀고 지금도 막강한 군사력으로 서로 대결하고 있으며 북한은 자신들의 생존과 체제를 수호하기 위해서 핵무기까지 보유하고 있다. 자본주의적 일극체제를 추구하는 강대국 미국은 자기에게 반대하는 세력들을 굴복시키기 위해서 유고, 코소보, 아프가니스탄, 이라크 등지에 침략을 감행했고 이제는 이란과 북한을 악의 축으로 규정하고 있다. 한반도는 지금 일촉즉발의 전쟁위기에 처해있다. 이런 현실에서 우리는 미국의 전략과 요구에 굴복하여 국내적으로는 50년 이상 북한과 대립하고 있으며 대외적으로는 3,000명 이상의 군대를 이라크에 파병했다. 이러한 미국의 자본주의와 핵우산 아래서 우리가 얻은 것은 불안한 안보이지 진정한 평화는 아니다. 이제는 군사적 안보에서 민족적 화해를 통한 참된 평화로 나아갈 때이다. 왜냐하면 군사적 안보는 '세상이 주는' 로마의 평화이지(요한복음 14: 27) 참된 '그리스도의 평화'가 아니기 때문이다. 따라서 그리스도의 참 평화를 실현하는 것이 이 땅에서 신학함의 다음 과제다. 핵이 우리를 위협하는 현실에서 평화는 삶의 계명이다(K. F. Weiszäcker). 핵은 인간을 분열시키고, 핵분열은 인간의 몸을 산산이 해체시킨다.

4) 교회의 갱신으로서 신학하기

스위스의 신학자 카를 바르트는 "신학은 교회를 봉사하는 학문이다"라고 갈파한 바 있다. 교회 봉사의 학문으로서 신학은 교회의 선포를 감시하는 적극적 봉사와 함께 교회를 성장하게 하는 소극적 봉사로 구별해서 생각해 볼 수 있다. 교회에 대한 역동적 봉사로서의 신학, 즉 비판적 신학은 교회가 하나님의 말씀을 바로 선포하고 성례전을 바로 집행하는가를 감시하고 감독하는 것을 말한다(루터). 이때 신학은 교회라는 배의 선장과 같아서 교회가 갈 방향을 제시하고 이끌어간다. 오늘날 한국 신학은 예수 그리스도의 정신에서 이탈된 교회를 향해 짖지 않는 개와 같이(이사야 56: 10) 교회를 감시·감독하지 않고 꿈이나 꾸고 배만 채우고 있는 것은 아닌가? 미국식 자본주의의 경제 논리에 기초한 '교회성장론'과 다단계 판매 전략에 기초한 구역 조직 및 제자 훈련 프로그램으로 채색된 일부 대형 한국 교회들을 '성공주의'로 고무 찬양하는 현실에 대해서 한국의 신학자들은 '분별력을 잃고 잘 얻어먹고 지내는 벙어리 개'가 된 것은 아닌가? 신학자들은 교회를 집어삼킨 거대한 종교적 레비아단 집단들과 맘몬주의의 파도에 묻혀 침묵함으로써 배불리 얻어먹고 낮잠을 즐기는 것은 아닌가?

언제부턴가 한국 교회 안에서는 검은 망토를 휘날리는 파시즘적 성직주의가 지배하여 바른 말 하는 예언자, 신학자들을 신학대학에서 추방하고, 교권에 눈치나 보고 거기에 아첨하는 소인배 신학자들만을 양산하고 있다. 바빌론의 침공 앞에서 풍전등화 같은 유다의 운명을 놓고도 "성전이다. 성전이다. 성전이다"라고 외치며 성전이 그들을 보호해 주리라고 믿던 어용 종교의 예언자들을 향해서 "그들의 말에 속지 말라. 그들에게 의지하지 말라. 너희는 행실을 바르게 하고 이웃에게 정직하고 고아와 과부를 돌보고 무죄한 사라들을 박해하지 않는 것"(예레미아 7: 4~7)이 하나님의 도움을 받는 길이라고 외치던 예레미야의 음성이 들리지 않는가? 순교하는 신학(유스틴, 본회퍼), 박해받는 신학(카를 바르트, 골비처)이 진정한 의미에서 신학이 될 수 있다.

이 땅에서 신학한다는 것은 무엇을 의미하는가? 필자는 나치의 어두운 역사 한가운데서 자기 몸을 제단에 바쳐 하나님을 증언한(신학한) 본회퍼의 「행위(Handeln)」라는 시를 소개하면서 이 글을 마감하고자 한다.

순간의 쾌락에 동요되지 말고, 정의를 단호히 행하고,
가능성에서 동요되지 말고, 현실적인 것을 담대히 붙잡으라.
사고의 세계로 도망치지 말라, 오직 행동하는 데서만 자유가 존재한다.
두려워 주저하지 말고, 인생의 폭풍우 속으로 나아가라.
하나님의 계명과 너의 신앙이 너를 따르며,
자유는 그대의 영혼을 환호하며 맞아주리라.

제8장

한국의 신학적 실존

1. 역사적 회상

한국 개신교 선교에서 초기 선교사들이 들여온 신학적 전통은 장로교의 경우 개신교 정통주의 신학이었고, 감리교의 경우 개신교 경건주의 신학이었다. 이러한 신학적 전통은 종교개혁 이후 혼란스럽고 다양한 신앙적·신학적 방향들을 정리하던 개신교 정통주의의 신앙고백적 운동에 뿌리를 두고 있다. 개신교 정통주의는 1555년 아우크스부르크 평화조약(Augsburger Friede)에서부터 경건주의의 아버지 슈페너의 『경건한 소망(Pia desideria)』이 출간되고 「스위스 개신교인들의 신조(Formula consensus Helvetica)」가 발표되는 1675년까지 약 120년 동안 형성되었다. 이 운동은 가톨릭에서 일어나는 반종교개혁 운동의 도전과 개신교 안에서 나타나는 다양한 신앙적 방향 가운데서 통일된 신앙고백의 방향을 잡음으로써 종교개혁자들, 특히 루터와 칼뱅의 신학을 정경화(Kanonisierung)하려는 시도에서 탄생했다.

---

* 이 글은 2005년 5월 27일에 있었던 필자의 은퇴 기념 강연을 정리한 것이다.

다른 한편 경건주의는 1690년부터 1730년대까지 비교적 짧은 기간 동안 일어난 신앙 운동으로, 당시 정통주의의 경직된 교리주의 혹은 신앙의 화석화된 주지주의에 반기를 든 경험적이고 실천적인 신앙 운동이다.[1)]

개신교의 정통주의와 경건주의 운동은 가톨릭의 반종교운동의 도전과 개신교회 사이에서 발생한 신학적 혼란을 극복하는 데 어느 정도 성공하는 것처럼 보였다. 그 후 정통주의의 배타적 교리주의와 경건주의의 과도한 경험주의 강조는 개신교 교파들 사이에 갈등을 일으킨다. 교파들 사이의 배타성과 다툼으로 일반 신자들뿐만 아니라 지식인들 사이에서도 종교적 열기가 식어갔고, 이는 종교에 대한 무관심과 혐오감으로 나타났다. 이러한 경향은 특히 18세기 말부터 19세기 초에 유럽 대륙을 지배했던 세속적이고 반종교적인 계몽주의로 인해 더욱 강화되었다. 계몽주의 운동에 저항하던 배타적 교리주의의 정통주의자들과 경건주의자들은 이러한 신앙적 전통을 지닌 채 다수가 미국으로 이주한다. 미국으로의 이주는 처음은 영국으로부터 시작되는데, 영국에서는 박해받던 청교도들(경건주의자들)과 독립파들이 주로 건너갔고 대륙에서는 주로 세속적 계몽주의를 거부하고 정통주의를 고수하는 낮은 계층의 사람들이 건너갔다.

따라서 미국 선교사들을 통해 한국에 들어온 장로교회는 17세기 유럽의 배타적 정통주의 신학이고, 감리교회 신학은 18세기의 경건주의 신학이라고 정의할 수 있다. 특히 미국으로 건너온 유럽의 정통주의는 세대가 지나면서 나타난 미국 사회의 세속화에 대항하면서 근본주의

---

1) 이 운동은 가톨릭의 신비주의, 얀센주의, 영국의 청교도 및 퀘이커 운동과 밀접한 관련을 갖는데, 이것은 신앙 항목(교리들)에 대한 지적 승인을 뛰어넘어 신앙 체험, 특히 구원의 경험과 확신 및 신앙의 실천을 통한 구원의 확인을 강조하는 운동으로 발전했다.

(Fundamentalism)적인 성격을 띠게 되었고, 청교도적 경건주의도 젊은 세대들과의 타협주의(Halfway Covenant)를 거치고 난 후 각성 운동을 통해 그 정체성을 유지하려 했다.[2] 신학은 16세기 유럽의 정통주의라기보다는 미국의 근본주의 색채가 가미된 것이었고, 경건주의도 부흥회적 각성 운동의 색채를 띤 것이었다. 이러한 선교사들의 신학은 적어도 반세기 동안 한국에서 그 뿌리를 확고하게 내릴 수 있었다.

그러나 1930년대 중반 일본을 통해서 계몽주의의 세례를 받은 유럽 신학이 소개되기 시작하고, 숫자는 많지 않으나 미국에서 진보적 신학을 공부한 몇몇 한국인 신학자들이—서구의 계몽주의의 세례를 받지 않고 온실에서만 자라온—귀국함으로써 정통주의와 경건주의가 도전을 받게 된다. 1935년 장로교 선교 50주년을 맞아 장로교 선교사 모펫(Moffet)이 발표한 글 중에 한 구절이 당시의 상황을 잘 반영해 준다. "우리 선교사들이 가져다준 신학(정통주의와 경건주의) 외에 다른 신학을 가르치는 사람들은 저주를 받을 것이다." 이 말은 일본에서 유럽, 특히 바르트를 중심으로 한 변증법적 신학을 한국에 소개하려는 사람들(예를 들면 복음교회의 최태영 목사)과 미국에서 돌아온 송창근, 김재준 등 단권주석 출간에 관여한 신학자들에 대한 선교사들과 그 동맹 세력의 공세였다. 당시는 강력한 재정적 힘을 가졌던 선교사들과 그 동맹 세력의 승리로 끝나고 말았다. 정통주의 신학은 새로운 신학에 대한 전투적 열정으로 1936년 이후의 신사참배 강요와 대결하고, 경건주의는 일본 제국주의 억압 아래서 신자들을 영적 세계로 인도하는 감성적 신앙, 즉 부흥회적 운동을 통해서 그 맥을 유지해 왔다.

---

2) 미국의 신학적 근본주의는 정통주의를 요약한 것으로 성서의 축자영감설 외에도 인간의 전적인 타락, 예수의 동정녀 탄생, 인간의 신체적 부활 등을 핵심 교리로 하고 있다.

2. 새로운 신학 운동의 도전

선교사들의 이러한 정통주의와 경건주의의 신학 풍토에 가장 강력하게 도전한 사람은 장공 김재준이다. 그는 정통주의가 금과옥조로 삼던 성서의 축자영감설에 도전함으로써 성서를 정통주의의 교리 체계로부터 해방시키려 했다. 성서의 해석권은 오직 교황만이 가진다는 로마 가톨릭교회의 교리 전통에 도전하여 성서를 교황으로부터 해방시켜 모든 신자들에게 되돌려준 마르틴 루터의 심정으로 김재준은 이 일을 추진했다. 그러나 축자영감설을 교황권보다 더 강하게 믿고 있던 한국의 장로교 지도자들은 그를 이단으로 파문했고 그 결과 기독교장로회가 탄생한다. 김재준은 이 일을 감행하여 서구의 다양한 성서 해석 이론들을 받아들임으로써 신학, 특히 성서학의 자유를 쟁취한 것이다. 그러나 오늘날 기독교장로회를 제외한 100여 개 교파로 이루어진 장로교회는 신학적으로는 여전히 선교사들이 전해주었던 개신교 정통주의 신학에 사로잡혀 있다.

그 다음으로 등장한 새로운 신학 운동은 1960년대 초반에 등장한 토착화 신학이다. 이 운동은 경건주의적 전통을 가지는 동시에 한국의 문화적 전통을 장로회처럼 교리적으로 배척하지 않고 수용하려고 했던 감리교회에 의해서 촉발되었다.[3)]

3) 물론 이 토착화(Inculturation)의 문제는 한국에서 처음 촉발된 것은 아니고 세계교회협의회를 중심으로 한 선교 신학적 논의에서 제기되었다. 한마디로 토착화 문제는 세계 교회 내에서 서구 교회들이 제3세계 교회들의 '몽학선생' 노릇을 그만두어야 한다는 것이다. 왜냐하면 1960년대 서구의 제1세계 교회들은 교인들의 수가 급격하게 줄었으나, 제3세계 교회들, 즉 젊은 교회들은 수적으로 부흥하였을 뿐만 아니라 사상적으로 홀로 설 수 있게 성숙했다는 인식을 가지고 있었기 때문이다. 더 나아가서 교회사적으로 볼 때 초대교회는 그리스의 철학 사상을 그 신학적 형성의 배경으로 삼았고, 중세 가톨릭교회는 게르만

선교 초기부터 한국 문화의 전통을 폭넓게 수용하던 감리교 신학자들은 이러한 세계 교회의 선교 신학적 추세에 찬동해서 한국 교회도 서구의 신학사상과 실천 전통을 답습하는 것을 그만두어야 한다고 주장했다. 여기에 대해 정통주의적 신학에 젖어있던 장로교 계통의 신학자들이 반기를 들고 일어났다. 심지어 정통주의에 도전해서 탄생했던 한신대의 몇몇 신학자들도 바르트의 상거적 신학의 영향을 받아서 토착화 신학을 강력하게 반대하고 나섰다. 이 논쟁은 ≪기독교사상≫이라는 잡지를 통해서 약 2년 동안 계속되었으나 정통주의로 무장한 한국 교회의 신학에 커다란 도전은 되지 못했다. 이러한 논쟁이 결과 없이 끝난 이유는 1965년 이후 박정희 군사독재 정권이 제기하는 무수한 정치적·경제적 문제와 인권 탄압 같은 화급한 문제들이 제기되기 시작했기 때문이다. 따라서 토착화 신학의 문제는 후퇴하고 한국에서 최초로 정치신학의 문제들이 전면에 나서게 된 것이다.

3. 1960~1970년대의 정치신학적 문제

1961년 박정희의 군사 쿠데타와 불법적 정권 탈취는 한국 사회 일반에서뿐만 아니라 한국 개신교회들에도 엄청난 반향을 일으켰다. 보수적인 한국 교회가 초기에 가장 민감하게 반응한 것은 박정희의 과거 경력, 특히 남로당원으로서 그의 활동에 관한 것이었다. 한국 개신교회는 어느 집단보다 친미적이고 반공적인 성향을 가지고 있어서 박정희

및 로마의 제도들을 교회 및 신학 형성의 틀로 삼았으며, 종교개혁 교회들은 독일과 앵글로색슨 문화 전통을 교회적·신학적 형성의 틀로 삼았던 것을 고려할 때 제3세계의 교회가 자신의 문화적 전통을 교회와 신학 형성에 기초로 삼는 것은 당연하다는 인식이 지배하고 있었다.

의 공산주의 운동 전력을 크게 문제 삼았던 것이다. 그러나 이러한 우려는 미국이 그의 쿠데타를 용인하고 박정희가 반공을 '국시'로 내세움으로써 해소된다.

박정희에 대해서 본격적으로 문제 삼기 시작한 개신교는 신학적으로 진보적 성향을 띤 기독교장로회와 한국교회협의회 소속 교단들이었다. 박정희 정권과 이들의 첫 번째 충돌은 1965년 '한일 국교 정상화'를 둘러싼 굴욕 외교 논쟁에서였다. 진보적 개신교회들은 박정희가 미국의 동아시아 군사전략에 굴복하여 일본과 국교를 재개함에 있어서 굴욕적이고 치욕적인 자세로 출발하고 있다고 보았다. 국교 정상화는 그 내막을 국민에게 알리지 않고 '비밀 외교'의 성격을 띠고 진행되었다. 따라서 수많은 강제 징용자들, 정신대에 끌려간 사람들, 원폭 피해자들은 개인적으로 보상을 받지 못했으며, 이 문제는 오늘날까지도 해결되지 않은 채 남아있다. 이러한 한일 국교 정상화 문제가 한국 개신교가 대면한 최초의 정치적 이슈였다.

국교 정상화 이후 제기된 문제는 새로 등장한 수출공업단지(특히 마산의 경우) 등에서 일어나는 일본인들의 한국 (여성)노동자들에게 가해지는 비인간적 대우와 착취적 저임금의 문제였다. 이때 개신교 역사상 처음으로 '노동문제'가 교회적·신학적 문제가 되었고 진보적 교회들에서는 노동선교, 빈민선교, 나아가서 농민선교라고 하는 특수한 분야를 신학적·실천적 운동으로 삼았다. 이러한 노동운동은 정부에 의해서 심한 탄압을 받았고 유사 공산주의 운동으로 몰리거나 매도당해 수많은 실무자들이 옥고를 치러야 했다. 노동문제와 인권 문제를 교회적·신학적 문제로 다룬 것은 주로 진보적 신학 성향을 가진 한국기독교교회협의회(KNCC)에 소속된 교회들이었고 다수의 정통주의적이고 경건주의적인 전통을 가진 보수적 교단들은 침묵으로 일관했다.

KNCC를 중심으로 한 개신교의 교회적·신학적 운동은 박정희의 독재가 점차 모든 삶의 영역으로 확대되자 한일 국교 정상화 문제와 노동 문제를 넘어서 인권 문제, 사회정의의 문제, 평화통일 문제 등 다양한 분야로 활동의 폭을 넓혀나갔다. 이로써 개신교의 교회적·신학적 운동은 한국 개신교회의 정치신학 전반을 아우르는 운동으로 발전하게 된다. 특히 1979년 박정희 군사독재 정권이 붕괴하고 등장한 KNCC 교단 중심의 남북통일운동은 남한의 제반 모순들이 남북의 분단에서 야기되었고 통일을 통해서만 해결될 수 있다는 인식에서 출발했다. 따라서 KNCC 교단 교회들을 중심으로 한 정치신학적 운동은 통일운동에서 그 절정에 달했다.

4. 민중신학 및 민중교회의 출현과 현주소

1970년대 초반 민청학련 사건 등으로 박정희의 정치적 억압이 극에 달했던 시기에 한국의 정치신학이 더욱 구체적인 출발점과 목표를 가지고 전개한 진보적 신학 운동이 바로 '민중신학'이다. 민중신학은 박정희에 의해 신학대학 강단에서 추방당했던 몇몇 진보적 신학자들이 억압과 착취에 신음하던 노동자, 농민, 빈민들의 현실에서 이른바 '민중'을 발견하고 민중의 삶의 현실을 신학화한 것이다. 이 운동은 당시 안병무가 창설한 한국신학연구소를 중심으로, 거기에서 발간하는 ≪신학사상≫을 매개로 전개되었는데 초기에는 여기에 참여한 신학자들의 수나 열정에 있어서 유럽에서 바르트를 중심으로 출발했던 '변증법적 신학'이 태어날 때와 유사한 분위기를 보였다. 이 운동의 1세대라고 할 수 있는 민중신학자들은 안병무 외에 서남동, 문동환, 현영학, 서광선 등이 중심을 이루었다. 이들은 서재에서 나오는 이론신학이 아니라 현장에서 발견되는 민중들의 삶을 신학적 주제로 삼았다. 역사적 현실을 염두에 두지 않는 신학은 죽은 신학이라는 확신에서 그들은 민중들의 고난과 희망을 같이 경험하고 해석하는 것을 민중신학의 과제로 삼았다. 따라서 정치신학 영역에서 민중신학이야말로 한국의 토양에서 발아한 신학이라고 말할 수 있다. 세계 신학계는 이 새로운 신학 운동에 깊은 관심을 보였다.

민중신학의 출현과 함께 신학 운동에 동조하는 젊은 신학자(목회자)들은 민중 문제를 신학이론과 실천의 중심으로 삼고 목회를 하고자 하는 '민중교회'들을 탄생시켰다. 이렇게 출현한 실천의 장은 민중신학이 단순히 이론신학의 범주를 넘어서 실천신학으로서 자리 잡아가는 데 결정적 역할을 했다. 30여 개의 민중교회들이 그들의 삶의 터전인 빈민 지역에 세워졌고, 이 교회들은 억눌린 민중들의 해방을 위해 그들의 권익을 찾아주는 것을 목표로 활동을 시작했다. 또한 협의체를 만들어 민중교회 운동에서 새롭게 제기되는 문제들을 같이 논의하고 더 나은 방향을 모색하기도 한다.

5. 교회성장론과 한국 교회

1970년대 중반 진보적 그리스도인들이 박정희의 폭압 정치와 힘겨운 투쟁을 하는 동안 민중신학 및 민중교회 운동과 나란히 새로운 신학적·교회적 운동이 출현하는데, 이것이 바로 보수적 교단들을 바빌론 포로로 사로잡아간 '교회성장론'이다. 이 이론은 1960년대 미국의 세속화 과정과 종교적 냉소주의가 지배하던 시기에 몇몇 종교적 천재들, 예를 들면 빌리 그레이엄(Billy Graham), 로버트 슐러(Robert Shuller) 등과 같은 부흥사들에 의해서 고안된 것으로 그 밑바닥에는 미국 자본주의의 철저한 경영 논리가 깔려있다. 말하자면 교회도 전통적 목회 방식만 고집하다가는 유럽의 교회들이 경험하고 있는 것처럼 쇠퇴와 몰락의 길을 면할 수 없으며, 따라서 자본주의적 경영 논리를 도입해야 한다는 것이다. 목회(자)는 철저하게 경영(자)이 되어야 하고, 설교도 과거처럼 복음의 선포(Proclamation)가 아니라 상품 광고처럼 선전(Propaganda)이 되어야 하며, 교회 조직도 과거처럼 신앙(은총) 원리 중심이 아니라 업적(성과) 원리 중심으로 이루어져야 한다는 것이다. 자본주의 사회에서 이러한 업적 중심 혹은 성과 중심의 대표적 기업체를 들자면 전 세계적으로 확산되어 있는 암웨이(Amway)라는 다단계 업체일 것이다. 암웨이의 신입회원 훈련은 교회의 새 신자 훈련 프로그램들과 그 내용과 언어만 다르지 형식은 동일하다. 그리고 암웨이의 조직 운영과 교회의 (구역) 조직 운영도 출발점과 목표에 있어서 대동소이하다. 따라서 미국에서 발생하고 발전되어 온 교회성장론은 철두철미하게 팽창과 성과(업적)를 최대의 목표로 삼고 있는 미국식 자본주의의 본질과 성격을 띠고 있다.

교회성장론은 1970년대 순복음 계통의 교회를 통해서 본격적으로 한국에 소개되기 시작했고, 이 교단은 이 방법을 통해서 상당한 성과를 거둔다. 특히 여의도 순복음교회가 급격한 성장을 이루고 그 여세로 다수의 지교회(지점들)를 설립하자 한국의 전통적 개신교회들도 여기에 주목하게 되었다. 1970년대는 박정희 정권하에서 시작된 산업화와 도시화로 많은 농촌 젊은이들이 대도시로 이주함에 따라 도시 교회들이 급성장했으나, 그 성장이 한계에 달하여 성장세가 점차 둔화되기 시작하는 시기였기 때문이다. 개신교회는 성장 둔화기에도 급성장을 계속하는 순복음교회에 대해서 처음에는 무시하거나 이단시하는 태도로 대처하려 했다. 그러나 순복음교회의 성장에 대해서 무조건 무시할 수만 없는 상황이었다.

1970년대 중반에 들어서면서 전통적 개신교회들도 교회성장론을 서서히 받아들이기 시작했고, 각 교단들은 5,000 교회 운동, 1만 교회 운동, 혹은 5만 교회 운동 등의 프로그램을 조직함으로써 교회성장론의 신학을 실천 프로그램화하게 된다. 교단마다 개척교회위원회를 조직하고 부흥사들의 조직을 이용하여 목표를 달성하기 위한 노력을 아끼지 않았다. '총동원 주일'과 같은 군사적 용어들이 비판 없이 교회에서 사용되었으며 새 신자를 교회에 데려오는 대가로 교인들 이름 아래에 러시아 공산주의자들이 하던 것처럼 별을 달아주기도 했다. 심지어 기장 같은 진보적 교단마저도 이 프로그램에 동참하면서 정통주의에서 해방된 진보적 신학이 교회 성장을 방해한다고 매도하고 비판하는 일부 보수적 집단이 생겨나게 되었다. 그들에 의하면 한신대의 진보적 신학 교육이 교회의 성장에 가장 큰 걸림돌이 된다는 것이다. 결국 교회성장론자들이 교회의 신학과 리더십을 장악함으로써 교회 안에서 정통주의와 경건주의, 그리고 진보적 신학이 점차 그 힘을 잃게 된다.

그러나 대부분의 장로교회에서는 선교사들이 전해준 교리 중심의 정통주의 신학이 여전히 지배하고 있다고 할 수 있다. 한편 부흥회적 교회성장론이 득세하면서 감리교회 같은 곳에서는 토착화 신학과 맥을 같이하고 있는 '종교신학자들'이 수난을 당한다. 감리교 신학대학 학장이었던 변선환 박사가 목사 직을 박탈당하고 홍정수 교수가 성장론자들, 즉 부흥사 집단에 의해서 교단과 신학교로부터 추방당한다. 이러한 종교신학이나 종교 다원주의에 대한 곱지 않은 눈초리는 보수적 장로교회 계통의 신학교들에서는 말할 것도 없고 한신대학교와 같은 진보적 신학대학에서도 어느 정도 느낄 수 있다. 이러한 성장론의 회오리바람 속에서 한국 정치신학의 주요한 산물이었던 민중교회들마저 하나 둘 사라지기 시작한다.

6. 한국 개신교의 신학적 실존

앞서 언급한 대로 대부분의 보수적 장로교단에서는 여전히 한 세기 전 선교사들이 가져다준 교리적 정통주의 혹은 근본주의 신학이 그대로 보존되어 있었고, 따라서 이들의 신학대학들은 바빌론 포로들처럼 교권주의와 교리주의에 굴복당했다. 특히 근대의 성서비판학은 거의 소개되지 못하고 성서학은 교리학의 시녀로 전락하고 말았다. 이 교단들도 대부분 겉으로는 정통주의 혹은 근본주의 신학을 내세우고 있으나 1970년대 교회성장 프로그램들을 계획하고 수행한 다음부터는 정도의 차이는 있지만 교회성장론이 실질적으로 그들의 신학적 방향을 장악했다고 해도 과언이 아니다.

정통주의와 달리 신앙의 경험을 중시하는 경건주의 노선에서 토착화 신학, 종교신학, 문화신학 등을 통해 독특한 한국적 신학을 발전시켜 온 감리교 계통의 교단도 교회성장론을 추종하는 부흥회적 교권 집단에 의해서 변선환, 홍정수 등이 추방당한 이후 신학의 학문적 자유가 매우 위축되었고, 따라서 신학 교육은 교권이 제시하는 척도에서만 가능한 상태에 놓여있는 것으로 보인다. 그런데 이 교단의 교권들도 어느새 성장론자들이 장악했고, 따라서 그들이 본래 가지고 있던 경건주의 운동은 성장론에 치어서 본래의 종교적 가치를 상실하고 말았다.

정통주의의 교리주의적 족쇄에서 해방되었던 기독교장로회와 한신대학교에서도 이전의 신학적 자유는 일부 보수적 성장론자들에 의해서 끊임없이 도전을 받고 있다. 성장론자들은 기독교장로회가 급속한 성장을 이루지 못하고 군소 교단으로 전락한 것은 자유로운 성서 해석과 진보적 신학들을 주로 가르쳤기 때문이라고 공공연히 비판한다. 따라서 정통주의적 장로교단이건, 경건주의적인 감리교단이건, 신학의 자유를 외치고 출발한 기장이건, 교단을 장악하고 있는 첫 번째 신학적 방향은 '교회성장론'이라고 규정해도 크게 반박할 수 없을 것이다. 교회성장론이 가져온 폐해는 무엇보다도 신자들을 '자본주의적' 업적주의자나 성과주의자들로 만드는 것이다. 이것의 대표적 예는 미국의 '신보수주의자들(New-conservatives)'이라고 할 수 있는데, 이들의 신학적 배경은 자본주의적 업적주의를 주된 원리로 삼는 것이다.

17~18세기의 개신교 정통주의 혹은 경건주의를 일반적으로 구보수주의(Old Conservatism)라고 부른다. 그렇다면 이것이 갖는 특성과 오늘날 미국과 한국에서 나타나는 신보수주의의 특징을 다음 세 가지 범주에서 고찰해 보자.

첫째, 구보수주의는 당시의 계몽주의, 특히 과학적 진보 사상에 대해서 극단적 반감을 보였다. 단적인 예로 다윈의 진화론과 같은 과학적 성과를 신앙과 대립되는 것으로 보고 강력한 반대의 입장을 취했다. 이처럼 과학적 진보에 대해 강력하게 저항했던 구보수주의자들과는 달리 오늘날의 신보수주의자들, 즉 네오콘들은 반대로 과학적 성과만이 인간의 미래를 보장해 주며 이것 없이는 앞으로 살아갈 수 없다고 생각하며 과학기술에 대한 깊은 신앙을 가지고 있다. 오늘날 한국의 대기업 운영자들이 하나같이 과학기술을 신봉하는 신보수주의자가 된 것은 이와 같은 이유에서이다. 오늘날 과학기술의 폐해를 말하는 사람들은 보수적 신앙인들이 아니라 오히려 진보적 환경론자들이다.

둘째, 구보수주의는 당시 진보적 사고를 가진 사람들의 낙관주의와 거기에 기초한 쾌락주의에 대해서 반대하고 철저한 금욕주의를 내세운다. 특히 칼뱅주의적 개신교뿐만 아니라 감리교적 경건주의자들도 금욕주의를 가장 중요한 기독교적 덕목으로 내세웠고(Weber, 1988), 그들이 땀 흘려 얻은 축복들은 가난한 이웃들과 같이 나누어야 한다는 윤리사상을 가졌다. 그러나 오늘날의 신보수주의자들은 자본주의적 업적주의를 내세우며 그 성과들을 자기 개인의 것으로 향유해야 한다고 생각한다. 따라서 금욕주의는 더 이상 기독교적 덕목도, 타인과의 나눔을 위한 이상도 아닌 것이 되어버렸다. 오늘날 신보수주의자들에게 금욕적 가치는 실종되었고 오히려 진보적 기독교인들에게서 미래 세대를 위해서 자원을 아껴야 한다는 금욕주의적 정신이 발견된다.

셋째, 구보수주의자들은 정치와 종교의 관계에서 거리를 두는 정책을 취했다. 이것은 종교개혁자 마르틴 루터의 '두 왕국론'의 영향이 크다고 말할 수 있으나, 인간의 정치라는 것은 속된 것이고 타락할 수 있는 것으로 보았기 때문이다. 따라서 구보수주의자들이 정치를 향해 강하게 요구한 것은 정치의 도덕성이었다. 그러나 신보수주의자들(특히 미국의 네오콘들)은 정치와 종교는 밀접한 관계를 가져야 하며, 정치는 본질상 타락할 수 있기 때문에 그것을 향해 도덕성을 요구하는 것은 잘못이라는 주장을 펼친다. 이러한 입장은 오늘날 부시 정부를 장악한 네오콘들이 추동했던 쿠바 침공, 니카라과의 소모사 독재 정권 지원, 한국의 박정희 독재 정권 지원, 파나마 대통령 노리에가 체포 작전, 그리고 최근의 아프가니스탄 전쟁과 이라크 전쟁 등 전혀 도덕성을 찾아볼 수 없는 행위에서 잘 나타난다. 기독교 네오콘들의 정치적 행위에서는 도덕적 정당성이라는 것은 찾아볼 수 없고 오직 자본주의적 팽창 원리와 성과 원리만이 관철되고 있다.

네오콘들은 세계 각국의 보수적 기독교인들 가운데서 친미적, 자본주의적, 반공적인 동맹체를 구성하려고 노력하고 있다. 확인할 수는 없지만 근래의 활동으로 보아 한국기독교총연합도 이러한 네오콘의 활동 테두리 안에서 움직이고 있지 않나 생각된다(일례로 시청 앞 광장에서의 성조기 데모를 들 수 있다). 그들은 정치의 도덕성을 전혀 문제 삼지 않고 오히려 네오콘들이 지향하는 친미주의와 반공주의를 행동의 준거로 삼아 진보적이고 사회적이며 공동체적인 세력들을 공격한다.

오늘날의 신학적 실존에서 세계교회협의회의 신학적 방향과 한국의 진보적 교단 및 신학 운동을 지원했던 한국교회협의회의 변용에 대해서 교회성장론과 친미적 기독교, 반공주의를 목표로 한 한국기독교총연합회의 등장과 활동을 비교해 볼 필요가 있다.

세계 에큐메니컬 창설 초기부터 운동은 두 가지 방향에 의해 이끌려왔다. 하나는 영미 교회의 신학적 방향을 대변하는 아버레히트(Aberecht)의 '실용주의적 현실주의(Pragmatic Realism)', 즉 '교회 일치'를 중점 과제로 삼는 방향이다. 다른 하나는 대륙 교회들의 신학적 방향을 대변하는 카를 바르트로부터 시작되어 '정의, 평화, 창조 질서의 보존' 프로그램을 창안한 울리히 두크로(Ulrich Duchrow)의 '정의로운 하나님 나라의 실현'을 주된 방향으로 삼는 것이다. 전자는 이 운동을 주로 '교회 일치 운동'이라는 화해와 통합의 방향에서 보았고, 후자는 지상에서의 정의와 평화의 실현이라는 방향에서 보아왔다. 에큐메니컬 총회의 주제들과 각 부서의 프로그램들을 일괄해 보면 두 노선이 밀접하게 얽혀있다.

근래 한국 에큐메니컬 운동의 역사에서도 이와 같은 두 가지의 운동 방향이 잘 나타나 있다. 1960~1970년대 박정희 독재 정권 시절에는 사회정의와 인권, 그리고 평화라고 하는 대륙의 에큐메니컬 방향이 김관석 총무 시절 한국의 에큐메니컬 운동을 주도했다. 따라서 한국의 에큐메니컬 운동은 전 세계 교회의 주목과 지원을 받았다. 그러나 1987년 이후 한국 사회가 본격적으로 민주화되면서부터 이 운동의 성격이 바뀌기 시작했다. 점차 영미적 운동의 방향, 즉 '교회 일치'를 내세우면서 실용주의적 현실주의가 지배하기 시작한 것이다. 교회 일치를 내세운 실용주의적 현실주의는 세계 교회들의 재정 지원이 급격히 줄어들자 그것을 한국 교회 안에서 충당해야 하는 처지에 직면해 더욱 가속화된다. 이 문제를 해결하기 위해서는 각 회원 교단의 재정 지원을 이끌어내야 했다. 따라서 한국교회협의회는 규약을 바꾸어 각 교단의 총회장이나 주교나 감독들을 회장으로 추대함으로써 그들의 (재정적)

참여를 극대화하려고 했다. 동시에 교회 일치의 명분을 내세워 그동안 이단시하던 순복음교회를 회원으로 받아들임으로써 재정 문제를 해결하려 했다. 그 결과 순복음교회는 한국 개신교회 안에서 그동안 시달리던 이단 시비에서 벗어나 '정통성'을 확보했다. 이것은 성서적으로 에서가 팥죽을 위해서 장자권을 내준 것에 비교된다. 말하자면 사회정의와 평화 실현을 통해 지상에 하나님 나라를 실현한다는 KNCC의 대의가 무너진 것이다.[4]

교회 일치를 내세우는 실용주의적 현실주의가 KNCC의 정체성을 훼손했다면 여기에 대항해서 신보수주의적 개신교들이 만들어낸 한국기독교총연합도 KNCC의 전통과 조직을 약화시키는 데 결정적인 영향을 미쳤다. 한국기독교총연맹의 소속 교단들은 개신교를 세계적으로 대표하고 정의 실현을 통한 하나님 나라 운동을 전개해 온 KNCC의 신학 노선을 거부해 왔으나, 에큐메니컬 운동의 정체성 혼선이 드러나자 급속하게 보수적 개신교들을 통합해서 여기에 대항하여 세력화하는 데 성공했다. 이것을 가능하게 한 것은 그동안 한국 개신교의 신학적 방향이 '교회성장론'에 의해서 장악된 데서 찾을 수 있을 것이다. 현재 한국기독교총연합은 미국의 신보수주의자들과 결속하고 한국 개신교에서 하나의 정치 세력이 되어 앞으로는 대통령 선거나 국회의원 선거에도 영향을 미칠 것으로 보인다. 그리고 그들의 친미·반공주의 노선은 민족 통일과 공동체 형성에 큰 장애가 될 것이다.

---

4) 카를 바르트는 영미의 외교적인 교회 일치 운동을 타협주의로 간주하고 이 운동에서 탈퇴하면서 이런 말을 남겼다. "에큐메니컬 운동을 하는 대부분의 지도자들은 타협주의자들이다. 그들은 타협, 타협, 타협이라고 말한다. 그들은 언젠가는 마귀와도 타협할 것이다."

7. 맺는 말

지금까지 한국 개신교회들의 신학적 변용을 간략하게 살펴보았다. 앞으로 이 문제에 대한 보다 깊은 연구들이 필요하다. 여기서 분명한 신학적 문제들을 요약해 보자면 다음과 같다.

① 한국 개신교회들은 정도의 차이는 있어도 교회성장론이라고 하는 자본주의적 원리에 사로잡혀 있다.
② 교회성장론은 자본주의적 업적 원리에 기초하고 있어서 '믿음만(sola fidei)'이라는 종교개혁적 복음의 원리에서 이탈하여 가톨릭의 공로주의로 나아가고 있다.
③ 교회성장론은 인간을 공동체적 '관계적' 인간에서 이탈시켜 사익만을 추구하는 경쟁자들로 만들어 사회 통합에 걸림돌이 되고 있다.
④ 특히 교회성장론자들이 가지고 있는 친미적이고 반공·반북적인 이데올로기는 앞으로 민족 자주와 민족 통일에 커다란 장애로 나타날 수 있다.
⑤ 교회성장론자들은 자본주의적 업적 원리를 신봉하기 때문에 정치적 영역에서도 그들의 정의와 도덕성을 고려하지 않고 보수적 정치 세력과 불건전한 타협과 유착을 시도할 수 있다.

제9장

탈근대주의 · 탈식민주의 시대의 한국 신학

1. 들어가는 말: 문제로서의 근대성

서구에서뿐만 아니라 근래 한국 사회에서도 다양한 영역—문학, 회화, 건축, 음악, 무용, 정치 이론, 사회 이론, 철학 사상 등—에서 열기를 더해 가고 있는 '포스트모더니즘(Post-modernism)'을 둘러싼 논의는 종교계에서도 적지 않은 관심의 대상이 되고 있다. 그동안 포스트모더니즘을 둘러싼 각 분야에서의 논의들은 단순히 논의 주제에 대한 유행적 전환이 아니라 오늘날 급변하는 시대의 새로운 세계관적 전환과 밀접히 연결되어 있다. 따라서 포스트모더니즘에 대한 논의는 근대주의에 의해 구형되어 왔던 오늘날의 세계, 특히 서구 자본주의 세계가 전반적으로 공히 경험하고 있는 다양하고 심각한 문제와 위기에 대답하기 위한 하나의 시도라고 파악할 수 있다. 오늘날 이러한 논의는 세계가 직면하고 있는 문제의 성격과 그 정도를 단적으로 반영하고 있다. 이것은 또한 사회주의권의 몰락 이후 형성된 새로운 자본주의적 세계 질서에서 첨예화된 전 세계적 차원의 문제들에 대한 경험이기도 하며 세계사가 새로운 전환점을 맞이하고 있다는 징표이기도 하다.

그러나 종교계, 특히 개신교 신학계에서는 관심 있는 몇몇 신학자들 사이의 산발적 논의를 제외하고는 이 주제에 대한 본격적인 논의가 없는 실정이다(이은선·이정배, 1993: 11~28, 382~418; 이형기, 1995: 36~72; 김영한, 1992: 81~109; 서광선, 1996: 196~206). 이러한 중대한 문제가 아직 심층적으로 논의되지 못하고 있는 것은 한국 신학계가 가지고 있는 현실적 여건과도 관련이 있다. 현실적 여건이란 교파들의 교리적 장벽이 그 하나요, 신학계의 반지성주의가 다른 하나이다. 그러나 세기적 전환점을 맞이해서 포스트모더니즘과 포스트 콜로니얼리즘의 문제는 그냥 지나칠 수 없는 중대한 문제를 내포하고 있으며 새로운 시대의 시대정신으로 등장한 이 문제를 검토하고 거기에 기초해서 신학하는 일은 신학 자체를 위해서뿐만 아니라 교회의 선교를 위해서도 매우 중대한 사안이라고 할 수 있다.

우리는 '포스트모더니즘'을 둘러싼 논의에 참여함에 있어서 한 가지 전제를 염두에 두지 않을 수 없다. 그것은 무엇보다 이러한 세기적 전환점에 서있는 한국의 역사적 위치와 현실적 상황에 대한 인식이다. 우리는 포스트모더니즘 논의의 주역으로 등장하고 있는 서구 자본주의 나라들과 동일한 위치에서 이 논의에 뛰어들 수 없다. 프랑스, 독일, 미국 등 포스트모더니즘의 문제를 본격적으로 논의하는 서구의 나라들 내에서도 여기에 대한 이해들이 매우 다양하다. 한 걸음 나아가서 비서구에 속하는 나라들, 특히 우리의 경우는 그들과는 다른 역사적 경험과 사회적 현실을 가지고 있다(Schmidt, 1986: 35~48).[1] 그 이유를 부연하자면

---

1) 부룩하르트 슈미트(Burghardt Schmidt)는 그의 책 34쪽에서 포스트모던의 개념 차이를 네 개의 범주로 나누어서 설명하고 있다. ① 포스트모던 이해에 있어서 민족적 차이, ② 포스트모던에서 꼭 필요한 가상의 변증(unabdingbare Schein-Dialektik), ③ 자유의 이름으로 제기되는 포스트모던의 금지교의학, ④ 포스트모던의 이념화 시도와 연관된 유토피아적 의미 등이다. 포스트모던에 있어서

이렇다. 첫째, 우리의 현실은 정치적으로 서구 자유민주주의 체제를 택하고 있지만 기본민주주의(Basisdemokratie)가 실현되지 않고 있다. 둘째, 우리는 경제에서 자본주의적 시장경제체제를 택하고 있지만 여기에는 서구에서와는 다른 다양한 모순들을 경험하고 있다. 셋째, 우리는 사회적 평등을 목표로 하지만 우리 사회에는 봉건적 잔재인 신분적 격차들이 온존하고 있다. 넷째, 우리는 고유한 전통문화를 가지고 있지만 외래문화의 홍수 속에서 자신의 문화적 주체성을 확보하지 못하고 있다. 다섯째, 우리는 식민지 역사를 가지고 있으며 그것이 철저하게 청산되지 못한 채 민족 분단 상태에 있다. 마지막으로 한국의 기독교는 서구 근대성의 확산, 즉 서구의 식민지 팽창과 더불어 들어온 외래 종교로서 다양한 전통종교의 부흥과 전통문화의 도전에 직면하고 있다.

따라서 오늘날 서구에서 논의되고 있는 포스트모더니즘의 문제는 우리에게는 매우 상반적(ambivalent)이다. 우리가 이러한 논의에 참여하려하면 시간적 혼선과 함께 질적 중첩에 직면하게 된다. 우선 시간적 혼선에서 볼 때 우리는 서구인들이 경험했던 이른바 모더니즘의 문제점들을 청산해야 할 처지에 있지 않다. 우리는 사실상 서구인들이 경험했던 모더니즘을 막 시작했거나 현재 경험하고 있다고 할 수 있다. 문화적으로나 과학적으로 이러한 후발적 상황에서 모더니즘의 해체를 주장하고 포스트모더니즘을 운운하는 것은 시대착오적일 수 있다. 다음으로 포스트모더니즘을 논의하는 것에서 제기되는 질적 중첩의 문제는 우리 사회에서 나타나는 모더니즘의 불균형적 수용과 연관된다. 예를 들자면 과학기술 분야에서는 모더니즘의 모순이 심각하게 드러나고 있는 반면, 정치적·사회적 발전에 있어서는 모더니즘 이전의 시대를 살고

'민족적 차이'의 문제에 대해서는 호이센(Andreas Huyssen), 볼프강 쉬어마허(Wolfgang Schirmacher) 등의 글을 참조.

있다(박이문, 1996).[2] 질적 중첩의 문제는 신학계에서 더욱 심각한 양상을 띠고 있다. 왜냐하면 한국 개신교단의 대부분은 자유주의적 신학운동이 나타나던 계몽주의 시대 이전의 신학적 조류, 즉 정통주의적 시대에 머물러있는 것으로 보이기 때문이다. 포스트모던 담론에 기초한 종교 다원주의 등의 논의를 수용하려던 몇몇 학자들에게 가해진 전근대적 종교재판이 그 점을 말해주고 있다.

이러한 문제와 관련된 혼선과 중첩은 특별히 포스트모더니즘을 포스트콜로니얼리즘과 결합시켜 논의할 때 더욱 분명하게 드러난다(Ashcroft, Griffiths and Tiffin, 1995: 117～147). 한편으로는 포스트모더니즘의 중심설계 — 유럽 문화(문명)의 로고스 중심적 거대 담론들의 해체 — 가 제국주의적 담론의 중심부-주변부 이원주의를 탈각시키고자 하는 포스트 콜로니얼리즘의 설계와 유사하다. 이때 우리는 서구 모더니즘 확산의 정치적·군사적 결과로 나타난 제국주의와 식민주의에 대항하는 이념으로서 포스트모더니즘을 받아들일 수 있다. 그러나 다른 한편 서구에서의 정치적 민주화와 산업화의 추동력으로서 모더니즘적 세계에 대한 해체를 들고 나오는 포스트모더니즘은 제3세계 국가들에게 '후기 자본주의의 문화적 논리'에 불과한 것은 아닐까?(Ashcroft, Griffiths and Tiffin, 1995: 118) 특히 서구 종교인 기독교를 받아들인 우리로서는 이와 관련해서 다시금 민족적 정체성 위기에 직면하기 십상이다. 이런 문제들이 이미 신학자들의 포스트모더니즘 논의에서 나타나고 있다.

이러한 전제와 출발점에서 필자는 근대성의 본질을 철학적·신학적으로 규명하고 포스트모더니즘 논의의 본질을 포스트 콜로니얼리즘의 시각에서 살펴봄으로써 오늘날 우리가 처한 역사적 현실을 조명하고자

---

2) 박이문은 특히 이 책에 실린 「전통과 근대성」에서 모더니즘과 포스트모더니즘의 한국적 수용 문제를 중점적으로 다루고 있다.

한다. 여기서는 자연히 포스트모더니즘의 문제를 주로 정치 이론, 사회 이론의 틀 안에서 다루게 된다. 이러한 현실 이해의 바탕에서 한국 교회의 현실을 분석하고 한국의 신학이 걸어가야 할 길을 신학적·사회윤리적 관점에서 정리해 보고자 한다.

2. 신학적·철학적 문제로서의 근대성

근대 서구 세계의 형성을 뒷받침해 왔을 뿐만 아니라 여타의 지구촌을 서구적으로 변용시킨 바 있는 '시대정신(Zeitgeist)'의 뿌리를 우리는 근대적인 것(Moderne) 혹은 근대성(Modernität)에서 찾을 수 있다.[3] 근대성이라는 시대정신을 핵심적으로 드러내는 '계몽사상'은 무엇보다 이성, 특히 '도구적 이성'에 대한 신뢰에 근거하고 있다(Tillich, 1967: 325~329).[4] 서양 역사에서 15~17세기는 이러한 계몽사상이 등장할 수 있는 지반 형성의 기간이었다. 이 시기에는 르네상스, 종교개혁, 콜럼버스의 신대륙 발견, 활자의 발명, 프랑스 혁명, 산업혁명 등을 통해

---

3) 신학사에서 근대성의 문제는 스콜라주의 제3기에 속하는 학자로서 빌헬름 오컴에 의해서 사용되었다. 그는 토마스주의자들과 스코투스주의자들의 논쟁 과정에 참여하면서 신앙과 이성을 날카롭게 구별 짓고 이성은 초감각적인 것을 인식할 수 없다는 주장을 내세웠다. 이러한 신학적 방법을 '근대적 방법(via moderna)'이라고 명명하는데, 그는 이른바 보편논쟁에서 실재론을 거부하고 유명론을 주창한 바 있다. 사실상 중세 스콜라주의에서 이러한 신앙과 이성의 분리는 한편으로 16세기 신앙 중심의 종교개혁을 가져왔지만, 다른 한편 이성에 대한 교회의 불신은 그것을 르네상스 운동에 넘겨줌으로써 독자성을 가지고 근대 계몽사상으로 발전하게 되었다(Heussi, 1976: 242).

4) 틸릭(Paul Tillich)은 계몽주의 시대 이성의 개념을 보편적 이성, 비판적 이성, 미적 이성, 도구적 이성으로 구분해서 설명하고 있다.

서 신율(神律)이 지배하던 중세적 혹은 종교개혁적 틀이 붕괴되고 인간 중심의 세계관이 뿌리 내림에 따라 인간의 능력을 본격적으로 실험할 수 있었다(브로델, 1995).

이러한 계몽사상은 멀리는 고대 그리스의 철학으로부터 가깝게는 르네상스에 그 뿌리를 두고 있지만 그것의 명시적 상은 역시 서양 근대 철학의 아버지라고 할 수 있는 데카르트에서 발견할 수 있다. 그의 그 유명한 "나는 생각한다. 그러므로 나는 존재한다"라는 명제는 곧 "신이 말씀하신다. 그러므로 인간은 존재한다"라고 하는 중세적 혹은 종교개혁적 명제에 대한 반제였다. 인식의 준거는 계시가 아니라 이성이다. 그것은 바로 비판적 합리성, 즉 이성이다. 인간만이 명석하게 인식할 수 있고 그것만이 진리다. 인간의 이성적 능력에 대한 신뢰는 인간을 우주와 사물의 중심적 위치에 두게 된다. 정통주의 신학의 형이상학적 사변과 자연의 합리적 탐구에 근거한 신 인식에 회의를 품은 슐라이어마허 등 자유주의 신학자들은 인간 내면의 종교적 감각(그것은 인간 안에 있는 합리적이고 도덕적인 자의식과 같이 보편적이다)을 찾고, 따라서 윤리적 진보(릿츨), 종교와 문화의 연속성(트뢸치), 종교와 과학의 결합(로데)을 틀로 삼아 신학을 전개한다. 간단히 말해서 종교적 신앙과 이성의 빛 사이에는 명백한 연속성이 존재한다는 것이다(밀러, 1990: 30~32). 여기서 우주와 사물의 중심을 차지했던 초월적이고 형이상학적인 신은 퇴장한다. 이러한 맥락에서 헤겔의 '신은 죽었다'라는 명제가 그 절정을 이룬 것이다.

이러한 계몽사상은 또한 자연관에 대해서도 새로운 이해를 가져왔다. 중세 서양인들의 자연관에 의하면 세계는 일종의 살아있는 유기체로 간주되었다. 유기체로서의 세계는 신의 현현과 운동의 장으로 파악되었다. 유기체적 자연관은 1543년 코페르니쿠스가 지동설을 발견하면서 종래의 우주관이 붕괴되자 더불어 붕괴된다. 그 우주관에 따르면 물질계의 중심은 존재하지 않으며, 따라서 세계를 질적으로 차별화할 수 없다고 보아 자연계를 유기체로 간주하던 이론이 붕괴되었다(Collingwood, 1960: 67). 따라서 세계는 동일한 물질로 구성되어 있고 동일한 법칙에 따라 지배된다. 이러한 '수학적 자연관'에 따르면 자연의 법칙은 수학적으로 계산 가능하며 양적으로 계량화할 수 있다는 것이다(윤평중, 1992: 19; 이은선·이정배, 1993: 425; Husserl, 1970: 33). 수학적 자연관에 대한 신학적 반응은 17~18세기의 이신론(Deismus)으로 나타난다. 신은 창조 이후에는 더 이상 세계와 인간의 문제에 관여하지 않는다. 세계의 모든 움직임은 자연법칙에 맡겨져 있다. 이것은 한마디로 '종교적 사상이 이성의 법칙들에 굴복당한 것'을 의미한다(Schmid, 1958: 58; Bonhoeffer, 1970: 392).[5] 여기서는 신의 존재 자체가 부정되지는 않지만 신은 더 이상 세계의 직접적 통치자가 아니다. 한마디로 계몽사상의 자연관은 신을 세계에서 추방함으로써 자신을 그 중심에 두고 자연을 대상화했다고 말할 수 있다. 이러한 수학적 자연관이 서구인들의 인식에 자리 잡게 됨으로써 이전에 가졌던 자연에 대한 경외감은 사라지고 자연을 이용 가능한 것으로 대상화하게 된다. 따라서 자연은 그 유용성에 따라 규정된다. 이러한 세계를 본회퍼(Bonhoeffer, 1970: 394)는 '성숙한 세계'라고 규정하고 "철학적 종교적 작업가설(Arbeitshypothese)로서의 신은 극복되었다"라고 선언했다.

5) 본회퍼는 성서적 개념의 비종교적 해석을 시도하면서 계몽주의 역사 발전의 특징을 다음과 같이 규정하고 있다. 신학에서 자연신론은 종교적 인식에서 이성의 자족성을 주장하고, 도덕에서는 계명 대신 삶의 규율이 등장하며, 정치에서는 권력과 도덕의 일탈이 나타났다는 것이다. 그로티우스(H. Grotius)에 의하면 국제법이 자연법을 대신하고 데카르트의 자연신론을 통해 결과적으로 신은 추방당하고 세계는 자율의 메커니즘에 내맡겨졌으나, 다른 한편 스피노자의 범신론을 통해 신은 자연이 되었다는 것이다. 그는 본질에 있어서 칸트는 자연신론자였고 피히테와 헤겔은 범신론자였다고 본다.

이러한 계몽사상이 갖는 또 하나의 특성은 진보 사상이다. 이것은 앞서 말한 수학적 자연관과도 밀접하게 연관되어 있는데 고대 그리스 사상이나 중세에서는 찾아볼 수 없는 것이다. 고대 그리스·로마 시대에는 일종의 순환 이론이 지배하고 있어서, 고대의 황금시대가 당시에 만연한 모순과 타락으로 인해 종국을 맞이하면 다시 황금시대가 시작될 것이라는 역사 인식이 지배적이었다. 중세 역시 이러한 순환 논리가 기독교적으로 채색되어 존재했는데, 인간의 교만과 죄로 타락하여 부패한 세계는 그리스도의 재림을 통해 원래의 창조태(創造態)인 하나님 나라로 되돌아가야 한다는 것이다. 그러나 계몽사상을 뒷받침하고 있는 과학기술의 발전을 통해 역사관에 있어서 인류는 과거의 순환 이론을 극복하고 자기의 가능성을 실현함으로써 미래를 향해 무한히 진보할 수 있다는 확신을 갖게 된다. 이러한 확신은 과학기술을 통한 산업화와 이로 인한 생산력 증대를 통해서 더욱더 확고해진다.

이러한 계몽사상이 가져다준 현대성이 달성해 놓은 수많은 변화들을 열거하자면 끝이 없다. 『철학적 문제로서의 모더니티』의 저자인 피핀(Robert B. Pippin)은 현대성이 가져온 결과들을 다음과 같이 일곱 가지 영역으로 구별해서 논술하고 있다(Pippin, 1999: 4~20; 김욱동, 1992: 26). ① 단일 민족국가의 형성, ② 이성의 절대적 권위, ③ 진보 사상과 자연과학의 출현, ④ 자연의 비신화화, ⑤ 개인의 천부적 권리, ⑥ 시장경제의 출현 및 도시화, ⑦ 기독교적 휴머니즘에 기초한 정치적·종교적 관용 등이 그것이다. 한마디로 현대성에서 이성적 인간관, 수학적 자연관, 역사의 합목적적 진보성, 사회의 합리화, 정치에 있어서 관용과 민주화, 종교에 있어서 탈형이상학화가 시작되었다고 할 수 있다. 계몽사상으로서의 근대성은 중세적 신 중심의 세계관으로부터 인간 중심의 세계관으로 변화한 코페르니쿠스적 전환이라고 말할 수 있다.

3. 포스트모더니즘 출현의 역사적 배경

우리는 새로운 세기, 즉 포스트모더니즘 시대를 맞이하면서 다가올 세계가 다음과 같은 세 가지 관점들에서 이전보다 더 위협적이라는 점을 말하지 않을 수 없다. 이것들은 곧 모더니즘이 낳은 역사적 결과들이다.

첫째, 전대미문의 군사적 무력 수단들이 여전히 인류의 생존 조건들을 심각하게 위협하고 있다. 동서 냉전체제가 붕괴된 오늘날에도 세계적 차원에서 재래식 현대 무기의 생산과 그것들의 거래량은 줄지 않고 있다. 선진 공업국가들 사이에서는 정치적·군사적 갈등이 현저하게 완화되었고 무력 수단들도 뚜렷하게 감소했다. 또한 그들 사이의 평화체제를 위한 장치도 이전보다 더욱 공고하고 확실해졌다. 그렇지만 제3세계 국가들 사이에서 일어나는 민족적·종족적 갈등은 더욱 심화되고 첨예화되고 있다. 따라서 이들 나라들로의 무기 수출은 증가하는 추세에 있다. 대표적 예로 갈등이 가장 첨예화되어 있는 한국의 경우 1995년 세계에서 두 번째로 많은 현대식 무기를 수입한 나라로 알려져 있다.

둘째, 세계 인구의 급격한 증가와 더불어 선진 공업국가들과 가난한 제3세계 국가들 사이의 경제적 격차가 더욱 첨예화되고 있다. 제3세계 국가들의 식량 부족과 빈곤의 문제는 쉽게 해결될 수 없는 만성적인 것이다. 폴 케네디(Paul Kennedy)는 『21세기의 준비』(1993)에서 이와 같은 심각한 문제를 다음과 같은 내용으로 제기하고 있다. 18세기 말 유럽에서 터진 인구 폭발은 빈곤의 문제를 야기했지만, 다수의 주민들이 새로운 대륙, 북미와 호주 등으로 이주하여 유럽의 인구를 대폭 감소시키고 그 지역에서 농산물의 생산량이 확대됨으로써 해결될 수 있었다. 그리고 산업혁명을 통한 기술 발전에 기초한 녹색혁명도 당시의 위기를 극복하는 열쇠가 되었다. 그러나 21세기의 상황은 다르다. 기하급수적으로 증가하는 인구를 산술급수적 식량 증가로는 감당할 수 없다는 것이다. 아프리카와 남미 제국들에서의 빈곤과 북한 등지에서 나타나는 식량난은 이러한 세계적 추세의 대표적 징표라고 봐야 할 것이다.

셋째, 자연에 대한 인간의 지배가 가속화되면서 인간 파괴적이고 자멸적인 결과들이 급속하게 초래될 전망이다. 지구라는 행성이 감당해야 할 인구의 절대 규모가 확대되면서 제3세계에서까지도 급속하게 이루어지고 있는 산업화는 인류의 생존 자체를 위태롭게 할 전망이다. 중국과 인도를 비롯해서 거대한 인구를 가진 제3세계 국가들의 의욕적 산업화는 생태계 파괴, 대기오염, 지구온난화 등 장차 환경문제를 더욱 심각하게 만들 것이다. 따라서 앞으로 환경문제는 이전과는 전혀 다른 차원에서 접근하지 않을 수 없다(Huber, 1990: 12).

현대성이 가져온 이러한 위기 상황을 해부하는 고전적 작업은 막스 베버의 합리화 이론, 헤겔과 마르크스의 소외론, 프랑크푸르트 학파의 도구적 합리성 개념, 그리고 후설의 선험현상학 등을 통해서 이루어졌다(윤평중, 1992: 23~49).

막스 베버는 서구 문명의 전 과정을 삶의 점진적 합리화로 규정하고 이러한 현상을 '세계의 탈미신화'로 파악했다. 탈미신화에서는 계몽사상이 결정적 역할을 했지만 기독교 역시 적지 않은 역할을 했다. 하비 콕스(Harvey Cox)에 따르면 탈미신화 혹은 세속화 과정에서 다음과 같은 세 가지 성서적 동기가 작용했다. ① 창조와 더불어 탈마법화가 시작되었고, ② 출애굽기와 더불어 정치의 탈신성화가 시작되었으며, ③ 시내산 계약과 더불어 제반 가치들의 탈신성화가 시작되었다(콕스, 2002; 슈레이, 1985: 142). 특히 계몽주의 시대에 여기에서 대표적 공헌을 한 것이 바로 자연신론(Deism)이다. 그러나 역시 서구 역사에서 합리화는 정치 및 경제생활, 과학기술, 그리고 법률 및 행정의 영역들에서 더욱 구체적으로 수행되었다. 서구에서 이 합리화 과정은 시장경제와 관료 행정의 영역에서 '합목적적 수행'을 그 구체적 성과로 가져다주었다. 베버는 합리화 과정에서 나타난 사회적 행위를 합목적적, 가치 합리적, 정의적, 전통적 행위로 구분하고 있다. 여기에서 합목적적, 가치 합리적 행위가 우선이다(Weber, 1968: 25; 윤평중, 1992: 25). 이것은 곧 개인적 자아가 국가나 상위자들에 대한 도덕적 의무감이나 충성심 혹은 종교적 신조에 따라서 행동하지 않고 순전히 '세속적 관점에서' 세계를 관찰하고 판단하는 것을 의미한다.

서구 사회의 합리화는 점증하는 관료화, 과학기술적 전문화, 합목적적 경제활동 등을 낳았다. 이러한 관료화는 결과적으로 '형식적 비인간화'를 초래하여 시민들은 형식적 규칙에 예속되며 여기서는 인간다운 배려들이 점차 자취를 감춘다. 과학기술적 전문화는 인간을 주체로서 행동하지 못하게 하고 기계적 규칙에 통합시킴으로써 비인간화를 가져온다. 또한 이러한 합리화는 자본주의적 경제목표, 즉 이윤 극대화와 결합되면서 노동자를 인격적으로 대우하지 않고 단순한 생산수단으로 전락시킨다. 막스 베버에 의하면 이러한 합리화 과정은 가치합리적 행위를 앞세움으로써 수단과 목표의 전도를 낳았다. 가치 있는 것만이 참되고 합리적이며, 그렇지 못한 것은 무가치하다. 그는 이러한 현상을 '우리 시대의 운명'이라고 표현했다(윤평중, 1992: 29).

계몽적 합리화에 기초한 근대성의 병리를 좀 더 인간학적이고 사회경제적인 차원에서 통찰한 이는 카를 마르크스다. 그는 근대성의 시대정신이 왕권과 함께 성직 계급과 결탁된 봉건영주들의 전횡으로부터 시민계급을 해방시킴으로써 제3계급을 역사의 주역으로 만드는 결정적 역할을 한 것을 인정한다. 그리고 이들은 시민계급의 이익을 정당화하는 이데올로기를 정착시키기 위해 정치적 자유주의와 경제적 자유방임주의를 지향한다. 이것은 당시 봉건적 지배로부터의 해방이라고 하는 역사적 의미를 갖는 것이었다.

그러나 정치적 자유주의에서 부르주아 계급이 쟁취한 사회적·경제적 권리는 그 혁명성을 상실하고 그들이 추동한 산업화 과정에서 기층 민중을 억압하는 기제로 작용한다. 자유방임주의는 사회 전반에서 유산자 계급의 발전과 자본에 의한 노동의 지배로 나타났다. 마르크스는 소외론을 통해 자유주의적 역사 발전의 왜곡을 해명한다. 소외론은 근본적으로 부르주아 사회가 창출해 낸 자본주의적 시장경제체제에 대한 비판을 그 목표로 한다. 마르크스의 소외론은 다음과 같은 몇 가지 관점에서 정리해 볼 수 있다.

첫째, 노동자는 자신의 활동의 산물로부터 소외당한다. 자본주의 사회에서는 생산품이 노동자에 대해서 '독립된 세력'으로 등장하며 "노동자가 일을 하면 할수록 노동자가 생산한 대상이 노동자에게 소원하고 독립적인 힘으로 다가온다"(Marx und Engels, 1932: 33; Fetscher, 1985: 52~53). 말하자면 노동자가 생산한 생산물은 자기의 것이 아니며 결과적으로 노동자 자신도 외화(veräussert)된 대상으로 전락한다.

둘째, 노동자가 생산물로부터 소외되는 것은 생산 활동 그 자체로부터 소외되는 것을 의미한다. 여기서 노동은 '욕구 충족'을 위한 자기실현이 아니라, 자기 밖의 욕구를 만족시키는 수단에 불과하다. 생산 활동 자체로부터의 소외는 노동이 자신을 위한 것이 아니라 다른 사람을 위한 것이라는 데서 온다. 따라서 생산물로부터의 소외를 사물로부터의 소외라고 한다면, 생산 활동 자체로부터의 소외는 인간의 자기소외이다.

셋째, 이상의 소외로부터 인간은 유적 존재로부터도 소외된다. "인간의 자유로운 의식적 행위는 인간의 유적 성격(Gattungscharakter)을 갖게 된다"(Fetscher, 1985: 55). 따라서 삶이란 유적 인간의 삶이다. 그러나 동물적 기능들을 "여타의 인간 활동의 범위로부터" 분리시키고 그것들을 삶의 목표로 만드는 왜곡은 인간성의 상실 외에 다른 것이 아니다.

소외된 노동은 인간을 먹고 마시고 자식을 생산하는 동물적 기능에 속박시킨다.

넷째, 이렇게 인간을 유적 존재로부터 소외시키는 것은 곧 인간으로부터 인간을 소외시키는 것이다.

> 노동 생산물과 객관화된 노동이 노동자에게 낯설고 적대적인, 그 무엇인가 독립적인 그 무엇으로 등장한다는 것은 동시에 어떤 다른 사람이 그 대상의 주인임을 의미하며, 이 사람은 노동자에게 낯설고 적대적이며 강력하고 독립적 존재인 것이다(Marx, 1975: 278; 윤평중, 1992).

노동하는 인간이 유적 존재로부터 소외되면 결과적으로 동료 인간들로부터도 소외된다. 그 결과 인간은 동물적 본성에 집착하게 되고 동료 인간을 대상화하며 그들을 단지 경쟁적 상대로 볼 뿐이다.

프랑크푸르트 비판 이론의 창설자 가운데 한 사람인 호르크하이머(Max Horkheimer)는 합리화에 대한 베버의 논의를 계승하면서 이성은 합목적성만을 추구하는 것이 아니라 목표의 정당성도 따지는 포괄적 성격을 가지고 있다고 보았다. 따라서 오늘날 이성 앞에 주어진 가장 중요한 책무는 도구적 이성을 극복하는 것이라고 파악하고 있다(Horkheimer, 1947: 187). 호르크하이머와 아도르노(Theodor Wiesengrund Adorno)는 『계몽의 변증법』에서 이성의 상반되는 성격을 해명하고, 이성은 한편으로는 인간을 스스로 잘못된 미성숙에서 해방하여 자신을 성숙한 보편적 주체로 만드는 긍정적 측면을 가지는가 하면 다른 한편으로는 자기보존을 목표로 하여 인간과 세계를 도구화하는 부정적 측면도 가지고 있다고 주장한다. 그들은 이성이 가지는 이러한 야누스적 긴장 관계와 계몽의 이념의 퇴락에서 근대성의 모순을 발견한다. 말하자면 근대성에서 도구화된 이성은 세계와 자연을 유용성의 관점에서 파악하고 있으며 따라서

"자연 지배는 생각하는 주체도 그 공격의 대상으로 삼게 되었다"라는 것이다(Horkheimer and Adorno, 1969: 26; 윤평중, 1992: 33). 아도르노는 이것을 '이성의 부식(腐蝕)'이라고 했다. 여기에서 도구적 이성에 기초한 사회는 관료주의적 통제사회에서 관리되는 삶의 테두리를 벗어날 수 없게 된다. 그러한 사회의 절정을 그들은 히틀러의 독재에서 보고 있다.

4. 포스트모더니즘과 포스트 콜로니얼리즘

서구 사회에서 도구적 이성의 규준에 맞춘 합리적 사회 건설을 목표로 했던 근대성은 서구 사회 내에 '생활세계의 식민지화(Die Kolonsianlisierung der Lebenswelt)'라는 부정적 결과를 초래했다(Habermas, 1981: 293).[6] 하버마스는 이러한 현상을 '체제적 통합 이론'으로 설명한다. 즉 체제 통합이란 효율성만을 강조하는 경제나 관료 행정의 합목적적 자기 조정을 의미한다. 그에 의하면 경제나 관료 행정 같은 체제적 요소들은 본래 생활세계의 의사소통적 합리성을 기본으로 하여 출현했지만 사회 발전 과정에서 점차 효율성의 원칙에 지배되는 자기 완결적 체제로 전화되었다는 것이다. 그 결과 체제 통합성은 생활세계의 고유성을 인정하지 않고 그것을 단지 기술적 제어에 종속시킨다. 이것이 곧 생활세계의 식민지화 현상으로서 도구적 합리성에 의해서 추동되는 이 체제적 통합이 생활세계의 의사소통적 구조를 왜곡시킨다. 이것이

6) '생활세계' 개념은 원래 후설의 선험현상학과 구별되는 개념으로서 이론화 과정 이전의 직접적 감각의 세계를 말한다. 이것은 하버마스에 의해서 수용되어 체제적 통합에 대배되는 의사소통적 통합 이론의 논거로 사용되고 있다. 다시 말하자면 소통적 합리성을 회복시키는 운동으로서 신사회운동인 환경·여성·반핵·소비자 운동 등의 이론적 기초를 형성하고 있다.

서구적 근대성에 기초한 오늘날 서구 사회에서 발생하는 인간소외의 근본적 원인이라는 것이다(Habermas, 1981: 25, 383; Kunstmann, 1986: 31~41; 윤평중, 1992: 43).

그러나 서구에서 근대적 이성을 통해 나타난 '생활세계의 식민지화'의 모순은 그것이 가지고 있는 한층 근원적인 모순인 '전체 세계의 식민지화'를 해명하지 않고는 제대로 설명될 수 없다. 세계사적 차원에서 근대성이 가져온 중대한 결과는 유럽 문명의 세계적 확대이다. 근대성을 통한 유럽의 '내적 식민지화'는 그것의 팽창을 통한 '외적 식민지화를 수반했다. 그것은 곧 서구 세계를 제외한 여타의 세계들에 대한 군국주의, 제국주의, 식민주의의 침략으로 나타났다. 이러한 유럽 외의 지역들에 대한 서구의 식민지화는 근대성이 가져온 세계사적 사건이다. 왜냐하면 서구 세계는 다른 세계를 식민지화함으로써 근대성이 가져온 수많은 모순을 해결했고, 오늘날도 해결하려 하기 때문이다

제2차 세계대전을 전후하여 식민지화되었던 나라들이 정치적으로 독립을 쟁취했고, 따라서 이러한 사실을 역사적으로 탈식민지화로 규정할 수 있을 것이다. 그러나 이러한 정치적 탈식민지화 과정은 그동안의 냉전체제를 거치면서 이념적 장애에 직면했고 따라서 식민지화 과정이 또 다른 형태로 지속되었다. 그뿐만 아니라 경제적·사회적·문화적 측면에서 새로운 서구의 지배가 이른바 '신식민지적 형태'로 나타나고 있다. 이런 점에서 우리가 논의하려는 '포스트 콜로니얼(Post-colonial)'이라는 개념은 '독립 이후(post-independence)' 혹은 '식민주의 이후(after colonialism)'를 의미하는 것이 아니다. 오히려 포스트모더니즘은 우리가 신식민지적 과정에 있다는 전제에서 다루어야 할 것이다. 따라서 포스트 콜로니얼리즘은 '식민지 시대 이후'를 말하는 것이 아니라 '탈식민지 과정'을 의미하는 것으로 이해해야 한다.

이러한 이해를 뒷받침하고 있는 단적인 예를 세계 식민 지배를 상징

적으로 시작한 바 있는 콜럼버스를 기념하는 미국과 서구 나라들의 자세에서 발견할 수 있다. 1992년 10월 12일 미국 대통령 레이건은 콜럼버스의 신대륙 발견 500주년을 맞이하여 그날을 '콜럼버스의 날'로 선포하고 스페인과 함께 거대한 기념행사를 하기로 했다. 그 행사의 절정은 스페인 바르셀로나에 있는 콜럼버스 상과 미국 뉴욕에 있는 '자유의 여신상'의 혼인식을 갖는 것이었다. 왜냐하면 그들은 콜럼버스의 미대륙 발견을 상이한 두 문화의 '만남(Begegnung)'으로 정의했기 때문이다. 이렇게 시작된 유럽과 미 대륙의 만남은 그 후 다른 대륙과의 만남을 가능하게 했고, 이것은 곧 미개한 대륙에 문명을 선사했다는 것이다.[7)]

언어 연구가이며 반제국주의 체제 비판가로 알려진 촘스키(Noam Chomsky)는 이 행사를 가리켜 자유와 정복의 계획된 '제국주의적 야합'이라고 비판하고 이러한 백치 놀음을 즉시 중지할 것을 요구했다. 이것은 자유라는 이름으로 오늘날에도 정복을 일삼는 미국의 세계 지배를 은폐하려는 수작이다. 콜럼버스의 미 대륙 발견은 스페인과 미국이 주장하듯이 두 문화의 만남이 아니라 한 문화에 대한 다른 문화의 정복이다. 세계교회협의회도 콜럼버스 500년 위원회를 구성하고 연구 문서를 통해서 "신대륙의 발견은 두 세계의 만남이 아니라 우월한 민족이 약한 민족을 굴복시키고 그들의 운명을 마음대로 규정한 계층적 원리의 승인이다"라고 선언했다(Evangelische Pressedienst, 1991: 38).

신대륙에 대한 약탈은 정치적·경제적 목적을 앞세우고 있지만 유럽의 가톨릭교회, 특히 종교개혁을 통해 영토의 상실을 경험한 가톨릭교

7) 독일의 시사 주간지 ≪슈피겔≫은 1991년 12월 30일자부터 6회에 걸쳐서 "새로운 세계의 약탈(Der Raub der Neuen Welt)"이라는 주제로 콜럼버스와 더불어 시작되는 서구의 세계 지배를 상세히 다루었다.

회의 지배욕과도 밀접하게 연결되어 있다. 반종교개혁 운동과 더불어 탄생한 예수회는 '이단들의 척결과 이교도들의 기독교화'라는 전투적 선교 신학을 앞세워 식민주의자들의 정신적 추동력이 되었다. 그들은 이러한 세계에 대한 약탈을 기독교의 이름으로 정당화해 주었을 뿐만 아니라 신의 축복으로 찬양하기까지 했다. 콜럼버스의 전기를 쓴 그의 둘째 아들은 다음과 같은 글을 남기고 있다.

> 하나님의 지존하심은 인디오들을 우리 손에 넘겨주었을 뿐만 아니라 그들에게 생필품의 부족과 질병까지도 보내주어 그들의 수가 전에 비해 3분의 1로 줄어들게 하셨다. 이것을 통해서 분명해진 것은 오직 하나님의 손과 그의 고귀한 뜻을 통해서 그 같은 놀라운 승리와 원주민들의 굴복이 가능했다는 사실이다. 왜냐하면 그들에 비해서 우리의 것들은 모든 면에서 우수하긴 했지만 그들의 압도적 다수가 우리의 유리한 조건들을 무용지물로 만들 수도 있었기 때문이다(Bitterof, 1991: 101).

멕시코 정복 초기에 2,500만 명이었던 원주민의 인구가 80년 후에 100만 명으로 줄어든 것이 이러한 사실을 단적으로 예증한다. 제국주의적 선교사들은 대량 학살을 하나님의 섭리로 간주했고 토지 약탈을 선교적 승리로 이해했다. 대양의 항해술이 유럽인들과 비유럽인들 사이에 대칭 관계를 만들고 이것이 세계적 척도에서 그들에게 유리한 조건을 만들어주었다. 즉 바다를 지배하는 자는 무역을 지배하고 무역을 지배하는 자는 세계의 부를 지배하고 따라서 세계 자체를 지배하게 된다(브로델, 1995).

정복의 남신상과 자유의 여신상을 결합시키는 '콜럼버스의 날' 행사는 오늘날 미국의 이중성을 상징적으로 보여주는 것이다. 문명 비평가인 세일(Kirpatrik Sale)은 『낙원의 정복(The Conquest of Paradise)』에서 서구 문명의 승리는 오늘날 교황으로부터 시작해서 중국에서 팔리는 코카콜라에 이르기까지 정복자들의 대포 쏘기와는 달리 정신적 승리요, 심리적 정복의 성격을 띠고 있다고 했다. 콜럼버스 이래 유럽인들은 굴복당한 다른 대륙의 사람들에게 자기들의 언어를 말하도록 강요했고, 자기들의 옷을 입게 했으며, 자기들의 가치관을 심어주었다. 남미의 작가 갈레아노는 이렇게 시작된 유럽의 남미 지배가 다음과 같은 가치관의 문화적 왜곡을 가져왔다고 했다. 즉 유럽인의 것은 문화(Kultur)요 남미인의 것은 민속(Folklore)이고, 유럽의 것은 종교요 남미인들의 것은 미신이며, 유럽인들의 것은 언어요 남미인들의 것은 방언이고, 유럽인의 것은 예술(Kunst)이요 남미인들의 것은 솜씨(Kunstgewerbe)이다. 따라서 콜럼버스 이후 남미의 역사는 '일식의 역사'이다(Evangelische Pressedienst, 1992).

1985년 동서 냉전체제가 붕괴되고 미국 대통령 조지 부시는 '새로운 세계 질서'가 시작되었다고 선언했다. 1592년 콜럼버스에 의한 이베리아식 식민지와 더불어 시작된 식민지적 세계 질서는 19세기에 들어와서 근대성과 더불어 시작된 영미식 식민지의 새로운 질서로 마감되었다.[8] 그리고 나서 사회주의권의 붕괴와 더불어 1992년 미국 대통령 조지 부시는 또 하나의 '새로운 세계 질서'가 등장했다고 선언했다. 500년 전 콜럼버스가 대서양을 항해하면서 기원했던 것, 즉 서구의 식민지 건설이 근원적인 차원에서 달성되었다고 부시는 믿었던 것일까. 콜럼버스는 "하나님이 승리하실 것이다. 그는 지구상에 있는 모든 백성들의 우상들을 비로 쓸어버리고 그들이 처한 곳에서 하나님을 경배하게 할 것이다"라고 했던 성 아우구스티누스의 말을 굳게 믿었다. 500년이 지난 지금 스페인의 군주나 콜럼버스가 예견했던 것과는 다른 형태

---

8) 선교 신학에서는 19세기를 '위대한 세기'로 지칭하고 있으나, 그들에게는 '굴욕의 세기'였다.

지만 유럽인에 의한 하나의 보편적 세계 지배, 즉 '새로운 세계 질서'가 달성되었다. 그러나 이러한 보편적 세계 질서는 아우구스티누스가 예견했던 하나님의 세계 통치 대신 철저하게 세속화된 형태로 등장했다.

> 전능하신 하나님 대신 시장이 등장했다. 이 신의 현현은 다우존스 주가지수이고, 그의 성체(聖體)는 미국의 달러이며, 그의 미사는 환율 조정이고, 그의 나라는 지금 크렘린의 지도자들까지도 찬양하는 자본주의적 보편 문명이다(Bitterof, 1991: 97).

포스트 콜로니얼리즘의 현실에 대한 인식 없이 우리는 서구인들이 말하는 '포스트모더니즘'의 논의에 참여할 수 있을까? 프레드릭 제임슨(Frederic Jameson)이 주장하듯이 포스트모더니즘은 '후기 자본주의의 문화적 논리'일 뿐이며, 따라서 전 세계인이 일상생활에서 경험하고 있는 일차적인 삶의 틀이 아니다(Jameson, 1991: 33). '포스트 콜로니얼리즘'에서의 '포스트(post)'는 포스트모더니즘의 '포스트'와는 다르며 제3세계는 아직 포스트모더니즘 시대에 살고 있지 않다. "그럼에도 불구하고 이러한 문제에 대한 반응은 서구의 포스트모더니즘이 세계 여타 지역에 대한 교묘하고 부정할 수 없는 효력을 지니고 있으며 이것은 유럽 중심주의의 제국주의적 과정이 여전히 생동하고 있다는 것을 다른 말로 표현하는 것이다"(Ashcroft, Griffiths and Tiffin, 1995: 118).

유럽 문화의 로고스 중심적 담론의 해체가 포스트모더니즘의 중심적 설계라고 할 때 이것은 제국주의적 언술의 중심부-주변부라고 하는 이원주의의 은폐성을 벗기고자 하는 포스트 콜로니얼리즘의 중심적 설계와 일치한다. 담론들의 탈중심화, 자기 경험의 구성을 통한 언어와 저술의 중요성에 대한 집중, 문학작품의 혁명적 전술들에서는 포스트 콜로니얼리즘과 포스트모더니즘이 궤를 같이하고 있다. 윌슨 해리스(Wilson

Harris)의 『전통, 저자, 사회(Tradition, Writer and Society)』와 같은 포스트 콜로니얼리즘의 이론을 다룬 글에서는 데리다(Derrida)나 푸코(Foucault) 등 프랑스 해체주의자들의 이론이 나오기 이전부터 이미 해체주의적 성격들이 강하게 등장하고 있다. 데카르트적 개인의 거부, 의미화의 불안정성, 언어와 담론에서 주체의 위치, 권력의 역동적 작용 등 탈구조주의적 개념들이 포스트 콜로니얼적 사상에서는 다른 모양을 띠고 등장한다. 이것은 그럼에도 불구하고 식민지화된 주체의 정치적 동력을 확인해 주고 있다. 따라서 포스트 콜로니얼리즘은 단순히 '정치와 결부된 포스트모더니즘'의 일종은 아니지만 식민지적이고 신식민지적인 사회에서의 제국주의적 과정에 깊은 관심을 가지고 있고, 이러한 과정이 갖는 물질적이고 언술적인 효과들을 전복시킬 전술들을 검토하고 있다 (Ashcroft, Griffiths and Tiffin, 1995: 117).

이렇게 볼 때 식민지화 과정을 통해서 언어를 상실한 아프리카나 남미의 많은 나라들과 영연방이 포스트 콜로니얼리즘 논의에서 '문화적 구형의 중심적 틀을 구성하고 있는 유럽 언어로부터의 해방'이라는 문제를 중심 논제로 삼는 것은 당연하다. 이것은 자신들의 민족적·문화적 정체성과 긴밀히 연결되어 있다. 그러나 한국과 같은 상황, 즉 식민지 과정에서 자신의 언어를 유지할 수 있었던 나라들에서는 국제적 포스트모더니즘의 보편적 헤게모니를 무시할 수 없다. 그러나 정치적·경제적·문화적 자주성이 논의의 핵심을 이루어야 한다는 것이 필자의 소견이다. 따라서 포스트모더니즘과 포스트 콜로니얼리즘의 시간적 혼선과 질적 중첩에서 우리는 더욱 분명한 해석 원리와 인식 방법을 찾지 않을 수 없다. 필자는 여기서 간단히 몇 개의 명제를 통해서 이 문제를 정리해 보고자 한다.

5. 포스트모더니즘의 양면성

논제 1: 포스트모더니즘은 인간 해방이나 여성 해방에 장애가 되는가?

마르크스주의의 입장에 있는 이론가들은 포스트모더니즘이 인간 해방 운동에 장애가 된다는 것을 다음과 같은 몇 가지 관점에서 지적하고 있다. ① 포스트모더니즘은 인간 해방의 역사적 사명을 실제로 수행하고 있는 프롤레타리아트와 그 역할을 제외시키고 있고, ② 포스트모더니즘은 그 적용 범위가 극히 제한되어서 무용지물이며 패배주의적 철학에 불과하고, ③ 포스트모더니즘은 이론을 위한 이론이며 실제적 전략으로는 백해무익하다(Mauman, 1986: 86; 1987: 221~226).[9)]

또한 여성 해방적 입장에서 사비네 리비본드(Sabine Livibond)는 "포스트모더니즘의 인식론과 정치 이론은 성차별의 구조적 문제를 분석할 수 없게 만듦으로써 여성 해방 운동의 당위성을 소각시키고 있기 때문에 포스트모더니즘에 더 이상 여성 해방을 위한 과제를 맡길 수 없다"라고 말한다(보인·라탄시, 1992: 27). 그것은 포스트모더니즘의 정신적 지주인 니체가 얼마나 반여성적이었는가 하는 데서도 드러나며, 포스트모더니즘이 여성 해방과 같은 거대 담론을 배제한다면 여성문제를 효과적으로 분석할 수 있는 사회학적 방법론이 나와야 한다는 것이다. 즉 "부와 권력 및 노동 분배 문제에 대한 체계적이고 조직적인 정치적

9) 캘리니코스(Callinicos, 1982)는 포스트모더니즘을 "진퇴양난에 빠진 허무주의, 우익 인텔리들이 내놓은 세기말적 종말론이다"라고 혹평했다. 그것이 더욱 유해한 것은 자본주의가 인텔리 계급과 중산층에 가져다준 부유함으로 인한 소모적·쾌락적 유혹에 탐닉하기 때문이라는 것이다. 그는 "한때는 사회주의가 아니면 야만주의에 빠진다고 했던 리요타르(Lyotard)가 결국 자본주의에서 인텔리 계급이 땀 흘리지 않고 놀고 즐기는 부류라는 것을 가장 효과적으로 정당화시킬 수 있는 사회학 이론을 내놓았다"라고 질책했다(보인·라탄시, 1992: 27).

접근이 불가능하다면 책임과 이익 분배에서 남녀차별을 하고 있는 사회제도에 도전이 가능하겠는가?"라고 묻고 있다.

그러나 몇몇 과격한 사회주의자들이나 여성주의자들의 이러한 입장은 포스트모더니즘이 가지고 있는 모든 면모를 다 파악한 데서 나온 비판이라고 보기 힘들다. 특히 모더니즘이 남성 중심의 이데올로기였다는 것을 고려한다면 포스트모더니즘을 단순히 여성 해방의 장애물로만 보기는 어렵다. 포스트모더니즘이 등장하면서 인종차별과 성차별 문제, 그리고 서양 강대국에 종속되었던 소수민족들에 관한 문제의 해결에 상당한 진전이 있는 것도 사실이기 때문이다.

논제 2: 포스트모더니즘은 진보적인가 보수적인가?

포스트모더니즘을 비판할 때 하버마스는 그것이 가지는 상대성, 비결정성 등을 내세우고 이것들은 보수주의자들이 숨어들어갈 온상으로 규정한다. 그는 『모더니티: 미완성의 과제들』에서 구보수주의자들(레비 슈트라우스 등), 신보수주의자들(대니얼 벨과 모이니한 등), 미숙한 보수주의자들(푸코와 데리다 등)이 표방하는 반근대성에 대해 강한 비판을 가하고 있다(손규태, 1992: 78~92; Habermas, 1987; Steinfels, 1979). 그러나 푸코나 데리다 등이 추구하고 있는 주제들은 하버마스 자신이 추구했던 내용들과 궤를 같이하고 있으며, 인간 해방과 인식론적 토대를 추구하고 있다는 점에서 이들이 전적으로 서로 상충된다고 보기 힘들다. 따라서 포스트모더니즘의 대변자들을 단순하게 '보수적이다' 혹은 '진보적이다'라고 규정하는 것은 타당하지 않다.

논제 3: 포스트모더니즘은 포스트 콜로니얼리즘과 궤를 같이하고 있는가?

서양의 자본주의 및 산업화가 가능했던 것은 서양의 제국주의와 식민정책이 성공을 거두었기 때문이다. 탈식민지 시대가 시작되었지만 서구의 정치적·경제적 패권이 문화 식민지화로 이어지면서 서구의 문화와 도덕적 가치가 우월한 것으로 간주되고 있다. 서구의 포스트모더니즘은 서구 세계가 여전히 문화를 비롯한 여타의 방법으로 세계를 지배하고 있으며, 따라서 유럽 중심주의적·제국주의적·식민주의적 과정이 여전히 강력하게 작용하고 있다는 것의 다른 표현일 뿐이라고 하겠다(Ashcroft, Griffiths and Tiffin, 1995: 118).

그러나 소수의 서구 지식인들과 서구에서 교육받은 제3세계 국가의 학자들 가운데는 포스트모더니즘의 입장에서 서구의 식민주의와 제국주의 이념을 비판하고 있는 이들도 있다. 예를 들어 스피박(Spivak)은 「하위주체도 말할 수 있는가?(Can the Subaltern Speak?)」(1988)에서 푸코가 제국주의 과정에서 사용된 장치와 개념들을 분석하는 데 필요한 방법을 제공함으로써 포스트 콜로니얼리즘 연구에 지대한 공헌을 했다고 주장한다. 그리고 사이드(Said)는 『오리엔탈리즘(Orientalism)』에서 서구가 동양의 식민지를 영구히 통치하기 위해서 서양인과 동양인의 '차이'와 그 '타자성'을 허위로 만들어냈다고 분석했다. 그는 이 작업을 하는 데 있어서 푸코의 영향을 가장 많이 받았다고 한다. 그는 오리엔탈리즘이란 동양을 지배하고 재구성하며 위압하기 위한 서양의 스타일이라고 규정하고 이 문제를 해명하는 데 푸코의 『지식의 고고학(The Archaeology of Knowledge)』에서 설명된 '언설'이라는 개념을 원용했다(사이드, 1991: 16).

따라서 포스트모더니즘 논의는 논구하는 사람과 그 대상에 따라서 양면성, 즉 가능성과 한계성을 동시에 가지고 있다. 포스트모더니즘 혹은 포스트구조주의의 '의심의 해석학'은 서구 계몽주의 시대의 중심적 가치체계였던 인간의 이성, 과학성, 진리에 대한 객관성과 보편성 및 인간중심주의에 대한 비판에서 출발하며, 따라서 감성, 주관성, 특수성, 이질성 등을 강조하고 있다. 여기서 그들의 인식론에서의 '불가지론'이 이성의 독단에 대한 우상 타파의 지침이 되지만 자신들이 주장하는 지식과 그 지식에 대한 근거를 설명하지 않음으로써 비판을 받고 있다. 이러한 비판은 포스트모더니스트들의 정치적 혹은 사회적 대안 제시의 실패와도 연관된다. 말하자면 그들은 다양한 사회제도를 일괄적으로 통합할 수 있는 초담론적 이론 정립의 불가능성을 증명하는 데는 성공했지만 관료주의적·전체주의적 정치체제들을 개혁하기 위한 대안과 전략을 수립하는 데는 별 도움을 주지 못한다는 것이다(보인·라탄시, 1992: 38~39).

또한 포스트모더니즘의 주된 목표가 '인간 해방'이라고 할 때 그것은 모더니즘이 그동안 추동해 온 인간 해방적 요소를 비판하는 데서 출발함으로써, '해체(Deconstruction)'에는 성공한다고 해도 '재구성(Reconstruction)'에는 실패할 위험성이 크다. 이러한 문제는 특히 한국과 같은 식민지 경험이 있는 나라들의 경우에서 더욱 그러하다. 식민지 역사를 가진 나라들에서는 모더니즘이 가졌던 중요한 큰 담론들이 여전히 유효한 경우가 많다. 말하자면 모더니즘의 주제였던 이성적 인간관, 역사의 합목적적 진보성, 사회의 합리화, 과학기술의 발전 등을 쉽사리 포기할 수 있을까? 그것들은 여전히 후진적 사회에서는 해방적 요소로 작용하게 된다. 따라서 여전히 역할을 하고 있는 모더니즘적 기능들을 해체시킨다는 것은 곧 그것이 가진 '표현의 피상성, 역사의식의 결여, 정신분열적 자기도취'에 취한 '후기 자본주의의 문화적 논리'로 비판받게 될 가능성을 가지고 있다(Jameson, 1991). 왜냐하면 모더니즘과 포스트모더니즘의 갈등은 주로 현대화된 서구 문화권 안에서의 갈등이지 다른 문화권에서의 갈등은 아니기 때문이다(박이문, 1996: 40).

따라서 역사적으로 식민지 경험을 한 우리의 경우 포스트모더니즘을 수용하는 문제는 포스트 콜로니얼리즘에 준거해야 한다. 환언하면 근대주의를 식민지적 이데올로기로서 무조건 부정할 것인가 아니면 근대성의 해방적 요소들을 수용할 것인가 하는 문제이다. 여기서 우리는 호르크하이머(Max Horkheimer)의 '계몽의 변증법'에서 그 준거를 발견할 수 있다. 말하자면 이성의 해방적 요소와 그것의 도구적 요소를 보다 철저하게 구별하고 사용하는 것이다. 따라서 모더니즘 혹은 포스트모더니즘을 수용하는 문제는 우리에게는 '선택'의 문제이다. 이러한 문제에 대해 동양의 삼국—한국, 일본, 중국—은 이미 역사적 경험을 가지고 있다. 예를 들면 19세기 서구 제국의 식민지화 과정에서 아시아 3개국들이 취한 입장을 그 예로 들 수 있을 것이다. 일본의 경우 '화혼양재(和魂洋才)' 정책에 성공함으로써 근대화에 성공할 수 있었다.[10]

결론: 신학적 문제로서 포스트모더니즘과 포스트 콜로니얼리즘

그리핀(David Ray Griffin)은 『포스트모던 신학의 종류들』에서 포스트모던 신학의 기본 유형 네 가지를 제시하고 있다. 그것은 ① 구성적 혹은 수정적(constructive or revisionary) 유형, ② 해체적 혹은 소거적(deconstructive or eliminative) 유형, ③ 해방주의적(liberationist) 유형, ④ 복고적 혹은 보수적(restorationst or conservative) 유형 등이다. 이러한 구별법은 오늘날 포스트모더니즘의 신학적 논의 방향을 잘 해명해 준다(Griffin, Beardslee and Holland, 1989: 164). 구별의 준거는 포스트모던 신학에 대한 논의자들의 근대성 혹은 근대 이후의 시대에 대한 경험과 밀접히 연관된다. 그 다음으로 결정적인 준거는 신앙고백적(교파적) 혹은 신학적 입장과 밀접히 연관되어 있다. 다시 말하면 논의자들이 소속되어 있는 교파의 신학적 노선이 논의의 방향에 '결정적' 역할을 하고 있다.

논의의 준거들은 한국에서 포스트모던 신학을 논구하는 학자들 사이

10) 미루야마 마사오(丸山眞男, 1984: 158)에 따르면 중국의 경우 수구 세력이 득세함으로써 진보적 세력의 '중체서용(中體西用)' 사상을 관철할 수 없었으므로 서구의 식민지로 전락했다. 저자는 한국의 형편에 대해서는 언급하고 있지 않지만 한국 개신 유학자들의 '동도서기론(東道西器論)'이 성공을 거두었다면 좀 더 다른 사회가 성립되었을 것이다.

에서도 분명하다. 그러나 한국에서의 논의는 대체로 구성적 혹은 수정적 차원에서 '종교 다원주의', 복고적 혹은 보수적 입장에서 '기독교의 정체성 확보', 해체적·소거적 차원에서 '여성신학 및 민중신학', 그리고 해방적 차원에서 '통일신학'이라고 하는 네 개의 틀을 맴돌고 있는 것으로 보인다. 포스트모던 신학의 특징을 분류한 테일러의 도식, 즉 '전통으로의 복귀, 다원주의, 그리고 억압에 대한 저항'의 도식으로 구별해 볼 때 이러한 도식은 더욱 분명해진다(Taylor, 1990: 31).

우선 포스트모던 신학을 복고적 혹은 보수적 입장에서 논의하는 입장을 살펴보자. 이러한 입장을 대변하는 김영한(1994: 131)은 「포스트모더니즘 시대의 개혁 신앙」이라는 글에서 기독교(개혁교)의 정체성을 강조하면서 성경 무오 사상을 들고 나온다. 여기서 그는 무오설을 축자영감설에 근거해서 주장하지는 않지만 포스트모더니즘의 해체주의에 대항하여 서구 정통주의에서 표방하는 성서의 권위 수호를 일차적 과제로 본다. 이러한 입장은 불가피하게 전통문화에 대한 심판과 그것의 기독교적 변혁이라는 결론으로 나아간다. 이러한 복고적 입장은 「해체주의 신학과 개혁신학」에서 더욱 분명해진다. 그는 포스트모던의 해체주의 신학은 "전통적 논리를 부정하기 때문에 더 이상 재래적 의미에서 신학이 아니며" 모든 신학적 체계 자체를 부정한다는 것이다. 이러한 신학은 전통적 신관의 해체로부터 시작해서 자아의 해체, 역사의 해체를 거쳐 정경(正經)을 부정하고 끝없는 미로를 헤매게 된다는 것이다. 그는 마지막으로 "그러므로 해체주의 신학의 체계는 개혁 신학의 길에서는 좌초될 수밖에 없다. …… 하나님의 주권적 역사 간섭과 섭리를 인정하는 곳에 허무주의의 진정한 극복이 있을 수 있다"라고 결론짓는다(김영한, 1995). 그는 나아가서 포스트모던 신학적 논의와 관련된 한국 신학자들의 종교 다원주의를 한마디로 '종교 혼합주의'로 단죄하고, 한국 신학의 좌표로서 개혁 신학은 "혼합주의적 종교 다원주의 신학이 아니라 변혁주의적 종교, 문화신학이다"라고 규정한다. 타 종교와의 문제는 '대화'의 차원에서가 아니라 '비교종교학적 차원'에서 다루어져야 한다는 것이다(김영한, 1992: 105~109).

그 다음으로 구성적 혹은 수정주의적 입장은 주로 감리교 계통의 문화신학적 논의를 통해서 '토착화 논의'와 '종교 다원주의'로 나타났다. 1960년대 중반에 있었던 토착화 논의에서는 '기독교와 문화'의 관계가 주된 관심이었는데, 여기서는 사실상 장로교 계통의 신학자들이 견지했던 '문화 변혁론'과 감리교 계통의 신학자들이 가지고 있었던 '문화 상대론'이 충돌했다. 논쟁은 결론을 맺지 못했지만 기독교와 한국 문화(종교를 포함)와의 관계를 설정하는 데 중요한 단초를 마련했다(심일섭, 1982). 이러한 토착화 논의는 문화신학적 관점에서 타 종교와의 관계 문제를 설정하는 연구로 지속되었다. 그러다가 1990년대 초 세계교회협의회가 새로운 선교 신학적 모델 형성을 위한 바아르 세미나의 성명서에서 종교 다원주의를 수용하자 이를 기점으로 한국에서도 활발하게 진행되었다. 이 문서는 사실상 세계교회협의회가 타 종교에 대한 배타주의 모델과 가톨릭의 제2바티칸공의회가 채택한 포괄주의 모델을 넘어 종교 다원주의 모델을 선교 신학의 방향으로 잡았다. 변선환 교수는 이러한 선교 신학의 방향 설정을 "종교 다원주의의 도전을 하나님의 깊은 경륜으로 보며 창조적으로 응답하는 새로운 신학의 패러다임"이라고 규정하고 있다(변선환, 1991: 4~10).

종교 다원주의 논의는 김경재, 이정배, 박종천, 홍정수 등 그동안 기독교와 문화 혹은 기독교와 타 종교의 문제들을 다루던 신학자들에 의해서 수용되어 포스트모더니즘의 틀에서 더욱 발전적으로 전개되었다(김경재, 1992; 홍정수, 1991; 박종천, 1990; 1991; 이은선·이정배, 1993). 이들은 기독교의 독자성이나 보편성을 더 이상 주장할 수 없는 그리스도교 후기 시대에서 기독교와 문화 일반, 기독교와 전통종교들 간의 대화를 통한 새로운 자기 발견과 함께 세계 인류의 평화와 복지를 위한 일에 공동으로 참여할 것을 주장한다. 따라서 한국의 전통종교들인 유·불·선 3교와의 학문적 대화는 물론 공동의 실천 프로그램을 통해 한국 문화 발전에 기여해야 한다는 것이다.

다음으로 포스트모더니즘의 해체적·소거적 차원의 논의는 주로 여성신학자들의 토론에서 나타나고 있다. 우선 여성신학에서 가장 문제가 되는 것은 성서가 가지고 있는 '이데올로기적' 내용이다. 가정과 교회, 그리고 사회 일반에서 가부장적 압제, 성차별 등 성서의 이름으로 행해지는 온갖 종류의 이원론적 위계질서를 깨뜨리기 위해서 싸우고 있는 여성신학자들은 성서가 억압을 정당화하는 데 오용되었을 뿐만 아니라 성서 자체가 억압의 산물이라는 것을 지적한다. 성서는 한마디로 가부장적 사회에서 남성들이 쓴 남성들의 책이라는 것이다. 따라서 성서의 가부장적 이데올로기와 가부장적 언어가 문제가 된다. 이데올로기적 차원에서 본다면 계급차별, 인종차별, 성차별, 식민주의, 성직자주의 등은 상호 밀접한 내적 연관성을 가지고 있다는 것이다.

이러한 주장을 극단적으로 추구하는 여성신학자들 가운데는 "정직한 여성이라면 (이러한) 성서를 계시로 여기면서 자존심을 가지고 살아갈 수도, 인간의 통전성을 향해 발전할 수도 없다"라고 단언하고 성서와 기독교 자체를 아예 포기하기는 이들도 있다.[11] 그러나 다른 한편 성서가 제시하는 남성 우월주의를 생활 규범으로 이해하고 나아가서 남성 숭배와 여성 억압을 찬양하는 집단도 있다. 물론 이들 양극단 사이에는 다양한 스펙트럼이 존재한다. '여성 억압적 본문의 삭제'(Elizabeth Cady Stanton)를 통하여, '정경 중의 정경의 원리'(Rosemary Radford Reuther)를 통하여,

11) 이러한 입장을 대표하는 이는 메리 데일리(Daly, 1973)로서, 그의 저서는 이러한 운동의 중요 지침서이다.

철저한 역사 비평을 통한 초대 기독교 '공동체의 재구성'(Elizabeth Schüssler Fiorenza)을 통하여 성서에 나타난 가부장제에 대한 문제를 해결하려 한다(한국여성신학회, 1997: 8~118; 번햄, 1990: 119~130).

그리고 한국의 여성신학자들 가운데는 포스트모더니즘이 근대성을 서구 사상과 동일하게 이해하는 것으로 봐서 근대성에 대한 거부와 비판을 서구사상에 대한 거부와 비판과 동일시하고 토착 문화로의 '복귀'를 그 대안으로 삼고 있는 포스트모더니즘의 문제점을 지적하기도 한다. 한국에서 이러한 전통문화로의 복귀는 자칫 가부장제 및 혼인제도, 여성 억압적 전통을 더욱 조장할 수도 있다는 것이다. 따라서 만일 한국의 여성신학이 포스트모더니즘의 해체적 방법을 수용한다면, 우선 전통적인 한국 사회의 세계관과 인간관, 그리고 가치관을 형성해 온 유교 체제를 해체하는 작업부터 시작해야 한다고 주장한다(강남순, 1995: 255). 한 걸음 더 나아가서 한국의 여성신학자들은 한국여성신학회와 여신학자협의회를 중심으로 활동하면서 한국 교회가 가지고 있는 여성 억압적이고 적대적인 구조들에도 깊은 관심을 기울이고 있다. 이들은 성서 연구를 통해서 그 안에 내포되어 있는 여성 억압적 요소들의 기원과 정체를 밝혀냄으로써 성서를 불멸의 진리를 담은 원형(原型, Archetype)으로 볼 것인가 아니면 삶에서 참고로 삼을 모형(模型, Prototype)으로 볼 것인가 하는 문제를 놓고 씨름하고 있다. 이러한 논의는 '초대 기독교의 재구성'을 통해서 그동안 기독교 역사 과정에서의 왜곡을 시정해 보려는 노력으로까지 나아가고 있다. 이들은 또한 여성 안수 문제와 같은 교회 내적인 문제들의 해결을 위해서 투쟁해 왔고 지금도 투쟁하고 있다. 오늘날 가부장적 사회에서 일상화되어 가고 있는 성폭력의 문제와 정신대 문제 등 가부장적 사회체제가 만들어내는 다양한 종류의 여성 비하적이고 여성 적대적인 문화에 대해서도 일반 사회단체들과 협력하여 투쟁하고 있다.

마지막으로 해방주의적 입장에서 한국 신학의 문제를 다루고 있는 집단은 통일신학 집단이다. 그들은 1970년대의 인권운동과 민주화운동의 경험을 통해 한국 사회의 제반 모순을 해결하기 위해서는 궁극적으로 외세를 물리치고 민족 분단을 극복해야 한다고 인식한다.[12] 분단이라고 하는 민족 모순이 일제 식민지를 비롯한 미국과 소련 등 외세의 침략에 그 원인이 있고, 지금까지 분단을 극복하지 못한 원인 또한 외세의 지속적 개입에 있다고 보는 이들은 일차적으로 외세로부터의 해방이 민족문제 해결의 지름길이라고 인식한다. 왜냐하면 오늘날까지도 통일 문제는 우리 민족 간의 문제만이 아니라 주변 강대국의 힘의 관계와 뗄 수 없는 문제로 남기 때문이다. 동시에 오늘날 진정한 민주화와 정의 사회 실현을 가로막고 있는 것은 바로 외세의 간섭과 거기에 기초한 국가 안보 이데올로기에 있다고 인식한다.

나아가서 통일신학은 민족 모순의 극복에서 이데올로기 다원 사회를 전망하면서 획일적인 흡수통일이나 적화통일을 거부하고 다양한 이념과 사상을 가진 이들이 공존 공생하는 '민족 대단결'을 목표로 하고 있다. 이러한 사회를 지향하는 데 있어서 가장 중요한 신학적 거점은 '민족'과 '화해'이며 '민족의 화해'이다. 포스트모더니즘 시대에서 화해는 바로 상호 간의 주체성(Intersubjektivität)에 기초한 삶의 양식이고 포스트모더니즘 시대의 고도의 정치적 행위이다.

포스트모던 시대를 맞이해서 한국에서 논의되고 있는 신학을 네 가지 범주에서 점검해 보았다. 여기서 분명해지는 것은 이러한 방향들이 하나같이 한국의 기독교가 한국의 역사적 현실에 응답하는 운동으로 발전하고 있다는 점이다. 따라서 앞으로 한국 신학자들의 논의 틀에서는 이들

---

12) 1985년에 조직된 통일신학동지회는 100여 명의 회원을 두고 지금까지 ≪통일신학회보≫를 발간하며 지속적으로 세미나 및 강연들을 해오고 있다.

상호 간의 보완이 시급히 요청된다. 그러나 더욱 중요한 것은 한국에서의 신학적 논의에서 좀 더 과감한 '신학의 상황화(Kontextualisierung der Theologie)'가 필요하다는 점이다. 이는 현대 신학이 표방하던 서구의 변증법적 신학, 실존신학, 해석학적 신학 모델들이 제3세계적 문제들, 즉 정치신학, 해방신학, 민중신학 등 새로운 모델로 전환되었기 때문이다. 말하자면 세계 신학의 주제들이 제3세계의 신학적 주제로 전환되었다.

신학의 패러다임 전환은 오늘날 '교회의 형태 변경'[13] 혹은 '신학의 모형(Paradigma) 변경'[14]으로 이해된다. 이른바 '제3의 교회', 즉 민중을 위한 교회의 출현과 제3세계의 신학들의 등장이 신학의 패러다임 전환을 구체화했다고 볼 수 있다(Bühlmann, 1974: 30; Wiedenmann, 1981: 19). 오늘날 신학의 상황화의 결과로서 '교회의 형태 변경'과 '신학의 모형 변경'을 꾸준히 추구해 온 것은 세계교회협의회의 선교 신학 방향과 궤를 같이한다. '오늘날의 구원(Salvation Today)'은 1960년대부터 본격적으로 논의되기 시작했는데, 여기에서 나타나는 영혼 구원이나 개인 구원을 넘는 '통전적 사회 구원론'과 새로운 교회론으로서 '가난한 자들의 교회(Church for the Poor)'에 대한 논의는 모두 제3세계의 신학적 주제에 뿌리를 두고 있다. 자본주의적 강대국들의 신식민지적 지배에

13) 뷜만(Bühlmann)은 지중해 연안 국가들에서 시작되어 지금의 러시아까지 확대된 동방정교회를 '제1교회'로 보고, 그 후 로마를 중심으로 발전되었던 서방의 로마 가톨릭교회를 '제2교회'로 보고, 오늘날 제3세계의 발흥하는 교회를 '제3교회'로 본다. 그는 가톨릭 신학자답게 종교개혁 이후 정통주의, 경건주의, 그리고 계몽주의를 거치면서 시민적 기독교로 발전했던 유럽의 개신교는 제외하고 있다. 만일 그것을 제3의 교회로 본다면 제3세계의 교회는 제4교회가 되어야 할 것이다(Bühlmann, 1974: 29).

14) 여기서는 현대 신학의 모형으로서 변증법적 신학, 실존신학, 해석학적 신학, 정치신학, 여성신학, 흑인신학, 그리고 제3세계 신학 등을 제시하고 있다(큉, 1989: 28).

반대하는 해방신학과 민중신학 등 제3세계의 새로운 신학 모형들이 세계 신학의 모형을 바꾸어놓았다. 새로운 신학 모델의 전환이 1980년대 세계교회협의회 차원에서 '정의, 평화, 창조 질서의 보전'이라는 모형으로 구체화된다. '정의, 평화, 창조 질서의 보전'이란 모형은 신학의 중심축이 제3세계의 문제로 넘어왔음을 의미한다. 사회주의권의 붕괴 이후 평화의 문제는 후퇴하고 '경제 정의'의 문제가 전면에 나서고 있는 것도 이와 무관하지 않다.

이러한 분석에 근거해서 필자는 포스트모더니즘 시대와 포스트 콜로니얼리즘 시대에서 한국 신학의 미래적 과제를 다음과 같이 세 가지로 도식화하고자 한다.

첫째, 포스트모더니즘 시대를 맞이해서 한국 개신교 신학은 신학의 상황화와 연관된 '신학적 다원주의'를 더욱 적극적으로 검토하여 복음의 화해적 요소를 발견해야 한다. 16세기 종교개혁은 다양한 개신교들의 출현을 전망하고 신학적·교파적 다원주의를 예견했다. 그러나 이러한 신학적·교파적 다원주의는 서구의 근대화 과정에서 교파적 독단주의로 발전했고 특히 제3세계에 대한 선교 과정에서 경쟁적인 교파주의로 왜곡되었다. 포스트모더니즘 시대를 맞이하면서 등장한 개신교의 신학적 다원주의는 이러한 과거의 왜곡을 극복하려는 노력이라고 할 것이다. 여기서는 상호 간의 장점들을 발견하고 서로 보완함으로써 상이한 교파들이 서로 협력하여 복음의 전파는 물론 인류의 평화와 복지에 기여하는 길을 모색해야 할 것이다.

한 걸음 더 나아가서 종교 다원주의는 포스트모더니즘 시대의 숙명이다. 이것은 앞서도 언급한 바와 같이 세계교회협의회의 선교 신학적 관점이기도 하지만 특히 우리나라와 같은 종교 다원 사회에서 19세기 서양 근대사상의 일원주의에 기초한 선교 신학은 더 이상 가능하지 않다. '증거에서 대화'로의 선교 신학적 전환은 역사적 필연이다. 아니

'대화를 통한 증거'의 자세가 오늘날 한국 신학에서 선교 신학이 가야 할 길이라고 생각한다. 이러한 종교 다원주의적 입장은 포스트모더니즘 시대를 맞이해서 모든 종교들이 인류의 평화와 복지에 공헌할 수 있는 새로운 길을 찾고 자기 변화를 경험할 수 있는 길이기도 하다.

둘째, 포스트 콜로니얼리즘 시대를 맞이해서 민족적 정체성을 보다 확고하게 찾음으로써 복음의 해방적 요소를 발견해야 한다. 민족적 정체성의 발견은 곧 기독교적 정체성을 발견하기 위한 전제이기도 하다. 그동안 한국 그리스도인들의 사상과 실천에서 보였던 심각한 딜레마는 '민족적 정체성'과 '그리스도교적 정체성'의 갈등이라고 할 수 있다. 한국 그리스도인들은 자신의 정체성을 민족적 정체성에서보다는 기독교적 정체성, 아니 교파적 정체성에서 찾는 것이 일반적 성향이라고 해도 과언이 아니다. 이러한 교파적 정체성의 구형은 한국의 초기 선교사들의 선교 정책과도 무관하지 않다. 초기 선교사들의 정교분리 정책은 국적 없는 그리스도인을 양산했고, 그들은 민족문제에 대해 도피적 태도를 취했다. 결과적으로 한국의 그리스도인들은 19세기와 20세기 초 식민지적 시련기에서도 민족의 운명에 책임적으로 동참할 수 없었다. 이러한 교파적 정체성과 탈세속적 성향으로 인해 그리스도인들은 해방 이후 찾아온 민족사적 격동기에도 사회적으로 책임 있게 참여하지 못하는 정체성 위기에 직면하게 되었다. 민족적 정체성을 상실한 결과 오늘날 한국 개신교인들은 신뢰성 위기에 직면하게 되었다. 정체성 상실과 관련된 개신교인들의 신뢰성 위기는 그리스도인의 외세에 대한 자세와 통일에 대한 입장에서 분명해질 것이다.

포스트 콜로니얼리즘 시대에 개신교 그리스도인들이 민족적 정체성을 확립하는 일에 있어서 중요한 신학적 과제는 다음 두 가지로 정리할 수 있을 것이다.

우선 전통과의 관계에서 민족문화와의 폭넓은 신학적 대화가 요청된다. 이러한 문제는 그동안 토착화 논의에서 시작되었지만 앞으로는 더욱 광범위하고 심도 있는 연구들을 통해서 한국 개신교인들의 민족적 정체성을 찾고, 이를 통해 진정한 의미의 그리스도교적 정체성을 찾도록 해야 할 것이다. 그 다음으로 미래의 희망과 관련해서 제기되는 문제들, 사회정의 및 경제 정의, 그리고 민족 통일의 문제를 더욱더 심도 있게 다룸으로써 한국 사회에서 평화와 정의를 실현하는 일에 교회가 앞장서도록 해야 한다. 아직도 우리는 근대 식민지적 유산을 청산하지 못하고 있을 뿐만 아니라 새로운 식민지적 도전에 직면하고 있다. 우리는 의사 민주주의적 정치체제와 자본주의적 경제성장을 구가하는 대중 소비사회 아래서 노동과 소비에 매몰되어 가고 있다. 자본주의적 소비 원리는 교회까지 침투해 '교회성장' 이데올로기가 교회를 잠식하고 있다. 결국 우리는 자본주의적 무한 경쟁 원리가 지배하는 탈연대성의 시대를 살고 있다. 요즘 젊은이들은 연예인과 같은 생산적이지 못한 출세의 길로 내달리면서 '민족적 대의를 상실하고 통일 문제와 같은 거대 담론을 거부하고 있다. 이것 역시 포스트모더니즘 시대의 나쁜 징조 중 하나이다. 이러한 현상을 한나 아렌트(Hanna Ahrent)는 '민족의 종족으로의 몰락'이라고 했다(지명관, 1996: 140).

이러한 상황에서 교회와 신학도 민족문제와 같은 거대 담론을 포기하고 사적 영역에 안주하여 농성할 것인가? 새로운 자본주의적 세계 질서에서 나타나고 있는 신식민지적 상황의 첨예화 과정에서 거대 담론을 포기하는 것이야말로 '후기 자본주의의 문화적 논리'에 중독되는 것은 아닐까? 서구 포스트모더니즘 시대의 작은 담론들의 발견은 포스트 콜로니얼리즘 시대를 살고 있는 제3세계 그리스도인에게 다시 한번 '큰 담론'의 중요성을 발견하는 계기가 되어야 할 것이다. 그리스도인은 복음이 갖는 가장 큰 담론인 민족 해방과 사회정의의 메시지를 더욱 강력하게 추구할 때 비로소 확고한 민족적·그리스도교적 정체성을 찾을 수 있을 것이다.

셋째, 포스트모더니즘 시대를 맞이하여 모든 것이 해체되는 상황에서 기독교의 정체성을 지키기 위해서는 테일러의 주장대로 전통으로 복귀해야 하는가?(Taylor, 1990: 31) 이러한 발상은 지극히 가톨릭적이다. 필자는 개신교 신학에서는 '성서로의 복귀'가 바람직하다고 본다. 그러나 이 말은 18세기의 '성서주의'로의 복귀를 말하는 것은 아니다. 이것은 오히려 서구 신학의 성서 해석 전통으로부터 해방되는 것을 의미하기도 한다. 성서가 가지고 있는 '일상적 언어(die Sprache des Alltags)'를 통한 성서의 해방적 전통의 회복을 말한다(Wittgenstein, 1986: 392).[15] 초대교회부터 사용한 신학적 언어들은 모두 그리스 철학에서 취해온 전문적 언어로 신학 역사에서 언어의 일정한 토대주의를 형성함으로써 신학적 주요 개념들을 이러한 언어의 틀에 감금해 왔다.[16] 따라서 포스트모더니즘 시대의 신학적 언어는 이러한 토대주의적 언어가 아닌 일상적 언어나 '고향의 언어'를 통해 수행되어야 한다고 본다.

신에 대한 이해를 예로 들어보자. 중세에는 신을 목적론적 실재로 파악하고, 근대에는 사유의 전능성 혹은 힘의 논리로 파악한다. 신에 대한 목적론적 이해와 힘의 논리에 기초한 이해는 우리를 사고의 형이상학적 미로로 끌고 다니거나 기독교적 식민주의 혹은 성직자적 파쇼

15) 비트겐슈타인은 '언어 놀이들(language-games)'이라는 개념을 사용하는데, 언어의 의미를 규정하는 가장 기본적 요소가 존재한다는 언어 원자론을 포기하고 모든 언어의 의미는 언어 놀이를 통해서 가능하다고 본다. 이것은 논리가 언어를 규정한다는 합리주의적 전제를 해체시킨 것으로 프랑스 해체주의자들이 채택해 사용하고 있다.

16) 마크 테일러(Mark C. Taylor)는 포스트모던 신학에서 '자아, 진리, 역사적 의미, 선, 악, 그리고 초자연적 신'이라는 개념들은 제거되어야 한다고 보는데, 그 이유는 이러한 개념들이 어떤 '진정한 것(real thing)'의 해석이 될 수 없기 때문이다(Griffin, Beardslee and Holland, 1989).

주의로 이끌어갈 수 있다. 이것을 극복하기 위해서 관계성에 기초한 '범신론'을 요청하거나 관계성에 기초한 '거룩한 실재'를 말하기도 한다(McDaniel, 1995: 187~217). 그러나 '범신론' 혹은 '거룩한 실재'라는 개념 역시 형이상학적 사고를 상정하게 하고 그것은 엄격히 말해서 계몽주의의 산물이라고 말할 수 있다.

계몽주의를 통한 '성숙한 세계'에서 성서 개념의 비종교적 해석을 감행한 본회퍼는 이러한 종류의 형이상학적 신 이해를 '철학적·종교적 작업가설'로 파악하고 새로운 신 이해를 제시한다. 그것은 그리스도라고 하는 인간을 통해서 자기를 드러내는 인격신이다. 그 하나님을 그는 다음과 같이 묘사하고 있다.

> 신이라는 작업가설 없이 우리를 이 세상에 살게 하시는 하나님 앞에 우리는 서있다. 하나님 없이 우리는 하나님 앞에서 하나님과 더불어 살고 있다. 하나님은 세상에서 쫓겨나 십자가에 나아갔고 그 하나님은 세상에서는 무력하고 약하며, 바로 그렇기 때문에만 그는 우리와 함께하고 우리를 돕는다. 그리스도는 그의 전능성으로서가 아니라 그의 약함, 그의 수난의 능력으로 돕는다(Bonhoeffer, 1970: 394, 414).

성육신이라는 자기 낮춤을 통해서 인간이 된 분을 본회퍼는 '타자를 위한 존재(Für-andere-Dasein)'라 했고, 그의 교회를 '타자를 위한 교회'라고 불렀다. 그리고 그를 따라 사는 삶을 '타자를 위한 삶(형성의 윤리)'이라고 했다. 이것이 그의 그리스도론이자 교회론이며 윤리학이다.

포스트모더니즘 시대의 하나님은 "사고의 능력도 거룩한 실재도 초월하신 인격신도 아니고" 우리와 같이 우리의 삶과 고난에 동참하는 '아빠'와 '엄마'이다. 그는 전능성으로 우리를 돕는 것이 아니라 약함(십자가)으로 돕는다. 따라서 그는 전통적 기독교의 힘의 논리에 기초한 전지전능의 신, 즉 서구 기독교의 제국주의, 군국주의, 식민주의의 신이 아니다. 그는 물리적 힘에 기초한 중세 성직자주의의 신도 아니며 지식의 힘에 기초를 둔 개신교 신학자들의 신도 아니다.

포스트모더니즘 시대, 포스트 콜로니얼리즘 시대에 한국의 개신교 신학들은 종교개혁 전통에 서서 상호 간의 역사적 차이를 존중하고 보완하여 성서의 중심적 메시지인 인간 해방을 이룩하고 정의로운 하나님 나라를 이 땅에 실현하는 데 함께 힘써야 할 것이다. 이 일을 위해서 한국 교회는 이러한 해방 전통에서 정의를 향해 일하는 다른 종교 및 집단들과 같이 대화하고 협력해야 할 것이다. 이때 진정한 의미에서 '민족적 정체성'과 함께 참된 '그리스도교적 정체성'이 드러날 것이다.

제10장

한국 교회의 사회 선교에 관한 연구

1. 개념 규정

사회 선교(The Social Mission)라는 말은 그동안 사용되어 오던 전통적 선교 개념과 구별되는 개념으로 사용되었다. 사회 선교 개념의 사용은 그동안의 전통적 선교 개념을 부정하는 것이 아니고 새로운 시대와 환경, 말하자면 산업화 사회 혹은 산업화 후기 사회에 처해서 그것을 수정하고 보완하려는 데서 나온 것이기도 하다. 따라서 이 개념들 사이에는 대립적인 동시에 보완적인 관계가 성립될 수 있다. 그동안 이 개념을 사용하는 양대 개신교 집단[1] 사이에서는 사회 선교 개념이 학문적으로 오해되거나 실천적으로 오용되기도 했다. 이러한 오해와 오용은 그동안의 선교 실천에서뿐만 아니라 미래의 선교 전망에 있어서도 많

1) 양대 개신교 집단이라 함은 세계교회협의회 회원 교단들과 거기에 속하지 않은 개신교단들을 구별해서 말할 수 있으나, 선교 신학적 차원에서 구별한다면 '하나님의 선교'의 입장을 지지하는 집단과 '그리스도의 선교'를 지지하는 집단으로 구별할 수도 있다. 또한 '오늘날의 구원' 지지 집단과 로잔 언약 지지 집단으로 구분해서 말할 수도 있다.

은 문제점들을 야기하고 있다. 따라서 이 두 개념의 정확한 이해와 상호 보완이 절대적으로 필요하다고 할 것이다.

우선 두 개념의 차이를 밝힘으로써 정확한 선교 이해와 함께 선교실천을 위한 논거와 목표를 정리해 보자. 첫째, 전통적 선교론이 인간의 영혼 구원을 목표로 하고 있다면 사회 선교론은 인간의 통전적 구원을 문제 삼는다. 전통적 구원론이 인간을 영과 육신으로 분리한다면 사회 선교는 인간을 영과 육으로 분리될 수 없는 통전적 존재로 이해하기 때문이다. 이러한 두 개의 각기 다른 선교론은 인간 이해에 있어서 현격한 차이점을 보여준다. 이러한 인간 이해의 차이는 성서 해석과 밀접하게 연관되어 있다. 성서, 특히 구약성서에서는 인간을 영과 육으로 구별해서 이해하고 있지만, 이 둘이 분리될 수 있다고 보지 않는다. 신약성서의 인간 이해도 본질적으로는 이러한 구약의 인간 이해를 계승하고 있다. 그러나 신약성서 문서들 가운데 이방 기독교, 특히 헬레니즘 문화권에서 활동했던 기독교에서 우리는 영과 육을 분리해서 생각하는 이원론적 사상이 반영되어 있는 것을 발견하게 된다. 특히 이러한 이원론적 사상은 영지주의적 전통[2]에 뿌리를 두고 있는데, 시리아를 배경으로 했던 요한복음의 '빛과 어둠'의 이원론이나 바울 서신들, 특히 로마서 등에 나타나 있는 '영과 육'의 이원론에서 나타나고 있다. 이러한 영지주의적 인간 이해에 기초한 구원론이 그동안의 전통적 선교론에 지대한 영향을 주었다고 할 수 있다.

---

2) 영지주의(Gnosis)는 메소포타미아와 이란 등 동방 종교에서 기원된 구원론으로서 그리스·로마 시대 후반에 활발하게 활동했던 구원론이다. 영지주의는 신비적 세계상과 인간상을 가지는데, 그것은 극단적으로 대립되는 이원론에서 해석된다. 세계는 빛과 어둠, 영과 육, 악과 선의 대립 투쟁장이며 따라서 인간은 육신, 즉 물질로부터 해방됨으로써 구원을 얻는다. 이러한 영지주의적 구원론은 요한복음 등 기독교 신학의 형성에 지대한 영향을 주었다(Schmid, 1958: 1652).

다음으로 전통적 선교론이 인간 사후의 구원을 목표로 한다면 사회 선교는 현재 살아있는 인간과 사회의 구원을 목표로 한다. 따라서 전통적 선교론은 인간의 구원 문제를 내세와 관련시켜 생각하지만 사회 선교는 인간의 구원 문제를 현재의 차원에서 해결하려고 한다. 즉 이 두 개의 선교론에서는 그것들이 목표로 하고 있는 시간이 다르다. 전자는 미래의 시간을 중요시하고 후자는 현재의 시간을 문제 삼는다. 전통적 구원론은 현재의 시간을 미워하고 사회적 선교론은 미래를 부정한다. 한마디로 전통적 선교론이 미래의 종말적 하나님 나라에 관심을 둔다면 사회 선교론은 '지상에' 이루어질 하나님 나라를 문제 삼는 것이다. 전통적 선교론은 우리가 '장차' 하나님 나라에 들어가는 것을 문제 삼지만 사회 선교론은 하나님 나라가 '오늘' 우리를 향해서 오는 것을 문제 삼는다. 따라서 전통적 선교론은 인간이 지향해 가는 미래(Futurum)를 문제 삼지만 사회 선교론은 하나님이 다가오는 미래(Adventus)를 문제 삼는다. 전통적 선교론은 인간의 신화(Vergottung)를, 사회 선교론은 하나님의 인간화, 즉 성육신(Menschenwerdung)을 문제 삼는다.[3] 전통적 선교론은 그리스도의 높임 받음을 중요시하지만 사회 선교론은 그리스도의 낮아짐을 문제 삼는다. 전통적 선교론은 그리스도의 승천을 중요시하고 사회 선교론은 오심, 즉 성탄절을 중요시한다.

마지막으로 전통적 선교론은 개인주의적 차원에서 개개 인간의 인격적 실존을 문제 삼지만 사회 선교론은 사회적 차원 안에서 인간의 관계성을 중요시한다. 따라서 전통적 선교론에서는 구원을 향한 인간의 개인적 회심과 결단이 문제되며 동시에 윤리적 차원에서도 개개인의 양

3) 그리스 교부 가운데 이레네우스는 인간화된 신에 의한 인간의 '신화(神化)'를 주장했는데, 이것이 곧 인간의 구원이다. 이러한 사상은 그리스의 이원론이나 동방종교의 영지주의적 영향을 받았던 그리스 교부들에게서 흔히 볼 수 있었다 (Schmid, 1958: 891).

심에 따른 행동이 중요시된다. 그러나 사회 선교론에서는 개개인의 구원을 사회적 연계성에서 파악하고 있다. 그렇기 때문에 사회적 조건의 변혁이 문제되며 윤리적 차원에서도 인간이 살아가야 할 공동체성에 합치되는 행위들을 중요시하게 된다. 사회 선교론에서는 고독한 개인의 실존적 결단이 문제가 아니라 인간이 인간답게 살아가기 위한 사회적 조건으로서 인간들 사이의 연대성이 문제된다고 할 수 있다. 왜냐하면 사회 선교론에서는 인간을 개체로서가 아니라 사회적 실체로 파악하고 있기 때문이다. 사회 선교론은 사회와 자연 등 하나님의 창조물 전체의 구원을 문제 삼고 있다.

따라서 전통적 선교론과 사회 선교론은 인간론에서뿐만 아니라 구원론에 있어서도 그 이해를 달리하고 있다. 이 둘은 그 출발점에 있어서나 목표에 있어서 각기 다른 길을 가고 있다고 봐야 할 것이다.

2. 사회 선교론의 역사

사회 선교론의 기원을 그 뿌리부터 파악하려고 한다면 신·구약성서에서부터 시작해야 할 것이다. 여기서는 16세기 진정한 의미에서 이베리아식 식민지[4] 시대의 가톨릭교회 선교 활동에서 대표적인 예를 살펴

4) 선교사에서는 식민지 형태를 세 가지로 구별해 볼 수 있다. 첫째는 리비아식 식민지로 16세기 콜럼버스의 신대륙 발견과 더불어 다수의 스페인과 포르투갈인들이 남미로 이주하여 이룩한 식민지 형태를 말한다. 이것이 진정한 의미의 식민지로서 원주민들을 집단 학살하거나 추방하고 거기에 본토 주민들을 이식시키는 것이다. 둘째는 19세기의 영미식 식민지로서 이는 점령지를 식민 수단으로 삼지 않고 본국의 원료와 상품시장으로 만드는 것을 말한다. 마지막으로 일본식 식민지는 위의 두 모델을 동시에 적용한 것으로, 본토의 국민을 이식하는 것은 물론 점령지를 원료와 상품시장으로 만드는 것이다.

보는 것에서 시작할 수 있을 것 같다. 우선 가톨릭 선교 역사에서 사회 선교의 뿌리로 알려졌던 사건, 즉 라스 카사스(Fray Bartolome de Las Casas)의 투쟁을 살펴보자. 1492년 콜럼버스의 미국 점령 이후 1514년 스페인의 남미 탐험대, 아니 정확히 말해서 식민지 확장을 위한 탐험대에 군목(Kaplan)으로 동참했던 라스 카사스 신부는 볼리비아에서 식민주의자들에게 처참하게 학살당하고 수탈당하는 원주민들을 보고 깊은 충격을 받는다. 그는 그때부터 스페인의 가톨릭 식민주의자들에 의해서 처참하게 억압당하고 착취당하는 인디언들의 생명을 보호하고 그들이 인간다운 삶을 살 수 있는 조건을 만드는 것을 자신의 선교적 사명으로 이해한다(두크로, 1997: 70).

그는 스페인의 후기 스콜라주의 신학, 특히 토마스 아퀴나스의 자연법사상에 기초해서 미 대륙에서 식민화의 법적 기초와 방법들에 대한 이론을 수립했다. 그의 이론에 따르면 원주민들도 다 같은 하나님의 형상을 가진 존재들로서 그들은 인간적으로 대우받을 권리를 가지고 있으며 스페인에서 통용되던 법에 따라서 권리와 의무를 가진다고 했다. 그는 이렇게 말했다.

> 온 세계로 나가서 복음을 선포해야 하는 기독교인의 의무는 타 민족들이 우리를 받아들이고 우리의 말에 귀를 기울이기를 원한다는 것을 전제로 한다.

그는 1542년 황제 칼 5세에 의해서 소집된 스페인 의회(Junta)에서 당시 스페인의 식민지 체제를 고발하여 '새로운 법'을 통과시키는 데 성공한다. 그러나 그는 사제로서 원주민을 위한 법적 투쟁에 실패하자 무기를 들고 그들의 편에 서서 싸웠다. 그는 그 후 본국으로 돌아와 스페인 식민주의자들의 불의한 행동을 규탄하는 운동을 전개하는 데 일생을 바쳤다.

개신교 선교사에서 사회 선교의 시효라고 할 수 사건은 인도에서 일어났다. 그 대표적 인물은 인도에서 개신교 선교와 교회의 창설자라 할 수 있는 지겐발크(Bartholomaus Ziegenbalg)이다. 독일의 작센 출신인 그는 할레의 경건주의 운동의 창시자라 할 수 있는 프랑케(August Francke)의 제자로서 인도의 선교사로 파송받아 활동했다. 그는 힌두교 세계에서 선교 활동을 하면서 선교사적으로 볼 때 몇 가지 특이한 업적을 달성했다. 첫째는 당시로서는 생각할 수 없었던 토착민의 안수권을 주장한 것이며, 둘째로는 당시 네덜란드의 동인도회사가 행한 경제적 착취에 대해서 강력하게 저항한 것이다. 물론 당시 할레의 선교사들이 덴마크 왕 프리드리히 4세의 지원을 받아 선교와 식민지의 야합 모델 속에서 출발했지만 그는 이러한 모델에 대해서 회의를 갖고 그것을 부정한 최초의 인물이었다. 그는 선교는 오직 피선교 지역 주민들의 영혼 구원과 함께 그들의 복리를 위한 일에 집중해야 한다고 강조했다. 선교사들이 비록 왕가나 정부의 재정적 지원을 받는다 해도 식민지 지배자의 앞잡이 노릇을 하는 것을 거부해야 한다는 것이다. 이러한 선교 철학은 그의 사상의 요람이 되었던 할레의 경건주의에서 나온 것이다(Schmid, 1958: 1907).

식민주의자들의 착취에 저항한 지겐발크는 당시 식민주의자들과 '선교와 식민주의의 종합'을 강조하는 사람들에 의해서 강한 비판을 받았다. 그는 인도에 나타난 토마스 뮌처(Thomas Müntzer)라는 별명을 얻기도 했다. 여기서 주목하게 되는 것은 사실상 종교개혁 원리에 의해서 부정되었던 '식민주의와 선교의 종합'이라는 전통적 가톨릭의 신정론 모델이 개신교 선교에서 다시 등장했음에도 불구하고 그동안 개신교 선교사들은 거기에 대한 회의 없이 활동했다는 점이다. 이것은 19세기에 들어와서도 "선교사가 오면 그 다음에 영사가 오고 마지막에는 군대가 온다"라고 한 아프리카 추장 줄루(Zulu)의 말이 거짓이 아님을 보여준다.

식민주의와 선교의 종합 모델을 거부한 예는 중국에서 활동했던 선교사 테일러(Hudson Taylor)에게서도 볼 수 있다. 그에 의하면 선교, 즉 복음의 선포는 식민주의자의 앞잡이나 지원 세력이 되는 것을 단호히 거부하고, 장기적으로 중국인의 해방을 위한 자극제가 되어야 한다고 선언했다. 그리고 중국에서 활동했던 독일 선교사 귀츨라프(Karl Gützlaff)도 1841년 아편전쟁 과정에서 중국인의 식민지 해방 투쟁을 보고 "지금의 투쟁은 세계사에서 한 전기를 만들 것이다"라고 술회한 바 있다(손규태, 1992: 224~230).

가톨릭교회와 개신교들의 '식민주의와 선교의 종합' 모델들에 항거한 일부 선교사들의 투쟁은 눈에 띄는 커다란 성과를 거둔 것은 아니지만 근대적 의미에서 하나의 새로운 선교 모델을 형성하는 데 지대한 공헌을 했다. 이와 같은 선교사들의 투쟁은 식민지 시대라고 하는 역사적 조건하에서 전개된 운동이라는 점을 염두에 둘 필요가 있다. 오늘날에 와서도 '자본주의와 선교의 종합 모델'이 일부 선교 단체들에 의해서 추동되고 있는 것을 볼 수 있는데, 이것은 이전의 이베리아식 식민지 선교의 병용이라 할 수 있다.

4. 한국 교회사에서 사회 선교론의 문제

이전의 가톨릭교회나 유럽의 개신교 국가교회에서 세계 선교의 기초 원리가 되었던 '식민주의와 선교의 종합 모델'은 19세기에 들어와서 어느 정도 붕괴되었다고 하지만 식민지 시대가 끝을 본 것은 아니었다. 따라서 19세기 중엽부터 어느 정도 달라진 분위기에서 주로 영미 계통의 교파 교회들에 의해서 전개된 세계 선교 활동 역시 이러한 '식민주의와 선교의 종합 모델'에서 완전히 벗어난 것은 아니었다. 우선 이들 개신교의 선교는 주로 경건주의적 각성 운동의 영향하에 시작되고 진행되었기 때문에 이렇다 할 사회 선교적 요소를 가졌다고 평가할 수는 없을 것이다. 그 다음으로 이들 교파 교회의 선교사들도 사실상 직·간접적으로 식민지 모국의 정치적·경제적 지원과 보호 아래 활동했다. 이러한 이해는 당시 대부분의 선교사들이 서구 식민지 확장을 '복음을 위한 길 예비'로 파악한 데서도 볼 수 있다. 동시에 그들이 19세기를 교회사적으로 식민지 세기가 아니라 '위대한 세기'로 평가하고 있는 데서도 잘 나타나 있다. 사실상 19세기는 서구인들에게는 '위대한 세기'였지만 비서구인들에게는 '굴욕과 고통의 세기'라는 것을 당시 선교사들은 미처 생각하지 못했던 것이다. 여기에서 당시 선교사들의 복음에 대한 이해와 의식성의 한계를 보게 된다.

19세기 말 한국에 들어온 영미 계통의 선교사들 역시 마찬가지였다. 주로 대륙의 경건주의와 영미의 각성 운동을 그 신학적 배경으로 하고 있던 선교사들은 선교의 궁극적 목표를 '조선인의 영혼 구원'에서 찾았다. 그들은 19세기 말~20세기 초 일본제국주의 세력에 의한 한반도의 식민지화 과정을 이의 없이 받아들이고(Brown, 1919: 525, 534)[5] 처음부터 끝까지 '조선인의 영혼 구원'에만 집중했다. 조선인들이 살고 있는 역사와 삶의 터전인 국가와 영토가 일본 제국주의의 식민지가 되는 것에 대해서는 별 관심이 없었다. 1905년 일제의 강압에 의한 을사보호조약 체결과 1910년 일제에 의한 한일합방이라고 하는 국가의 운

5) 브라운(Brown)은 당시 장로교회 해외 총무로서 미국 주재 일본영사관의 자금 지원을 받아 이 책을 저술했다. 그는 처음부터 조선의 독립 불가론을 주장하고 러시아보다는 일본에 의해서 식민지화되는 것이 바람직하다는 견해를 피력한다. "조선의 일본 통치는 타국에 의해서 통치되는 것보다 훨씬 낫고, 조선 스스로 통치하는 것보다 좋다"(Brown, 1919: 439).

명이 달린 투쟁 과정에서 선교사들이 야심차게 추진했던 운동은 1907년 이른바 '대부흥 운동'이었다. 대부흥 운동은 일본의 식민지화에 직면해서 독립 쟁취를 위해 투쟁하던 이른바 '정치화된 그리스도인들'을 교회에서 추방하고 교회를 정치운동으로부터 정화하는 데 그 궁극적 목적을 두고 있었다(Blair, 1909: 71; Clark, 1971: 155~156). 따라서 1907년의 부흥 운동은 선교사들과 그 추종 세력들의 교회 내 교권 장악을 가능하게 했을 뿐만 아니라 그 후 한국 개신교의 신학적·신앙적 방향을 규정하는 데 결정적인 역할을 했다. 이러한 선교사들의 활동 방향은 별 장애 없이 1930년대까지 지속되었다.[6)]

따라서 당시 한국에 들어온 선교사들은 어떤 '역동적' 즉 역사 변혁적 사회의식, 사회 선교를 위한 신학적 기초를 처음부터 가지고 있지 못했다고 할 수 있다. 그들은 단지 '자선적' 차원에서 학교 설립, 병원 설립, 고아원 설립 등과 같은 비역동적 사회의식만을 가지고 활동했다. 그러나 선교사들의 의식의 한계성에도 불구하고 그들이 주로 관심을 가졌던 '자선적' 차원에서의 사회활동이 한국의 개화와 근대화에 적지 않게 공헌한 것은 인정해야 할 것이다.

한국 개신교의 신학과 신앙에서 새로운 전환이 시작된 것은 1930년대부터이다. 1920년대 중반의 사회주의에 의한 '반기독교' 운동과 1930년대부터 일본을 통해서 본격적으로 소개되기 시작한 대륙 신학

---

6) 1930년대 당시 새로운 신학 운동의 태동을 목전에 두고 장로회 선교사 모펫은 한국 선교 50주년 기념행사에서 "50년 전에 우리가 전한 것 외에 다른 것을 전해서는 안 된다"라고 선언했다. 한국 개신교의 양대 교단이라고 할 수 있는 장로교회와 감리교회의 공식 문서인 『대한예수교장로회 총회록』과 『대한감리교회 연회록』을 읽어보면 당시 한반도의 심각한 역사적 상황에 대해서는 일언반구도 없다. 따라서 이 문서들은 방대한 분량의 자료이지만 한국 근대사 연구를 위해서는 전혀 무가치하다.

은 영미 계통의 경건주의적 신학에 기초한 한국 교회의 단선적 신앙과 경건에 새로운 도전으로 등장하게 되었다. 1920년대에 일어났던 사회주의 운동은 당시 개신교를 일차적 타도 대상으로 삼고 반기독교 운동을 전개했다. 그들은 당시 개신교회를 미제국주의의 앞잡이이며 민족해방과 사회 변혁의 장애물로 파악했다.[7] 이러한 사회주의 운동에 대해서 감리교회 같은 경우 이른바 '사회 신조'로 대결했지만 그 내용은 역시 변혁적 차원을 갖지 못한 자선적 차원의 것이었다. 그리고 1930년대부터 일본을 통해서 단편적으로 소개되기 시작한 유럽의 '변증법적 신학', 특히 바르트 신학은 새로운 것을 갈망하는 그리스도인들에게 신선한 충격으로 다가왔다. 사실상 변증법적 신학은 계몽주의 신학 혹은 자유주의 신학을 극복하기 위한 일단의 신학자들에 의해서 추동된 것인데 당시의 한국 교회에서는 받아들일 수 없는 것이었다. 당시 해외에서 공부했던 장공 김재준과 복음교회의 최태영 등이 이러한 새로운 신학 운동에 깊은 관심을 가지고 있었다. 특히 한국복음교회의 창설자였던 최태영은 그리스도 교회와 사회적 민족적 책임성을 결합시키는 차원에서 신학을 연구하고 교회 운동을 전개했다(최태영, 1929). 새로운 신학 운동과 교회운동을 통해 한국에서도 비로소 민족과 사회에 대한 교회의 책임을 어느 정도 자각하게 되었고 따라서 미약하게나마 사회선교의 씨앗이 뿌려졌던 것이다.

7) 1920년대 기독교와 사회주의 운동에 관한 일차 자료는 YMCA가 낸 잡지 ≪청년≫을 참조한다.

5. 1960년대 이래 한국 교회의 사회 선교 운동

1) 사회 선교 운동을 추동한 외적 조건

한국에서 본격적인 사회 선교 운동이 시작된 것은 1960년대 초이다. 당시 사회 선교 운동을 가능하게 했던 조건을 몇 가지 측면에서 살펴보자. 첫째, 1960년대의 한국의 정치적 상황을 들 수 있다. 해방 이후 10여 년에 걸친 이승만의 반민족적이고 반민주의적 정권이 1960년 4월 학생들과 시민들의 혁명에 의해서 붕괴되었다. 이 혁명을 통해서 고양되었던 민주주의와 남북통일에 대한 국민적 의식과 희망이 1년 후 일단의 정치군인들에 의해서 좌절되었다. 이러한 과정에서 신학계와 교회는 교회의 정치적 봉사(The Political Diakonia)를 감당하지 못한 것에 대해서 깊은 반성과 참회와 함께 새로운 결단을 하지 않을 수 없었다. 특히 이승만 정권하에서 수많은 기독교인들이 정치적으로 중요한 위치에 있었으나 그들은 정치적 민주화에 책임 있는 역할을 하지 못했던 것이다. 그리스도인들은 이승만과 부통령이었던 이기붕이 개신교의 장로였다는 이유로 선거에서 공공연히 지원했고 이들 독재 정권의 하수인 노릇을 했었다. 동시에 그리스도인들과 교회는 이승만 독재 정권을 타도하고 학생들이 피흘려 쟁취했던 민주주의적 기초를 군사 쿠데타로부터 지켜내는 일에 아무런 역할도 하지 못했다. 이리하여 신학자들과 교회는 깊은 정치적 책임을 통감하지 않을 수 없었다.[8]

8) 정치적 봉사에 대한 책임을 자각했던 교단들은 주로 한국교회협의회(KNCC) 회원 교단들에 국한된다. 일단의 보수적 교단들은 기독교적 지도자였던 이승만과 그 정부의 몰락에 대해서 진지한 신학적 고찰을 하지 못했다. 동시에 그들은 학생들에 의해서 달성된 혁명의 진정한 의미와 박정희에 의한 군사 쿠데타의 문제점도 제대로 이해하지 못했다.

둘째, 당시 한국에서 사회 선교를 위한 신학적 기초가 소개된다. 그것은 '사회참여의 신학' 혹은 '정치신학'으로 명명되었다. 그것은 히틀러를 암살함으로써 나치독재를 종식시키려다 체포되어 처형된 디트리히 본회퍼 목사를 대표적인 예로 소개하면서 시작된다. 한국에 본회퍼를 처음으로 소개한 오재식은 1969년 ≪기독교사상≫에 「본회퍼의 현대적 의미」란 글을 실어 그의 생애와 정치투쟁을 상세히 소개했다(오재식, 1969).[9] 미친 운전자가 자동차를 몰고 질주할 때 교회는 희생된 자들의 장례식이나 치러주는 단체가 되어서는 안 되며 그 운전자를 차에서 끌어내려서 그 차를 멈추어 희생을 막을 책임이 있다는 것이다. 민주 정부를 군사 쿠데타로 전복하고 새로운 군사독재 체제가 굳어가던 정치적 상황에서 민주적으로 고양된 기독 학생들과 참여적 신학자들에게 본회퍼의 혁명적이고 순교자적 그리스도인 상은 깊은 감명을 주었다.

본회퍼의 삶과 활동은 일본 제국주의하에서 신사참배를 거부하다 순교한 주기철 목사의 삶과 사상과 비교되어 이장식 교수에 의해서 소개되기도 했다. 이장식 교수는 「본회퍼와 주기철」이라는 글에서 주기철은 순수 종교적 차원에서 신앙을 고수하다 순교했으나 본회퍼는 신앙적 차원에서 교회와 민족의 구원을 위해서 투쟁하다 죽었으므로 그는 순교자인 동시에 애국자라고 규정했다(이장식, 1973). 따라서 신학자 본회퍼의 삶과 사상은 그리스도인으로서의 정치적 봉사와 사회적 책임성이라는 테두리에서 한국에 소개된다. 본회퍼의 삶과 사상은 한국의 젊은 그리스도인들과 참여적 신학자들에게 사회 선교의 모범으로 소개되었던 것이다.

그 다음으로 고려할 것은 당시 세계교회협의회의 신학적 동향이다.

---

9) 본회퍼는 정치 참여 신학의 방향에서 소개되었을 뿐만 아니라 당시 심각하게 논의되던 '세속화 신학'의 선구자로서 소개되기도 했다.

1950년대 말~1960년대 초부터 에큐메니컬 운동 차원에서 활발하게 논의되었던 신학적 주제들은 대체로 세 가지 문제를 중심으로 움직였다. 첫째는 당시 동서 간의 냉전체제하에서 이념적 대결로 빚어지는 온갖 불평화를 해결하는 것이었다. 특히 강대국들의 핵무기 경쟁과 그것으로부터 오는 위협은 교회가 앞장서서 해결하지 않을 수 없는 문제였다. 그 다음은 교회가 세계 고등종교들과의 관계를 어떻게 설정하느냐 하는 것이었다. 그동안 기독교는 오만한 독선적 진리의 주장과 함께 전투적 선교론을 통해서 여타의 고등종교들과 대결적 자세를 견지해왔다. 그러나 이러한 십자군적 선교 신학은 실패로 돌아갔다. 비서구 지역에서 타 종교들의 르네상스가 왔고 오히려 기독교 선교는 심각한 도전에 직면하게 되었다. 이런 상황에서 기독교는 이들과의 새로운 관계를 모색하지 않을 수 없게 되었다. 타 종교와의 문제는 그 후 가톨릭 교회와 상호 신학의 자극을 받으면서 종교 다원주의라는 새로운 패러다임으로 종착된다. 마지막으로 제3세계 교회들이 주로 제기했던 문제는 국제적 차원에서 사회정의의 문제였다. 이 문제는 그 후 빈곤 문제, 개발 문제등과 연관되면서 그리스도인들의 정치적 책임성의 문제로 발전되었다. 이러한 세 개의 신학적 중심축들을 중심으로 다양한 부수적인 문제가 등장했다.

2) 사회 선교 운동의 신학적 배경

다양한 문제들을 포괄적으로 규정할 수 있는 에큐메니컬 운동의 신학적 상위 개념으로서 등장한 것이 이른바 '책임사회론(Responsible Society)'[10)]

---

10) 책임사회론은 1948년 암스테르담에서 있었던 세계교회협의회 창설 당시 영국의 성공회 평신도 신학자인 올담(Ohldam)에 의해서 주창된 개념이다. 제1,

과 '하나님의 선교(Missio Dei)'[11] 개념이다. 이러한 '책임사회론'에 따르면 그리스도인은 세상과 삶의 전 영역, 교회에서뿐만 아니라 사회에서도 자유로운 책임적 존재로 창조되었고 부름받았다는 것이다. 따라서 그리스도인은 세상에서 일어나는 모든 일에 대해서 책임적으로 응답하고 참여해야 한다. 에큐메니컬 사회윤리의 주개념인 '책임사회론'은 '하나님의 선교' 개념과 결합되면서 더욱 새롭고 확대된 신학적 지평을 열어간다. 하나님의 선교 개념에 따르면 "하나님은 교회의 주가 되실 뿐만 아니라 세상의 주가 되시며 따라서 선교의 주체는 교회가 아니라 하나님이다"라는 것이다. 이러한 하나님의 선교 개념은 전통적 선교 개념을 대치할 뿐만 아니라 선교론과 교회론에서 새로운 패러다임을 요구하게 된다. 즉 전통적으로 선교를 다룰 때 우리는 하나님 - 교회 - 세계라는 도식으로 말했지만 하나님의 선교 신학에서는 하나님 - 세계 - 교회라는 도식으로 말하게 되었다. 말하자면 하나님은 교회 안에서(in) 혹은 교회를 통해서(durch) 선교할 뿐만 아니라 교회 밖에서(outside)도 선교하고 계시다는 것이다.

따라서 '하나님의 선교'의 현장인 세상에서 책임 있게 결단하고 행동하는 것이 바로 그리스도인들의 선교적 사명이다. 그리스도인들이 책임적으로 참여해야 할 하나님의 선교는 지상에서 하나님의 평화의

2차 세계대전이라는 인류적 재앙에 직면해서 그리스도인들이 불행을 막지 못한 것을 회개하고 반성하면서 그들이 처한 제반 조건하에서 평화와 정의를 위해서 책임적으로 행동해야 할 것이 주창되었다. "인간은 하나님과 이웃에 대해서 자유로운 책임적 존재로 창조되었고 부름받았다"라는 성서적·신학적 근거에서 모든 그리스도인들의 사회적 참여를 호소하고 있다. 이러한 책임사회론은 그 후 크렘머 등에 의해 '평신도 신학'으로 발전되었다.

11) '하나님의 선교' 개념은 1952년 독일 빌링겐(Willingen)에서 모인 세계선교협의회에서 '교회의 선교적 책임'을 다루면서 처음 사용된다(Vicedom, 1961; Hoekendijk, 1966).

구현, 사회정의의 실현, 그리고 민족들 간의 화해를 포괄하고 있다. 이러한 하나님의 선교가 담고 있는 메시지들은 특히 예언자들과 예수의 전통으로 이어지는 신·구약성서의 중심 개념이이다.

하나님의 선교 개념은 1973년 방콕에서 열렸던 세계선교대회의 주제 '오늘날의 구원(Salvation Today)'에서 좀 더 구체화되었다. 이것은 전통적 선교 개념, 즉 영혼 구원, 미래의 구원, 개인의 구원을 극복하고 통전적 구원, 현재의 구원, 그리고 사회 구원을 주된 목표로 제시했다.

따라서 그리스도인들은 세계 안에서 활동하시는 하나님의 선교 현장으로 나아가서 거기에 동참하도록 부름받고 있다는 것이 하나님 선교론의 중심적 내용이다. 하나님의 선교 사상은 사실상 칼뱅주의 신학에서 온 그리스도의 왕권 통치 도식을 하나님의 왕권 통치 도식으로 대치한 것이다(Anderson, 1975: 359). 동시에 전통적 루터 신학에서 다루어지던 두 왕국론을 통합적으로 해석한 것이기도 하다. 따라서 하나님 선교론은 종교개혁 전통을 현대적 상황에 알맞게 해석한 것이라고 할 수 있다(Duchrow, 1983).[12)]

정치적·신학적 자극은 한국에서는 1960년대 중반 이후 1970년대 초반 군사독재 정권에 의해서 자의적으로 추진되었던 근대화 혹은 산업화 과정과 밀접하게 연관되면서 그 해석학적 틀을 형성해 간다. 당시 박정희는 1965년 한일굴욕외교를 통해 국교정상화를 이루고 나서 약간의 자금을 일본으로부터 지원받아 이른바 '근대화'라는 것을 추진한다. 그리고 근대화 혹은 산업화 과정에서 노동자들에 대한 정치적 억압

12) 두크로는 이 책에서 루터의 두 왕국론을 전통적인 정교분리의 노선에 따라 해석하지 않고 하나님의 선교의 관점에서 해석하고 있다. 즉 하나님은 이 세상에 두 왕국을 허락했으나 그것은 모두 동일한 하나님을 위해서 봉사해야 한다는 것이다. 그 점에서 그는 국가와 교회의 관계에 대한 칼뱅주의적 방향에서 논제에 접근하고 있다.

과 수탈이 심각한 사회문제로 등장했다. 이런 상황에서 당시 교회의 진보적이고 의식 있는 성직자들과 평신도들은 이들의 문제에 대한 신학적 성찰과 함께 깊은 선교적 책임의식을 갖게 된다. 여기에서 이전의 전통적 전도 운동과는 차원을 달리하는 새로운 '사회 선교 운동'이 본격적으로 등장하게 된다. 사회 선교 운동이 본격적으로 산업 전도 혹은 산업 선교라는 이름으로 시작된 것이다.

사회 선교가 산업 전도 혹은 산업 선교란 이름으로 전개된 것은 당시 선진 공업국가들의 자금과 기술 지원하에 제3세계에서 시작되었던 산업화 혹은 공업화와 거기에 상응하여 혹은 반대하여 세계교회협의회나 아시아교회협의회에서 논의되던 '개발' 문제와 밀접한 연관을 가지고 있다. 제2차 세계대전 이후 자본주의권에서는 시장의 절반을 사회주의권에 상실하고 과도하게 축적된 금융자본 및 낙후한 기술의 처리를 위해 고심하게 되었다. 이러한 문제를 해결하기 위해서 그들은 제3세계의 빈곤한 국가들에게 '개발'이라는 이데올로기를 이식함으로써 그들을 산업화로 몰아넣었다.[13] 자본과 기술이 없었던 제3세계 국가들은 선진 공업국가들로부터 자본과 기술을 지원받는데 그것은 결과적으로 신식민지적 종속을 낳게 되었다. 이것은 세계경제에서 외환위기로 종착되게 되었다. 제3세계의 산업화 과정에서 '개발독재', '신식민지', '종속이론' 등이 새로운 신학적 주제로 등장했다. 이것은 당시 이러한

13) 1997년 12월 대통령 선거 과정에서는 박정희 정권에 대한 평가를 놓고 심각한 대립 양상을 보였다. 자민련(총재 김종필)을 중심으로 한 '근대화 세력'은 박정희의 산업화가 오늘날 한국 경제 발전의 초석이 되었다는 점을 강조하면서 근대화 세력과 민주화 세력의 공존을 통한 새로운 시대의 개막을 강조했다. 그러나 당시의 근대화는 박정희의 창조적 작품이 아니라 세계 자본주의 세력에 의한 수동적 작품이라는 것은 모든 경제학자들이 인정하고 있는 것이다. 무엇보다 근대화 세력의 독재적이고 인권 탄압적 억압 정치가 이런 미사여구를 통해 무죄 선언을 받아서는 안 된다.

개발에 동참했던 한국에서도 엄청난 정치적·경제적·사회적 모순으로 나타났던 것이다.[14)]

3) 산업 전도와 산업 선교

산업 선교 운동이 한국 개신교단에서 공식적으로 선교 프로그램으로 채택되어 실행되기 시작한 것은 1950년대 말부터이다.[15)] 당시 보수적인 교단들은 '산업 전도'란 이름으로 그리고 좀 더 진보적인 교단들은 '산업 선교'라는 이름으로 사회 선교를 시작했다.[16)] 산업 전도를 실시했던 교단은 초기에는 대체로 기독교인이 경영하는 기업들의 지원을

---

14) 개발 이데올로기에 의해서 산업화를 시도한 나라들의 부채 위기에 대해서는 『인간개발보고서(Human Development Report)』(UNDP, 1992)를 참고한다. 세계 부채 통계에 따르면 1982년부터 1989년까지 가난한 나라들에서 부유한 나라들로 2,362억 달러가 원금과 이자로 지급되었다. 한국도 현재 약 1,500억 달러의 부채를 가지고 있고 1998년 갚아야 할 이자만도 약 120여 달러(약 20조 원)에 달한다. 세계 부채 문제에 대한 상세한 내용은 두크로(1997)를 참조한다.

15) 1957년 대한예수교장로회를 필두로 해서 1961년 대한감리회, 1964년 대한성공회, 1964년 한국기독교장로회 등이 산업 전도를 시작한다(조승혁, 1986).

16) 전도(Evangelisation)와 선교(Mission)를 신학적으로 구별할 때 준거가 되는 것은 세례이다. 초기에 선교라는 개념은 세계 선교, 즉 이교도들을 선교하기 위해서 선교사를 파송하고 그들을 회심시켜 세례를 받게 하는 일체의 행위를 지칭하는 것이었다. 그러나 전도 혹은 복음화는 기왕에 세례를 받는 자들의 '각성과 회심'을 말한다. 그러나 이러한 구별에 대해서 많은 논의가 있은 다음 에큐메니컬 영역에서는 전도(혹은 복음화)와 선교는 이렇게 구별할 수 있는 것이 아니라는 결론에 도달했다. 왜냐하면 서구의 세속화 과정과 더불어 서구의 상황도 선교의 대상이 되었기 때문이다. 따라서 에큐메니컬적 관점에서 보면 선교는 단순한 각성이나 국민 교회적 상황에서 교정 내지는 보완하는 의미를 갖는다.

받아 그들의 공장 안에서 일요일 근무로 예배에 참석할 수 없는 노동자들을 위해 예배를 드려주는 것을 곧 산업 전도로 이해했다. 그리고 동시에 지방에서 상경한 노동자들에게 복음을 전하고 그들을 교회로 인도하는 것을 산업 전도 혹은 산업 선교의 일차적 목적으로 삼았다. 따라서 산업 전도가 하는 일은 기존의 교회에서 하던 목회 활동을 산업 현장으로 옮겨 놓은 것에 불과했다.[17] 산업 전도 운동은 유럽의 산업화 과정 초기에 세속화된 노동자들을 마르크스주의적 노동운동으로부터 구출해서 교회에 잡아두려고 했던 초기 산업 선교의 목표와 유사한 방향에서 진행되었다.

그러나 산업 전도 과정에 뛰어들어 목회를 하던 목사들이나 실무자들이 발견한 것은 노동현장에서 비일비재하게 일어나고 있는 제반 모순들이었다. 이러한 모순 가운데는 무엇보다 열악한 노동환경과 저임금이 있었다. 노동자들이 열악한 노동현장에서 장시간의 노동에 시달리면서도 인간다운 대접을 받지 못하고 있는 것이 점차 드러났다. 특히 마산 등 수출 공단을 중심으로 한 외국인 기업체들에 종사하는 노동자들이 말할 수 없는 비인간적 대우를 받고 고통을 당하고 있다는 사실이 밝혀지기 시작했다. 노동자들이 억압당하고 착취당하고 있었다. 다시 말하자면 산업 전도 현장에서 노동자들의 생존권과 인권의 문제가 제기되기 시작한 것이다. 물론 모든 산업 전도 종사자들이 이러한 문제에

17) 산업 전도의 중요한 프로그램으로 들 수 있었던 것은 공장 예배, 공장 내 전도지 배포, 상담·봉사활동 및 평신도 그룹 활동 등이었다. 그리고 프로그램의 대상들 역시 기독교인 공장주, 관리직원들, 노동자 모두를 포괄하는 것이었다. 이러한 프로그램이 목표로 하는 것은 대체로 노동자들의 문제들을 해결해줌으로써 공장에서 생산성을 올리는 순응적 노동자들을 만드는 것이었다. 따라서 프로그램은 기업주들에게 유리한 방향으로 짜여졌다(한국기독교산업문제연구원, 1987).

눈을 뜬 것은 아니었지만 대부분의 종사자들은 이 문제를 놓고 고민하기 시작했다. 산업 선교 현장에서 실무자로 일했던 조승혁은 당시의 상황을 이렇게 기술하고 있다.

> 선교 실무자들은 자신들이 하고 있는 전도 사업에 관한 회의와 함께 세계 교회들의 선교 신학적 흐름에 눈을 뜨게 됨에 따라서 종래의 교회의 가치 규범을 노동자들에게 가르치고 적용시키는 것은 교회 전도의 수단은 될 수 있으나 진정한 의미에서의 선교는 아니라는 반성과 자각을 가지게 되었다(조승혁, 1986: 124).

이것은 당시 거의 모든 산업 선교 실무자들이 공통적으로 가졌던 반성과 자각이었던 것 같다.

선교 실무자들의 반성과 자각이 그들로 하여금 노동자들의 인권과 인간화 문제를 수행하던 산업 선교의 일차적 과제로 삼게 만들었다. 그들은 복음화에 앞서서 인간화(Humanisation)를 문제 삼았다.[18] 그들은 전도에 앞서서 노동자들의 인권보호와 신장에 더욱 관심을 집중하게 된다. 그들은 전통적 전도에서 치중하던 '영혼 구원'에 앞서 노동자들의 '전인 구원' 혹은 '사회 구원'에 집중하게 된다.

이러한 실무자들의 의식 변화 과정에서 두드러지게 드러난 현상은 1960년대 말경부터 이들이 산업 전도란 말 대신에 산업 선교란 개념을 중심 개념으로 사용한 것이다.[19] 그것은 무엇보다 이전의 전통적 전도

18) 인간화는 그리스도론적으로 해석하면 그리스도인의 성육신에서 그 신학적 근거를 찾을 수 있다. 그것은 인간에 대한 하나님의 사랑으로 독생자 예수를 이 세상에 보낸 하나님의 구체적 의지의 실현을 선교 신학적으로 말할 때 '인간화'라고 해석할 수 있다. 이것은 오늘날 정의, 평화, 창조 질서의 보전을 통한 인간다운 삶을 가능하게 하는 기독교 선교의 목표로 해석할 수 있다.

개념이 지향했던 교회 중심적 선교 개념에서부터 '하나님의 선교' 개념으로 그 방향이 전환되었음을 의미한다. 따라서 이때부터 한국 교회에서의 산업 선교는 명실 공히 사회 선교의 성격을 띠게 된 것이다. 그때부터 노동자, 도시 빈민, 농민 등 정치적으로 억압당하고 경제적으로 착취당하며 사회적으로 소외당한 집단들이 한국 교회의 사회 선교 운동의 중심적 대상이 되었다. 그들의 인권을 되찾아 줌으로써 이들의 전반적 인간화를 달성하는 것을 선교의 궁극적 목표로 삼게 된 것이다.

4) 사회 선교 운동의 기구적 발전

산업 전도 혹은 산업 선교는 한국교회협의회에 가입한 6개 교단들을 중심으로 이루어진다. 1957년 4월 12일 대한예수교장로회는 총회 산하에 중앙산업전도회 조직을 필두로 시작된 감리교회가 1961년 9월 인천에서 시작했다. 그 다음으로 1962년 대한성공회가 황지의 탄광 지대에서, 그리고 한국기독교장로회가 1963년 6월 5일 인천 대성목재에서 선교를 시작한다. 이렇게 조직되기 시작한 산업 선교 운동은 경인 지역을 필두로 해서 대단위 공단들이 있는 지방의 중소도시들로 확산되어 갔다. 인천, 영등포, 대전, 청주, 부산, 태백 등 산업체와 탄광 지대 등 노동자가 모여있는 지역에서는 사회 선교 센터들이 세워졌다. 이러한 지역의 사회 선교 센터들은 그 지역에 있던 노동운동 단체들과 협력하여 활동했다.

이렇게 교단별로 진행하면서 여러 방면에서 새롭게 경험을 하고 또

19) 조승혁에 의하면 산업 전도라는 개념을 새로운 의미 함축과 더불어 사용하기 시작한 것은 1968년 1월 18일부터 24일까지 태국 방콕에서 열린 아시아교회협의회 도시산업선교협의회 이후부터이다. 그리고 산업 선교라는 개념은 다시 '도시 산업 선교'라는 말과 같은 뜻으로 사용된다(조승혁, 1986: 125).

새롭게 제기되는 문제들을 공통적으로 해결하기 위해서는 새로운 협의체가 필요하다는 인식이 실무자들 사이에 생기게 된다. 이러한 인식과 실천 과정에서 제기되는 제반 문제를 공동으로 해결하기 위해서 '한국크리스찬행동협의회'가 발족되었다. 이 단체는 후에 '한국교회사회선교협의체'로 개편되었다. 이러한 단체와 더불어 한국 교회 안에서 '사회 선교'라는 개념과 실천의 내용이 더욱 분명해졌다.

5) 사회 선교의 프로그램 개괄

1960년대 초에 실시되던 산업 전도의 과정에서는 그 성격과 목표가 말해주듯이 역동적 프로그램보다는 비역동적 프로그램이 주를 이루었다. 그것은 다음과 같이 요약할 수 잇을 것이다.

첫째, 예배 프로그램이다. 노동 현장에서 일요일에 예배에 참여할 수 없었던 노동자들을 위해서 일요일에 현장에서 정기적으로 예배를 드리는 것이다. 이러한 일요 예배 외에도 정기적으로 수요일이나 다른 요일에 예배를 드렸다.

둘째, 성서 연구를 들 수 있다. 예배 외에 일정한 날짜를 정해서 성서 연구를 진행함으로써 관심 있는 참여자들에게 기회를 제공했다.

셋째, 노동자들을 중심으로 한 신우회 조직이다. 이들이 예배와 성서 공부를 조직하여 공장 교회를 이끌어가며 노동자들이 상부상조할 수 있는 조건을 마련했다. 이들에 의해서 전도지 등이 배포되기도 했다.

마지막으로 목회자의 현장 방문과 노동자들을 위한 상담을 들 수 있다. 앞서 언급한 초기의 프로그램들은 전통적 교회의 프로그램과 별반 차이가 없는 것으로서 전통적 선교의 전형적 프로그램으로 규정할 수 있다.

그러나 1968년을 기점으로 새로운 사회 선교 개념이 도입되면서 거기에 따른 프로그램의 성격과 목표도 달라지기 시작했다. 산업 선교가 전통적 전도의 범주를 뛰어넘어 노동현장에서 일하는 노동자들의 인권 신장을 그 주된 목표로 삼게 된 것이다. 이러한 인권 신장 혹은 인권 선교는 신학적으로는 인간화라는 개념으로 요약할 수 있다. 이를 위해서는 새로운 선교 방법과 프로그램들이 제시되지 않을 수 없었다.

여기에서 가장 먼저 필요했던 것은 사회 선교 현장에 투입되어 일할 수 있는 실무자들의 훈련 프로그램이었다. 이러한 실무자의 훈련은 매우 중요한 것이었다. 신학대학을 졸업하고 직접 현장으로 온 실무자들이나 이미 전통적 목회 현장에서 일하다가 현장으로 투입된 실무자들이나 모두 사회 선교가 수행되어야 할 현장에 대한 경험은 전무한 상태였다. 따라서 이들에게 일정 기간 동안 훈련을 받는 프로그램을 제공하는 것이 필요했다. 프로그램을 자체적으로 개발해서 훈련하기도 했지만 해외, 특히 아시아교회협의회나 세계교회협의와의 공동 프로그램을 통해서 훈련하기도 했다.

이러한 프로그램들을 우리는 실무자들의 훈련을 위한 프로그램과 노동자들의 의식화를 위한 프로그램으로 대별할 수 있을 것이다.

우선 실무자들을 위한 프로그램의 내용으로는 성서와 에큐메니컬 신학의 흐름에 대한 철저한 연구가 제시되었다. 그리고 프랑스의 카톨릭 노동사목자들의 활동, 남미의 기초공동체와 해방신학, 아시아 교회들의 민중선교 활동 등이 소개되었다. 나아가 사회학에 대한 일반적 인식, 사회조사 방법론, 도시화의 사회학, 빈곤의 사회학, 노동자들과 빈민들의 심리학 및 그들의 삶의 현장에 대한 체험들이 포함되었다. 동시에 실무자들이 활동하는 데 있어서 장애가 되는 요소들, 특히 정부나 기업주들의 전략과 전술을 익히는 일도 중요했다. 그리고 노동자와 빈민의 조직화를 위한 기술 등이 연구되었다.

그 다음으로는 노동자들의 의식화 교육 프로그램이 제시되었다. 의식화 프로그램은 무엇보다 노동자들이 세계의 현실과 자아를 정확히 파악함으로써 미래를 향한 바른 결단을 내릴 수 있도록 돕는 것이었다. 당시 의식화 프로그램의 이론적 기초로 남미의 교육학자 파울로 프레이리의 의식화 교육 방법론과 존 듀이의 교육 방법론이 동원되었다(조승혁, 1992: 544).

의식화 교육 프로그램 가운데는 1960년대 말부터 실시되었던 노동조합 간부들에 대한 교육을 들 수 있다. 여기서는 노동운동의 이론, 세계 노동운동의 역사, 노동조합 운영의 실제, 노동운동의 지도자론, 회의 진행법, 사례 연구, 노동 관계법 해설 등을 가르쳤다.

훈련 프로그램은 노동시간 이후 야학 등을 통해서 실시되는데, 이때 수많은 의식화된 대학생들과 지식인들이 이 교육과정에 협력자들로 동참하게 되었다. 이러한 사회 선교 운동을 결정적으로 지원한 집단은 한국기독학생연맹, YMCA 등 진보적인 기독교 학생운동 단체들이었다. 한때는 한국크리스찬아카데미도 이 일에 동참했었다. 이러한 과정을 거치면서 노동운동과 학생운동, 그리고 지식인 집단들이 매개되었고 그 결과 사회 선교 활동은 더욱더 큰 힘과 결실을 얻게 되었다.

6. 결론: 현실과 전망

이상과 같은 한국 개신교의 사회 선교 운동은 그동안 여러 측면에서 환경 변화를 거치면서도 1980년대 중반까지 지속되었다. 그러나 1980년대 중반 이후부터 시작된 급격한 상황 변화는 한국 개신교의 사회 선교 운동에 심대한 영향을 미쳤다. 우선 여기서는 1980년대 중반 이후의 상황 변화를 간략하게 살펴보자.

1979년 독재자 박정희의 사망과 함께 등장한 전두환 정권은 그동안 노동자와 학생, 지식인들의 저항을 통해서 축적된 민주주의적 기반을 송두리째 붕괴시킨다. 광주학살이 자행된 이후 1980년대 중반까지 민주화운동과 인권운동은 더욱 강력하게 억압되었다. 전두환의 집권기가 끝나가던 1980년대 중반 이후부터는 그동안 성장하여 강력한 영향력으로 집결된 저항운동을 지속적으로 억압할 수는 없었다. 전두환 정권이 1987년 이른바 6·29 선언을 통해 민주 세력에 항복함으로써 민주화와 인권운동은 새로운 전기를 맞이하게 된다. 1987년에 실시한 대통령 선거에서는 민주주의 진영의 분열로 인해 전두환의 후계자라 할 수 있는 노태우가 임기 5년의 대통령에 당선됨으로써 민주화운동은 다시 한 번 깊은 좌절을 경험한다. 그러나 민주화 세력은 이미 더 이상 자의적으로 탄압할 수 없는 세력으로 성장했기 때문에, 노태우는 그의 전임자들처럼 민주화 세력을 무차별적으로 탄압할 수는 없었다.

정치적 상황의 변화와 더불어 사회 선교 운동의 대상이었던 노동운동도 새로운 변화를 경험하게 된다. 이러한 변화 가운데 두드러진 현상을 들자면 노동운동의 놀라운 성장이다. 그동안 노동운동은 양적으로나 질적 수준에서 엄청난 성장을 거듭했다. 이 운동의 지도자들은 이미 오래전부터 더 이상 사회 선교 운동가들과 같은 몽학선생을 필요로 하지 않았다. 그들은 의식화 수준에서 사회 선교 지도자들의 수준을 훨씬 능가했으며, 양적으로도 엄청나게 성장했다. 따라서 그들은 사회 선교의 보호 영역에 머물러있기에는 너무나 성장한 거대 세력이 되어버린 것이다. 그들은 성장한 리더십을 가지고 있었고 독자적 조직 운영 체제를 갖추었다. 노동운동은 자신들의 문제를 스스로 해결할 수 있게 되었다. 과거와 같이 교회에 속한 사회 선교 지도자들의 지도하에 머물 필요가 없어진 것이다.

그리고 그들의 운동은 종교와는 무관한 세속적 운동이 되었다. 서구 유럽에서처럼 노동운동은 세속적 운동이었고 따라서 이 운동은 자신의 본래적 위치로 되돌아간 것으로 평가할 수 있다. 사실상 이러한 노동운동의 성장과 이 운동이 사회 선교 운동으로부터 독립된 운동으로 발전하게 된 것은 세속화 신학적 관점에서 보면 지극히 당연한 귀결이다. 사실 노동운동은 교회의 사회 선교적 울타리에 머물 수 있는 성질의 운동이 아니기 때문이다.

환경의 변화와 더불어 그동안 사회 선교에 종사하던 실무자들의 위상도 변하게 되었다. 그들은 정치 환경과 노동운동의 성장이라고 하는 외적 조건의 변화와 더불어 더 이상 과거의 지위나 역할을 유지할 수 없게 되었다. 노동운동과 사회운동에서 더 이상 자신들의 과제를 찾을 수 없게 된 그들은 다시 교회나 교회 기관에서 자신의 과제를 찾지 않을 수 없었다. 이런 결단을 강요당하게 된 또 다른 이유는 사회 선교 운동을 위한 물적 지원의 중단 때문이었다. 그동안 한국 교회의 사회 선교 운동의 신학적·물적 자원은 대부분 해외 교회들에 의존했었다. 한국 교회의 성장을 내세운 해외 교회들의 원조가 줄어들자 사회 선교 운동은 위축될 수밖에 없었다. 그렇다고 국내 교회나 교단들의 지원을 받을 수 있는 것도 아니었다.

이러한 대내외적 환경 변화로 인해 한국 교회의 사회 선교는 심각하게 위축되었고, 1990년대에 들어와서는 거의 유명무실한 상태에 이르게 되었다. 각 교단에 사회 선교를 위한 조직은 남아있다고 해도 실제로 예산을 배정하고 실무자들을 두어서 활동하고 있는 곳은 거의 없어진 것이다. 사회 선교 운동의 위축은 첫째로 사회 선교 운동가들 사이의 이념적·정치적 분열 때문이었고, 둘째로 그들이 사회 선교의 본질적 문제인 노동자들의 인간화와 산업사회의 구원보다는 정치적 관심에 기초한 노동운동의 이념 문제나 통일 문제로 정향을 이동했기 때문이라고 해석하기도 한다(조승혁, 1994: 115). 이러한 해석은 부분적으로 타당성을 가지고 있다. 그러나 1990년대에 들어와서 진행된 사회 선교의 위축 원인은 좀 더 본질적인 차원에서 찾아봐야 하지 않을까?

첫째, 한국 개신교의 사회운동은 그동안 신학적으로나 재정적으로 과도하게 해외 교회와 단체의 지원에 의존했다. 그것은 곧 전통적 선교론에 의존하고 있던 국내 교회들을 사회 선교로 나갈 수 있도록 교육하고 추동하는 일을 게을리 했음을 의미한다. 한국 교회는 한편에서 사회 선교가 활발하게 진행되는 동안 다른 한편에서 미국 등지에서 수입된 '교회성장주의적 선교론'을 통해서 교세 확장에 열을 올리고 있었다. 5,000 교회 혹은 1만 교회 배가 운동 등이 이 시기에 전개되었다. 따라서 1970~1980년대 한국 개신교회 안에서는 전통적 선교론과 사회 선교론이 대립 혹은 평행선을 그으며 진행되었다. 그 결과 사회적 여건이 바뀌고 해외의 지원이 중단되면서 사회 선교론은 교단이나 교회들의 지원을 받을 수 없게 되었을 뿐만 아니라 설 자리조차 잃게 되었다.

이러한 참담한 결과는 교회의 신학적이고 체계적인 지원을 받아서 진행되던 가톨릭교회의 사회 선교 운동이 오늘날까지도 그 과업을 충실하게 수행하고 있는 것을 볼 때 더욱 안타까운 일이다. 문민정부에 들어와서 있었던 서울 지하철 노동조합의 파업과 함께 노동법 날치기 통과(1996년 12월 26일)에 항의하는 민주노총의 투쟁이 주로 가톨릭교회(명동성당)의 지원하에 해결되었던 것을 회고해 볼 때 개신교회 사회 선교 운동의 현주소를 새삼 다시 묻지 않을 수 없다. 서울지하철노조 파업 때 노동자들은 개신교를 찾지 않고 조계사와 명동성당을 찾았다. 개신교 안에는 교단 차원에서나 교회적 차원에서나 이들의 투쟁을 지원해 줄 의사도 능력도 없었기 때문이다. 이러한 현실은 앞으로 개신교의 사회 선교 운동에서나 전통적 선교 운동에서나 위기감을 갖게 하는 현상이라고 생각된다. 사회 선교의 대상이 되고 있는 노동자나 가난한 계층들이 점차 개신교회로부터 등을 돌리고 있기 때문이다.

둘째, 사회 선교 운동이 목표로 삼았던 일들은 사회운동, 학생운동,

노동운동의 성장과 함께 등장한 정치적 환경의 변화로 인해서 상당 부분 달성되었다. 다시 말하자면 한국 교회의 사회 선교 운동이 달성하고자 했던 인권 신장, 민주화, 민중들의 권익 확보가 미흡한 수준이기는 하지만 어느 정도 달성된 것이다. 만족할 만큼은 아니지만 이러한 결실은 그동안 한국 개신교의 사회 선교 운동이 가져온 적지 않은 성과라 할 수 있다. 따라서 한국 교회의 사회 선교 운동은 일단 그 잠정적 목표를 달성했다고 평가해도 무리는 아니다. 그동안 1960~1970년대 개신교의 사회 선교 지원하에 진행되던 사회단체들의 운동이 성장해서 보호자 혹은 지원자로서 교회의 울타리를 떠난 것은 사회 선교의 성격과 목표에서 볼 때 지극히 당연한 귀결이다. 성장한 자식들을 품에 끼고 염려로 나날을 보내는 것은 성숙한 부모의 자세가 아니다. 성숙한 자녀들이 다시 부모의 집에 돌아와서 부모의 지원을 받으려 한다면 그것이 오히려 잘못된 일일 것이다. 이러한 현상은 신학적으로 타당하다. 따라서 그동안 한국 개신교의 사회 선교 운동은 그 과제를 적절히 수행했다고 생각한다.

다만 집을 떠나갔던 자녀들이 새로운 위기에 봉착해서 잠시 부모의 집을 찾아올 때 돌봐줄 여력이 없다거나 혹은 위기에 처한 자녀들이 부모의 집을 찾아갈 필요성을 느끼지 않는 것은 문제이다. 한국 개신교는 예컨대 집을 떠났던 자녀들이 위기에 처해있어도 무관심한 부모, 자녀들을 도우려는 의지를 가지지 않은 부모의 모습을 보여주고 있다. 한국의 다수 노동자들의 눈에는 한국 개신교회란 더 이상 인권과 민주화, 정의로운 세계를 위해서 투쟁하는 약자들을 돕는 집단으로 보이지 않게 되었다. 이 점에 한국 개신교의 사회 선교 운동의 위기가 있을 뿐만 아니라 선교 일반의 위기가 있다. 한국 개신교의 사회 선교의 위기는 개신교 일반에 대한 신뢰의 위기며 따라서 한국 개신교의 선교, 더 나아가서 교회 자체의 미래의 위기라 할 것이다.

그러면 앞으로 한국 개신교의 사회 선교, 아니 개신교 자체의 미래는 어디에서 찾을 수 있는가? 개신교의 사회 선교 운동은 어디에서 전망을 발견할 수 있는가? 결론부터 말하자면 '하나님의 선교'의 현장, 즉 교회 밖 세계에서 활동하는 하나님의 선교 현장에 동참하는 것에서 그 전망과 미래를 찾을 수 있다. 지금이야말로 1950년대에 말했던 '하나님의 선교'의 현장이 더욱 선명하게 구형되고 있다.

'하나님의 선교'의 구체적 현장인 이 세상은 오늘날 매우 독특한 현상으로 나타나고 있다. 그 이름이 바로 세계화(Globalisation)이다. 특별히 경제, 금융, 통신이라고 하는 영역을 중심으로 진행되고 있는 세계화는 전통적인 사회조직, 권력 행사 및 생산방식들을 근본적으로 바꾸어놓았다. 범세계적 차원에서의 경제 및 금융 체제는 이전의 민족국가 간의 경계선, 정치적 주권, 생태학적 한계를 뛰어넘고 있다. 이러한 세계화는 경쟁의 논리에 따라 움직이고 있고 지구와 인간들은 권력과 부를 축적하는 수단일 뿐이다. 세계화로 인해서 절대 다수의 인간들이 권력과 부로부터 소외당하고 결과적으로 생존을 위협당하게 되었다.

세계화란 곧 경제적 대국들의 금권 지배(Plutokratie)의 세계화와 다를 바 없다. 금권 지배 체제는 1944년 브레턴우즈에서 탄생한 국제통화기금으로부터 시작해서 세계은행, G7 등 강대국들의 경제 및 금융 체제와 함께 최근 관세와 무역에 관한 일반 협정(GATT)을 대치하고 등장한 국제무역기구(WTO)에 의해서 규정된다.[20] 세계화 체제에 근거한 금권 지배는 1980년대에는 주로 남미와 중미를 휩쓸었고, 1990년대에 들어서는 아시아의 개발도상국들을 공격하고 있다. 오늘날 한국을 비롯한 아시아 국가들의 외환위기는 이러한 세계화를 지향하는 금권 지배가

20) 금권 지배의 주체가 되고 있는 기구들에 대해서는 두크로(1997) 중에서 「지구적 금융 지배와 국제기구: 브레턴우즈 체제와 그 변화」 참조.

얼마나 무섭고 사악한 것인가를 여실히 보여준다.

세계교회협의회 총무인 콘라드 라이저(Konrad Raiser)는 이러한 세계적 통일성을 달성하려는 시도, 즉 세계적 금권 통치의 계략을 현대판 바벨탑이라고 규정하고 있다. 그리고 지구를 통일적 전체로서 다루려는 것은 신학적으로 말해서 창조주와 피조물 사이의 차이를 제거하려는 악마적 발상이라고 말한다. 따라서 오늘날 세계화의 경향은 그 반대 방향으로 나가야 한다는 것이다. 대부분의 종교나 현대의 철학과 사회과학에서 발견되는 윤리적 기본 규범은 인간의 삶은 다른 인간들과 환경과의 연대성에서 성립되며 정치적 권력과 경제적 탐욕을 절제하고 그것들로부터 해방되어야 한다고 주창하고 있다. 따라서 세계를 통한 자기 확대가 아니라 지구 공동체의 삶을 위한 자기 제약만이 인류의 미래를 보장한다는 것이다(Krieg, Kucharz and Volf, 1996: 18).

그는 같은 글에서 세계화를 극복하는 대안으로서 "인간중심주의로부터 생명중심주의로" 그리고 "지배의 꿈으로부터 다원성의 승인으로" 나아갈 것을 주장하고 있다. 이것은 이미 세계교회협의회가 주창해 온 '정의, 평화, 창조 질서의 보전'이라는 도식을 다시 한 번 확인한 것이다. 동시에 종교 및 문화의 다원주의적 선교론도 승인한 것이라 할 것이다.

여기서 제기되는 물음은 오늘날 세계 한가운데에서 세계화라고 하는 금권 통치 질서, 즉 맘몬의 지배 질서에 대항해서 싸우시는 '하나님의 선교' 현장에 대해서 그리스도인들과 교회는 어떻게 동참할 수 있는가 하는 것이다. '하나님의 선교'의 입장에서 볼 때 그동안 이러한 금권 통치, 즉 맘몬 체제와 앞장서서 투쟁한 세력은 마르크스주의와 같은 세속적 이데올로기나 동양의 고등종교들이었다. 중동의 이슬람이나 인도의 힌두교와 불교 등이 오히려 더 강력한 이론과 실천을 통해서 맘몬 통치에 저항해 왔다. 기독교는 16세기 이래 19세기까지 서구 식민지 세력의 앞잡이가 되었으며 오늘날에는 세계화라고 하는 신식민지적 세력과 결탁해 왔다. 서구 문화권에서는 사회주의의 붕괴 이후 세계화를 통한 금권 통치와 싸우는 세력들이 새로운 형태로 등장하고 있다. 이것을 우리는 '시민운동' 혹은 '비정부조직(NGO)'이라고 부른다. 이러한 운동들은 이미 서구에서는 1970년대부터 활발한 활동을 전개해 왔는데, 이들은 주로 '평화운동'과 '환경운동'이라고 하는 커다란 축을 중심으로 움직이고 있다. 근래에 와서는 세계화를 통한 금권 지배에 대항해서 '대안적 삶'이라는 표제어를 내걸고 활발하게 활동하고 있다.

서구에서는 이전에 사회 선교 운동에서 활동하던 대부분의 의식 있는 성직자와 평신도들이 시민운동 혹은 비정부조직의 운동에 동참하고 있다. 예를 들면 영국에는 약 300개 정도의 다양한 성격과 목표를 가진 시민운동체가 존재한다. 이들은 반핵운동과 군비축소부터 환경보호, 동물보호 등 다양한 목표를 가지고 활동한다. 대부분의 사회적 의식을 가진 그리스도인들이 전통적 교회를 떠나 이런 단체에서 활동하고 있다. 왜냐하면 그들의 교회는 오늘날 세계화라는 이름으로 등장한 금권 통치가 빚어내는 온갖 종류의 생명 살상, 환경 파괴, 빈부 격차 등에 대해 관심을 보이지 않고 인간의 '영혼 구원'만을 외치고 있기 때문이다. 그 결과 영국에서는 지난 10년 동안 1,300여 개의 감리교회가 문을 닫았고 주택 지역에 새로 세워진 교회는 30여 개에 지나지 않았다. 영국 전체 인구의 73%를 차지하는 그리스도인들 가운데 교회에 '정기적으로' 참석하는 이들은 2%에 지나지 않는다. 이들은 대부분 노인들로서 사회적 역할을 완전히 상실한 채 '영혼 구원'의 날만을 기다리는 사람들이다. 사회 선교를 등한시했던 영국 교회는 영혼 구원을 갈망하는 몇몇 노인을 제외하고는 거의 대부분의 신자들을 시민운동 단체에 넘겨준 것이다(Ustorf, The unpublished paper). 그들은 '교회 선교'를 떠나서 '하나님의 선교'에 동참하고 있는 것이다. 이것은 이미 세속화 신학자들이 전망했듯이 하나님의 역사 섭리요 경륜에 속하는 일이다. 그들은 교회보다 앞장서서 세계화를 통한 세계 자본주의 체제의 금권 지배, 맘몬 지배가 빚어내는 온갖 모순들에 대항해서 투쟁하고 있는 것이다.

앞으로 한국의 개신교회들은 어떻게 될까? 오늘날 한국 교회는 그동안 쌓아온 사회 선교의 커다란 성과에도 불구하고 심각한 위기에 처해 있다. 교회의 자본주의적 성장은 1980년대 중반을 지나면서 한계에 직면하게 되었다. 이러한 한계성은 교회 자체의 선교 전략의 취약성이나 산업화로 인한 사회의 일반적 세속화 현상에 있는 것이 아니다. 오히려 이는 그 이론 자체가 가진 반신적이고 물신숭배적 지향성에 기인한다고 보아야 할 것이다. 왜냐하면 그동안 교회성장론은 말씀 선포에서 유치화(가톨릭의 정양모 신부는 성장론자들의 설교를 "유치찬란하다"라고 했다)와 신자들을 물질적 축복에 심취하게 했기 때문이다. 따라서 한국의 교회성장론자들은 성서에서뿐만 아니라 기독교 전통에서도 멀리 이탈했다. 이러한 상황에서 의식 있는 그리스도인들, 지성을 갖춘 그리스도인들은 벌써 교회를 떠나가고 있다. 그들은 교회를 떠나서 '하나님의 선교의 현장'으로, 다시 말하자면 시민단체들이나 비정부조직에서 평화, 정의, 환경보호 등 하나님이 원하시고 자신들이 보람 있다고 생각하는 일에 투신하고 있다. 필자가 보기에는 한국에서도 이미 하나님의 선교 운동이 '시민운동'이라는 이름으로 본격적으로 시작된 상황이다.

이런 상황에서 한국 교회가 선택할 수 있는 길은 무엇일까? 우선 한국의 개신교회는 성서적 전통으로 되돌아와야 한다. 한국 교회는 그동안 '교회성장론'에 기초한 왜곡된 축복 선포를 중지해야 한다. 성서 전통의 핵심인 출애굽기에 따르면 하나님은 가난하고 억압당하고 고통당하는 사람들의 하나님이다(출애굽기 3: 7~8). 이러한 전통은 사회적 예언자들을 통해서 계승되었다. 아모스에 의하면 하나님은 종교적 제의를 원치 않으시고 가난하고 억눌린 자들에게 정의와 공평을 원하시는 분이다(아모스 5: 21~24). 이러한 구약성서의 전통은 예수에게서 그대로 계승되었다. 그는 예배 행위에서 십일조보다 정의와 자비를 원하셨다(마태복음 23: 23).

한국 개신교는 '교회성장 이데올로기'에 근거해서 십자가 없는 부활, 고난 없는 영광만을 선포했다. 결과적으로 그리스도인들은 잘못된 안심과 물질적 축복에 매달리게 되었다. 교회는 출애굽기와 예수의 하나님이 아니라 예수가 그렇게 반대했던 맘몬만을 섬기는 '삼박자 축복'의 샤머니즘을 숭상하는 교회가 되어갔다. 한국 교회는 이러한 왜곡된 교회성장론과 샤머니즘적 축복 이론에 기초한 선교 활동을 중지해야 한다.

둘째, 오늘날 한국 교회는 시민운동과의 협력을 모색해야 한다. 그동안 사회 선교 활동의 경험에 기초해서 오늘날 왜곡된 자본주의적 금권 지배, 맘몬 지배의 세계에서 사회적 약자들을 지원하는 프로그램을 교회가 독자적으로 개발하거나 시민단체들과 공동으로 개발해야 할 것이다. 그리고 그리스도인들이 이러한 사회활동에 적극적으로 참여할 수 있도록 훈련하고 지원하는 일을 아끼지 말아야 할 것이다. 이러한 시민운동 혹은 비정부조직의 운동 속에서 하나님은 인류의 구원을 완성하기 위해서 활동하고 계시기 때문이다. 하나님의 선교 활동에 참여하느냐 마느냐에 21세기 교회의 미래가 달려있다.

제11장

한국 교회의 신보수주의 신학의 사회적 효과

1. 들어가는 말

보수(Conservo)라는 말의 어원은 식품공학에서 찾을 수 있다. 사람들은 오래전부터 음식물을 신선하게 보존하려고 노력했다. 오늘날처럼 냉장이나 냉동이 불가능하던 시대에는 짠 소금에 절이거나 훈제로 만들어서 먹을거리를 저장했다. 이러한 저장 방법들은 음식물의 신선도를 유지시킴으로써 음식의 영양소를 보존하는 데 그 목적이 있었다. 오늘날에는 음식물을 냉동시킴으로써 더 오랫동안 저장하는 방법이 발달되었지만 그것보다 더 많이 사용하는 방식이 바로 통조림으로 만들어서 보관하는 것이다. 이와 같은 방법으로 음식을 가능한 한 원형 그대로 유지하게 하는 것을 보존 혹은 보수(Konservierung)라고 부른다. 따라서 보존의 사전적 의미는 현재의 상태를 유지하는 것이라고 할 수 있을 것이다.

보수라는 개념은 정치학이나 신학에서는 좀 더 확대된 의미로 사용된다. 보수 혹은 보수주의란 정치의 영역에서는 기존의 사회질서나 정치 질서를 최상의 것으로 생각하고 그것을 보존하려는 자세 일반을 말한다. 말하자면 기존의 것 혹은 유산으로 받은 것에 대한 철저한 충성을 보수주의라고 정의할 수 있다. 최근 우리 정치계는 심심치 않게 보수 논쟁이 벌어지고 있으며, 그들은 스스로를 '진정한' 보수라고 자처하면서 다른 사람들을 '위장된' 보수라고 공격하기도 한다.

그러면 한국 사회에서 보수주의자들이 지키려고 하는 사회적 질서는 어떤 것인가? 그리고 이들이 경쟁적으로 방어하려고 하는 정치적 체제는 어떤 것인가?

한국의 보수주의가 지키려고 하는 내용은 분명하게 드러나있다. 한국의 정치적 보수주의가 수호하려고 하는 것은 '자유민주적 정치체제'와 '자본주의적 경제 질서'로 요약할 수 있다. 그러나 해방 이후 이승만 정권으로부터 시작되어 군사정권을 거치면서 유지되었던 이른바 자유민주주의 정치체제에는 몇 가지 모순된 특징이 있다. 자유민주주의는 대내적으로는 반공을 대립 개념으로 가지고 있었기 때문에 자유민주주의가 일반적으로 내포해야 할 사상의 자유를 보장하지 못하고 있다. 따라서 한국 사회에서는 자유민주주의 체제하에서도 진보적 정당은 존재하지 않고 오직 보수적 정당들만이 존재한다. 이념에 기초한 정당정치는 실종되고 보수를 표방하는 특정한 정치적 리더를 중심으로 한 붕당들만이 존재한다. 이것은 한국의 정치발전에 지대한 장애가 되어왔다. 또한 한국에서의 자유민주주의는 시장경제 원리에만 과도하게 의존하고 있어서 발전된 서구의 자유민주주의 국가들이 실현하고 있는 사회복지적 차원을 상실한 채 대개는 권위주의적이고 심하게는 독재적인 것으로 변용되었다. 그래서 서구적 의미에서 기본 민주주의적 발전이 한국에서는 거의 불가능하게 되었다.

한국에서의 왜곡되고 변용된 자유민주주의는 대외적으로는 친미 종속적이고 때로는 친일적으로 구형되어서 근대적 민족국가로서의 완전한 자주성과 독립성을 확보하지 못하고 있다. 자유민주주의라는 이름의 정치적 보수주의는 36년간의 일제 통치로 빚어진 온갖 모순을 청산하는 것을 불가능하게 만들었다. 친일 인사들이 주요 직책을 그대로 넘겨받았다. 한편 점점 커져간 미국의 정치적·군사적 간섭으로 인해 전반적인 삶의 영역에서 민주적 발전에 장애를 받고 있는 실정이다.

보수주의가 지키려고 하는 것은 이른바 시장경제 원리에 기초한 자본주의적 경제체제이다. 여기서 자본주의가 가지고 있는 일반적 모순을 지적하고 싶지는 않다. 다만 그동안 한국의 상황에서 보수주의자들이 지키려고 했던 자본주의의 문제점만을 간단히 지적하고자 한다. 위에서 정치적 보수주의와 같이 한국의 자본주의 발전의 기초는 일제에 의해서 만들어졌던 식민지적 경제체제와 해방 후 미국의 원조 경제에서 찾을 수 있을 것이다. 그리고 그것의 발전은 미국의 자본이나 기술에 의한 박정희 정권 시절의 근대화 프로그램에서 시작된다. 따라서 한국의 자본주의적 경제체제는 미국과 일본에 구조적으로 의존되어 있다. 이러한 대미·대일 의존적 경제구조는 오늘날까지도 자생력을 제대로 갖추지 못한 채 흔들리고 있고 많은 경우 이들 강대국 기업의 하청화로 나타나기도 했다.

한국의 자본주의적 경제체제는 엄격한 의미에서 시장 원리에 의해서 발전된 것이 아니라 정치적 요소들에 의해서 성장했다. 다시 말하자면 정경유착을 통해서 대기업들이 비대해진 것이다. 그것은 역대 군사정권하에서 성장했던 대기업의 예에서 볼 수 있다. 따라서 기업들은 자생력이 부족하고 부동산 투기 등과 같은 기업 외적 수단을 통해서 부를 축적하게 되었다. 문민정부에 들어와서도 그것이 내걸고 있는 신경제 역시 국제경쟁력이라는 이름으로 대기업 위주의 경제정책을 수행함으로써 다수의 중소기업들이 도산하거나 대기업의 계열화 혹은 하청화됨으로써 건전한 경제적 발전의 기초를 만들지 못하고 있다.

그리고 보수주의가 지켜야 한다고 주장하는 왜곡된 자유민주주의적 정치체제와 경제 질서가 계속되는 동안 한국 사회에서 일어난 일들은 어떤 것일까? 대표적인 것이 계속되는 정치적 불안정이다. 이승만 정권에서 현재의 정권에 이르기까지 정상적인 정권 교체가 이루어진 경우가 거의 없다. 정권의 수장인 대통령이 제대로 임기를 미치지 못하거나 독재와 부정부패의 책임을 지고 비극적 최후를 맞았으며, 지도자들의 몰락과 더불어 그들이 만들었던 정당도 해체되었다. 오늘날의 정당은 지방의 정당 혹은 특정한 정치 지도자를 정점으로 한 붕당으로 변질되었다.

한국의 보수주의자들이 지키고자 하는 경제 질서가 빚어낸 현실은 어떤 것인가? 왜곡된 자본주의적 경제 정책은 빈익빈 부익부를 구조화했다. 농촌 경제를 파탄으로 몰아넣었다. 경제구조 전반을 부패시킴으로써 그것이 우리의 삶 전반에 내면화되었다. 뇌물을 주고받는 일 없이는 경제활동이 불가능하게 된 것이다. 그것은 노태우 부패 사건에서 그 전모가 드러났지만 모든 인가와 허가를 장악하고 있는 공공기관에서 일상화되었다. 이런 문제점들을 분석하자면 끝이 없다.

그렇다면 보수의 정통성 경쟁을 하는 여야 정치인들은 이런 정치체제와 경제 질서를 그대로 보수하자는 것인가? 이런 왜곡된 정치 현실과 부패된 경제 질서를 탄생시킨 한국의 보수주의를 지켜야 한다고 주장하는 사람들은 누구이고 그들의 목표는 무엇인가?

첫째, 왜곡된 정치적·경제적 현실을 지탱하고 있는 보수주의를 견지하자는 사람들은 이를 통해서 특별한 수혜를 입은 사람들이다. 이 범주에 속한 사람들은 대부분 친일적이거나 친미적인 인사들로서 해방 정국에서부터 이권에 개입할 수 있었고 역대 정권과 더불어 그 혜택을 누리고 있는 소수의 보수적 집단들이다. 그 다음으로 이러한 보수주의의 대변자로 나설 수 있는 사람들은 30여 년 동안 군사독재 정권에 동참했거나 거기에서 특혜와 혜택을 누렸던 군인 출신 정치인들, 정경

유착의 경제인들을 포함해서 그들의 동맹 세력인 언론인들과 지식인들을 들 수 있을 것이다. 한마디로 말해서 해방 50년 동안 모든 정치적 왜곡과 경제적 부패를 통해서 특권을 누리거나 부를 축적한 사람들이 스스로를 보수주의자들이라고 자청하고 나선다.

둘째, 이러한 왜곡된 정치적·경제적 현실의 피해자이면서도 그것을 지켜야 한다고 주장하는 의사 보수주의자들도 존재한다. 이들은 순전히 전술 전략 차원에서 보수주의를 말하기도 한다. 이들은 야권에 속해 있으면서도 어느 정도 혜택을 누렸던 보수주의자들로서 특수한 정치적 목표를 달성하기 위해서 혹은 권력자들로부터 이념적 공격을 피하기 위해서 보수주의자로 위장하기도 한다. 왜냐하면 그동안 진보적 성향을 가진 야당의 정치 지도자들은 예외 없이 집권세력으로부터 이념적 공격의 대상이 되어왔기 때문이다. 위장된 보수주의가 오랫동안 지속되다 보면 사실적 보수주의자로 둔갑하기도 한다. 그러나 보수주의자들의 위장은 많은 경우 노골적인 보수주의자들이 주는 폐해보다 더 큰 폐해를 줄 수 있다. 왜냐하면 그들은 선거와 같은 국민적 결단을 필요로 하는 공적 사건들에서 대다수 국민들의 선택을 왜곡시키나 불가능하게 만들고 때로는 국민들을 정치적 허무주의에 빠뜨리기 때문이다.

오늘날의 현실은 이와 같은 정치적 보수주의를 지키겠다고 나서는 것이다. 이는 곧 왜곡된 정치적 보수주의의 기초에서 형성된 부패한 경제 질서를 수호하겠다고 주장하고 있는 것과 같다.

2. 한국 교회의 보수주의의 역사

한국의 개신교는 정치적·경제적 보수주의가 빚어내고 있는 역사적 환경에서 자신의 위치를 어떻게 설정하고 있는가? 한국의 개신교는 보수주의적 체제 한가운데에서 그들의 지원 세력인가 아니면 비판 세력인가? 우선 한국 교회의 보수성의 역사와 그 성격을 검토해 보자.

한국 개신교의 주류를 이루고 있는 장로교와 감리교를 전해준 영미 계통의 선교사들은 단적으로 말해서 보수주의자들이었다. 그들의 성향을 구체적으로 말하자면 교리적으로는 정통주의자들이었지만 선교적 열정에 있어서는 경건주의자들이었다. 이들 선교사 가운데는 부분적으로는 근본주의적 성향을 띤 이들도 다수 있었다. 그러나 한국 선교사들의 신학적 성향을 좀 더 구별해 보면 다음과 같다. 장로교회 선교사들은 좀 더 엄격한 정통주의자들이며 감리교 선교사들은 좀 더 여유 있는 경건주의자들이다. 그것은 개혁교 정통주의의 출발점을 고려할 때 더욱 분명해진다. 개신교회 정통주의는 네덜란드에서 아르메니안주의를 극복한 다음 예정론을 확립해 가는 과정에서 극단적으로는 근본주의로까지 나아갔던 것이다. 그리고 우리가 잘 알고 있는 바와 같이 감리교회는 그 출발점에 있어서 독일의 경건주의, 특히 할레의 경건주의자인 아우구스트 프랑케(Franke)와 친첸도르프(Zinzendorf)의 영향을 깊이 받았다. 따라서 감리교 운동은 교리적 인식을 기반으로 하고 있는 정통주의와는 그 출발점과 목표를 달리하고 있다. 이런 점에서 정통주의와 경건주의는 역사적 배경을 공유하고 있지만 지향하는 방향은 전혀 다른 것이었다.

두 개의 운동은 역사적 출발점에 있어서는 그 성격을 달리하지만 신학적 계몽주의(Theologische Aufklärung)에 대립한 운동이라는 점에서 같은 방향을 갔다고 말할 수 있다. 신학적 계몽주의가 진보적 사상에 기초하고 자유주의적 신학으로 발전하고 있을 때 정통주의와 경건주의는 종교개혁적 전통의 수호와 함께 그 과정에서 합의되었던 신앙고백적 전통을 고수하려 했던 점에서 이들은 모두 보수주의로 분류될 수 있다. 그리고 두 운동이 신학적 계몽주의와는 달리 열성적으로 해외 선교에 참여했다는 점에서도 같은 길을 갔다고 말할 수 있다. 따라서 19세기 영미 계통의 식민지 시대가 열리면서 시작된 개신교의 해외 선교 활동은 주로 이런 정통주의적이고 경건주의적 선교사들, 즉 보수적 선교사들에 의해서 수행되었다.

정통주의와 경건주의적 신학에 기초해 훈련받은 선교사들에게 영향을 받은 한국 교회는 처음부터 보수적일 수밖에 없었다. 이것은 모든 학자들이 동의하고 있는 정설이다(민경배, 1981: 98). 이러한 선교적 특성에 대해 미국의 장로교회 해외 선교국 총무였던 아서 브라운(Arthur Brown)은 한국에서 실천하고 있던 신앙 행태는 미국에서는 1세기 전에 이미 극복된 것이었다고 지적하고 있다. 한국에 온 선교사들의 신앙 행태는 미국에서는 당시로 봐서 이미 100년 전에나 볼 수 있었던 매우 보수적인 신앙 행태였다는 말이다. 따라서 그들은 신학에 있어서 질적으로 뒤떨어져 있었을 뿐만 아니라 어느 면에서는 시대착오적 사고와 행태를 지닌 사람들이었다는 말이다.

그렇기 때문에 그들이 '청교도적 엄격성과 보수주의적 정통성'을 가진 사람들이었다는 평가는 자명한 것이다. 브라운은 한국 선교사들의 자질을 다음과 같이 평가하고 있다. "그들은 영적으로는 앞서있지만 균형, 통찰력, 그리고 자기 통제를 결여하고 있었다"(Brown, 1919: 547). 그것은 한국에 온 대부분의 선교사가 정규 신학 교육을 받지 못했고 일부는 성경 학교 수준의 교육만 받았다는 것을 말해주고 있다. 물론 교육 정도의 높고 낮음이 보수와 진보의 지표가 될 수는 없지만 한국에 온 선교사들의 교육 수준은 한국의 유서 깊은 문화를 소화하고 거기에 따른 선교 정책을 수립할 만한 능력을 갖추지 못했던 것이다. 그래서 그들은 한국 교회를 지도하고 선교하는 일에 있어서 전적으로 자기들이 알고 있는 방법, 그것도 당시로부터 100년 전의 낡은 방법에만 의존할 수밖에 없었다. 장공 김재준 박사는 이 선교사들이 정통주의 신학을 한국 그리스도인들, 특히 목회자가 될 사람들에게 주입했고 부흥회를 통한 복음 전도를 강조했다고 평가했다(김재준, 1971: 174).

그러면 이런 보수주의적 선교사들의 특성은 무엇인가? 민경배는 이들 선교사의 특성을 다음과 같이 요약해서 말하고 있다.

> 여기에 미국의 교파 교회적 탈사회성과 미국 헌법의 정교분리 원칙이 함께 작용하여 소박한 복음 전파 이외의 범위 한정이 처음부터의 입장이 되지 않을 수 없었다(민경배, 1981: 174).

우리는 그들의 특성을 다음과 같이 몇 가지 범주로 나누어서 설명할 수 있을 것이다. 첫째, 보수주의적 선교사들은 신앙 선교(Glaubenmission)에만 전적으로 집중함으로써 탈역사적 신앙 형태를 견지하고 있었다. 당시 한국에 온 정통주의적 선교사들의 일차적 관심은 인간의 '영혼 구원'에 있었다. 그들은 한국의 유구한 역사와 문화적 전통에 대해서는 별로 관심이 없었다. 그것은 영국의 명문 대학인 옥스퍼드 출신의 초기 성공회 선교사들의 성향과 비교해 보면 곧 드러난다. 영국의 초기 선교사들은 한국에 선교를 시작하면서 한국의 문화와 전통을 존중하는 방향에서 토착화를 시도했다. 그 대표적 예는 그들의 교회 건축에서 볼 수 있다. 그들은 서양의 예배당을 짓지 않고 한국의 절간을 본뜬 교회들을 지었던 것이다.

둘째, 보수주의적 선교사들은 당시 한국의 위급한 정치적 상황과 정면으로 대결하는 것을 피하기 위해 '정교분리'의 원칙을 선교 및 행동 지침으로 삼았다. 근대 한국이 처했던 역사적 상황에 대해서도 별 관심이 없었던 것이다. 선교사들이 한국에 복음을 전하던 당시 한국의 정치적 상황은 매우 위급한 상태였다. 1896년의 청일전쟁과 1904년의 러일전쟁에서 승리한 일본은 한국의 식민지화를 위해서 모든 준비를 마치고 침략의 손길을 뻗고 있을 때였다. 1905년 을사보호조약이 강제로 체결되었고 1910년 한국은 일본에 완전히 합방되었다.

이러한 현실에서 한국의 그리스도인들은 국가의 미래를 염려했고 따라서 그들은 민족의 독립을 위해 노력하지 않을 수 없었다. 이른바 민족적으로 사고하는 그리스도인들의 출현이 있었다. 한국 교회사에서는 이를 '교회의 정치화'라고 부른다. 애국적이고 민족적인 에너지를 방출할 수 있는 장으로서 교회의 정치화는 필연적이었을 것이다(Clark, 1971: 154~186). 교회의 정치화는 장로교회뿐만 아니라 감리교회 가운데서도 나타났다. 교회의 정치화는 선교사들의 '정교분리' 정책과 정면으로 충돌한다. 그리고 정교분리 원칙에 충실하고 있던 선교사들은 한국 교회의 정치화가 교리적 측면에서 문제가 될 뿐만 아니라 그들의 실질적 선교 사업에도 지장을 줄 수 있다고 생각했다. 이러한 정치화는 한국인들 사이에서 정치적 불안을 야기할 수 있고 나아가서 복음의 증거를 해칠 수 있다는 것이다(Clark, 1971: 160).[1] 다시 말하자면 그들이 정성 들여 시작한 선교 사업이 정치화로 인해서 일본인들의 간섭을 받거나 방해를 받게 되면 허사로 끝날 수도 있다는 불안이 그들을 지배했다.

이러한 심각한 상황을 타개하기 위해서 선교사들은 다음과 같은 두 가지 중요한 결단을 내린다. 첫째, 당시 장로교 선교사들로 구성되었던 선교사들의 단체인 '장로회 공의회'는 1901년 10월 3일자 모임에서 5개 항으로 된 '교회와 정치'에 관한 결의안을 채택한다. 그 내용을 요약하면 교회는 국가의 사안들과는 무관하고 따라서 국가가 하는 일에 관여해서는 안 된다. 교회의 건물이나 목사관은 정치적 토론의 장이

---

1) 클락의 원문은 다음과 같다. "The popular feeling toward the Japanese, which could easily result in political disturbances, dragging the church into political activity which could harm his testimony."

되어서는 안 된다. 그리스도인의 정치 참여는 오직 그리스도인 개인의 사적 문제이다(≪기독신보≫, 1901. 10. 3.). 이러한 '교회와 국가'의 관계에 대한 결정은 사실상 공적이고 교회법적인 성격을 띠고 있다. 왜냐하면 당시 '공의회'의 결의 사항은 법적 구속력을 가지는 것이었기 때문이다. 여기에 대해서 당시 지도적 입장에 있던 선교사 클락은 다음과 같이 언급하고 있다.

> 정치적 문제에 관한 불간섭적이고 중립적 정책을 취하기로 한 위원회의 결정에 대해서는 어떤 변경도 있을 수 없다. 그것에 대한 우리의 선교 정책은 언제나 엄격하게 지켜지고 강화되어 왔다(Clark, 1901: 270).[2)]

둘째, 당시 선교사들은 이러한 한국 그리스도인들의 정치화를 차단하기 위해서 구체적 조처를 취하지 않을 수 없었다. 그것이 바로 1907년 정점을 이루었던 대부흥 운동이었다. 클락은 이러한 부흥 운동을 다음과 같이 규정하고 있다.

> 민족적 삶이나 교회적 삶 모두에서 어려운 때를 대처하기 위해 하나님의 영에 의해 주어지는 특별한 정화와 함께 힘을 얻는 것이 절대적으로 필요했다.

여기서 언급하고 있는 '특별한 정화(special cleansing)'라는 말에서 우리는 선교사들에 의해 추진되었던 대부흥 운동의 숨은 목표를 발견할 수 있다. 단적으로 말해서 나라가 위기에 처해 전개되고 있던 애국적

2) 여기에 부가해서 이 문서는 교회는 정치적 문제와는 아무런 상관도 없다고 강조했으며 당시 거세게 일어난 의병 운동도 부정적 시각으로 바라보고 있다.

운동 혹은 정치화로부터 교회를 정화시키자는 것이다. 부흥 운동의 목표가 교회성장에 있지 않았다고 고백한 것에서도 이 운동의 숨은 목표가 드러난다(Shearer, 1966: 53~63; Paik, 1971: 367~378). 1910년 한일합방부터 시작된 이른바 100만 인 구령 운동도 같은 맥락에서 시도된 것이었다.

이런 과정을 통해서 한국의 큰 교단인 장로교회와 감리교회는 보수적 교회로서 그 확고한 신학적·실천적 기초를 확보했다. 한국의 보수주의적 교회들은 선교 초기부터 민족 해방 운동, 독립운동을 외면했을 뿐만 아니라 그것들을 정치화로 정죄하기까지 했다. 한국 교회의 보수주의 조류는 다양한 모습을 취하면서 오늘날에 이르기까지 한국사를 관통해서 흐르고 있으며, 한국의 정치적·경제적 보수주의의 충실한 동맹자로 활동해 오고 있다.

3. 한국 사회의 신보수주의 등장과 그 세력들

그러면 오늘날 한국 교회, 아니 한국 사회를 전반적으로 지배하고 있는 보수주의는 어떤 얼굴을 가지고 있고 어떤 기능을 하고 있는가? 1990년을 기점으로 동서 냉전체제가 붕괴되고 새로운 세계 질서가 형성되는 과정에서 특별히 보수주의가 강력한 힘을 가지고 등장해서 많은 사람들의 사고와 행동을 지배하게 되는 단초는 어디에 있는 것일까? 우리는 1970년대부터 미국과 유럽을 중심으로 논의되던 신보수주의(Neo-Koservativismus)의 성격과 정치적 목표를 살펴봄으로써 위의 질문에 대한 답을 찾아볼 것이다. 그리고 신보수주의가 한국의 교회와 정치에 미친 영향도 살펴보겠다.

미국에서 신보수주의라는 말이 등장하기 시작한 것은 1976년이다.

신보수주의 등장의 역사적 배경은 히피 운동으로 대변되는 반문화운동, 아시아에서 자유민주주의를 수호한다는 목표하에 진행되던 월남전 반대 운동, 그리고 젊은층 사이에서 급속하게 확산되었던 학생운동 및 신좌파들의 마르크스주의적 사회 비판이다. 여기에 여성들의 여성 해방 운동도 가세한다(Habermas, 1985: 32). 1970년대 서로 밀접한 관계를 맺으며 거세게 진행되던 이 운동들은 전통적으로 보수적인 미국 사회에 커다란 도전이었다. 특히 미국 사회의 보수성을 대변하던 자유주의가 이 운동의 공격 대상이 되었다. "왜 자유로운 사회가 반자유적이고 파괴적이라고 인식할 수밖에 없는 정치적 비판의 파도를 만들어냈는가?"(스타인펠스, 1983: 8)라는 질문은 급진주의자들에게서뿐만 아니라 자유주의자들 내부에서도 나왔다. 이 물음에서 출발한 사람들은 거기에 대한 대답을 각기 다른 방향에서 찾고 있다. 즉 미국 사회에서 급진주의자로 알려진 사람들이 선택할 수 있는 길은 민주적 사회주의로서 자유주의의 약속을 완수하기 위해서는 현재의 자유주의를 넘어서야만 한다는 것이다. 그리고 과거의 자유주의에 충성하는 자들은 현재의 자유주의적 유산을 보존하기 위해서 현재의 자유주의를 넘어서서 신보수주의로 나아가야 한다는 것이다(스타인펠스, 1983: 11). 따라서 미국의 신보수주의는 '1960년대의 혁명적 마르크스주의자들이나 허무주의적 무정부주의자들'에게 대항적이며, 그 이념적 지향성은 자유주의적이라고 말할 수 있다.

미국의 신보수주의자들을 지탱해 주고 있는 세 개의 강력한 집단을 들자면 다음과 같다. 첫째는 이미 냉전의 단계에서부터 행동주의자였던 윌리엄 버클리(WIlliam Buckley) 같은 사람들 주변에 모여들었던 가톨릭의 보수적 세력들을 들 수 있다. 둘째는 1970년대에 침묵하는 다수로서 새로운 우익 진영을 형성하고 있던 개신교적 근본주의자들을 들 수 있다. 마지막으로 이러한 집단에 속하지 않는 다수의 지식인들을 신보수주의자들로 규정할 수 있다(Habermas, 1985: 32). 이렇게 볼 때 미국 신보수주의의 가장 강력한 지지 세력은 바로 보수적인 가톨릭 세력과 개신교 세력이라고 할 수 있다. 이들이 사실상 자신들의 진영에 속한 로널드 레이건을 미국의 대통령으로 지원했다. 이들은 오늘날 미국 공화당의 충실한 지지자들이기도 하다.

신보수주의 탄생의 배경이 된 것은 자유주의적 사회질서가 가지고 있던 제반 문제들이었다. 그러나 이러한 문제들에 대한 해결책을 찾을 수 없다는 무력감이 곧 신보수주의를 탄생시킨 것이다. 그 점을 가장 적절하게 지적한 이는 독일 하노버 대학의 사회학 교수인 오스카 넥트(Oskar Negt)이다. 그는 이렇게 말하고 있다.

> 신보수주의는 오늘날 무력감, 즉 사회적 위기를 관리하기를 원치 않는 무력감에서 자라나온 정신적 자세로서 그것은 기존의 생산관계와 소유관계에서 어떤 것도 바꾸기를 원치 않는다(Negt, 1983: 8).

신보수주의는 오늘날 사회가 안고 있는 과제와 갈등을 풀 때는 결정적인 것을 바꾸지 않고 해결하는 것이 최선이라고 주장한다. 미국의 신보수주의자 가운데 한 사람인 대니얼 모이니한(Daniel Patrick Moynihan)이 "폭풍우 속에서 올바른 진로는 원래의 진로를 유지하는 것이다"라고 한 말은 정곡을 찌른 것이다.

신보수주의가 탄생한 또 다른 배경은 사회주의적 변혁운동에 대한 불안이다. 다시 말하면 신보수주의는 앞서 말한 무력감과 함께 사회주의와 대중주의에 대한 불안감에서 태어난 산물이다. 따라서 이들이 취할 수밖에 없는 두 개의 중요한 입장은 다음과 같다. 첫째는 반공주의의 입장이다. 그들은 공산주의가 전체주의를 기초로 한다고 비판한다. 그 다음으로는 민주적 엘리트 지배의 이론과 더불어 논거되고 있는 반대중주의다(Habermas, 1985: 30).

그러면 한국의 상황은 어떠한가? 해방 이후 오늘날까지 역대 정권(군사정권을 포함하여)의 이념적 기초를 형성한 것은 그 이념적 보수성을 대변하고 있는 자유민주주의다. 오늘날 남한 사회에서 보수주의자는 곧 자유민주주의자를 의미한다. 그리고 자유민주주의는 몇 가지 역사적 조건들 속에서 다양한 형태의 변용을 거치며 오늘날까지 내려왔다. 첫째는 남북 분단의 현실이 그것이다. 분단이 가져온 많은 문제점들 가운데 남한 사회의 이념적 기초가 된 자유민주주의의 위가변용(位價變容)처럼 해로운 것은 없었다. 우선 생각할 수 있는 것은 자유민주주의 기본 질서에서 기본적 민주주의가 전혀 실현되지 못했다는 것이다. 그것의 단적인 예는 이승만 정권의 장기 집권과 부정선거 등으로 나타났다. 이승만 정권은 1960년 4·19 혁명 과정에서 붕괴된다. 이것은 자유민주주의에 대한 심각한 타격이었다.

그러나 이승만 정권을 붕괴시킨 학생들이나 당시 지식인들 사이에서는 자유민주주의에 대한 회의는 일어나지 않았다. 일부 학생층에서 남북회담을 시도하기는 했지만 그들은 매우 낭만적 통일 조국을 염두에 두었던 것 같다. 그렇다고 해서 일부 지식인이나 학생들 사이에 자유민주주의에 대한 회의가 전혀 없었던 것은 아니다. 이것은 그동안의 수많은 '비합법적 변혁운동'을 통해서 알 수 있다. 그럼에도 불구하고 박정희 정권으로 시작되는 군사독재 정권 시절에 지식인들과 학생들, 아니 국민들 대부분의 주된 정치적 목표는 자유민주주의의 진정한 실현, 즉 '민주 회복'이었다. 자유민주주의를 통해서 기본 민주적 질서를 회복시켜 나가자는 것이었다. 민주 회복의 투쟁 구호에서 평가된 당시의 집권 세력들은 군사 파쇼 독재 혹은 단순히 군부독재로 명명되었다. 그리고 군사독재 정권은 초기에는 다수의 친일 잔재 세력과 여기에 야합한 친미적 우익적 지식인들의 직접적 지원을 얻었다. 이들은 모두 스스로 진정한 의미의 보수 세력이라고 자처했다. 따라서 그들은 민주 회복을 외치는 이들을 진보적 인사, 좌파, 심지어는 용공주의자라는 낙인을 찍는 것도 서슴지 않았다.

그러나 1980년대에 들어서면서 상황은 급변한다. 즉 자유민주주의라는 정치적 체제와 그것을 기초로 하고 있는 자본주의적 시장경제체제의 모순점들이 확연하게 드러나면서 투쟁의 구호는 '남북통일'로 전환된다. 이러한 변화는 자유민주주의적 정치체제에서 발생한 한국 사회의 모순들을 남북통일을 통해 극복할 수 있다는 희망을 담고 있다. 이러한 투쟁 구호의 전환에는 전술적 측면도 있는데 기본적 민주 질서의 실현은 통일 없이 불가능하다는 결론에서 나온 것이다. 그러나 남북통일이라는 구호는 자유민주주의 체제에 대한 비판과 자본주의적 시장경제체제에 대한 일정한 거리를 전제하고 있었다는 데 주목할 필요가 있다. 투쟁 구호의 전환과 더불어 그동안 민주 회복을 주장하던 사람들 가운데서 불안이 싹트기 시작한다. 그 불안은 남북통일은 곧 자유민주주의의 포기 내지는 수정과 연관된다고 생각하는 데서 온 것이다. 이러한 불안은 미국이나 유럽의 신보수주의자들이 느끼는 불안과 동일한 차원에서 파악할 수 있을 것이다.[3] 한국 사회에서도 다수의 자유민주주의자들에게서도 위가변화가 나타나고 있다. 그동안 함께 투쟁해 온 동지들이 과도하게 좌편향된다고 판단해 오히려 투쟁의 대상이었던 세력들과 손을 잡는 독특한 현상이다. 말하자면 신보수주의자들의 등장

---

3) 독일의 경우 자유민주주의를 이념적 기초로 삼고 있던 자민당이 1983년 3월 6일 사회민주당과의 연정을 파기하고 보수적인 기민당의 품으로 뛰어든다. 이로 인해 사민당의 슈미트 정부가 붕괴하고 기민당의 콜 수상이 집권하게 된다. 이전까지 자민당의 자유민주주의는 크게 봐서 진보적인 범주에 들어갔지만, 이 사건이 있은 후 자유민주주의는 노골적으로 보수적인 이념으로 자기를 드러냈다. 이것은 이념사에서 매우 역사적인 사건이다.

이 가시화되는 것이다. 이전의 '민주 회복'이라는 투쟁 구호에 머물기를 원하는 사람들 가운데 다수가 군사독재 정권과 이념적 정치적 통합을 시도한다. 이들은 보수 대연합이란 구호하에 모이고 '3당 합당'을 통해서 그들의 정치적 실체를 드러냈다. 이러한 비정상적 결합은 통일운동을 통한 민족적 미래에 대한 변혁 요구들과 자유주의적 정치체제와 경제체제의 모순에 대한 다수 국민들의 저항에 대한 불안에서 이루어진 매우 이질적인 것이었다.

한국의 신보수주의 세력은 역대 정권에 기생해 온 친일 잔존 세력들을 기반으로 특권을 누려왔던 다수의 정치인, 기업인, 학자, 정치군인들이 주된 구성원이다. 이들 사이에는 다소의 이념적 편차가 있을 수 있지만 현재의 상황을 유지 보존하고자 하는 면에서는 동일한 노선, 즉 자유민주주의를 지향하고 있다. 우리는 이들을 총칭해서 한국 보수주의의 뿌리라고 말할 수 있을 것이다.

그러면 이들을 지원해 주고 있는 세력들, 특히 종교 세력들은 어떤 것들이 있는가? 물론 한국과 같은 종교 다원주의 사회에서 보수주의를 지원하고 있는 종교 단체들은 수없이 많을 것이다. 예를 들면 보수적 유교 단체들이나 불교 등이 이 세력들 가운데 속한다. 여기서는 기독교에 대해서만 언급하겠다.

첫째, 한국의 자유민주주의적 보수 세력을 지원하고 있는 세력 가운데 최대 다수를 형성하는 집단으로 개신교의 보수주의 교파들을 들 수 있을 것이다. 특히 장로교회의 경우 교리적·지방적 나르시시즘에 의한 여러 차례의 분열과 상호 적대적 관계들이 있어왔지만, 몇몇 예외를 제외하고는 대다수의 신도들이 신보수주의적 성향을 가지고 역대 정권의 충실한 지원자가 되어주었다. 장로교인들의 지지는 특히 이승만 정권 시절에 더욱 노골적이었고, 이때 지지의 기반이 마련되었다고 볼 수 있다. 보수적 장로교인들은 박정희로 시작되는 역대 군사독재 정권들하에서도 (다소의 편차를 보이고 있지만) 여전히 이들 정권의 충실한 지지자들이었다. 이들을 혹독한 군사정권의 지지자들로 묶어둘 수 있었던 것은 정치적으로는 역대 정권이 내세운 반공 이데올로기와 교리적으로는 '정교분리의 원칙'이라고 할 수 있을 것이다. 또 하나의 거대한 교단인 감리교회도 장로교회와 편차가 거의 없는 것으로 보인다. 이승만 시절에는 감리교가 더욱 노골적인 지지자였다.

둘째, 한국의 자유민주주의적 보수 세력을 지원하는 또 하나의 강력한 세력은 바로 가톨릭교회다. 그동안 가톨릭교회 일각에서 일어난 민주화운동과 통일운동을 고려하면 이러한 견해에 대해 이견이 있을 수 있을 것이다. 그러나 다수를 차지하고 있는 성직자들과 평신도들이 그동안 이들 정치 세력들의 암묵적이고 명시적인 지지자였다는 것을 부인할 수 없을 것이다.

4. 신보수주의의 종교적·사회적 효과

신보수주의가 가져온, 그리고 가져올 사회적 효과들을 우리는 다음과 같이 정리해 볼 수 있다. 첫째, 모든 삶의 영역에서 탈집단화 혹은 탈연대화가 가속화된다. 신보수주의는 정치적으로 자유주의에 기초하고 경제적으로 자본주의적 시장경제 원리에 서있기 때문에 모든 삶의 중심은 개체이다. 여기에서 추구되고 있는 이해관계들이나 권리들은 전적으로 개인의 이해관계이며 개인의 권리다. 이것은 신보수주의의 뿌리가 되는 자유주의에서도 발견할 수 있다.

서구 기독교에서 이러한 탈집단화 혹은 탈연대화의 기원은 중세 말기의 보편논쟁 과정에서 전체주의적 실재론과 대립했던 유명론(Nominalismus) 혹은 성 토마스와 대결했던 오컴의 이론에서 발견할 수 있다. 그러나 개체가 전체에 선행한다는 주장이 가장 강력하게 집단적으로 실현된 것은 종교개혁에서이다. 루터와 칼뱅은 구원이란 신과의 개인적 문제이며 교회와 교황 같은 집단적 상징과는 무관하다고 주장했다. 이러한 개인주의적 사고는 계몽주의와 더불어 등장한 시민사회의 개인주의와 맥을 같이했고, 개신교가 서구에서 시민 종교로서 사회적 효과를 가장 강력하게 실현할 수 있었다. 물론 이것은 개신교가 개인의 능력과 이익에 기초를 두고 있는 자본주의 체제와 맥을 같이했기에 당연한 귀결이다.

탈집단화 혹은 탈연대화는 한국 자본주의의 비정상적 발전과 더불어 한국 교회에서도 극단화된다. 그것은 개별 교회 위주의 교회 조직과 운영에서 잘 나타나고 있다. 총회나 노회 혹은 연회 같은 기구가 존재하지만 형식적인 것에 불과해서 그러한 기구를 통해 결정할 수 있는 것은 정치적 혹은 경제적 연대와는 무관한 것이다. 그 결과 개별 교회는 자본주의적 시장경제 원리에 따라서 조직되고 운영된다. 약한 교회들의 지원 같은 것은 구조적이거나 법적인 차원에서가 아니라 단지 자선적 차원에만 머물러야 한다. 한국 개신교의 이러한 탈집단화나 탈연대화는 한국 개신교인들의 삶 속에 깊이 내면화되었다. 그것은 사회적 연대를 불가능하게 만들 뿐만 아니라 신앙생활에서도 개인주의적이고 심지어 이기주의적인 모습까지 드러내고 있다.

둘째, 모든 삶의 영역에서 권력과 도덕의 일탈 현상이 가속화된다. 과거의 보수주의자들은 권력은 도덕적이어야 한다고 생각했다. 특히 미국에 이민했던 청교도들의 사상에서 나타나는 것을 보면 권력의 도덕성이 크게 강조되고 있다. 즉 권력이란 신에게 위탁받은 것이므로 지극히 도덕적으로 사용해야 한다는 것이 과거 보수주의자들의 좌우명이기도 했다.

그러나 오늘날에는 신보수주의자들에게서 권력과 도덕의 일탈 현상이 현저하게 나타나고 있다. 우선 이러한 일탈 현상의 재가는 다분히 종교적이다. 말하자면 이들이 가장 큰 이념적 적대자로 생각했던 공산주의는 악마의 화신이며 따라서 그것들을 진멸하는 데는 어떤 수단과 방법도 허락된다. 여기에서 어떠한 정치적 공격과 비도덕적인 수단도 정당화된다. 동서 냉전체제하에서는 소련에 대한 모든 정치적 공격과 파괴 수단이 정당화되었다. 또한 니카라과 혁명 및 이란 콘트라(Contra) 사건 혹은 쿠바에 대한 경제적 제재 등 이루 말할 수 없는 비도덕적 정책이 입안되고 집행되었다. 그것들은 전적으로 도덕적 기초를 상실한 벌거벗은 권력의 행위였다. 그리고 핵무기 논쟁에서도 사회주의자들이나 이교도들에 대해서는 핵을 사용할 수 있다고 주장하는 그리스도인들은 대부분 신보수주의 신봉자들이다.[4]

권력과 도덕의 일탈 현상은 한국의 신보수주의 집단에서도 나타난다. 그동안 자유민주주의적 보수 진영의 집권 세력들이 보여준 정치적 부도덕성과 경제적 부패에 대해서는 긴 설명이 필요 없다. 자유민주주의를 수호한다고 하면서 그 기본 질서를 유린하고, 반대자들을 살해하고 불법체포하고 고문한 예들이 얼마나 많았던가? 이러한 부도덕성이 국가 안보라는 이름으로 정당화되었다. 반공이라는 이름으로 부도덕한 권력 남용이 재가되었다. 집권 세력의 권력형 특혜와 부정부패를 어떻게 다 고발할 수 있을까? 이들에게서 어떤 도덕성을 요구한다는 것은 어리석은 일일 뿐이다. 오늘날 한국 사회에서 나타나는 부패의 구조화는 바로 권력과 도덕의 일탈 현상에 그 뿌리를 두고 있다.

권력과 도덕의 일탈 현상은 개신교계에도 깊이 침투해 들어왔고 어느 정도 내면화되었다. 교계 안에서도 권력이라고 할 수 있는 지위를

---

4) 1959년 독일개신교협의회(Evangelische Kirche in Deutschland)가 채택한 하이델베르크 논제(Heidelberger These) 8항에 따르면 자유를 수호하기 위해서는 공산주의자들에게 핵무기를 사용할 수 있다.

얻기 위해서는 막대한 금전이 사용되어야 하고 이권이 있는 곳에서는 부정이 판을 치고 있다. 그뿐인가! 사회에서 사업을 하고 직장을 가지고 사는 그리스도인들도 이러한 구조화된 부패의 틀 안에서 전혀 거리낌 없이 부정을 요구하고 부정에 참여한다. 그리스도인들이 세상의 빛이요 소금이라는 말은 단지 구호에 그칠 뿐이다.

셋째, 모든 삶의 영역에서 과학기술의 발전을 무조건적으로 재가한다. 다윈의 진화론이 발표되자 사람이 원숭이에서 진화되었다는 말에 영국의 경건한 여성 그리스도인 가운데 수많은 사람들이 기절했다. 그리고 18세기 자연과학의 발전과 더불어 강력하게 시작된 세속화에 대해서 많은 그리스도인들이 우려를 나타냈다. 과학기술의 발전은 인간의 이성을 깨워 스스로 운명을 개척하려 들게 할 것이며 결과적으로 대중들은 교회를 멀리할 것이라고 생각했다. 그래서 과거의 보수적 그리스도인들은 과학기술의 발전에 대해서 강한 저항감을 가지고 있었다. 물론 보수적 신자들 가운데서도 과학기술이 새로운 세계에 복음을 전달하는 매개가 될 수 있다는 사고를 가진 사람들도 더러 있었다. 그렇다 해도 그들은 이러한 과학기술의 발전이 반신적이라는 생각을 떨쳐버리지 못했다. 오히려 진보적인 그리스도인들이 이러한 과학기술의 발전을 반겼다.

그러나 오늘날의 사정은 정반대가 되었다. 과학기술의 급속한 발전이 가져온 결과에 대해서 오히려 진보적 그리스도인들이 우려를 표하고 있다. 무분별한 자원의 개발과 이용으로 발생하는 자연 파괴와 공해 문제의 주범을 과학기술로 보고 있는 진보적 그리스도인들은 환경운동을 통해서 이러한 추세를 중단시키려 한다. 반면 과학기술의 발전을 통해 막대한 생산수단을 점유하게 된 보수적 기업인들은 최첨단 과학기술의 발전이야말로 장차 우리가 살 수 있는 길이라고 한다. 치열한 국제 경쟁의 시대에 살아남을 수 있는 유일한 길은 첨단 과학기술의 발전이며, 그것을 통해 더욱 많은 것을 생산하고 판매해야 한다는 것이 신보수주의자들의 생각이다. 진보적 그리스도인들이 환경문제에 열성적인 반면 보수적 그리스도인들이 소극적인 이유가 여기에 있다.

넷째, 신보수주의자들은 모든 삶의 영역에서 금욕적인 것들을 부정한다. 과거 보수주의자들의 대변자라고 할 수 있는 청교도들이나 경건주의자들, 그리고 정통주의자들은 예외 없이 금욕주의적이었다. 특히 칼뱅주의적 정통주의자들은 금욕적 삶과 그것을 통한 재화의 저축을 그들이 예정된 것과 구원받은 것의 외적 징표로 알아서 그것을 종교적 가치로까지 받아들였다. 그렇게 축적된 자본이 이후 자본주의 발전에 기초가 되었다는 것이 막스 베버의 주장이다. 그뿐만 아니라 그들은 이렇게 축적된 재화들을 사회적 봉사를 위해서 아낌없이 사용하기도 했다.

그러나 신보수주의자들에게서는 전혀 다른 삶의 태도를 발견하게 된다. 신보수주의자들에 의하면 많은 재화를 얻고 그것을 넉넉히 사용하면서 사는 것이 바로 하나님의 축복이고 구원받은 징표라는 것이다. 금욕주의와 같은 소극적 사고와 생활방식은 기독교적이라고 말할 수 없다는 것이다. '적극적 사고'를 통해서 난관을 극복하여 차안에서 성공하는 것이 곧 피안에서의 축복의 조건이라는 것이다. 그래서 3박자 축복도 나온다.

오히려 금욕적인 사람들은 서구에서나 한국에서나 진보적인 사람들이다. 물론 그들은 가진 것이 적기 때문에 진보적이 되기도 하지만 동시에 그들은 오늘날과 같은 생태학적 위기에 처해서 인류가 공존할 수 있는 길은 금욕의 길밖에 없다는 확신에서 그 길을 택하고 있다.

5. 맺는 말

필자는 오늘날 문제가 되고 있는 '신보수주의'의 역사적 기원과 그 지지 세력들, 그리고 그것이 가져온 사회적·종교적 영향을 간략하게 살펴보았다. 우리 사회에서 논의되고 있는 보수논쟁의 실체와 그 목표를 어느 정도 파악할 수 있었다. 필자는 한국 사회의 보수 논쟁에서 신보수주의자들이 견지하고자 하는 것들은 정치·사회·경제 영역에서 많은 모순을 확대재생산해 온 이데올로기라고 생각한다. 따라서 한국 사회와 교회에서 보수주의를 표방하고자 하는 사람들은 그것이 가지고 있는 역사적 과오와 현실적 모순을 심각하게 검토할 필요가 있다. 이러한 과학적 성찰 없이 기존의 특혜와 특권을 유지하겠다는 방편으로, 그리고 앞으로 어떤 정치적 기회로 삼으려는 전략으로 보수주의를 내세우고자 한다면 그것은 역사와 민족 앞에 큰 과오를 범하는 것이다. 따라서 한국의 보수주의는 엄격한 자기 성찰과 자기 변신을 시도하지 않는다면 역사의 심판을 면할 수 없을 것이다.

보수주의가 또 하나 실패한 것은 남북문제와 연관되어 있다. 한국의 보수주의는 풀리지 않는 남북문제의 원인이 북한의 왜곡된 사회주의 체제에 있다고 선전하고 있다. 이 말은 부분적으로는 타당하다. 그러나 남한의 자유민주주의적 정권이 가지고 있는 경직성이 그동안 남북문제를 정치적으로 해결할 수 있는 자질을 확보했다고 말하기는 힘들다. 남한의 자유민주주의 체제와 거기에 기초한 자본주의적 경제체제의 모순과 왜곡이 그동안 남북문제를 정치적으로 해결하는 데 커다란 장애가 되었다는 말이다. 이것은 우리와 유사한 처지에 있었던 서독의 정치적 경제적 상황을 고려해 보면 분명하게 나타난다. 서독의 경우도 완전하다고 할 수는 없지만 민주적 기본질서와 경제적 정의가 상당 정도 실현되었다.

따라서 한국의 보수주의 혹은 자유민주주의가 역사적 사명을 계속 따르고자 한다면 민주적 기본질서와 경제 정의의 실현을 가능하게 할 수 있는 몇 가지 조건들을 갖추어야 할 것이다. 그것은 이미 지적한 것이지만 사회적 연대성의 강화와 함께 권력의 도덕성 회복을 위한 노력이다. 동시에 과학기술에 대한 과도한 맹신에서 벗어나 환경을 지켜야 하며 그렇게 하기 위해서는 좀 더 진지하게 금욕적 삶이 주는 교훈을 음미해 보아야 할 것이다. 이러한 조건을 갖추었을 때 남북문제의 정치적 해결을 위한 기초가 마련될 수 있을 것이다. 그 길은 철저한 과거 청산과 함께 획기적 자기 혁신을 요구하고 있다. 이러한 길은 교회가 가야 할 길이기도 하다.

제12장

국가와 교회의 새로운 패러다임 모색

— 시민운동과 관련하여

1. 역사적 성찰

남북한의 화해와 협력을 기초로 한 김대중 정권의 햇볕 정책과 이러한 정책 노선을 어느 정도 계승한 의사 진보적 노무현 정권의 등장은 우리 사회에 커다란 정치적 변화를 가져왔다. 여기에 대해 한국 보수 세력의 중심축이라 할 수 있는 한나라당, 기업의 대표 집단인 전국경제인연합회, 수구 보수 언론인 조선일보, 중앙일보, 동아일보 등이 본격적인 반격에 나섰다. 보수 세력의 반격은 이미 김대중 정권의 출범 때 시작되었으나 지난 대통령선거에서 더 치열해졌고, 노무현 정권의 등장으로 그 절정에 달했다. 정치적·경제적·문화적 보수 세력이 거의 광란에 가까운 반격을 계속하는 동안에도 김대중 정권의 미온적 의사 개혁과 타협적 자세로 인해서 그동안 개신교 보수 세력은 이렇다 할 의사 표시를 하지 않았다. 이들은 모두 김대중 정권의 임기가 끝나면 한나라당이 집권할 것이라고 확신하고 그때만 기다리고 있었던 것이다.

그러나 집권에 성공한 것은 의사 진보적인 노무현 정권이었다. 그리고 이와 때를 같이하여 미군장갑차에 의한 여중생 압사 사건이 일어났으나 미군 측의 불공정한 재판으로 미군들이 무죄 석방되자 전 국민적 항의가 광화문 앞에서 시작된 촛불시위로 일파만파 번져갔다. 국민들은 이러한 불공정한 판결은 재판권을 미군 측이 갖게 한 불평등한 주한미군 주둔협정(SOFA)에 있다고 보고 그것의 신속한 개정을 요구했다. 그동안 여중생 사건 대책위원회가 작은 규모로 이끌어오던 항의 집회가 한 네티즌의 제안으로 촛불시위로 번지기 시작하자 집회의 참가자는 급속히 불어나서 2002년 월드컵 당시 거리 응원 인파의 수에 버금갈 정도로 모여들었다. 지식인들과 시민단체를 이끌어가는 사람들은 새로운 변화를 갈망하는 대중들을 정치적 변혁의 동반자로 나서게 하는 데 성공했다. 촛불시위는 점점 더 거세게 일어났고 마침내 일부 참가자들에게서는 '반미 시위'로 비화되게 되었다. 시위대 중 급진적인 사람들은 주한미군 철수를 주장하기까지 했다.

사태가 예상보다 확산되자 한국의 보수 세력들, 특히 보수 언론은 촛불시위를 비난하고 그 책임을 강경 진압하지 않은 노무현 정권에게 책임을 돌리는 데 온 힘을 쏟았다. 특히 보수적 개신교 집단들이 조직적으로 강하게 반발하고 나섰다. 북한에 대한 김대중 정권의 햇볕 정책과 그것을 계승한 노무현 정권의 유화적 대북한 정책에 대해 불만을 가진 보수 세력, 특히 개신교 보수 세력들은 촛불시위대가 반미 구호를 외치면서 미국대사관을 공격하려고 하는 데 크게 자극받았다. 촛불시위 과정에서 반미감정이 표출되었으나 사실상 집단적이고 조직적인 미군 철수 운동은 없었음에도 불구하고 개신교 보수 세력은 반미 감정과 미군 철수 운동이 확산된다는 빌미로 조직적이고 집단적인 의사 표시를 시작했다.

비교적 진보적인 성향을 가진 KNCC와 대항하기 위해서 1990년대에 조직된 한국기독교총연맹은 개신교 보수 집단의 중심 단체이다. 이

단체는 2003년 1월 11일과 19일에 서울시청 앞 광장에서 두 차례의 대규모 기도회를 개최하여 촛불시위에 대항했다. 그들은 두 번의 집회를 통해서 촛불시위와 주한 미군 철수에 반대 의사를 분명히 했고, 3·1절 독립운동 기념일에는 동대문운동장에서 더 큰 집회를 열어 자신들의 주장을 다시 한 번 확인했다.

한국의 보수적 개신교회의 친미적·사대적·반북한적 행태는 비단 근래에 시작된 것이 아니다. 한국전쟁 이래 보수주의적 기독교인들의 친미적 의식과 반북한적 행태는 기회가 있을 때마다 다양한 형태로 표출되었다. 박정희 정권의 인권 탄압과 경제적 수탈에 반대하여 미국의 카터(Jimmy Carter) 대통령이 주한미군을 철수하려 하자, 다수의 보수 진영 목사들이 미국 정계와 종교계를 방문하여 철수 계획에 반대하는 캠페인을 전개했다. 반면 KNCC 교단은 노동자와 서민들의 인권과 생존권을 압살하며 대북 적대 정책으로 일관한 지난 30년 동안의 군사독재 정권에 맞서 인권운동과 민주화운동에 동참해 왔다. 그러나 이에 대해 보수 진영의 목사들은 정교분리의 원리를 내세워 교회의 인권운동을 비판하면서 정작 자신들은 박정희 정권과 정교유착을 일삼고 때로는 출처가 불분명한 정부기관들의 재정적 지원으로 수많은 친정부 성명서를 발표했다.

왜곡된 정교유착은 1980년 광주 민주화운동을 압살하고 등장한 전두환 정권 초기에 더욱 노골화되었다. 한경직, 정진경, 조향록 등 개신교를 대표한다는 보수적 목사들을 선두로 전두환을 위한 기도회를 열고, 그를 단군 이래 최고의 영도자로 찬양하는 등 종교인으로서는 할 수 없는 망동을 일삼았다. 이런 일은 히틀러를 독일 민족의 '메시아'로 찬양했던 파울 알트하우스(Paul Althaus)나 임마누엘 히르쉬(Immanuel Hirsch) 같은 극우파 종교인들의 행태를 연상케 한다.

그들은 한편으로는 '정교분리의 원리'를 내세워 불의와 싸우는 그리스도인들을 비판하면서, 다른 한편으로는 독재 정권을 음양으로 지원했고, 거기서부터 온갖 지원과 특혜를 받아왔다. 군사독재 시절 여의도 광장에서 보수파들의 동맹체가 빌리 그레이엄(Billy Graham) 등을 초청하여 벌인 대규모 부흥 집회, 대학생선교회(CCC)의 김준곤이 주관했던 엑스플로(Explo) 등과 같은 선교 대회나 부활절 연합 예배 등이 정교유착의 대표적인 예들이다. 이러한 집회가 열릴 때 군사독재 정권은 군인과 장비들을 동원해 시설 설치를 돕고, 경찰과 공무원들을 내세워 행사 진행을 지원했다. 따라서 이들 한국의 보수적 기독교인들은 군사독재 시절 자신들이 주장하는 정교분리의 원리를 임의적으로 해석하고 편의적으로 왜곡하면서 세력 확장에 이용했다.

2. 1987년 6월 항쟁 이후 국가와 교회의 관계

1987년 6월 8일 거대한 민주화 항쟁으로 당시 노태우 대통령이 민주화 세력에 항복 선언을 한 이후 한국에서는 밑으로부터의 민주화가 본격적으로 시작되었다. 민주화 과정에서 정치와 종교의 관계 문제도 점차 그 궤적을 달리하기 시작했지만 노태우 정권하에서도 정치와 보수적 개신교 집단 사이의 유착 관계는 변하지 않았다. 이들 사이에는 음양으로 지원 관계가 지속되었으나 시대 변화의 추세에 따라 대규모 신자들을 동원한 부흥회나 대규모 종교 집회 같은 것들은 불가능했기 때문에 이전처럼 외적으로 드러난 지원은 별로 없었다.

달라진 정치적·사회적 환경에서 보수 교단의 지도자들이 추구한 것은 무엇보다도 세력 규합을 통한 사회적 발언권의 강화였다. 그들은 당시까지 개신교를 대표해 왔던 KNCC에 대항할 만한 통합체 구성에 열을 올린다. 처음에는 보수적 교단에서 지도자들의 모임을 결성했고 결국 한국기독교총연합이라는 단체를 만들기에 이른다. 그동안 군사독재 정부의 인권 탄압과 비민주성을 비판함으로써 한국 개신교의 대표성을 확보해 왔던 KNCC의 전통과 권위에 대항해서 그들은 수적 우위를 내세워 개신교 안에서의 대표성 확보에 총력을 기울였다. 그들은 그동안 KNCC가 중심이 되어 진행해 왔던 부활절 연합예배와 같은 행사들을 독자적으로 개최함으로써 자신들의 존재를 양적으로 과시하려 했고, 자신들의 존재를 사회적으로 알리는 데 어느 정도 성공을 거둔다.

개신교 내부의 상황 변화에 따라 KNCC의 이념과 활동의 방향도 변화를 겪게 된다. 우선 노태우 정권의 의사 민주주의적 상황에서 KNCC는 과거처럼 민주화와 인권을 위한 강력한 투쟁 일변도의 운동을 지속할 수 없게 되었다. 동시에 KNCC의 리더십이 온건한 교단(예수교장로회)으로 넘어감으로써 정체성의 위기에 직면하게 된다. 대결해야 할 대상의 불확실성과 함께 기독교적 정체성이 불투명한 리더십이 결국 KNCC의 위기를 초래한 것이다. 여기에다 그동안 민주화 투쟁 과정에서 계속되었던 세계교회협의회의 지원, 특히 독일 교회의 물질적 지원이 대폭 축소됨에 따라 KNCC는 재정적 위기마저 맞게 되었다. 이러한 정체성과 리더십, 그리고 재정적 위기에 직면한 KNCC는 스스로 커다란 변화를 겪게 된다.

특히 재정적 위기가 심각하여 KNCC는 이 문제를 해결하기 위해서 커다란 구조적 변화를 시도한다. 헌장을 개정하여 각 교단의 지도자(총회장, 주교나 감독)들을 공동회장으로 추대함으로써 이 운동의 활성화를 꾀하고, 각 교단들로부터 재정적 지원을 이끌어내려고 한 것이다. 이때 기존의 에큐메니컬 운동이 특정 명망가의 독점물이 되었다는 것을 비판하고 '전체 교회' 혹은 교단들이 이 운동의 중심이 되어야 한다는 명분을 내세웠다. 이때 한국 개신교 안에서 이단 시비에 휘말려 기독교적 정통성 확보 문제에 시달리던 조용기의 순복음교회(Pentecostal Church)를 KNCC

에 가입시킨 것도 재정적 위기를 해결하기 위한 맥락에서 파악된다. 순복음교회는 KNCC 교단들과는 신학 노선의 측면에서 전혀 어울릴 수 없는 교단이었다. 한편에서는 맘몬(돈)으로 기독교 정통성을 사고, 다른 한편에서는 정통성을 팔아서 재정적 위기를 극복하려고 했던 이 기묘한 타협은 한국 에큐메니컬 역사상 가장 수치스런 야합이었다. 그 결과 KNCC의 정체성의 위기가 더욱더 심화되었고, 그것은 현재 KNCC 회장인 순복음교회 목사의 행태에서 잘 나타나고 있다. 그는 한국기독교총연합이 주최한 미군 철수 반대 집회에 동참하여 KNCC의 노선을 비난하고 이제까지의 KNCC의 노선을 바꾸어야 한다고 주장했다.

1948년도 세계교회협의회 창립 총회에서 카를 바르트는 에큐메니컬 운동을 통한 '예수 그리스도의 복음의 철저한 이해와 실천'이라는 방향성을 제시했다. 그러나 세계교회협의회를 주도해 가던 부르주아적 교회 정치꾼들이 '교회 일치와 화합'이라는 명분하에 '타협과 타협'을 거듭하는 '차지도 덥지도 않은' 집단으로 변질하자 그는 이 운동과 결별하면서 세계교회협의회는 언젠가는 '악마와도 타협할 것'이라고 예견했다. 에큐메니컬 운동은 어떤 정치적 타협 운동이 아니며, 더구나 맘몬이나 악마와 타협하는 운동일 수는 없다.

한국 에큐메니컬 운동의 정체성 위기는 문민정부나 국민의 정부 시기에도 지속되었다. 우선 김영삼 정권의 탄생에 한국의 보수적 교단들의 지원이 큰 역할을 했다. 여기에 대한 응답으로 김영삼은 이들 교회의 예배에 자주 참여했고 교단 측이 청와대에 불려가서 종교 행사를 열기도 했다. 보수적 교단들은 김영삼 정권의 정책이나 모순에 대해서 공공연히 지지하거나 비판하지 않았고 이 둘 사이에는 무난한 관계가 유지되었다. 여기에 비해서 KNCC는 상대적으로 문민정부와 소원해졌고, 이렇다 할 관계를 수립하지 못한 채 어정쩡한 자세로 일관했다. 문민정부의 정책이나 모순, 그리고 비리에 대해서도 KNCC는 제대로 발언하거나 비판하지 못했다.

그러나 종교적 보수 세력을 등에 업었던 김영삼 정부가 물러나자 KNCC 계통의 성직자들과 진보적 교단들은 김대중이 정권을 잡는 데 적지 않은 지원을 했다. KNCC 계통의 성직자들은 김영삼 정부에서 청산되지 않은 군사독재 정권의 잔재들을 제거하고 진정한 '민주주의적 정권 교체'를 이루어야 한다는 열망으로 김대중 후보의 지지운동을 노골적으로 조직하거나 참여했다. 이러한 KNCC 계통, 특히 기독교 장로교단의 성직자들과 김대중 정권과의 유착은 역사적으로는 30여 년간의 군사독재 정권에 대항한 투쟁 경험을 공유하고 있으며, 정치적으로는 진보적이고 개혁적인 성향이 궤를 같이했다고 할 수 있다. 김대중 정권이 출발한 이후 KNCC 계통의 성직자들이 행정부나 정부기관들, 그리고 의회에 진출함으로써 이승만 정권 이래 가장 많은 성직자와 기독교인이 정치에 직접 참여하게 되었다.

진보적 성향의 성직자와 기독교인들이 김대중 정권에 대거 참여하자 보수적 기독교 교회들뿐만 아니라 한국의 전통종교인 유교나 불교에서는 상대적으로 소외감을 느끼기도 했다. 여기에서 제기되는 물음은 과연 기독교와 정치가 진보와 보수라는 정치적 성향에 따라서 유착되거나 거리를 두어야 하는가 하는 것이다. 가톨릭과 달리 여러 교파로 갈라져 다양한 성향을 가진 개신교들이 신학적 경향이나 정권의 이념적 편차에 따라 정교유착이나 정교갈등을 초래하는 것이 필요하고 바람직한 것인가? 특히 유럽이나 미국과 달리 세계의 고등종교들이 오랜 전통을 가지고 있는 종교 다원사회인 한국에서 정치와 종교의 관계는 어떠해야 하는 것일까? 이러한 물음들은 종교 편에서뿐만 아니라 정치 편에서도 대단히 풀기 어려운 문제이다. 정치와 종교의 관계는 정권 교체기마다 특정 정치 집단들이 순전히 지지(투표)를 얻기 위해서 그때그때 필요에 따라 조정할 수 있는 문제가 아니다. 동시에 종교 편에서도 종교의 사회적 기반을 확대하기 위해서 필요에 따라 특정한 정치적 집단과 기능적으로 협력하는 방식으로 나아가서도 안 될 것이다. 그러면 새로운 세기, 아니 새로운 정권을 맞이하면서 새로운 국가와 교회의 패러다임은 어떠해야 할 것인가?

3. 국가와 교회 관계의 전통적 패러다임

교회사적으로 볼 때 국가와 교회 혹은 정치와 종교 간의 관계 모델은 세 가지로 정리할 수 있다. 우선 초대교회의 경우이다. 그리스 문화권과 로마의 정치권 안에서 시작된 교회(엄격하게 말하면 바울이 주도한 이방적 기독교)는 정치의 관심 대상이 아니었거나 어떤 지역에서는 박해의 대상이어서 이들 사이에는 '일정한 관계'가 수립되었다고 할 수 없다. 이들 사이의 관계는 '불가근 불가원(不可近不可遠)'의 관계로서 오늘날 관점에서 보면 일종의 의사 '정교분리의 원리'가 적용될 수 있었다. 그 대표적 예는 로마 제국 안에서 유대인들이나 기독교인들은 군대에 징집되지 않고 세금 납부에서 제외되었던 것이다. 군대 징집이나 세금 면제는 종교적 관점에서보다는 종족적 관점에서 이해될 수도 있으나, 어쨌든 그리스도인들은 정치 문제에 관여하지 않았고 정치권력도 종교 문제에 깊이 개입하지 않았다.

그러나 313년 콘스탄티누스 황제가 기독교를 로마 제국의 국교로 공인하자 사정은 달라진다. 기독교는 박해받던 종교에서 타 종교들을 박해하는 종교로, 천대받던 종교에서 특권을 누리는 종교로 변함으로써 정치와 종교의 본격적 종합, 즉 정교유착이 시작된 것이다. 로마 가톨릭교회의 정교 종합은 시간이 흐름에 따라 정치가 우위를 점하거나, 그 반대로 종교가 우위를 점하면서 협력과 갈등, 경쟁과 투쟁의 과정을 거치면서 발전되었다. 종교가 특권계급과 유착하기 시작하자 기독교적 본질을 상실하기 시작했다. 특권층의 종교가 된 기독교는 자기 완결적 제도 교회가 되고, 기득권 세력들을 비호하며, 구원의 수단으로 물질적인 것을 숭배함으로써 부패하고 타락한 종교로 변질되었던 것이다.

정교 종합이 가져온 모순에 반기를 든 것이 16세기 종교개혁 운동이다. 종교개혁에서 루터의 일차적 목표는 기독교적 복음의 본질을 회복하는 것이었다. 그는 율법과 복음의 '구별(Distinction)'을 통해서 정치와 종교를 혼합한 로마 가톨릭교회의 '자연과 은총'의 종합이라는 신학적 도식을 타파했다. 로마 가톨릭교회의 '정치와 종교의 유착'을 뒷받침하고 있는 '자연과 은총의 종합'이라는 신학적 도식을 붕괴시키고 '은총만', '믿음만', '성서만'이라는 새로운 표제어를 통해서 새로운 구원론과 함께 정치와 종교의 새로운 관계설정을 제시한 것이다. 정치와 종교의 '구별'은 당시로서는 매우 새로운 패러다임이었다.

정치와 종교의 '구분'은 오늘날의 정교분리(Separation)와는 전혀 다른 내용을 담고 있다. 루터는 인간의 신체적 구조를 들어서 이 관계를 설명하는데, 종교는 오른팔이고 정치는 왼팔이며 두 팔은 서로 대립하고 협력하면서 하나의 목표인 하나님 나라의 지상 실현에 기여한다는 것이다. 왼팔이자 정치적 권력인 국가는 무력을 통해 행악자(行惡者)들을 억제함으로써 하나님의 세계 통치에 기여하고, 오른팔이자 종교적 권력인 교회는 하나님의 말씀을 통하여 하나님의 세계 통치에 기여한다는 것이다. 두 권력은 하나님에 의해서 제정되고 하나님 나라에 봉사하는 것으로서 동일한 기원과 목표를 가지고 있다. 따라서 루터의 사상에서 정교분리의 원리를 도출하는 것은 루터 신학을 왜곡하는 것이다.

그런데 두 권력은 함께 동일한 목표를 위해서 협력해야 하기 때문에 한쪽이 주어진 위탁에서 벗어날 때 다른 한쪽은 그것으로 하여금 본래 직무로 돌아오게 함으로써 하나님에게 봉사한다. 말하자면 국가가 잘못할 때 교회는 권면을 통해서 제 직무로 돌아오게 하며 국가가 귀를 기울이지 않을 때 저항과 순교를 통해서 이 직무를 담당한다. 정치적 권력이 하나님과 인간을 반대하는 악의 세력으로 둔갑할 때 교회는 '폭군 살해'를 통해서라도 정치적 권력이 본래의 위탁으로 되돌아오게 해야 하는 것이다. 그 대표적 예는 히틀러 암살에 가담했던 본회퍼 목사에게서 볼 수 있다. 그리고 교회가 잘못될 때 정치권력은 시민적 정의와 법을 통해 교회가 교회되게 함으로써 하나님에게 봉사하는 것이다.

4. 시민사회의 출현과 교회의 새 패러다임

국가와 교회의 관계에 대한 이러한 종교개혁의 모델은 오늘날에도 타당하다. 정치와 종교의 유착이나 분리는 교회의 역사에서 볼 때 양편 모두에게 커다란 과오를 가져왔다. 독일의 히틀러 시대에 루터교 성직자들은 정치적 권력과 유착하여 독재자들을 찬양하고 지원함으로써 예언자적 위탁을 저버렸고, 다수의 그리스도인들은 정교분리를 내세워 독재자들을 용인함으로써 또한 본래의 위탁을 망각했다. 한국에서도 군사독재 시절 일부 성직자와 다수의 그리스도인이 이러한 오류를 범했다. 따라서 교회는 권력과 유착함으로써 오류를 범하거나 권력을 방관함으로써 자기 위탁을 포기해서는 안 된다. 교회는 예언자와 사도들의 전통에 서서 국가가 정의와 평화를 실현하는 하나님의 종이 되도록 권면하고 비판하고 나아가 저항함으로써 자기의 직무를 다해야 한다.

오늘날 한국의 전통적 기독교의 자세와 행태에 실망한 다수의 그리스도인들은 대체로 두 가지 길을 선택하고 있는 것으로 보인다. 하나의 길은 교회를 버리고 새로 등장하는 시민운동에서 사회 변혁의 길을 찾는 것이다. 다른 하나는 교회를 매개로 해서 시민운동을 전개하고 지원하는 길을 모색하는 것이다. 상당수의 훈련받은 기독교인들이 한국 시민운동의 중심적 위치에서 활동하고 있는 현실을 고려하면, 국가와 교회의 새로운 패러다임의 모색뿐만 아니라, 새로 등장한 공적 영역인 시민사회운동에서 그리스도인과 교회의 위치 설정이 시급한 상황에 와 있다.

서구의 경우 시민운동이라는 공공성(Öffentlichkeit)의 영역은 역사적으로 국가라고 하는 제1영역과 교회라고 하는 제2영역 사이에서 등장하는데, 이는 계몽주의 이래로 국가의 민주화 과정과 교회의 세속화 과정을 거치면서 자기 영역을 확보해 왔다. 말하자면 국가와 교회 두 영역만이 지배하던 중세 서구에서 계몽주의 이후 이들 세력이 민주화와 세속화의 과정에서 약화됨으로써 공공성, 즉 시민의 영역이 새롭게 등장한 것이다. 오늘날 서구에서는 소멸해 가는 교회를 대치하고 등장한 시장이 제2영역의 자리를 차지했다. 따라서 오늘날 시민사회운동이라는 공적 영역은 국가와 시장이라는 두 영역 사이에서 고유한 영역을 확보해 가고 있다. 따라서 서구에서는 국가와 시장이라는 지배영역의 등장으로 교회는 오히려 제3의 영역인 시민운동의 영역에서 자기의 위치를 찾거나 아니면 다른 독자적 위상을 찾지 않을 수 없게 되었다.

따라서 오늘날 세계화의 과정에서 국가와 시장이라는 지배적 영역 사이에 새롭게 등장한 제3의 영역인 시민운동 안에서 교회의 위상 설정이 문제가 되고 있는 것이다. 이 시민운동 가운데서 혹은 시민운동에 대해서 교회의 위치 설정은 교회 자체의 존속이나 미래 선교를 위해서도 매우 중요한 과제이다. 세계화의 거대한 물결에서 교회는 시민운동의 영역 안에 들어가거나 시민운동과 손을 잡아야 복음의 본래적 이해와 교회의 사명에 충실할 수 있다는 인식이 한국의 진보적 그리스도인들 사이에 퍼져나가고 있다. 현재 시민운동과의 관계 설정에서 그 '안에서(in)'냐 아니면 그것과 '더불어서(with)'냐의 문제가 쟁점으로 등장하고 있다. 여기서 교회를 떠나서 시민운동 안에 들어가 일하는 사람들과 교회와 함께 이 운동에 참여하는 사람들로 갈라지고 있다.

우선 교회를 떠나서 시민운동 안에서 일하고자 하는 그리스도인들은 그들의 신학적 전거를 1960년대 서구에서 등장한 '하나님의 선교(Missio Dei)'에서 찾고 있다. 하나님의 선교의 역사적 배경은 서구, 특히 유럽 교회들의 선교 상황과 밀접하게 연관되어 있다. 계몽주의와 사회주의 운동 과정에서 불어 닥친 유럽의 세속화 과정에서 대다수의 사람들이 교회를 떠나 반전운동과 환경운동 등에 참여함으로써 '교회선교'가 불가능하게 된 상황을 그들은 하나님의 선교로 이해하려 했던 것이다. 하나님은 더 이상 기존 교회 안에 농성하고 거기에서 주일날 하루 예배를 드리는 대상이 아니라, 모든 날을 자기의 날로 삼아 선한 뜻을 가진 사람들과 함께 교회 밖 역사의 현장 한가운데서 활동하시는 분이라는 것이다.

한국의 진보적 그리스도인들은 역사에서 새로운 운동으로 등장하고 있는 시민운동 단체들과 협력하여 오늘날 국가와 시장이 만들어내는 모순들을 극복하고 정의롭고 평화로운 세계를 만드는 데 앞장서고 있다. 이것이 곧 '하나님 나라를 지상에 건설하는' 하나님의 선교 행위이다. 한국의 YMCA 같은 단체는 교회 밖에서 시민단체 가운데 하나로 활동함으로써 '하나님의 나라'라는 선교를 실천하는 새로운 대안교회의 모델로 등장했으며 한국의 시민단체들, 즉 공적 영역에서 확고한 위상을 점하고 있다.

기독교인들과 기독교 단체들이 시민단체 '안에서' 혹은 시민단체와 '더불어' 시민운동에 참여하는 것은 한국의 타 종교, 특히 세계적 고등 종교들과 연대하는 새로운 에큐메니컬 운동의 패러다임이 등장할 것이라는 전망을 가능하게 한다. 서구에서는 에큐메니컬 운동하면 주로 가톨릭과 개신교 사이의 운동으로 인식되어 왔으나 한국과 같은 나라들에서는 분열된 개신교들 사이의 연합 운동으로 인식되어 왔다. 그러나 한국과 같은 종교 다원 사회에서는 이러한 기독교 중심의 운동으로서는 다양한 문제를 해결할 수 없다는 인식이 퍼져가면서 기독교인들은 시민사회운동을 매개로 다른 종교들과의 연합 운동을 많이 시도하고 있다. 오늘날 다양한 종교 집단의 사람들이 신자유주의적 자본주의 세계 체제에서 발생하는 온갖 모순을 해결하기 위해 앞장서고 있다. 그들은 시민운동이라는 통로를 통해서 서로 하나가 되어 새로운 세계를 향해서 나아가고 있는 것이다. 종교 간의 평화 없이는 세계 평화가 없다는 한스 큉(Hans Küng)의 말대로 오늘날 시민운동은 다양한 종파와 이데올로기를 가진 사람들을 함께 매개하는 데 커다란 기여를 하고 있는 것이다. 오늘날의 정치권력 혹은 국가 체제가 신자유주의적 시장체제에 종속됨으로써 빚어지는 온갖 모순과 부조리를 종교인들은 시민운동에 동참함으로써 해결하려 하고 있다.

한국 사회에서 일어나고 있는 다양한 형태의 시민운동은 변화를 수용하지 않으려는 국가 세력에 대해서 노무현을 대통령으로 선출함으로써 새로운 형태의 정부를 가능하게 했다. 동시에 이 시민운동 가운데 참여연대와 같은 단체들은 권위주의적이고 경직된 정부와 모순으로 가득 찬 시장체제에 강력한 도전자로 등장했다. 시민운동은 1960~1970년대 한국 개신교회가 민주화와 인권운동, 도시 산업 선교와 빈민 및 농민 선교를 통해서 담당하던 사회적 역할을 더욱 체계적인 방식으로 이어가고 있다. 시민운동과 노동운동의 발전으로 이제까지 교회가 해왔던 사회적 역할들이 약화된 것은 불가피한 현상이다.

시민운동을 하나님의 선교 운동으로 볼 때 교회는 이 운동에 동참함으로써만 하나님의 선교에 동참할 수 있고, 하나님의 선교에 동참할 때만 '교회의 선교'도 가능할 것이다. 한국에는 19세기 제국주의 선교 모델을 그대로 따르고자 하는 보수적 개신교 집단들이 다수 존재하고 있고, 미국의 자본주의적 모델을 종교화한 '교회성장 이데올로기'가 지배하고 있다. 그러나 보수적 교단들에서 지난 10년 동안 10~15%의 교인들이 교회를 떠났다. 주 5일 근무제가 점점 확대되면 더 많은 교인들이 교회를 떠날 것으로 보인다. 이런 상황에서 시민사회의 일원으로서, 그리고 시민운동에 동참하는 교회로서 한국 교회가 위상을 잡아갈 때 새로운 교회, 새로운 선교 모델이 탄생할 것이다.

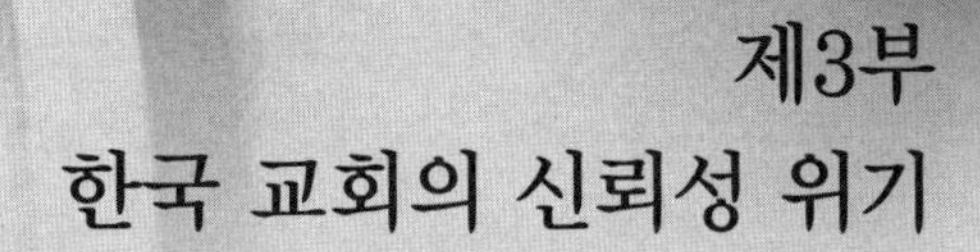

제3부 한국 교회의 신뢰성 위기

제13장

한국 기독교의 신뢰성 위기와 그 미래

1. 개신교의 왜곡된 현주소

2000년대에 들어와서 언론매체들은 앞 다투어 한국 고등종교의 현황과 그중에서도 개신교 혹은 개신교 진영에 속한 특수한 형태의 집단들이 가진 문제들을 특집 프로그램을 통해서 크게 다루고 있다.

문화방송(MBC)은 1998년 4월 5일 <시사매거진 2580>에서 감리교단에 속한 금란교회 김홍도의 온갖 비리 문제(여신도와의 관계와 재정의 불투명한 사용)를 필두로 1999년 5월 11일 과거 성결교 계통에 속한 만민중앙교회 이재록의 비성서적이고 이단적인 행태와 특히 여신도들과의 성적인 문란 행위를 고발했다. 김홍도에 대한 방송이 나가고 나서 대부분의 개신교회나 집단들은 이러한 비판을 자기반성으로 받아들이지 않고 종교 탄압이라는 논제로 대응했다. 당시 KNCC를 비롯해서 대다수의 개신교 집단은 동원할 수 있는 수단과 방법을 모두 사용해서 방송사를 공격했고 이러한 '종교 세력'에 굴복한 방송사는 사과와 해명을 통해 적당한 선에서 문제를 해결했다. 그러나 이재록의 교회는 수십 대의 교회 버스에 신도들을 태우고 방송사를 점거하고 방송 장비를 파괴함으로써 물리적으로 보복하는 방법을 사용했다. 이것은 1960년대 박태선 장로파와 문선명 파가 자기들을 비판하는 글을 쓴 동아일보를 급습하여 편집실 집기들을 파괴하여 신문사를 아수라장으로 만들었던 때를 연상하게 한다.

그리고 문화방송은 2000년 12월 19일에 <PD수첩>을 통해서 '한국의 대형 교회'라는 주제를 내세워 조용기가 저지른 여의도 순복음교회의 재정 오용과 비리 문제를 포함해서 서울의 몇몇 대형 교회들의 목사 직 세습의 문제점을 비판적으로 다루었다. 이에 대해서 해당 교회들은 이 프로그램의 방영 불가 신청서를 법원에 내는가 하면 다른 한편으로는 보수적인 교회 집단인 기독교총연합회 등을 통해서 목사 세습의 타당성을 선전하게 했다.

서울방송(SBS)은 1999년 <그것이 알고 싶다>라는 프로그램에서 세 차례에 걸쳐서 정명석이라는 한 이단아가 이끄는 JMS 집단의 비기독교적이고 이단적인 행태들을 다루었다(3월 21일자; 7월 24일자; 12월 25일자). 여기에서도 종교 지도자가 자신을 메시아 혹은 예수라고 하는 이단적 주장이 문제가 되었고 여신도들과의 성적 추문이 문제가 되었다. 그리고 이 프로그램은 성탄절이 얼마 남지 않은 2000년 12월 16일에는 할렐루야 기도원의 왜곡된 치유 행태를 비판적으로 보도했다.[1] 이 방송은 이전에 같은 프로그램을 통해 필리핀에서 행해지는 치유 방법, 즉 손으로 배를 문지르면서 암 덩어리를 떼어내는 방법이 돼지 피를 이용한 사기극이라는 것을 밝힌 바 있다.

2001년 1월 19일에는 정통성 있는 교단인 대한예수교장로교회(합동파)에 속한 혜성교회가 교회 건축 과정에서 불법 수단을 동원해 20억

1) 정명석은 2006년 현재 자신을 추종했던 사람들에게 고발당해 검찰의 수배 대상에 올라있으며 중국과 동남아 등지에서 은거 생활을 하고 있다.

원의 세금을 탈세했을 뿐만 아니라 목사는 건축 허가를 받아내기 위해서 2,000만 원의 뇌물을 주었다는 사실이 보도되었다.

요즘 개신교와 관련된 보도 가운데 특히 눈에 띄는 것은 몇몇 대형 교회의 목사 세습 문제이다. 목사 세습 문제로 갈등과 진통을 겪었던 대한예수교장로회 합동 측의 충현교회(김창인 목사)와 지금도 그 문제로 진통을 앓고 있는 감리교단의 광림교회(김선도 목사)가 단연 앞자리에 나서고 있다. 두 교회는 오랫동안 목회를 해온 목사들이 은퇴하게 되자 자신의 아들을 후임으로 삼은 데서 문제가 불거진 것이다. 교회 세습 문제는 이들 대형 교회뿐만 아니라 크고 작은 수많은 교회에서 이루어졌고 또한 지금도 이루어지고 있다. 교회 세습을 반대하는 세력과 찬성하는 세력들 간에는 끊임없는 갈등과 대결이 계속되고 있다. 대체로 찬성하는 세력을 많이 확보한 교회에서는 세습이 이루어지고 반대하는 소수파는 추방당하거나 교회를 떠난다. 세습 반대파가 강한 교회에서는 이런 시도가 좌절되지만 그 과정에서 성직자와 교인들이 피차 심한 상처를 입게 된다. 이러한 갈등과 대결 과정에서 교회가 둘로 갈라지거나 마음의 상처를 입은 많은 교인들이 교회를 떠난다.

그 밖에도 교회는 아니지만 교회가 운영하는 기독교방송국(CBS)의 계속된 노사 간의 갈등이 대대적으로 보도된 바 있다. 방송국의 노사 갈등 문제는 권오경 사장이 김영삼, 김대중 등 역대 대통령에게 쓴 충성 편지가 문제의 단초가 되었다. 공공성을 대변하는 방송, 그것도 예수 그리스도의 정신에 서서 사회의 목탁이 되고 예언자의 목소리를 대변해야 할 방송국의 대표가 권력을 손에 쥐고 있는 대통령에게 충성을 맹세한다는 것은 성서적으로도 언론매체의 공정성에도 위배된다는 것이다. 이러한 행태에서 우리는 과거 히틀러에게 충성을 맹세했던 교회와 목사들에 반대하여 오직 그리스도에게만 고백하고자 하는 사람들, 특히 카를 바르트나 본회퍼 같은 사람들이 '고백교회'를 만들어서 투쟁했던 것을 기억하게 된다. 이러한 갈등은 권 사장의 권위주의적 행태와 그를 뒷받침하고 있는 교권주의적 이사들의 비민주적 행태로 인해 해결되지 못하고 있다. 이리하여 방송은 몇 달째 파행을 거듭하고 있다.

그 외에도 크고 작은 교회들의 목사의 이단적 행태와 비리로 야기된 갈등으로 인해서 개신교의 종교답지 못한 행태를 저지르고 있다는 보도가 계속되고 있다.

개신교의 종교적 왜곡과 재정적 비리에 관한 일련의 언론 보도들이 계속되자 최근에 와서는 몇몇 주간지와 계간지까지 한국의 종교들, 특히 개신교회의 문제점을 다루는 특집을 연이어 내놓고 그 원인을 심층적으로 분석하고 있다.[2] 언론매체들의 분석을 통해서 드러난 한국 종교들, 특히 개신교의 모습은 한마디로 예수가 그 제자들에게 전하고자 했던 가르침, 즉 "너희는 세상의 빛이고 소금이다"(마태복음 5: 13~17)라는 명제와는 거리가 멀다. 좀 더 구체적으로 말하면 한국 개신교는 예수가 추구했던 하나님의 나라, 즉 민주적 정치 질서("섬기는 자가 다스리는 자다")와 정의로운 경제 질서(많은 시간 일한 사람이나 짧은 시간 일한 사람이나 동일한 노임은 받는 것)를 실현하려는 이상과 목표(마태복음 20: 1~16)와는 너무나 동떨어져 있다. 예수의 제자들이 모인 공동체는 이 세상에 소금과 빛으로 봉사함으로써 하나님 나라를 실현하도록 부름받았다. 그러나

2) 계간지 ≪당대비평≫은 2000년 가을호에서 "한국의 지식 권력, 권력으로서 한국종교"라는 주제의 특집을 다루고 있다. 여기서 개신교와 관련된 논문으로는 장석만의 「한국 종교, 열광과 침묵 사이에서」, 이진구의 「개신교의 성장주의 이데올로기」 등을 들 수 있다. 주간지 ≪한겨레21≫은 2001년 1월 9일자에서 커버스토리로 종교의 문제점을 다루는데, "가장 무서운 집단 종교 권력", "지옥과 아수라, 돈 …… 돈", "여자여 잠잠하라", "그들은 세금을 안 내도 좋은가?", "한국 교회의 기복 상품들" 등의 기사가 실려있다. ≪주간동아≫ 2001년 1월 18일자에는 "한국종교 너 맛 좀 볼텨?", "정치와 종교의 꼬리를 끊어라" 등의 기사가 실려있다.

오늘날 한국의 개신교는 지상에 하나님 나라를 실천하는 소금과 빛의 사역을 하지 않고 스스로가 완결된 조직체가 되어서 하나님 나라 운동에 역행하고 있다. 중세기 가톨릭교회가 스스로를 하나님 나라로 이해하고 교황이 모든 권력을 장악하고 스스로 구원의 담지자라고 주장했듯이 오늘날의 교회들은 다가오는 하나님 나라를 지상에 세우는 일은 잊어버리고 자체가 마치 궁극적 목적인 것처럼 이해하는 단체가 되었다. 예수는 하나님 나라를 세우려 했으나 그 제자들이 교회를 세웠다고 말한 프랑스의 성서학자 알로이의 주장대로 오늘날 교회는 자기 완결적 집단으로 전락한 것이다.

이렇게 볼 때 한국 개신교는 자기가 위치해야 할 현주소를 상실함으로써 예수 그리스도와는 무관한 매우 왜곡되고 변형되고 타락한 종교 집단 가운데 하나가 되었다. 성서의 말대로 맛을 잃어 길가에 버려진 소금이 되고 세상의 빛이 아니라 말 아래 숨겨진 등불과 같은 처지가 된 것이다. 하나님 나라를 이 세상에 실현하기 위한 섬김의 단체가 아니라 스스로가 완결된 조직체로서 자족하는 '종교' 집단이 된 것이다. 한마디로 한국의 개신교들은 그 본래의 위치를 일탈함으로써 그 존재의 의미를 상실하고 한국 사회에서 신뢰성을 상실했다는 말이다. 신뢰성의 상실은 곧 한국 개신교의 정체성 위기를 낳았으며 나아가 오늘날 선교의 위기를 자초하고 있다. 한국 교회의 정체성 상실과 선교의 위기로 인한 신뢰성의 위기는 이렇게 도처에서 발견된다.

2. 한국 개신교에 대한 역사적 회고

주기도문에 따르면 그리스도인 혹은 교회의 존재 근거는 이 세상에 하나님 나라를 건설하는 데 있다. 이 말은 교회는 자기 완결적 존재가 아니라 예수의 지상명령을 따라 하나님 나라를 건설하는 전위대로서 존재의 근거를 갖는다는 것이다. 따라서 교회는 그 자체로서 목적이 될 수 없고 단지 하나님 나라의 건설을 위한 수단으로서만 존재한다. 이 점을 확실히 해두지 않으면 교회의 존재 이유는 망각되고 중세에서처럼 교회가 자기 완결적 단체로서 하나님 나라를 대신하는 잘못을 범하게 된다.

교회는 하나님 나라를 건설하기 위해서 일반적으로 이중적 사역(double ministries)을 가지고 있다. 첫째는 역동적 사역(dynamic ministry)으로서 세상에 있는 악의 세력과 대항해서 그것을 극복하는 일이요, 그 다음으로는 치유적 사역(healing ministry)으로서 세상에서 소외당한 사람들을 감싸주는 것이다. 이런 점에서 선한 사마리아인에 대한 비유(누가복음 10: 30~37)는 그리스도인 혹은 교회의 사역을 가장 적절하게 정의해 주고 있다. 이 비유에서는 강도를 만난 자를 위한 그리스도인의 치유적 사역을 강조하고 있으나 동시에 강도들을 물리치는 역할, 즉 역동적 사역도 강조한다. 본문이 암시하는 바는 여리고 지방에 은거하고 있는 강도 집단, 즉 세상의 악에 대한 투쟁이며, 이는 곧 그리스도인들의 역동적 사역과 연결된다. 따라서 교회는 역동적 사역을 통해서 세상을 개혁하고 때로는 그것과 대항해서 투쟁하게 된다. 이 과정에서 교회는 박해를 당하기도 하고 고난의 길, 즉 십자가의 길을 가야 하는 경우도 많이 겪게 된다. 그래서 십자가 없는 교회는 진정한 의미에서 예수 그리스도의 교회라고 말할 수 없다. 동시에 교회는 이 세상의 세속적 세력이 굴러가는 수레바퀴에 상처를 입은 사람들을 치유하고 그들을 돌볼 책임을 가지는 것이다.

한국의 선교 초기에 많은 사람들이 개신교를 찾아온 것은 이러한 이중적 과제를 잘 수행해 왔기 때문이다. 우선 한국 교회의 역동적 사역(선교)에 대해서 생각해 보자. 서구 열강의 아시아 진출과 함께 일본 제국주의의 대륙 침략이 본격화된 19세기 말 한국 땅에 상륙한 개신교는 신학적 보수주의와 미국식 교파 교회의 편협성에도 불구하고 정치적으로 500년 동안 쇠약해질 대로 쇠약해진 조선왕조 체제하에서 수탈당하던 민중 계급과 새로운 세계를 꿈꾸던 소외된 지식인들 계층 가운데서 많은 지지를 얻을 수 있었다. 노쇠하고 병든 조선왕조의 절망적 상황에서 새로운 미래를 갈망하던 사람들이 서구 사상과 사회의 근간을 이루었던 종교인 개신교에서 그들의 꿈을 찾고 그것을 실현하고자 했다. 따라서 개신교에 입교한 사람들은 소극적으로는 정치적 억압과 경제적 수탈을 피하려고 하는 하층민들이었고 적극적으로는 새로운 미래를 꿈꾸던 지식인들이었다.

이러한 사람들로 구성된 한국의 개신교는 일본이 조선을 합방한 1910년 이전에는 도전해 오는 일본 제국주의 세력에 맞서서 나라의 독립과 함께 근대적 민족국가 형성을 위해서 일했다. 많은 그리스도 지식인들이 독립협회나 만민공동회에 열성적으로 참가했다. 나라의 독립을 지키는 일과 봉건 왕조를 극복하고 근대 민주주의 국가를 형성하는 일은 온 국민의 숙원이었지만 의식화된 개신교인들이 열성적으로 앞장섰다.

개신교인들의 활동은 일본이 조선을 강제로 합방한 후 나라의 독립과 근대국가의 건설을 위해서 활동했던 사람들을 제거하는 과정에서도 잘 나타난다. 일제는 주로 교육 활동과 의식화 운동을 통해서 이 목표를 달성하고자 했던 신민회를 제거했다(105인 사건). 이 단체는 당시로서는 가장 잘 조직되고 많은 사람들의 지지를 받는 민족운동가들의 단체였다. 신민회의 구성원 가운데는 다수의 개신교인이 있다. 이들은 낡은 사상과 체제를 거부하고 새로운 사상과 체제를 지향했다는 점에서 앞서 언급한 독립협회나 만민공동회의 사업을 계승했다고 할 수 있다.

그 다음으로 개신교는 선교 초기부터 교육 사업과 계몽 사업에 주력

함으로써 한국 근대 교육의 선구자가 되었다. 19세기 말 일제의 침략 앞에서 무력감을 느끼면서 깨달은 것은 당시 한국 사회 지도층들의 역사의식 부재와 그로 인한 민중들의 미몽이었다. 다수의 지식인, 특히 개신교에 입교한 지식인들은 이러한 현실을 타개하기 위해서 무지몽매한 백성들을 가르치고 깨우쳐야 한다고 생각했다. 문맹의 퇴치와 민족의식의 교육만이 나라의 미래를 보장한다고 본 것이다. 그래서 그들은 개신교를 근거로 삼아서 근대적 교육 사업에 투신하게 되었다. 합병되기 전까지 전국에 4,000개가 넘는 학교가 세워졌다. 교회당은 일요일에는 예배처가 되고 다른 날들에는 학교로 사용되었다.

보수적이고 정교분리적인 선교사들로부터 한국 교회가 과도하게 '정치화'되었다는 비판도 받았고, 실제로 조직적인 탈정치화 시도도 있었지만, 당시 개신교는 역동적 선교라고 하는 관점에서 하나님 나라를 지상에 건설한다는 차원에서 바른 길을 갔다.

그 다음으로 개신교의 치유적 사역에 대해서 생각해 보자. 개신교는 서구의 의료제도와 사회복지 제도를 소개함으로써 한국의 근대화에 크게 기여했다. 선교사들은 여러 지역에 병원을 설립하여 질병에 시달리는 사람들을 치료해 주었을 뿐만 아니라 고아원 등을 세워서 부모를 잃고 방황하는 아이들을 모아서 양육하고 교육시켰다.

한국 개신교의 치유적 사역은 해방 후 한국전쟁을 거치면서도 계속되었다. 한국 교회는 1950년대 말 이승만 시절 역동적 사역의 과제를 망각하고 그와 그를 지지하는 다수의 정부 각료와 정치가들이 기독교인이라는 사실 때문에 독재를 묵인했을 뿐만 아니라 장기 집권을 위한 온갖 선거 부정과 부패를 외면했다. 그렇지만 1960년 이승만 독재 정부가 박정희 군사 쿠데타에 의해서 전복되고 30여 년간 지속된 혹독한 군사독재 정권하에서 한국교회협의회에 소속된 교파들은 민주주의와 인권을 위해서 투쟁하고 수난을 당함으로써 그 어느 때보다도 역동적 사역의 본을 보여주었다.

다른 한편 이러한 과정에서 과거 이승만 정권을 지지했던 다수의 수구적 그리스도인들과 교회는 미국식 정교분리의 원칙에 기초해서 교회의 역동적·정치적 봉사를 비기독교적 정치 행태라고 비난했다. 가이사의 것은 가이사의 것이고 하나님의 것은 하나님의 것이라는 주장과 함께 루터의 두 왕국론을 왜곡 해석함으로써 정치적 악에 대해서 침묵하고 그 악을 지원하기까지 했다. 수구적 그리스도인과 교회들은 박정희를 출발점으로 한 군사독재 정권을 반공 이데올로기의 수호자라는 의미에서 묵시적으로, 그리고 명시적으로 지지하고 나섰다. 수구적 그리스도인들과 교회는 군사독재 정권을 비판하고 민주주의와 인권, 그리고 민족의 화해와 통일을 주장하는 사람들을 북한 공산주의 집단을 이롭게 하는 자들이라고 왜곡하면서 군사정권의 정치적 억압과 경제적 수탈, 그리고 인권 탄압을 묵인하고 방조했다.

3. 한국 개신교의 정치적(역동적) 사역의 위기

교회의 역동적 사역이 활발하게 진행되자 여기에 찬성하는 세력과 반대하는 세력들 사이의 갈등으로 인해서 개신교 내에서는 분열이 생기고 그것이 점차 심화되었다. 이제까지의 교파적 분열이 정치적 보수와 진보의 분열로 나아갔다. 교파를 초월해 정치적 보수와 진보 집단 사이에 분열과 연대가 형성된 것이다. 한국 개신교 안에서는 신앙고백을 기초로 한 분열이 아니라, 정치적 고백에 근거한 분열이 두드러지게 나타났다. 그 결과 한국 개신교에서는 한편으로는 보수파를 중심으로 한 정교유착이 나타나고 다른 한편에서는 진보파를 중심으로 한 정교분리 혹은 정교대립이 등장한다. 정교분리를 주장하던 수구적인 그리스도인과 교회는 정교유착 혹은 정교야합으로 나아가고 교회의 정치적 사역을 주장하는 진보적 세력은 정교분리 혹은 정교대립으로 나아간다. 이때 박정희 군사독재 정권은 보수적인 교파들을 다방면에서 지원했는데, 특히 선교 대회 등 대규모 종교 집회와 개별 교회의 필요들을 지원함으로써 정교유착을 더욱 강화해 나가고 다른 한편으로는 진보적 그리스도인들과 교회를 노골적으로 탄압함으로써 그 세력을 약화시키고 제거하는 데 전력을 기울였다.

이러한 과정에서 진보적 개신교의 역동적 사역, 즉 정치적 봉사(political diaconia)가 위기에 처하게 된다. 정치적 봉사가 위기에 처하게 된 시기를 정확하게 말하는 것은 힘들지만 우선 그 요인들을 살펴보기로 하자.

첫째, 초기 한국 교회의 정치적 봉사와 역동적 사역이 도전을 받게 되는 신학적 뿌리는 무엇보다 초기 수구적 선교사들의 정교분리 원칙이라고 할 수 있다. 일본 제국주의의 침략 앞에서 나라의 독립과 근대적 민족국가의 형성을 주도했던 개신교인들의 민족주의적 운동을 선교사들은 '교회의 정치화' 혹은 복음으로부터의 일탈로 규정했다. 이러한 정교분리의 원칙은 한국을 강점하려던 일본 세력으로부터 지원을 받은 바 있다. 1908년 일본의 이토는 선교사들의 만남에서 "정치 문제는 일본 정부가 담당하므로 선교사들은 조선인의 교육과 문화에 힘써주시오"라고 이야기했고, 선교사들도 이에 합의했다. 그 결과 '정치적 개신교인들'은 1910년 신민회 사건과 1919년 3·1 독립운동을 거치면서 수구적 선교사와 일본 제국주의자들의 협공을 받아 그 세력이 완전히 붕괴되다시피 했고 교권은 전적으로 수구적 기독교인들의 손에 들어갔다.

1950년대 말 이승만 정권과 1960년대 초 박정희 군사독재 정권하에서 다시 본격적으로 등장한 교회의 정치적 사역 운동은 불행하게도 다시 독재 정권과 수구적 그리스도인들에 의해서 협공을 당해야 했다.

박정희 정권은 다수의 수구적 그리스도인들과 교회를 자기편으로 끌어들여 온갖 편의와 지원을 아끼지 않았다. 예로서 수구적인 교회 집단들에 의해서 추구되었던 '전군 신자화 운동', '빌리 그레이엄 전도대회', '엑스플로 74대회', '1977년 복음화 성회' 등이 막대한 정부의 지원을 받았다. 당시 정부는 이 행사의 대회장을 건설하는 데 군 병력까지 동원하여 지원했다. 수구적 기독교 집단들이 물심양면에서 지원을 받았던 반면 역동적 사역, 정치적 봉사를 하는 진보적 집단들은 정권으로부터 탄압받았다. 군사독재 정권하에서 반독재 민주화운동에 앞장섰던 진보적 그리스도인들은 아이러니하게도 기독교 일반에 대해서 적대감을 가지고 있던 진보적 지식인들과 동맹하게 된다. 위기의 순간에 이념적으로 가장 먼 거리에 있던 집단이 만나고 협력하게 된 것이다.

둘째, 한국 개신교의 정치적 봉사가 교회 내적으로 도전에 직면하게 된 것은 1970년대 초부터 시작하여 1980년대에 본격적으로 그 힘을 발휘하기 시작한 '교회성장론' 때문이다. 미국의 슐러(Robert Schuller)와 맥가브란(Donald McGavran)이 주도한 교회성장론은 1970년대에 본격적으로 등장했다.

이미 한국 개신교 안에는 감리교적 전통의 부흥 운동이 1960년대부터 개별 교회를 중심으로 부흥과 성장을 추동해 온 전통이 있었다. 대다수의 교회들이 부흥회라는 수단을 통해서 교회성장을 꾀했으며 수많은 부흥사 집단이 경쟁적으로 교회성장에 뛰어들고 있었다. 그러나 그때까지만 해도 부흥사들은 어떤 특정한 이론이나 실천 방안을 가지고 있지 못했고 단지 개개인의 특성을 통해 교인의 수를 늘리는 정도였다.

교회성장론이 특별히 주목받게 된 것은 여의도 순복음교회의 등장 때문이다. 조용기라는 젊은이가 한국전쟁 이후 서대문 로터리에서 천막을 치고 시작한 부흥회 식의 운동은 처음에는 일반 교회의 관심을 얻지 못하고 이단적인 운동으로 취급되었다. 그러나 이 운동이 1970년대에 들어와서 커다란 부흥을 이루고 여의도에 거대한 교회당을 건설함으로써 교회성장론 혹은 대교회주의가 세인의 주목을 끌게 된 것이다.

교회성장론은 사실 1970년대 박정희의 경제정책인 증산, 수출, 건설이라는 표제어와도 밀접한 관련을 갖는다. 박정희에 의한 근대화 혹은 산업화의 추동 과정에서 다수의 농촌 인구가 도시, 특히 서울로 집중됨으로써 서울은 팽창해 갔고, 강남 등 새로 생긴 지역의 교회들은 이주 인구를 흡수함으로써 힘들이지 않고 큰 교회로 성장할 수 있었다. 강남에 생긴 대다수의 교회들, 특히 대형 교회들은 선교 운동의 성과라기보다는 기독교인 농촌 인구의 도시 이주와 밀접하게 관련되어 있다.

교회성장론에 영향을 받은 한국의 정통적 개신교, 그중에서도 장로교회와 감리교회는 1970년대에 들어서서 전통적 부흥 운동을 중심으로 개별 교회 차원의 성장 전략을 넘어서서 교단 차원의 성장 전략을 모색하게 된다. 이때 교단들은 제각기 선교 전략을 수립하고 달성 목표로서 5,000 교회 운동 혹은 3만 교회 운동을 전개하게 된다. 이 목표를 달성하기 위해서 교단은 수단과 방법을 가리지 않았다. 교단의 부흥사들을 총동원하고 개척교회들을 총회 차원과 대교회 차원에서 지원하는 프로그램을 만들어서 실천했다. 인구 팽창과 도시 확대로 생기는 새로운 지역에 앞 다투어 개척교회를 세웠고, 그러다 보니 한 건물에 층마다 각기 다른 교회들이 들어서는 웃지 못할 현상까지 나타났다. “자고 일어나면 새 교회와 다방”이라고 사람들은 우스갯소리를 했다.

전통적인 부흥 운동과 미국에서 들어온 교회성장론, 그리고 박정희의 경제성장 정책이라고 하는 세 개의 운동이 서로 맞물려 상승작용을 함으로써 한국 개신교는 1970년대에 대도시들, 특히 서울에서 급속한 성장을 이루었다.

한국 교회의 성장을 추동한 교회성장론은 맥가브란의 선교론과 슐러의 적극적 사고에 그 기초를 두고 있다. 여기에 대해서 김경재 교수는 다음과 같이 말하고 있다.

> 교회는 성령이 이끄시는 영적 공동체로서 은사와 능력이 같이해야 하며 양적으로 성장해야 한다는 것, 사회적 인격체보다는 인간을 개인 영혼 단위의 실체적 존재로서 파악한다는 것, 선교 운동은 구체적으로 교인의 증가로서 나타나며, 선교 운동은 집단적 대중운동 형식으로 전개되어야 한다는 것, 개개인의 인간이 잠재 능력으로 지닌 무한한 가능성을 일깨워 활성화함으로써 세계를 정복한다는 힘의 개념으로 파악한다는 것들이다(김경재, 1998: 12).

이들의 선교론과 적극적 사고는 미국식 자본주의의 종교적 변종이라고 할 수 있다. 고전 경제학자 애덤 스미스의 자유시장경제 원리에 기초한 자본주의는 무엇보다 마르크스가 말한 것처럼 모든 윤리적 동기를 배제한 철저하게 과학적인 이론 체계로서 파악되는데, 여기서는 '보이지 않는 손(invisible hand)'이 경제의 주체들을 수요와 공급의 법칙에 의해서 움직이게 한다는 것이다. 그러나 이러한 고전적 원리는 변질되어 오늘날 미국식 자본주의에서는 공급자들 간의 치열한 경쟁을 통해 기업의 이윤을 극대화해야 한다. 이것이 곧 자본주의적 기업가 정신이다. 교회성장론에 의하면 교회가 성장하기 위해서는 기업의 이윤 극대화 정신이 지배해야 하며 이를 위해서는 개개인이 가지고 있는 능력을 신뢰하는 '적극적 사고(positive thinking)'와 무한 경쟁의 실천 원리가 도입되어야 한다.

무한 경쟁 원리를 통해서 획득된 교인(혹은 고객)이 떨어져 나가지 않게 관리하는 프로그램으로서는 기업들이 이윤을 극대화하려고 판매 전략으로 사용하는 다단계 판매 방식의 제자 훈련 프로그램이 채택되고 있다. 교회가 실시하는 전도자 혹은 제자 훈련 프로그램은 다단계 판매 사원이 처음 거쳐야 하는 판매 교육 프로그램을 본뜬 것이라고 볼 수 있다. 이렇게 훈련된 전도자나 평신도 지도자는 구역장으로 임명되어 개개 구역을 점 조직으로 운영하는 일을 담당한다. 개개 구역장은 그 구역을 키워서 일정한 단위로 성장하면 그것을 분열시켜서 자기가 기른 구역장에게 넘겨준다. 따라서 교회의 성직자는 훈련된 구역장들을 관리하는 사역을 한다. 대교회 목사들은 대기업체의 회장의 사역을 하고 부목사들은 일정한 지역을 담당하는 사장의 사역을 하면 된다. 사장 격인 부목사들이 점 조직인 구역을 맡고 있는 구역장들을 통제해 나간다. 따라서 오늘날 대교회에서는 전통적 목회는 사라지는 대신 자본주의적 '경영' 양식이 등장하고, 목회자의 설교는 하나님의 말씀(선포, Proclamation)이라기보다 기업체의 광고 전략, 즉 '선전 선동(propaganda)'으로 전락하고 말았다.

4. 한국 프로테스탄트 신학의 변질과 교회의 변용

1970년대 중반부터 본격적으로 등장해서 그 힘을 발휘하기 시작한 교회성장론과 더불어 한국 개신교는 부정적 의미에서 다양한 형태로 그 모습을 취하기 시작한다. 여기서 필자는 종교개혁 신학과 프로테스탄트 원리를 준거로 한국 개신교 신학의 변질과 교회의 변용을 몇 가지로 정리해 보고자 한다.

첫째, 한국 개신교는 종교적 개인주의가 지배함으로써 프로테스탄트 교회의 신앙 공동체가 가져야 할 공동체성 및 사회적 연대성을 상실하고 있다. 중세 말 보편논쟁에서 교황을 정점으로 하는 로마 가톨릭교회의 집단주의에 대항하여 개체주의를 지지했던 유명론(Nominalismus)이나 독일 신비주의자 마이스터 에크하르트(Meister Eckhardt)와 타울러

(Tauler) 등이 주장한 "인간은 개체로서 신과의 만남을 통해 자신의 구원을 이루어간다"라는 논제가 종교개혁자들의 신학적 근간을 이룸으로써 개인주의가 곧 프로테스탄트 교회의 신학적 방향을 잡아주었다. 당시에 새롭게 등장했던 르네상스와 인문주의 사상이 지향했던 개인주의적 요소도 이러한 종교개혁 신학의 기초가 된다. 여기서 우리는 종교개혁 신학이 담고 있는 개인주의적 성향을 발견할 수 있다.

분명히 해두어야 할 것은 종교개혁 신학에서의 개인주의적 성향은 가톨릭의 교황 체제 이론과 함께 그 실천 방안으로서 사제들을 통한 구원의 매개라는 집단주의적 모순을 거부하고 개개인이 한 인격체로서 하나님과 책임적으로 마주서서 자신의 구원을 이루라는 데서 출발하고 있다는 점이다. 종교개혁 신학의 세 가지 핵심적 근간이라고 할 수 있는 믿음에 의한 의인, 만인제사론, 그리고 그리스도인의 자유 등은 모두 당시 로마 가톨릭 신학에 근거한 공로의인, 성직자 독점주의, 거기에 기초한 그리스도인들의 부자유를 극복하려는 것에 그 목표를 두고 있었다.[3] 개신교적 전통은 불가피하게 개인주의 혹은 개인의 성숙성과 거기에 기초한 책임성에서 출발하지 않을 수 없었다.

따라서 종교개혁 신학의 전통에서 개인주의는 그것이 빠질 수 있는 부정적 성향들, 우리나라 개신교가 직면하고 있는 개인주의적 기복 신앙, 성도들의 공동체성 부정, 교회의 사회적 책임성과 연대성의 상실을 지향하고 있는 것은 결코 아니다.

개인주의의 부정적 성향 가운데에서도 한국 개신교가 가진 가장 부정적인 것은 무엇보다 이기심에만 기초하고 있는 기복 사상이라는 것

3) 1520년에 루터가 기록한 종교개혁 문서들, 즉 「독일 개신교 귀족에게 보내는 글」, 「교회의 바빌론 포로」, 「그리스도인의 자유에 대하여」 등은 이러한 종교개혁의 원리를 담고 있다.

이 대다수 학자들의 견해이다. 기복 사상은 한국의 전통적 종교인 샤머니즘에 뿌리를 두고 있고 교회의 양적 성장만을 목표로 하는 개신교회들이 신자들의 심성을 오염시키고 있다. 샤머니즘과의 타협 혹은 유착 현상은 외래종교로서 한국에 전래되었던 불교에서도 나타난다. 그 대표적인 예가 바로 불교 사찰 안에 삼신각이나 칠성각을 지음으로써 샤머니즘적 요소를 수용한 것이다.

기복 신앙을 기초로 한 샤머니즘과 기독교 간의 유착 관계가 처음으로, 그리고 노골적으로 시도된 것은 순복음교회에서 발견된다. 그들이 말하는 '삼박자 축복론'이 그 대표적 예이다. "사랑하는 자여, 네 영혼이 잘됨과 같이 네가 범사에 잘되고 강건하기를 내가 간구하노라"(요한복음 3: 2)라고 하는 특정 성서 구절을 마치 기독교 진리 전체를 포괄하는 것처럼 해석함으로써 기독교 신앙이 기복 신앙으로 변질된다. 그것은 대다수의 목사들이 설교 도중 연발하는 "예수의 이름으로 축원합니다"라는 도식에서도 볼 수 있다.

샤머니즘적 축복 중심의 신학과 설교는 종교개혁 신학에서 성서 해석의 근간인 루터의 '율법과 복음'이라는 해석학적 도식을 완전히 무시한 것이다. 율법 없는 복음 선포나 복음 없는 율법 선포는 기독교 전체의 진리를 왜곡한다는 루터와 칼뱅의 주장에서 볼 때 순복음교회의 설교는 일방성을 면하기 어렵다. 이것은 마치 십자가 없는 부활의 설교와 같아서 인류의 구속을 위한 그리스도의 수난과 희생, 즉 율법을 배제한 '꿀맛 같은'(루터) 복음만을 고집했던 종교개혁 시대의 반율법주의자(Antinomians)들의 오류를 반복하는 것이다. 따라서 조용기가 말하는 '순복음'이란 이런 의미에서 성서 전체를 구성하는 두 기둥, 즉 율법과 복음을 동시에 설교해야 한다는 종교개혁의 전통을 떠난 이단적 사고에 그 뿌리를 두고 있다. 책망과 형벌을 통해서 진정한 회개에 이르게 하는 율법 없이 항상 꿀과 같이 단 복음만을 선포함으로써 성서의 전체 진리를 벗어나 기복주의로 빠지게 된 것이다. 이는 마치 매와 채찍은 없이 당근과 사탕만을 주면서 아이를 키우려는 요즘 부모의 자세와 같아서 아이를 항상 부모에게 요구만 하는 성숙하지 못한 인간으로 만들 위험이 크다.

조용기 이전에도 한국 개신교 안에는 다수의 부흥사들이 있었다. 그들은 기복 신앙적 설교보다는 종말론적 설교를 통해서 죄인들의 묵시문학적 고통들로 위협하고 회개를 촉구했었다. 그들은 조용기처럼 꿀맛같이 단 복음만을 일방적으로 설교하지는 않았다. 1970년대에 들어와서 교회성장론이 그 힘을 발휘하면서 다수의 개신교 목사들이 이러한 조용기 식의 축복 설교를 모방해 가는 경향이 나타난다. 그 이전에는 목회의 성공한 분으로 영락교회의 한경직 목사를 꼽았으며 많은 젊은 성직자들이 그의 설교 내용뿐만 아니라 스타일과 발음까지 모방하려 해서 남한 출신 목사들이 평안도 사투리를 쓰는 경우도 있었다. 그러나 1970년대에 들어서면서 순복음교회가 크게 부각되자 수많은 성직자들이 조용기의 샤머니즘적 축복 설교를 모방했고, 그의 경상도 사투리를 흉내 내는 사람들까지 등장하게 되었다.

둘째, 한국 개신교는 개별 교회주의에 집착함으로써 공교회성을 상실하고 특수 집단으로 게토화하거나 성직자나 특정인의 사유물로 전락하고 있다. 한국의 개신교, 특히 장로교 계통의 교회는 역사적으로 가톨릭이나 성공회와 같이 주교(감독)제 교회보다는 회중 교회적 성격을 띠고 있어서 중앙의 통제를 받지 않는 개별 교회적 전통을 가지고 있다. 장로교 계통의 개별 교회주의가 한국 개신교의 역사 발전 과정에서 매우 강력한 힘을 발휘하자 전통적으로 주교제인 교회들까지 개별 교회주의로 옮겨갔다. 예를 들면 감리교회와 같은 주교제 교회도 이제는 목회자의 임면권이 주교에서부터 개별 교회로 넘어간 지 오래이고 더 강력한 주교제 교회인 성공회마저도 유사한 방향으로 나아갈 것으로 보인다.

성직자 임면권은 독일의 경우 16세기 토마스 뮌처가 이끈 농민전쟁에서 농민들이 요구했던 12개 논제에 등장했다. 그러나 그것은 1918년 독일의 민주혁명을 통해서 탄생한 '헌법적 교회'에 의해서 실현되었다. 혁명 전까지는 주교들이나 영주들이 목사들의 임면권을 장악하고 있었다. 종교개혁 이후 400년이 지나서야 '그리스도인의 자유'라고 하는 종교개혁적 명제 하나가 실현되었다.

그러나 개별 교회의 권리 신장을 배경으로 발전된 개신교에서는 그것이 가진 부정적 측면, 즉 개별 교회주의가 심각한 문제로 등장하게 된다. 세계 각국으로 전파된 개신교들이 각 지역의 역사적·문화적 특성을 배경으로 너무 다양하게 발전하다 보니 교회가 가져야 할 공교회성을 상실하는 사태가 일어났다. 그것은 19세기의 세계 선교 이전에 이미 유럽과 북미 개신교 안에서도 나타난 현상이다. 그러나 개신교가 전 세계로 퍼져나가자 이러한 개별 교회주의는 신학적으로뿐만 아니라 교회 정치적으로 커다란 문제를 야기했다. 우선 신학적으로는 종교개혁 전통을 완전히 벗어난 다수의 이단적 종파들이 나아가는가 하면 교회 정치적으로는 개별 교회들이 통제 수단을 완전히 벗어난 집단이 된다. 따라서 신학적으로나 교회 정치적으로나 개신교는 공교회성을 상실하는 위기에 처한 것이다.

우리가 공교회성을 말할 때 그것은 두 가지 차원을 내포한다. 첫째는 세계 개방성을 말하고 둘째는 사회적 공공성을 의미한다. 세계 개방성이란 종교 단체로서의 교회가 어떤 수도원과 같은 폐쇄적인 은둔자의 집단이 아니라 교회가 속한 지역에서 교회를 개방하고 지역민의 삶에 동참하는 것을 의미한다. 공교회성으로서 공공성은 교회가 어떤 사적 조직이나 단체로서가 아니라 공적 집단으로서 자기가 속한 사회에서 책임을 다하는 것을 의미한다.

1945년 제2차 세계대전이 끝나고 등장한 세계교회협의회의 에큐메니컬 운동은 개신교의 공교회성 상실과 그 결과로 나타난 폐쇄적인 개별 교회주의에 대처하기 위한 운동이다. 영미 계통의 운동가들이 지향했던 교회의 세계 개방성 강화나 유럽 계통의 운동가들이 지향했던 교회의 공공성의 강화는 어떤 점에서 에큐메니컬 운동을 이끌어간 두 축으로서 상호보완 관계에 있다. 그것은 에큐메니컬적 언어로 말하면 이 운동에서 교파 분열을 극복하려고 한 '교회의 일치 운동'과 동시에 악한 세계에서 그리스도의 진리를 관철하려고 한 '해방신학적 운동'이 상호 연계되어 있다는 것이다.

세계 에큐메니컬 운동은 한국 에큐메니컬 운동에서는 매우 독특한 변조를 보이고 있다. 1960년대 이후 군사독재 정권하에서 한국 에큐메니컬 운동은 인권신장과 민주화, 그리고 민족 통일과 평화운동이라는 측면에서 이 운동의 두 번째 축인 '해방신학적 운동'이 선두에 서있었다. 인권, 민주화, 정의를 위한 투쟁이 선두에 나선 당시의 에큐메니컬 운동에서는 '교회 일치'라는 표제어가 후퇴했다. 이러한 해방신학적 운동을 통해서 한국의 개신교는 공교회성을 확보하고, 세계 개방성과 공공성을 얻을 수 있었다.

그러나 군사독재가 끝나고 문민정부가 시작된 이후부터 한국의 에큐메니컬 운동은 방향감각을 상실하고 이리저리 흔들리기 시작한다. 그 원인은 우선 해방신학적 운동의 구체적 대상이었던 군사독재 정권의 퇴진을 들 수 있다. 그러나 이러한 방향감각의 상실은 이제까지 해방신학적 운동으로서의 한국 에큐메니컬 운동에 대한 서구 교회들의 재정적 지원이 중단된 것에서 그 원인을 찾을 수도 있다. 재정 위기에 봉착한 한국교회협의회는 그 사태를 해결하기 위해서 수구적이고 부유한 교회들에게 지원을 요청하지 않을 수 없었다. 이들의 지원을 받기 위해서 교회협의회는 정관을 바꾸어 보수 교단의 책임자들을 모두 의장으로 영입함으로써 운동의 주도권을 넘겨준다. 이리하여 이 단체의 해방신학적 운동은 완전히 후퇴하는 대신 보수적인 교회 정치가들이 지향하는 '교회 일치 운동'이 전면에 나서게 되었다. 그러나 교회성장론에 기초해 대형 교회를 이루어서 교단의 지도자가 되고 개별 교회주의에 심취해 온 보수적 교회 지도자들을 중심으로 한 교회 일치 운동이 성공을 거두리라고 보는 이는 적다. 더욱이 세계 개방성과 공공성을 목표로 하는 공교회성의 회복을 이들에게서 기대하는 것은 어리석은 일로 보인다(손규태, 1997: 212~251).[4]

셋째, 한국의 개신교는 배타적 교파주의에 사로잡혀 있어서 에큐메니컬 정신에 따라 교파 간 협력은 물론 타 종교에 대해서 적대적 자세를 취하고 있다. 개신교의 배타적 교파주의는 개별 교회주의의 연장선상에서 배타적·집단주의적 성격을 띠고 있다. 교파주의는 세계 개방성과 공공성이 결여되어 있어서 공교회로서의 전통을 상실하고 있다는 점에서는 개신교의 개별 교회주의의 연장선상에서 파악될 수 있을 것이다.

교파주의는 미국의 교파 교회의 선교를 통해서 선교 초기부터 한국 땅에 이식되었다. 한국 선교에서 크게 성공을 거둔 장로교회나 감리교회 등은 말할 것도 없고 여타의 교파 교회들은 예외 없이 미국 모교회의 교파주의를 배경으로 하고 있다. 따라서 엄격하게 말하면 한국 선교는 기독교 복음의 전파를 통해서 생겨난 원주민의 교회라기보다 미국 교파의 확대, 즉 교파의 이식이라는 성격을 가지고 있다. 교파가 아니라 선교 단체들에 의해서 복음이 전파된 지역의 교회들이 매우 자립적인 성격을 가진 것은 이들이 특정 교파의 교리나 예식 등에 크게 지배받지 않았기 때문이다.

---

4) 여기서 필자는 이 운동의 두 흐름, 즉 해방신학적 방향과 교회 일치적 방향을 다루고 오늘날 두 번째 방향에 선 한국 개신교의 문제점을 다루었다.

따라서 한국의 교파 교회들은 선교 초기부터 매우 배타적이었다. 교파 교회의 선교사들은 한국의 전통문화나 종교에 대해서뿐만 아니라 기독교의 다른 교파에 대해서도 매우 배타적인 자세를 취했다. 이것은 미국이나 유럽에서 개신교 교파들의 등장 과정, 교리 형성과 대립투쟁 과정에서 상호 간에 지니고 있던 적대적 자세를 여전히 간직하고 있었기 때문이다. 선교 초기에는 몇몇 교단 선교사들 사이에 외적 조건들로 인해서 다소의 협력 관계가 있었으나 이러한 협력 정신이 지속될 수는 없었다. 특히 해방 직전 일제에 의해 조선 교단으로 강제 통합되었던 개신교는 해방이 되자마자 '교회 재건'이라는 이름으로 다시 교파 교회로 돌아갔던 것이다. 해방 후 귀국한 선교사들은 이러한 교회 재건을 지원함에 있어서 역시 배타적 교파주의를 충동함으로써 한국 교회에서는 다시금 교파주의가 정착하게 되었다.

교파주의를 극복하기 위한 노력은 세계 에큐메니컬 운동이 시작된 이후 1950년대 중반부터 시작되었다. 그러나 교파주의 극복의 노력은 한국인 교회 지도자들에 의해서보다는 선교사들의 모교회의 교회 일치 운동의 영향을 받아서 시작되었다. 따라서 한국에서의 에큐메니컬 운동은 전적으로 선교 모교회의 성격과 자세에 좌우되었다. 교파주의를 극복한 교회 일치 운동은 한국에서는 약간 개방적인 장로교와 감리교, 성공회와 구세군, 복음교회 등에 의해서 추진되었다. 이들을 제외한 보수적인 장로교회와 여타 교단들은 철저히 배타적인 교파주의에 얽매여서 교회 일치 운동에는 전혀 참여하지 않았을 뿐만 아니라 이 운동을 비판했고 적대적으로 대했다.

그리고 에큐메니컬 운동, 즉 교회 일치 운동에 참여하고 있는 교단 안에서도 교리적·정신학적 차이와 교회 정치적 이해관계의 대립으로 인해 항상 갈등이 그치지 않았다. 따라서 에큐메니컬 조직 안에서는 항상 지도자 인선에서의 안배와 함께 사업계획이나 실천에서 이권 나누기가 교회 일치 운동을 어렵게 만들고 왜곡시켰다. 그러다 보니 에큐메니컬 운동의 본래적 정신, 즉 교회 일치와 복음 진리의 실천이라는 정신은 사라지고 교권 정치가들의 자리다툼이나 이권다툼의 장으로 전락하거나 몇몇 에큐메니컬 전문가의 놀음판이 되고 말았다. 교권 정치가들의 명예다툼이나 이권다툼의 장이 됨으로써 교회 일치 운동이 명실상부하게 전체 교회운동으로 교단이나 개별 교회의 운동으로 자리잡지 못하게 된 것이다. 사실상 교회 일치 운동은 몇몇 엘리트 성직자들의 운동이 아니라 모든 그리스도인들의 신앙 운동이 됨으로써 분열되고 대립된 교파들을 진정한 의미에서 하나로 만들고 그 기초 위에서 그동안 상실되었던 신뢰성을 회복하고 그리스도의 말씀을 효과적으로 증언할 수 있는 것이다.

특히 교회 일치 운동을 통해서 다른 교파에 대한 이해와 신뢰성이 구축될 때 비로소 개신교는 다른 세계적 종교들, 특히 불교와 유교와 대화할 수 있고 그들과 협력 관계를 가질 수 있는 것이다. 이 점에서 한국의 가톨릭교회는 개신교에 모범이 되고 있다. 앞으로 다가올 새로운 세기, 더욱더 세속화되고 물질적 가치관이 지배하는 세계에서는 종교들 사이의 이러한 이해와 협력 없이는 '상호 매개적 기관'으로서 교회가 그 직무를 제대로 수행할 수 없을 것이다. 세속화를 통해서 전통적 가치 체계들에서 해방된 오늘날의 사회에서 물질적 가치들이 서로 상충하는 조건하에서 교회는 하나의 해석 공동체로서 진정한 삶의 의미와 방향을 제시해 주어야만 '상호 매개적 기관'으로서의 사역을 감당할 수 있다는 것이다(Huber, 1990).

넷째, 한국의 개신교는 남성 중심의 가부장제와 성직자주의에 집착함으로써 프로테스탄티즘의 만인사제론과 평등주의 정신을 망각하고 있다. 종교개혁 당시 루터가 제창한 바 있는 만인사제론은 로마 가톨릭주의의 성직자와 평신도 사이의 왜곡된 차별과 함께 남성의 성직 독점이라는 비성서적 제도를 타파하는 데 그 목적을 두고 있었다.

특히 로마 가톨릭교회는 성직을 신이 제정한 하나의 불변의 질서(ordo)로 규정하고 이 질서에 속한 성직자와 그 질서에 속하지 못한 평신도를 철저하게 차별했다. 성사 행위에서 성직자에게 속한 영역과 평신도들에게 속한 영역이 철저히 구별되었다. 예를 들면 설교나 성례전 집행은 철저하게 성직자의 것이어서 평신도는 그것들을 집례하지 못하게 된 것이다. 교회의 성직화(Klerikalisierung der Kirche)는 사실상 성서와 무관하며, 단지 교회의 전통에 속하는 것일 뿐이다.

루터는 여기에 대항하여 서품 혹은 안수를 불변의 질서가 아니라 단지 그 직무를 맡은 사람을 위한 축복 혹은 축성(Segen)으로 파악함으로써 사제와 평신도 사이의 차별을 극복하려고 했다. 성서에 따르면 안수나 서품은 직무상의 특수성만을 대변하는 것으로서 하나님의 불변한 질서가 아니며, 이러한 직무를 맡은 사람이 서품받는 것은 단지 그 일을 전문적으로 혹은 직업으로서 행한다는 것을 의미한다. 따라서 서품식의 목적은 신의 특별한 질서에 들어가는 것이 아니라 단지 축복을 받는 것뿐이다.

이러한 루터의 사상은 가톨릭이 불변의 질서로 삼았던 다섯 개의 성사를 반성서적이라는 이유로 거부한 것에서도 나타난다. 예를 들어서 결혼과 같은 자연적 질서는 말할 필요도 없고 견진(입교식)과 같은 종교적 의식도 신의 불변하는 질서로 이해되지 않았다.

따라서 성직자는 전문적 훈련을 받은 사람으로서 설교와 성례전을 집행하는 직무(Amt)를 교회로부터 위탁받은 사람일 뿐이다. 그런 점에서 성직자는 질서상으로 평신도와 구별되는 것은 아니다. 성직자는 전문적 훈련을 받은 사람으로서 교회의 직무를 받은 사람이고 평신도들은 세속적 전문 직업에 종사하면서 교회의 일정한 직무를 맡은 사람이라고 할 수 있다. 성직자와 평신도는 어떤 위계질서 속에 위치한다기보다는 각각의 직무에 따라 구별될 뿐이다.

이렇게 볼 때 오늘날 한국의 개신교에서 볼 수 있는 절대화된 성직자주의는 성서적 전통뿐만 아니라 종교개혁적 전통을 벗어나있다. 특히 근래에 와서 교회를 독점적으로 장악하고 전권을 행사하려는 성직자들의 파쇼주의의 성향은 실로 놀라운 것이다. 그리스도가 준 직무를 위탁받은 자로서 성직자가 교회와 그 구성원들을 섬기기보다는 그들을 지배하고 그들 위에 군림하는 행태가 비일비재하다. 교회와 그 구성원들을 마치 자신의 사유재산의 일부처럼 간주하여 팔고 사는 일이나 일부 교회에서 볼 수 있는 교회의 세습화 등도 이러한 성직자주의에 그 뿌리를 두고 있는 것이다.

성직자 파쇼주의는 교회의 남성화와도 일맥상통한다. 성직자 파쇼주의는 성직자와 평신도를 차별하게 했을 뿐만 아니라 교회를 남성 중심의 교회로 만들었다. 교회 내에서의 여성차별은 일차적으로는 여성들을 안수제도에서 배제함으로써 본격적으로 시작되었다. 교회에서의 여성배제를 정당화하기 위한 다양한 이론이 제시되었으며 그중에서도 여성에게는 '영혼'이 없다고까지 주장하는 이론이 신학자들에 의해서 조작되었다. 이처럼 영혼이 없는 여성에게 성직을 부여하는 것은 불가능하다는 이론이 심지어는 가톨릭교회의 성가대에까지 영향을 주어서 오늘날까지도 바티칸 성가대에는 여성이 배제되어 소프라노와 알토는 변성기를 지나지 않은 소년들이 맡고 있는 것이다. 교회 안에 자리 잡은 파쇼적 남성 중심주의는 급기야 여성의 모든 가치를 부정하려는 광기로 나타나 이른바 마녀사냥을 하기에까지 이른다.

오늘날 한국 개신교 안에서 이러한 노골적인 마녀사냥이 일어나지는 않았지만 여성 멸시와 여성 적대주의가 다양한 형태로 존재한다. 무엇보다 다수의 교단들이 여성 목사 안수를 거부하고 있을 뿐만 아니라 여성들의 장로 안수까지 거부하고 있다. 여성 안수를 인정하고 있는 교단들에서도 여성 성직자들은 대체로 부수적인 사역만을 담당하고 있어서 총회나 노회와 같은 중요한 의사결정 기구에서는 여전히 소외당하고 있다. 개별 교회에서도 여성 성직자들은 역시 주변적 존재로 머물고 있을 뿐이다.

그뿐만이 아니다. 여성 평신도들도 남성 평신도들과는 달리 교회에서는 주변적 존재로 남아서 그들에게는 주로 봉사하는 직무만 주어진다. 무엇인가를 지배하고 결정하는 기구들은 남성들의 전유물로 남는다. "여성들은 교회에서 잠잠하라"라는 바울의 말이 이를 정당화하는 성서 구절로 사용된다. 이 말은 당시 한 특정 교회에서 제기된 문제와 관련하여 여성들에게 내린 권면인데 오늘날의 교회는 그것을 여성 억압의 기제로 일반화해서 사용하고 있는 것이다.

이렇게 볼 때 중세는 교회의 성직화와 남성화의 시기였다고 할 수 있다. 그러나 만인사제론이라는 종교개혁 전통을 이어받은 개신교에서도 성직자 중심주의와 남성 중심주의는 사라지지 않고 있다. 한국 개신교 안에서 이러한 성직자 중심주의와 남성 중심주의는 전통적 가부장주의와 뒤얽히면서 가장 고치기 힘든 악습으로 남아있다.

다섯째, 한국 개신교는 미국의 선교사들이 전해준 정통주의 보수주의 신학만은 받아들임으로써 종말론적 내세주의와 함께 내면주의에 빠지고 세계 개방성을 상실함으로써 신학적·교회적 게토화로 역사의식을 상실하고 사회적 책임을 망각하게 되었다. 지금부터 한국에 개신교를 전해준 선교사들은 대체로 보수적이라는 것은 주지의 사실이다.

여섯째, 한국 개신교에서는 이미 언급한 바 있는 자본주의적 경제논리의 종교적 변종이라 할 수 있는 교회성장 이데올로기에 기초한 치열한 경쟁 논리와 전투적 승리주의가 지배하고 있다. 경쟁 논리와 승리주의의 뿌리는 위에서 말한 교회성장론에 두고 있다. 개별 교회가 성장하기 위해서는 이웃의 다른 교회와 경쟁을 해야 한다. 그 수단으로서 교회는 부흥회라는 것을 이용했다. 선교 초기에 부흥회는 기독교를 알리고 선전하는 수단으로 사용되었다. 그러나 이러한 부흥회는 1910년 한일합방 이후 '100만 명 구령 운동'에서부터 오용되기 시작했다. 이 운동은 두 가지 목표를 가지고 있었는데, 첫째는 나라 잃은 백성들을 위로하고 그들의 마음을 달래주기 위한 것이었고, 둘째는 나라 잃고 분노와 좌절에 처한 백성들로 하여금 현실세계를 떠나서 피안적 세계를 지향하게 함으로써 종교적 평안을 얻게 하는 것이었다. 따라서 이러한 구령 운동은 당시 조선 총독 이토 히로부미(伊藤博文)와 합의한 것, 즉 정치적 문제는 일본이 담당하고 종교적 문제는 선교사들이 담당한다는 합의를 그 배경으로 하고 있다. 즉 애국적이고 민족적인 개신교인들을 교회에서 배제하거나 추방함으로써 교회를 탈정치화하는 것을 궁극적 목표로 하고 있었다.

부흥 운동은 해방 이후 한국전쟁을 치른 다음에 다시 등장하는데, 이때만 해도 이 운동은 전쟁에서 상처 입은 영혼들을 치유하고 교회를 재건하는 데 일정 정도 사역을 했다고 볼 수 있다. 그러나 부흥 운동은 1960년대에 들어와서 개별 교회 교인들의 약화된 신앙생활을 재충전하는 데 초점이 맞춰지고 교회 확장을 위한 수단으로 이용되면서 다시 경쟁적 성격을 띠게 된다. 당시 거의 모든 교회들은 1년에 한두 번씩 부흥회를 열었고 이 운동은 점차 자기 교인들의 신앙생활의 재충전은 뒷전이고 교인 수 늘리기에만 집중하게 된다. 이 목표를 달성하기 위해서 부흥회 때는 교인들을 동원해서 이웃 교회들의 교인들을 모아들이기 시작했다.

이러한 부흥 운동은 점차 그 강도를 달리하면서 교회 안에서 일상화 혹은 내면화를 꾀한다. 이것을 위한 프로그램으로써 '제자 훈련 프로그램'을 도입하여 구역을 점 조직으로 운영하고 이것을 통해서 이른바 '총동원 주일'이라고 하는 프로그램이 수시로 사용되었다. 구역을 통한 제자 훈련 프로그램은 이미 언급한 바와 같이 판매 시장에서 경쟁 수단의 하나인 다단계 판매 조직을 본뜬 것으로서 공정한 경쟁을 거부하고 독점적으로 시장을 장악하려는 것과 같다. 그리고 '총동원 주일'은 당시 독재 정권의 군사 문화를 본받은 것으로서 그 배경에는 경쟁을 넘어서 적을 극복하려고 하는 승리주의가 그 배경을 이루고 있다. 따라서 부흥 운동을 통한 교회성장 논리는 한마디로 자본주의적 경쟁 논리와 군사 문화적 승리주의가 결합된 것이라고 할 수 있다.

5. 한국 개신교의 성서와 종교개혁 정신으로부터의 일탈

이러한 신자유주의를 배경으로 하는 미국식 자본주의의 종교적 변형이라고 할 수 있는 교회성장론이 한국의 개신교를 휩쓸고 지나간 오늘날의 한국 개신교의 현재의 실상을 우리는 어떻게 규정해야 할까? 그것은 위에서 본 대로 개인주의, 개별 교회주의, 교파주의 등을 낳았고 한편으로는 성직자들을 가부장적 파쇼주의와 경쟁 논리에 의한 전투적 승리주의로 이끌고 다른 한편으로 그리스도인들을 샤머니즘적 기복주의와 피안적 내세주의로 내몰아서 결과적으로는 예수 그리스도의 복음의 정신과 종교개혁 전통에서 이탈하는 결과를 가져왔다. 그 일차적 원인으로 신자유주의를 기초로 하여 무제약적 경쟁을 부추김으로써 인간성을 파괴하고 공동체성을 부정하는 자본주의적 경제 원리를 들 수 있다. 이러한 자본주의적 경제 원리는 인간들로 하여금 물질적 가치만을 숭상하게 만들고 따라서 이것을 얻기 위한 경쟁(시장) 원리를 앞세우며 이 경쟁에서 승리하는 것을 최고의 가치로 생각하게 된다. 따라서 교회에서는 선교라는 이름으로 무제약적 경쟁을 추동하고 그 결과로 다수의 교인을 획득함으로써 대교회를 짓는 목회자는 성공한 목회자로 추앙받는다. 이런 성공한 목회자들이 교회에서 중요한 직책들을 차지할 수 있다. 이러한 전투적 승리주의가 우상화됨으로써 목회자들뿐만 아니라 평신도들도 어떤 물질적 성과를 달성한 사람들만이 교회의 중요한 직책을 맡게 되는 것이다. 교회에서의 직책은 신앙과 인격에 따라서 주어지는 것이 아니라 물질적 성과에 따라서 주어진다.

이렇게 볼 때 한국의 개신교는 무엇보다도 예수 그리스도의 정신, 즉 성서의 말씀으로부터 일탈하고 있다고 할 수 있다. 예수는 갈릴리에서의 첫 설교에서 다음과 같이 말하고 있다. "때가 찼고 하나님 나라가 가까웠으니 회개하고 복음을 믿으라"(마가복음 1: 15). 이 말은 곧 하나님 나라가 도래했으니 이제까지의 삶의 방식을 버리고 이 나라에 동참하라는 것이다. 여기서 예수가 말하고자 하는 것은 이 나라에 동참하기 위해서는 사람들은 마음을 고쳐먹어야 하며, 삶의 방식을 바꾸는 사람만이 이 하나님 나라에 동참할 수 있다는 것이다. 따라서 하나님 나라에의 동참과 삶의 방식을 고치는 회개 행위는 동시적이고 병행적인 것이다.

따라서 예수의 선포는 모두 이 도래하는 하나님 나라에 집중하고 있는 것이다. 다시 말하자면 예수는 일차적으로 하나님 나라를 건설하기 위해서 이 세상에 왔지 교회를 세우기 위해서 이 세상에 온 것은 아니다. 교회는 이러한 하나님 나라의 건설을 위한 전위대로서 모인 그리스도인의 공동체를 말하는 것이다. 따라서 예수가 궁극적으로 지향했던 것은 교회 자체가 아니라 하나님 나라였다. 이것을 분명히 하는 것이 예수의 정신과 선포를 바로 이해하는 열쇠가 되는 것이다. 교회는 하나님 나라 건설을 위한 수단이지 목표가 될 수 없다. 그런데 이러한 수단과 목표를 도치시킨 것이 중세 로마 가톨릭교회며, 그 선구자는 우리가 잘 아는 성 아우구스티누스라고 할 수 있다. 중세 가톨릭교회는 예수의 재림이 지연됨으로 인해서 교회를 하나님 나라와 동일시했고 그리스도의 도래를 종교적으로 해석해서 교회 안에서 성령의 내재와 성만찬을 통한 임재로 설명하게 되었다. 그리고 교회와 성직자들이 이러한 종교적 의식을 독점함으로써 하나님 나라와 교회의 구별을 혼란스럽게 만들었다. 특히 중세 교회는 하나님 나라와 교회를 동일시함으로써 예수의 메시지를 왜곡하고 교회를 역사적으로 완결된 실체로 만들어버림으로써 교회주의와 교권주의를 등장시켰다. 이렇게 하나님 나라의 역사적 실체를 해체시켜 비역사화함으로써 교회만이 역사적 실체로 남게 되었다.

이렇게 하나님 나라의 역사적 실체를 해체시킨 것은 비단 가톨릭교회만은 아니다. 종교개혁에서도 몇몇 종교개혁 좌파들을 제외하고는 주류 세력들 역시 하나님 나라를 공간적으로는 피안적이고 시간적으로는 종말적인 것으로 이해했다. 따라서 하나님 나라의 역사적 실체를 찾기 위해서 노력했던 재세례파나 토마스 뮌처 등 농민전쟁을 지원했던 기독교 세력은 철저히 박해를 당했다. 즉 하나님 나라의 실현을 위해 노력했던 그리스도인들이 교회주의를 목표로 한 종교개혁의 주류에 의해서 이단으로 몰렸던 것이다. 여기에서 우리가 확인할 수 있는 것은 하나님 나라는 교회와 동일시되거나 아니면 뭔가 피안적이고 종말적인 것이 아니라 주기도문에서 말한 것같이 '이 땅에 임할 실체'인 것이다.

이와 같은 관점에서 볼 때 하나님 나라에 동참하는 삶 혹은 이 하나님 나라의 질서는 예수가 마태복음 20장에서 매우 분명하고 구체적으로 말하고 있듯이 역사적 실체이다. 따라서 그것은 가톨릭에서 말하듯 교회와 일치될 것도 아니고 개신교인들이 말하듯 피안적이고 종말적인 것이 아니다. 우리는 여기서 다시 하나님 나라 건설 운동에 매진함으로써 신뢰성을 상실한 한국 교회의 미래의 과제를 찾아보자.

첫째, 예수는 하나님 나라의 실체를 포도밭 일꾼들의 비유를 통해서 말해주고 있다. 포도밭 주인은 아침 일찍 나가서 일꾼들을 불러모아

일당으로 한 데나리온씩 주기로 하고 농장에 보낸다. 그는 오전 9시, 12시, 오후 3시, 그리고 5시에도 길거리에 나가서 놀고 있는 사람들을 일터로 보낸다. 그리고 저녁에 일이 끝나면 제일 나중에 와서 단지 한 시간만 일한 사람부터 불러내서 한 데나리온씩을 주었다. 아침 일찍 와서 하루종일 일한 사람들이 불평을 말한다. 어떻게 하루 종일 열두 시간 이상 일한 사람과 한 시간만 일한 사람이 동일한 노임을 받을 수 있단 말인가? 그러자 포도밭 주인은 이렇게 말한다.

> 네가 나와 한 데나리온의 약속을 하지 아니하였느냐. 네 것이나 가지고 가라. 나중 온 이 사람에게 너와 같이 주는 것이 내 뜻이니라. 내가 선하므로 네가 악하게 보느냐. 이와 같이 나중된 자로서 먼저 되고 먼저 된 자로서 나중되리라(마태복음 20: 13~16).

자본주의적 원리에서는 '일한 만큼의 대가'를 받는 것이 정당하다. 일한 만큼의 대가 원리는 시간적 차원과 생산성의 차원을 내포하는데 오랜 시간 일한 사람이 짧은 시간 일한 사람보다 더 많은 대가를 받고, 같은 시간 동안 일했어도 더 많이 생산한 사람이 더 많은 노임을 받는 것이다. 이것을 우리는 생선성에 의한 성과급이라고 말한다. 이러한 업적주의는 자본주의 사회에서는 매우 과학적인 것으로 인식된다.

그러나 성서에서 말하는 하나님 나라에서는 이러한 업적주의가 철저하게 거부된다. 여기에서는 일한 사람들의 업적이나 생산성이 문제가 아니라 그들의 삶을 위한 필요성이 우위에 온다. 이러한 하나님 나라의 원리를 성직자들이 아니라 현대판 세속적 예언자라고 할 수 있는 마르크스가 대변해 주고 있는 것은 놀라운 일이다. "능력대로 일하고 필요에 따라 분배받는다"라는 것이 그의 주장이다. 기독교가 가장 혐오하고 적대적으로 대했던 공산주의 운동의 창시자가 하나님 나라의 경제 원리를 대변하고 있는 것이다. 에밀 부르너(Emil Brunner)의 말대로 공산주의는 왜곡된 자본주의를 숭상하고 그 세력과 결탁한 기독교에 대한 심판이 아닐까. 이렇게 볼 때 "자본주의는 과학적이고 사회주의는 도덕적이다"라고 한 마르크스의 주장이 타당하다고 할 수 있다. 아침에 일찍 와서 일하고 더 많은 노임을 원하는 사람은 업적주의를 내세우는 최초의 자본주의자라고 할 수 있다. 여기에 대해서 자기의 뜻과 선함으로 주장하는 포도밭 주인(하나님)은 도덕적, 아니 종교적이라고 할 수 있다. 그는 업적주의 사회를 철저하게 거부하고 도덕성과 종교성에 기초한 사회, 인간이 업적대로 대우받지 않고 필요에 따라서 대접받는 사회, 인간이 공로에 의해서 의롭다 인정받는 사회가 아니라 (하나님의) 은총에 의해서 의롭다 인정받는 사회, 율법이 아니라 복음에 의해서 살아가는 사회, 즉 하나님 나라를 우리에게 말해주고 있다. 업적 사회에서는 장애인과 같은 사회적 약자들은 더욱 고통스럽게 살 수밖에 없지만 그것을 극복한 하나님 나라를 지향하는 사회에서는—한 시간만 일하고 업적도 적은 사람이 경험했듯이—동일한 대우를 받고 살 수 있는 것이다. 이것이 하나님께서 원하시는 하나님 나라의 경제 질서이다. 우리는 그동안 계명을 하나님 나라와 교회를 동일시하거나 아니면 그것을 피안적이고 종말론적인 것으로 이해하면서 회피해 왔다.

둘째, 성서는 하나님 나라의 정치 질서를 말하고 있다. 마태복음 20장에 보면 세베대의 두 아들이 예루살렘으로 올라가는 예수의 수난의 길을 오해하고 그가 승리하면 자신들을 좌우편에 앉도록 해달라고 간청한다(좀 더 후기에 기록된 마태복음에서는 무지했던 제자들을 변호하기 위해서 그 어머니가 이런 간청을 한 것으로 수정하고 있다). 여기에 대해서 예수는 다음과 같이 대답한다.

> 이방인의 집권자들이 저희를 임의로 주관하고 그 대인들이 저희에게

> 권세를 부리는 줄 너희가 알거니와 너희 중에는 그렇지 아니하니 너희 중에 누구든지 크고자 하는 자는 너희를 섬기는 자가 되고 너희 중에 누구든지 으뜸이 되고자 하는 자는 너희의 종이 되어야 하니라. 인자가 온 것은 섬김을 받으려 함이 아니라 도리어 섬기려 하고 자기 목숨을 많은 사람의 대속물로 주려 함이라(마태복음 20: 22~28).

이 세상의 정치 질서에서는 집권자들이 국민에 대해서 권세를 부리고 마음대로 처리하지만 하나님 나라의 질서에서는 통치자는 국민을 섬기고 봉사해야 한다는 것이다. 높은 자는 주인이 아니라 오히려 종이 되어야 한다. 이런 하나님 나라를 건설하기 위해서 온 하나님의 아들은 백성을 지배하는 것이 아니라 섬기고 스스로를 모든 사람을 위한 대속물이 되고자 한다는 것이다.

하나님 나라에서는 경쟁주의나 승리주의는 거부된다. 독일의 신학자 본회퍼가 말한 대로 예수 그리스도는 강자로서 군림하지 않고 오히려 약자로서 모든 사람을 섬김으로써 그들을 구원한다. 다시 말하자면 예수는 인간과 세계를 '밑으로부터의 관점(Blick von unten)'에서 보아야 한다는 것이다.

> 우리가 세계사의 거대한 사건들을 밑으로부터, 즉 사회로부터 차폐당한 자들, 혐의의 대상이 된 자들, 학대받는 자들, 권력이 없는 자들, 억압당한 자들, 경멸당하는 자들, 간단히 말해서 수난당하는 자들의 관점에서 보는 것을 배운다는 것은 비교할 수 없이 고귀한 경험이다. 우리 시대에서 비꼬는 것이나 시기심이 마음을 찢어놓지 않는다면 우리는 큰 것과 작은 것, 행복과 불행, 강한 것과 약한 것을 새로운 눈으로 보고, 또한 우리의 시각은 위대한 것, 인간적인 것, 권리, 자비심에서 보다 분명하고 자유롭고 유혹받지 않게 되며, 따라서 개인적 고통이

> 개인적 행복보다 세계 문제의 해결을 위해서 관찰하고 행동하는 데 유효한 열쇠가 되며, 유실한 원리가 된다. 중요한 것은 이러한 밑으로부터의 관점이 영원히 불만족한 것에 가담하는 것이 되지 않고 우리가 원래 밑으로부터 혹은 위로부터의 차원을 뛰어넘어 뿌리를 두고 있는 바도 고차적인 만족감으로부터 모든 차원에서의 삶을 바르게 평가하고 그렇게 긍정하는 것이다(Bonhoeffer, 1998: 38).

이렇게 볼 때 전통적 가톨릭 신학에서 그리스도를 종이 아니라 왕으로 규정하는 것은 그의 본질과 목표를 제대로 표현한 것이 아니다. 또한 그리스도는 대(大)제사장으로 호칭되기보다는 스스로 희생당하는 제물로 보는 것이 더 타당하다. 그가 원했던 것은 승리자 그리스도가 아니라 실패하고 죽은 자 그리스도였다. 그는 높아지기를 원치 않고 낮아진 자로서 제자들의 발을 씻겨주려 했다. 이러한 그리스도의 모습은 나사렛 회당에서 행한 안식일의 성서 낭독에서 가장 선명하게 드러난다.

> 주의 성령이 내게 임하셨으니 이는 가난한 자에게 복음을 전하게 하시려고 내게 기름을 부어주시고 나를 보내서, 포로가 된 자에게 자유를, 눈먼 자에게 다시 보게 함을 전파하며, 눌린 자를 자유롭게 하고 주의 은혜의 해를 전파하게 했다(누가복음 4: 18~19).

이렇게 볼 때 한국 개신교가 지향하는 교회성장론의 배경을 이루고 있는 업적주의와 승리주의가 얼마나 성서의 말씀, 특히 하나님 나라의 정신으로부터 일탈하고 있는가를 분명하게 보게 된다. 오늘날 우리 교회는 엄격한 의미에서 지상에 하나님 나라를 이루려는 그리스도의 교회라기보다는 자기 완결적 집단으로 존재한다고 할 수 있다. 하나님 나라에서 그리스도에게 돌려야 할 영광과 부와 찬양을 교회 자체, 아니 그것을 장악하고 있는 성직자들이 받고 있는 것이다.

한국 개신교는 종교개혁 정신으로부터 일탈했다. 종교개혁자 루터는 성서의 말씀을 왜곡한 로마 가톨릭교회를 본래의 자리로 되돌리고자 했다. 루터는 1520년에 종교개혁 문서들을 출간했다. 그해 10월에 그가 저술한 「그리스도인의 자유에 대하여」는 그때까지만 해도 루터와 교황 사이를 중재해 보려고 했던 밀티즈(Miltitz)의 노력에 대한 반응으로서 그는 교황의 파문장을 신랄하게 비판하고 있다. 그의 논제는 이렇다. 그리스도인은 모든 것에서 자유로우며 모든 것에 대하여 종이라는 것이다. 다시 말하자면 그리스도인은 그 자유로움에 있어서 어떤 사람이나 집단에도 종속되지 않으나 섬기는 일에 있어서는 모든 사람의 종이 된다는 것이다. 이것은 한마디로 교황을 정점으로 하는 로마 가톨릭 교회의 왜곡된 위계질서에 대한 도전이었다.

루터는 1520년 종교개혁의 두 번째 문서 「독일 개신교 귀족에게 보내는 글」에서 그동안 있었던 수많은 공의회 개혁운동과 인문주의 운동들을 서술하고, 교회의 재정 개혁 및 사제 제도의 개혁뿐만 아니라 그의 새로운 교회관을 제시한다. 그는 1519년 성례전 개념과 안수 문제를 다루면서 확신하게 되었던 모든 세례받은 사람들의 공동의 책임성과 만인사제론을 제시하면서 주교들로만 구성되지 않고 평신도들이 참여하는 공의회 소집을 주장하고 나선다. 이 일에 독일의 그리스도인 귀족들이 동참해 달라는 것이다. 그러나 이러한 호소는 구체적 성과를 거두지 못했다. 왜냐하면 가톨릭의 성례론이 당시의 교회를 포로로 만들고 있었기 때문이다.

루터는 같은 해에 출간한 「교회의 바빌론 포로」에서 가톨릭교회의 7개 성사들 가운데 성서에 근거를 둔 세례와 성만찬을 제외한 5개의 성사는 무효라고 주장했다. 그것은 곧 '오직 성서만(sola scriptura)'이라는 종교개혁의 정신에 근거하고 있다.

그는 교회의 머리로 등장한 교황권을 거부하고 그리스도가 교회의 수장이 되게 하려고 했다. 특히 교황만이 성서의 올바른 해석자요 판단자라고 하여 성서를 교황의 권위 아래 굴복시키는 주장을 반박하고 성서만이 교회적 삶의 최고 권위라는 것을 선포했다. 앞에서 말했듯이 그는 가톨릭교회가 제정한 일곱 개의 성사 가운데 성서에 기초하지 않은 다섯 개의 성사를 거부한다. 세례와 성만찬만이 성서가 제시하는 성례전이라고 보았다.

그런데 루터의 교회개혁에서 결정적이었던 것은 그가 제시했던 새로운 교회관이다. 그는 성례전으로서의 신의 불변하는 질서(ordo)로서 성직자(사제)의 안수를 부정하고 그것을 하나님의 일을 전담하는 자에 대한 축복(Segen)으로 규정함으로써 만인사제론을 주창한다. 따라서 안수는 더 이상 불변하는 질서가 아니며 단지 일정한 교회의 직무를 위한 축복일 뿐이다. 루터에 의하면 성직자나 장로로서 한번 안수를 받으면 그것을 되돌릴 수 없는 것이 아니라 단지 성직자나 장로 혹은 집사로 임명될 때 그 일을 수행하는 동안 하나님의 축복을 기원하는 행사일 뿐이다. 따라서 교회 안에서 일정한 직무를 맡고 그 일을 시작할 때 누구든지 축복으로서의 안수를 받게 되는 것이다.

이러한 종교개혁 전통이 개신교 안에서도 어느 사이에 가톨릭의 전통과 뒤바뀌어 일종의 성례전처럼 사용되고 있다. 장로교의 경우 목사나 장로가 우선적으로 안수를 받고 때로는 집사도 안수를 받는데 이러한 안수는 한 번 시행하면 불변하는 질서로 파악되고 있는 것이다. 여기에서 성직자와 평신도 사이에 구별이 생기고 성직자 사이에서도 위계질서가 생긴다. 예를 들면 성직자로 안수받은 사람만이 세례를 주고 성만찬을 거행할 수 있다는 것이다. 종교개혁 전통에 따르면 안수받은 성직자만이 성례전을 베푸는 것은 아니다. 모든 세례받은 사람들은 성례전을 거행할 수 있다는 것이 만인사제론의 근본 취지다. 요즘은 개신교와 달리 가톨릭교회에서 긴급 상황의 경우 평신도도 세례를 베풀 수 있도록 하고 있다. 안수받은 성직자만의 특권이 성직자와 평신도를 갈라놓고 만인사제론이 제시하고 있는 민주적 교회 운영과 책임적 의사결정을 방해하는 것이다.

이러한 특권 의식은 교회를 가부장적 위계질서의 집단으로 만든다. 특히 일부 개신교에서 여성들에 대한 안수 거부는 종교개혁의 만인사제론의 정신을 정면으로 거부하는 것이다. "교회에서 여성들은 잠잠하라"라고 한 바울의 말을 그 논거로 삼고 있지만 그것은 원래 고린도 교회에서 여성들 사이에 등장했던 시끄러운 방언에 대한 권면인 동시에 일부 여성들의 지나친 논변에 대한 중지 요청이었던 것이다. 이처럼 일개 지역 교회에서 특수한 사람들이 일으켰던 소란을 빌미로 여성 안수를 거부하는 것은 성서나 종교개혁 정신에 합치되지 않는 것이다.

종교개혁 정신에 따르면 교회는 항상 개혁되어야 한다. 이러한 개혁의 준거는 앞서도 언급했지만 예수가 선포하고 실현하려고 했던 하나님 나라이다. 그것을 위해서는 교회가 자기 완결적 집단이 되는 것을 중지하고 하나님 나라에 봉사하는 집단이라는 것을 인식해야 한다. 이러한 자기인식에서부터 진정한 의미의 교회의 개혁이 가능하고 그 개혁을 출발점으로 해서 자기 일탈을 극복할 수 있다.

6. 한국 개신교의 미래 과제

최근에 와서 한국 개신교의 신뢰성 위기라는 말이 교회의 미래를 걱정하는 식자들, 그중에서도 개신교의 역사적·사회적 사역을 기대하던 사람들 가운데서 자주 들린다. 이러한 위기의 징표들은 여러 곳에서 나타나고 있다. 우선 지난 10여 년 동안 대부분의 개신교에서 교인들의 수가 현저하게 줄고 있고 그에 따라 헌금도 줄고 있다. 지난 10여 년 사이에 개신교의 행태에 실망한 다수의 지식인들과 의식 있는 교인들이 개신교를 떠났다.

유명한 여론조사 기관인 갤럽에 따르면 1997년 한 해에 각 종파에서 타 종파로 개종한 사람들의 비율을 보면 불교로부터 개종이 32.8%, 천주교로부터 개종이 9.6%, 개신교로부터 개종이 58.4%로 나타나고 있다. 1984년에는 그 비율이 각각 불교 31.2%, 천주교 11.4%, 개신교 47.5%였다. 지난 10년 동안 다른 종교들로부터 개종한 비율은 줄어들거나 그대로 있는 반면 개신교로부터의 개종은 약 10% 늘어난 것이다. 이렇게 볼 때 1984년부터 1997년 사이에 약 800만 명의 개신교인들이 교회를 떠난 것으로 되어있다. 물론 이 기간에 개신교인 800만 명이 줄어든 것은 아니다. 그동안 새로 개신교에 들어온 사람들도 있다. 어쨌든 지난 20년 동안 개신교인의 수는 급격하게 줄어가고 있고 앞으로도 줄어들 것으로 보인다.

또한 이 조사에서 이전에 종교를 가졌다가 비종교인으로 살고 있는 사람들의 비율을 보면 1984년에 불교인이었던 사람이 24.1%, 가톨릭교인이었던 사람이 16.4%, 그리고 개신교인이었던 사람이 63.9%였다. 같은 조사 기관이 1997년에 실시한 조사에 따르면 불교인이었던 사람 중에 23.6%, 천주교인이었던 사람 중에 12.0%, 그리고 개신교인이었던 사람 중에 73.0%가 종교를 떠난 것으로 나타나 있다. 이 통계에 따르면 다른 종교에 비해서 개신교인들이 교회를 떠나 비종교인이 되는 비율이 훨씬 높아서 늘 60~70%를 넘어서고 있다. 이렇게 신자 수의 증감으로 판단할 때 가톨릭 신자들이 자기 종교에 대해서 가장 신뢰를 갖고 있으며, 개신교인들이 자기 종교에 대해서 가장 불신하는 것으로 나타나고 있다.

그러나 전반적으로 종교 인구가 감소하는 원인을 학자에 따라서는 문화적 요소로서 여가 문화의 발달(세속화), 사회경제적 요인으로서 경제성장, 그리고 종교의 사회적 신뢰성(공신력) 상실을 통해서 설명하기도 한다(이원규, 2000: 280). 이러한 원인 분석은 어느 정도 타당성이 있다. 그러나 개신교 신자들의 교회 이탈은 이러한 문화적 요소나 사회경제적 요소, 즉 외적 요인들로만 설명할 수는 없다. 왜냐하면 동일한 외적 상황과 조건하에 살고 있는 불교 신자들이나 가톨릭 신자들에게서는 지난 10여 년 동안 개신교에서처럼 신자 이탈이 많지 않았기 때문이다. 따라서 개신교인들의 교회 이탈 문제는 오히려 교회 내적 요인, 즉 교회가 복음의 가르침과 종교개혁의 전통에서 일탈함으로써 정체성과 사회적 신뢰성을 상실한 것에서 찾아야 할 것이다. 개신교는 복음의 가르침에서 일탈함으로써 정체성을 상실하고 이로 인해 사회적·역사적 책임마저 망각하고 있었기 때문에 신뢰성의 위기에 빠진 것이다.

그렇다면 개신교가 처한 신뢰성의 위기를 어떻게 극복해야 할까? 첫째, 한국 개신교는 예수 그리스도의 복음의 정신으로 돌아가야 한다. "한 사람이 두 주인을 섬기지 못할 것이니 혹 이를 미워하며 저를 사랑하거나 혹 이를 중히 여기며 저를 경히 여김이니라. 너희가 하나님과 재물(Mammon)을 겸하여 섬기지 못한다"(마태복음 5: 24; 누가복음 16: 13).

둘째, 한국 개신교는 종교개혁의 전통에 따라 늘 자기를 개혁하는 교회가 되어야 한다. 개신교는 '보수'니 '정통'이니 하는 말로 자신들이 종교개혁의 정통성을 견지한다고 믿고 있으나, 그것은 사실상 현 상황(status quo)에 안주하고 자기 보신을 꾀하여 종교개혁 정신에서 이탈하는 것이다. 이는 마치 땅을 파고 한 달란트를 숨겨두었던 종의 비유에서 보듯이 하나님이 주신 보수주의라는 역동적인 복음의 진리를 땅에 파묻는 것과 같다(마태복음 25: 14~30).

셋째, 한국 개신교는 종말론적으로 다가오는 하나님 나라를 이 세상에 건설하기 위해서 일하는 궁극 이전의 존재로서 거기에 봉사하는 존재여야만 한다. 교회는 '타자를 위한 교회'(Dietrich Bonhoeffer)이며 더 이상 자신을 위한 집단이 아니다. 개신교 신자들은 하나님이 사랑하신 세상(요한복음 3: 16)을 위해서 일해야지, 자신의 보존과 유지를 위해서만 일해서는 안 된다. 성전(교회)이란 곧 하나님 나라를 위해서 봉사하다가 그것이 도래할 때 궁극적으로는 사라질 존재이다.

> 또 내가 새 하늘과 새 땅을 보니 처음 하늘과 처음 땅이 없어졌고 바다도 다시 있지 않더라. 또 내가 보매 거룩한 성 해 예루살렘이 하나님께로부터 하늘에서 내려오니 그 예비한 것이 신부가 남편을 위하여 단장한 것 같더라. …… **그 성안에서 성전을 내가 보지 못하였으니 이는 주 하나님 곧 전능하신 이와 및 어린양이 그 성전이라**(계시록 21: 1~22).

넷째, 한국 개신교는 이 세상에서 인류의 평화와 구원을 위해서 노력해야 한다. 개신교는 그리스의 플라톤주의 계통에서 나타나는 인간 영혼의 정화(ataraxia), 즉 개인의 구원만을 추구하는 단체가 아니다. 이러한 영혼 구원의 원리는 본래 성서가 아니라 고대 그리스의 철학 사상에 그 뿌리를 두고 있다. 성서는 영과 육의 분리를 알지 못하며 따라서 영혼만의 구원이란 그리스의 철학적 개념이다. 또 우리가 바라는 구원은 개별적인 것이 아니라 그리스도와 더불어 같이 살아가는 것, 영혼과 육신의 통전적 구원, 즉 세계 안에서 공동체적으로 살아가는 것이다(새 예루살렘).

7. 맺는 말

이제까지 한국 개신교의 제반 문제점들과 그로 인해서 직면하고 있는 위기의 상황을 성서의 말씀과 종교개혁의 전통을 중심으로 오늘날 교회 밖의 언론들이 문제 삼는 내용들을 통해서 살펴보았다. 그 결과 한국 개신교는 일차적으로 자기의 본질을 제대로 인식하지 못하는 정체성 위기에 처해있으며 정체성을 상실한 교회는 복음을 왜곡하고 자체가 부도덕성과 비리로 얼룩지면서 사회적 신뢰를 상실한 위기에까지 당면했음을 밝혀냈다. 이러한 위기는 쉽게 극복될 수 있는 조정 위기가 아니라 극단의 조처가 있기 전에는 극복이 불가능한 목표 위기라고 판단된다. 왜냐하면 개신교는 한편으로는 자기가 처해있는 위기를 인식할 능력이 없고, 또 한편으로는 이러한 위기에 귀를 기울이고 그것을 극복하려는 노력을 의도적으로 기피하고 있기 때문이다. 따라서 개신교가 성서적 진리와 종교개혁적 전통으로 돌아옴으로써 자기의 정체성을 찾는 것은 대단히 힘든 것으로 보인다. 그리고 이러한 정체성의 회복이 거의 불가능한 만큼 올바른 실천을 통해 상실한 사회적 신뢰를 다시 획득하는 것도 어려워 보인다.

따라서 앞으로 개신교는 더 많은 추종자들을 잃게 될 것이고 오늘날의 사회적 위상이나 사역을 더 잃게 될 것이다. 이렇게 되면 한국에서 활동하고 있는 세계적 고등종교들이 그들의 사회적 사역을 강화하면서 더욱더 그 세력을 넓히고 위상을 높여갈 것이다. 이러한 조짐은 이미 1990년대부터 다양한 측면에서 나타나고 있다. 특히 다른 종교들과의 사회적 연대와 협력에서 뚜렷하게 나타난다. 예를 들면 사회복지 영역에서 가톨릭교회의 조직적 활동을 통한 신뢰성의 확보이다. 과거에는 산중 절간에만 은둔하던 불교도 지금은 다양한 사회적 활동과 프로그램을 통해서 사회적 신뢰성을 되찾아가고 있다. 타 종교들의 신자 수가 늘어나는 것은 이렇게 회복한 신뢰와 적절한 선교 전략이 결합되었기 때문이라고 할 수 있다.

이러한 위기와 도전 앞에서 개신교는 우선 정체성 회복을 위해 복음의 정신과 종교개혁의 전통으로 돌아가기 위해 피나는 노력을 해야 할 것이다. 이 일을 위해서는 성서의 정신을 왜곡하는 교회성장론이라는 위장된 자본주의 논리와 경쟁주의, 그리고 승리주의를 떨쳐버리고 그 배후에 숨어있는 맘몬주의의 정체를 폭로하는 일부터 시작해야 할 것이다. 또한 종교개혁의 전통으로 돌아감으로써 늘 자기를 갱신하고 개혁함으로써 자기 안주와 자기 보존을 지향하려는 시험을 떨쳐버려야 한다. 이 길만이 한국 개신교의 왜곡된 현실을 극복하고 새로운 미래를 열 수 있는 첩경이다.

제14장

기독교를 지배하는 자본주의 원리

— 하나님이냐 맘몬이냐?

1. 돈이 하나님이다

한국 교회에는 개선해야 할 수많은 모순들이 있다. 그중에서도 첫손가락에 꼽히는 것은 두말할 필요도 없이 상업자본주의 원리의 교회 지배이다. 그 대표적 예는 큰 교회, 돈 많은 교회의 성직자들이 교회 목회를 상업적 경영으로 이해하고 거기에 따라 교회의 프로그램들을 설계하고 실천하는 것이다. 이러한 상업적 프로그램 가운데 하나가 거액의 돈을 지불하고 방송 시간을 사서 설교하는 일이다. 초기에는 라디오로 시작되었지만 TV가 등장하자 그것을 이용하는 빈도가 높아지고 있다. 이런 전통은 자본주의적으로 구성된 미국 사회에서 들어온 현상이다. 미국에서도 큰 교회들은 모든 종교 활동을 철저히 자본주의 논리에 따라 조직하고 실천하고 있다. 로버트 슐러(Robert Schuller)나 빌리 그레이엄(Billy Graham) 같은 설교자들은 이러한 자본주의 원리에 따라 현대의 정보 매체들을 잘 이용해서 성공한 성직자들이다.

이렇게 정보 매체를 통해서 세속화된 현대인들에게 복음을 전도하는 일은 어찌 보면 불가피한 일처럼 보이기도 한다. 세속화된 인간들에게 세속적 매체를 통해서 접근하는 것은 어느 정도 필요한 일일지도 모른다. 그러나 여기서 주목해야 할 것은 현대인들의 세속화나 현대의 세속적 정보 매체들은 그 속성상 가치 중립적이거나 물질에서 자유로운 것이 아니고 자본주의라는 물신숭배 체제의 거역할 수 없는 강력한 힘에 예속되어 있다는 점이다. 그리고 이러한 매체들을 이용하는 종교인들의 의식 속에도 자본주의적 원리, 즉 최소의 비용으로 최대의 이익을 창출하고, 타자를 극복해야 할 경쟁자로 보는 원리가 작동하고 있다.

그리하여 지난 날 교인들의 신앙과 심령의 각성을 목적으로 했던 부흥회는 교인의 양적 확대 프로그램으로 바뀌었다. 그리스도인들의 친교(성도의 교제)를 위한 구역 조직은 구역장을 통해 교인들을 관리하고 통제하는 수단으로 전락했다. 구역 조직을 통한 교인 훈련 프로그램은 기업체가 운영하는 다단계 판매의 점 조직처럼 이용되고 있다. 이 조직들을 통한 신자 훈련 프로그램은 다단계 판매 조직의 신입회원 교육 프로그램을 방불케 한다. 그것을 관리하는 책임자에게는 적절한 교회의 지위와 함께 신앙적·물질적 이윤이 배분된다. 오늘날 대형 교회의 성직자들이 즐겨 사용하는 (당)회장은 대기업의 회장과 같고, 일부 목사들은 그 밑에서 사장의 기능을 하며, 전도사들과 구역장들은 지사장이나 지점장들의 역할을 한다. 대기업이나 거대 은행들이 지점이나 지사를 내듯이 대교회들도 지교회 혹은 지성전을 통해서 그 세력을 확장해 간다. 이들 지교회와 그 담당 목사(사장 혹은 지사장)들은 자율권을 갖지 못하고 최고 관리자인 (당)회장의 전권하에서 움직이고 있다.

이러한 대교회들의 조직과 활동을 움직여나가는 힘은 무엇보다도 돈(맘몬)이다. 돈이 없으면 교회라는 거대 조직을 움직일 수 없다. 그들은 매우 세련된 신학적 논리로 돈의 위력의 정당성을 입증한다. 한 목사는 2004년 6월 CBS 방송에 나와서 하나님의 속성 중 전능성, 즉 신의 능력, 강함을 가지고 설교했다. 그 목사에 의하면 철학자가 말하듯이 아는 것(지식)이 힘이 아니고, 율리우스 시저 말대로 군대가 강한 것도 아니고, 처칠이 말하듯이 대통령이 강한 것도 아니다. 오직 돈만이 강하다. 지식도 새 지식이 나오면 사라지고, 장군이나 대통령도 늙고 병들면 사라지지만 영원한 것은 돈이다. 로마의 장군 시저도, 프랑스의 나폴레옹도 사라졌지만 돈의 능력이 사라진 적은 없다. 그리고 요즘과 같은 자본주의에서는 돈만 있으면 모든 물질적인 것을 소유할 수 있고 심지어 명예도 권력도 살 수 있다. 따라서 돈이 있어야 나라도 운영하고 기업도 경영하고 가난한 자들도 돕고 교회도 짓고 선교도 할 수 있다. 돈이 없으면 아무것도 할 수 없다. 돈만큼 강한 것은 없다. 하나님이 전능하듯이 돈도 전능하며 그렇기 때문에 돈, 맘몬이 곧 하나님인 것이다. 전통적 신론에서 말하는 하나님의 속성, 즉 전지전능을 돈으로 대치한 것이다.

이 목사는 확신에 차서 돈이 곧 하나님이라고 말하고 그가 봉사하는 교회의 교인들도 모두 부자가 됨으로써 하나님의 능력을 체험하기 바란다고 선언한다. 이 목사는 어찌 보면 정직한 사람같이 보인다. 가난한 지역의 교인들이 좌절하고 괴로워하는 것에서 벗어나 하나님의 능력으로 부자가 됨으로써 그를 친히 경험하게 해주고 싶었을 것이다. 그는 가난에 찌든 사람들에게 희망과 용기를 주고 싶어 했다.

2. 돈과 교회

그 점은 필자도 이해한다. 김영삼 대통령(장로) 시절 성탄절 다음날의 노동법 개악으로 노동자의 절반 이상이 비정규직으로 전락했고, IMF 이후 김대중 대통령 시절에는 비정규직 등으로 가난해진 사람들에게 신용카드를 발급하여 소비를 진작시켜 문제를 해결하려 했다. 그 결과 400만 명 이상의 신용불량자가 생겨서 내수시장이 침체를 면치 못했다. 이들처럼 '강제로' 가난하게 만들어진 사람들(die gemachte Armut), 청년 실업자들은 자신들의 '무력함'을 뼈저리게 느낀다. 그들이 하나님의 전능성을 통해서 부자가 될 수 있다면 그들은 얼마나 행복하고 돈의 힘에 대해서 감사할까.

무능력한 사람도 부자 아버지 만나서 대기업의 상속자가 되면 그는 능력 있는 자요, 자타가 공인하는 엘리트 직원들도 그 앞에서는 고양이 앞에 쥐가 된다. 아무리 공부를 잘하고 성실해도 돈 없으면 상놈이고 공부를 못하고 근면하지 못해도 돈 있으면 양반이다. 피(신분)가 양반을 만드는 시대는 지났지만, 요즘 세상은 돈이 양반을 만든다. 푼돈을 받은 거물 정치인들은 철창신세를 지지만 수백억의 부정한 정치자금을 준 기업인들을 검찰은 심문은커녕 소환조차 못한다. 부자는 스포츠의 '스' 자도 몰라도 돈으로 세계올림픽위원도 되고 정치의 '정' 자도 모르지만 국회의원 배지를 달고 여의도를 활보한다.

예수는 오늘날 같은 자본주의 시대에 살지 않았지만 돈(맘몬)의 속성을 누구보다도 잘 알고 있었던 듯하다. 그러나 그가 세운 교회에서도 이 돈만큼 위력을 발휘하는 것은 없다. 중세기 피렌체의 돈 많은 메디치 가문이 한때 교황 직을 독점했고 얼마 전 바티칸에서는 한 추기경의 재정 부정을 안 교황이 암살당하기도 했다. 가톨릭에서만 그런가? 한국 개신교회에서도 장로를 만드는 것은 대개 신앙이 아니라 돈이다. 아무리 신앙이 돈독하고 오래 믿었어도 자금력이 없으면 장로가 못 된다. 강남의 한 기장교회에서는 장로가 되려면 무조건 1억 원씩 바쳐야 한다. 따라서 교회를 지배하는 것은 그리스도와 그의 정신이 아니라 돈, 그가 그렇게도 배척했던 돈이다.

3. 하나님과 맘몬

예수는 “아무도 두 주인을 섬기지 못한다. 한쪽을 미워하고 다른 쪽을 사랑하거나 한쪽을 중히 여기고 다른 쪽을 업신여길 것이다. 너희(제자)는 하나님과 재물을 함께 섬길 수 없다”(마태복음 6: 24)라고 선언함으로써 이 재물(맘몬)과 하나님의 관계는 양립할 수 없음을 분명히 했다. 그는 이미 유대교에서 사제들 가운데 돈이 어떤 위력을 가졌는가를 보았다. “돈을 좋아하는 바리사이 파 사람들이 이 말을 듣고서 예수를 비웃었다”(누가복음 16: 14). 이러한 예수의 선언은 예수 당대나 그 후 교회의 역사에서 돈을 사랑하는 성직자들에게는 비웃음의 대상이었다. 왜냐하면 교회는 역사적으로 항상 하나님과 맘몬을 함께 섬기고자 했다. 아니 하나님보다는 맘몬을 더 섬기려 한 것이 교회의 역사라고 할 수 있다.

마태복음은 단도직입적으로 하나님과 맘몬을 함께 섬길 수 없다고 선언한다. 이러한 단도직입적 선언에 당황하고 염려하는 제자들에게 예수는 이어서 먹고 마실 것을 염려하지 말라고 한다. 농사도 짓지 않는 공중의 새들, 수고도 길쌈도 하지 않는 백합화들도 하나님이 먹이고 입힌다고 말한다. 그래서 그의 제자들은 “하나님 나라의 대의를 구하라”라고 말한다. 그러면 먹고 마시는 일은 하나님이 다 알아서 해주실 것이라고 말한다. 먹고 마시는 것을 가지고 일생 걱정하는 것은 이방사람들이나 하는 것이라고 말한다. 한마디로 새로운 세상, 하나님 나라를 위해서 매진하는 사람들은 세상 사람들처럼 맘몬에 얽매이지 말고 살라는 것이다.

이러한 마태복음의 선언이 정말 가능한가? 누가복음은 마태복음의 내용을 ‘불의한 청지기’의 비유(누가복음 16: 1~13)를 통해서 보다 구체적으로 설명하고 있다. 누가복음에 나오는 청지기는 주인의 재산을 낭비했다는 이유로 해고당하자 자기 주인에게 빚진 자들을 불러 채무를 삭감(탕

강)해 주어 그들을 친구로 삼음으로써 자신의 불확실해진 미래를 준비한다. 그는 자신에게 영리한 (주인에게는 불의한) 행동을 한다. 과거 많은 성서 해석자들이 이 비유를 도덕적 테두리에서 해석하려 했다. 그래서 독일의 저명한 신학자 드레브만(Drewermann, 1992: 154)은 이 비유를 '비유들 가운데 가장 두려워해야 할 것(das grauenvollste der Gleichnisse)'이라 보았다. 이러한 행위는 과거나 지금이나 사회 통념상 도덕적으로 비난받아 마땅한 짓이다. 왜냐하면 청지기는 자신의 미래를 위해서 그를 고용해 준 주인을 기만했기 때문이다.

그러나 누가복음이 하나님과 재물의 문제에서 이 비유를 든 것은 '시대적 전환기', 좀 더 구체적으로 말하면 하나님 나라라는 새로운 시대의 도래와 관련 있다. 청지기의 기만에 대해 주인이 칭찬해 준 것은 그가 이 세상에 도래할 새로운 질서와 그 질서의 내용을 알았기 때문이었으리라. 주인은 기만행위 자체를 칭찬한 것이 아니다. 이러한 새로운 질서의 도래에서 세상의 아들들(세리 등 죄인들)이 빛의 아들들(유대인들)보다 더 영리하게 행동한 것을 칭찬했다. 그 시대적 전환이란 "율법과 예언자의 시대는 요한까지이며, 그 뒤부터 하나님 나라의 복음이 힘으로 밀고 들어오는 때"이다. 이것을 모르는 유대인들(바리사이 파)은 이 시대의 전환을 알지 못했고 전통적 사고에 사로잡혀 있었다. 따라서 청지기 비유와 거기에 나타난 재산사용의 문제에서 중요한 것은 전통적인 도덕적 준거들이 아니라 도래하는 하나님 나라의 질서에 대응하는 사람들의 자세이다.

4. 기독교 세계화의 왜곡

이러한 시대의 전환, 하나님의 세계 통치라는 기독교적 세계화의 꿈은 "너희는 모든 민족을 제자로 삼아 아버지와 아들과 성령의 이름으로 세례를 주어 내가 너희에게 분부한 모든 것을 가르쳐 지키게 하라"(마태복음 28: 19)라는 예수의 명령으로 약속된다. 그러나 이 꿈은 500여 년 전 "온 세상이 하나님을 주님으로 경배하게 하겠다"라는 아우구스티누스의 기도와 함께 강한 선교의 의지를 가지고 인도를 향해 출발한 성실한 가톨릭 신앙인 콜럼버스에게서 구체적으로 실현되기 시작한다. 그러나 가톨릭의 세계주의에 뿌리를 둔 콜럼버스의 기독교적 세계화의 배후에는 유럽 문명의 팽창주의, 아니 유럽의 자본주의가 도사리고 있었다. 이러한 기독교 문명과 서구 자본주의의 결탁은 수백 년에 걸쳐 유럽 문명의 팽창 과정에서 초기에는 제3세계에 대한 식민주의로, 그 다음은 제국주의와 군국주의로 이름을 바꿔가며 수많은 문화와 문명을 파괴하고 인간들을 살상하고 노예화했다. 이러한 제국주의는 16세기 스페인과 포르투갈로부터 시작해서 19세기 영미식 식민지를 거쳐 확장되어 왔다. 식민주의와 제국주의의 확장과 함께 기독교도 전 세계로 퍼져나갔다. 지역에 따라서는 기독교 선교(사)가 식민주의와 제국주의의 중요한 동반자 구실을 했다. 그래서 선교의 역사에서는 19세기를 '기독교 선교의 위대한 세기'로 규정하고 있으나, 식민지 제국주의 시대는 제3세계인들에게는 '굴욕의 세기'요 '일식의 역사'였다.

1990년 구소련이 붕괴되고 동구권이 해체됨으로써 동서 냉전체제가 끝장나자 미국의 대통령 로널드 레이건은 미국을 정점으로 한 자본주의적 세계화가 완성되었다고 선언한다. 첫째, 레이건 대통령이 말하는 세계화의 완성이란 자본주의 문명이 지향하는 인간의 자유, 아니 시장(맘몬)의 자유가 완성되었다는 것을 의미한다. 인간들은 아직도 민족국가의 틀을 벗어나지 못하고 있지만 맘몬의 두 손인 자본과 시장은 세계무역기구(WTO)를 통해서 무한한 자유를 구가한다. 돈만 있으면 누구나 어디서나 제한 없이 장사를 할 수 있다. 그래서 우리나라에도 미국의 수많은 체인점이 들어와 장사를 한다. 우리나라 기업도 미국에 가서 장사를 할 수 있다. 또한 미국의 엄청난 자금이 우리나라 기업에 투자되어 그 이윤을 챙겨나간다. 우리나라 자본도 그렇게 할 수 있다. 그러나 미국의 거대 기업이나 거대 자본과 경쟁할 수 있는가? 따라서 시장과 자본의 자유는 단지 강한 자의 자유요 약한 자에게는 경쟁할 수 없는 제약으로 다가온다.

둘째, 레이건 대통령이 말한 세계화의 배후에는 콜럼버스에 의해서 식민주의와 제국주의를 결합시킨 기독교적 세계화의 왜곡이 도사리고 있다. 미국에서 이러한 식민주의와 선교의 결합은 이미 19세기 중엽 미국의 인디언들을 개종시키는 것부터 시작되었고 미국의 식민지 확대와 더불어 세계로 확대되었다. 이러한 제국주의와 기독교의 결합은 동서 냉전체제의 시기에는 공산주의와 대결하는 도구로 사용되었다. 기독교는 가장 앞장서서 공산주의를 신학적(철학적)으로는 기독교 유신론에 대항하는 유물론으로 비판하고, 정치적으로는 자유민주주의에 대한 전체주의적 독재 체제로 공격했다. 따라서 미국의 기독교, 특히 근본주의 기독교는 공산주의의 붕괴를 자유주의의 승리로 끝난 기독교 세계화의 완성으로 보려 했다. 그래서 그들은 기독교의 적 공산주의가 붕괴되면 세상에는 진정한 평화가 올 것이라고 한 자신들의 주장이 결국 증명되었다고 말한다.

그러나 기독교와 맘몬의 결합으로 낳은 오늘날의 세계화가 정말 인간에게 평화와 행복을 가져다주었는가? 산업자본에서 금융자본으로 변신한 오늘날의 자본(맘몬)은 우리나라 전체 노동자의 절반 이상을 비정규직 노동자로 만들었다. 이런 비정규직 노동 제도와 근로자 파견제는 1996년 김영삼 정부가 대기업의 등살에 떠밀려서 만든 것이다. IMF 금융 대란 아래서 가난에 처한 비정규직 노동자와 파견제 노동자들의 삶을 더욱 처참하게 만든 것은 김대중 정권 시절 강력하게 도입된 금융자본의 빨판 구실을 하는 신용카드 남발이었다. 결국 신용카드라는 빨판에 걸려든 400만 이상의 신용불량자들은 삶의 한계상황에 처하고 말았다. 이것이 한국에서 나타난 세계화의 결과이며 맘몬과 기독교가 결탁한 결과이다. 맘몬은 성서에 나오는 인신 제사를 강요하는 몰록 신과 같아서 오늘도 한국에서는 경제난으로 매일 120명 이상의 무고한 생명이 자살로 고된 삶을 마치고 있다.

5. 결론

여기서 우리 그리스도인들이 해야 할 일은 무엇일까? 첫째, 자본의 신 맘몬, 인신 제사를 강요하는 자본주의의 경제 질서라는 살인의 몰록 신으로부터 기독교를 해방시키는 일이다. "너희는 하나님과 맘몬을 같이 섬길 수 없다." 금융자본주의라는 맘몬의 신, 인간을 살해하는 몰록의 신이 시장경제 질서라는 자신들의 먹이사슬 체제를 만들어 매년 수천만의 굶주리는 인간을 만들어내고 있다. 기독교가 맘몬의 우상숭배를 계속하는 한 하나님의 심판을 면할 수 없다.

둘째, 기독교는 야훼 하나님을 전쟁의 신에서 사랑의 신으로 선포해야 한다. 중세기부터 서구에서 일어난 전쟁들은 거의 기독교가 그 원인이었다. 사랑과 자비의 하나님을 전쟁과 약탈의 신으로 만든 것이 서구 기독교의 왜곡이다. 8세기 카를 대제의 선교 전쟁, 이슬람 무역상들과 베니스 상인들의 갈등을 등에 업은 11세기의 십자군전쟁, 제국주의 국가들의 식민지와 헤게모니 장악을 위한 양차 세계대전 등 거의 모든 전쟁들은 기독교 국가들에 의해서 자행되었다. 미국 자본주의가 주도하는 새로운 세계 질서는 평화 질서가 아니라 약탈의 질서이며, 9·11 테러 사건도 미국 자본의 아랍권 (석유) 약탈에 대한 보복으로 일어났다. 따라서 이번 이라크전쟁은 기독교 세계와 아랍 세계를 분열시켜 평화가 아니라 반목을 가져왔다고 할 수 있다.

셋째, 종교의 다양성을 인정해야 한다. 우리나라는 특정 국가들과는 달리 여러 종교가 공존하는 종교다원 사회이다. 한국 땅에서 가톨릭은 200년, 개신교는 100년 남짓의 역사를 가진 어린 종교이다. 우리나라의 전통종교들은 오랜 역사와 전통을 가지고 있으며 그 나름대로 역사와 문화 발전, 그리고 국민의 정신적·도덕적 함양에 기여해 왔다. 이런 전통종교들에 대해서 기독교 특히 개신교는 매우 전투적이고 적대적인 자세를 취해온 것이 사실이며 이는 매우 유감스러운 일이다. 가톨릭은 문화상대주의 정책을 통해서 타 종교에 대해서 비교적 온건한 자세를 취하고 있으나, 개신교 중에서 근본주의적이고 극우적인 교파들은 전투적이며 제국주의적 선교론으로 무장하여 국내에서뿐만 아니라 해외에까지 나가서 추태를 보이고 있다.

넷째, 이데올로기적 경직성을 벗어나야 한다. 한국 개신교는 탈이데올로기 시대에 들어와서도 경직된 반공주의와 전투적 선교 이론을 가지고 북한에 대해 적대적 태도를 취하고 있다. 사랑의 복음을 통한 남북 분단의 극복과 민족의 화해를 위해서 일하기보다는 북한 정권을 붕괴시키고 거기에 기독교를 이식하자는 19세기적 제국주의 선교이론을 주창하고 있다. 그들은 미국의 호전적이고 제국주의적인 세계 지배를 지원하고 명분 없는 이라크 전쟁에 우리의 젊은이들을 십자군으로 보내자고 충동한다. 김선일 사건에서 보듯이 사업체로 위장한 선교 단체를 그곳에 보내고 그 직원으로 위장한 선교사들이 미군들에게 전쟁 물자를 공급하여 얻은 돈을 선교 활동비로 쓰고 있다.

이러한 개신교의 모든 행태들은 그 깊은 곳을 보면 하나님보다 맘몬을 섬기고, 십자가에 못 박힌 그리스도의 정신이 아니라 잘못된 물신숭배의 승리주의에 뿌리를 두고 있다. 지금 한국의 개신교는 야훼냐

바알이냐, 하나님이냐 맘몬이냐 하는 기로에 서있다. 여기서 결단하지 않으면 맘몬의 세력에 의해서가 아니라 하나님에 의해서 심판을 받을 것이다.

제15장

한국 교회의 현실과 개혁 과제

1. 들어가는 말

몇 년 전 미국 로스앤젤레스에 사는 친척 한 분이 찾아왔다. 20여 년 전에 그곳으로 이주한 그녀는 우리 귀에도 낯설지 않은 버버리힐이란 동네의 한 빌딩에서 간이음식점을 운영하면서 커피와 샌드위치를 비롯한 간단한 음식을 팔고 있다. 그 빌딩에는 수많은 무역 관계 사무실들과 모델 학원 등이 입주해 있고, 고층은 독신자들의 주택으로 이용되고 있어서 거기에 살거나 일하는 사람들이 자주 그 분의 간이식당을 이용한다. 특히 모델 학원 학생들이나 무역 관계로 세계 각국에서 와서 단기 체류하는 사람들이 그 식당의 단골손님이다.

그런데 이 분은 한국에서부터 교회에 열성적으로 다니던 분이어서 주일이면 문을 닫고 그곳 한인 교회에 참석한다. 그래서 그 빌딩에 세를 들어 사는 독신자들은 일요일만 되면 여간 불편한 것이 아니다. 한 스위스인 단골손님은 홀로 식사를 만들거나 식사를 위해서 매번 옷을 차려입고 밖으로 나가는 것을 매우 불편하고 번거로워하고 있었다. 그래서 그는 항상 일요일에도 식당을 열어줄 수 없는지 물어오기도 했다.

그는 어느 월요일에 정색을 하고 찾아와서 이렇게 물었다. "왜 당신 같은 멀쩡한 사람이 교회에 다닙니까?" 친척분은 매우 당황하고 황당했다. 당황한 것은 "왜 교회에 가느냐?"라는 물음에 대해서 주일학교 때부터 수십 년 동안 교회에 다녔지만 이렇다 할 확실한 대답을 할 수 없었기 때문이었다. 이러한 물음에 대해서 우리는 '천당에 가기 위해서' 혹은 '세상에서 올바르게 살기 위해서'라고 소박한 대답을 할 수 있을 것이다.

그러나 그가 정말 황당했던 것은 '당신같이 멀쩡한 사람'이 왜 교회에 다니냐는 물음이었다. 교회라는 곳은 멀쩡한 사람들이 다니는 곳이 아니란 말인가? 그러면 교회는 멀쩡하지 않은 사람들이 다니는 곳이란 말인가? 그는 이러한 물음에 깊은 충격을 받았고 자기가 깊은 반성 없이 교회를 다닌 것에 대해 다시 한 번 깊이 생각하게 되었다고 말했다. "멀쩡한 사람이 왜 교회에 다니느냐?"라는 물음은 대부분의 서구인들, 특히 유럽 사람들이 오늘날 교회를 어떻게 보고 이해하고 있는가를 단적으로 말해주는 것이라고 생각된다. 사실상 서구에서 교회에 오는 사람들 가운데 멀쩡한 사람들을 찾아보기란 거의 불가능하기 때문이다.

2. 서구 교회의 현실

첫째, 서양에서 교회를 찾아오는 사람들의 부류는 대개 의지할 데 없고 먹을 것 없는 사람들이다. 미국이나 서구 유럽 국가에서 교회를 찾아오는 사람들은 한마디로 이야기해서 사회적 약자가 대부분이다. 그들은 정신적 혹은 신체적 질환을 가지고 있어서 노동을 할 수 없는 사람들이다. 좀 더 구체적으로 말하면 몸이 불편한 장애인들이 교회에서 운영하는 장애인 수용소나 재활 센터 같은 곳에서 지내고 있다. 정신적 질환으로 인해서 사회적 적응을 할 수 없는 사람들도 교회의 시설에서 지낸다. 그런 사람들 가운데는 알코올중독자들이나 직업적·사회적 부적응자들이 많다. 특히 유럽의 경우에는 이런 사회적 약자들을 위한 교회의 시설이 정부의 지원으로 운영되기 때문에 재정적 어려움 없이 꾸려갈 수 있다.

둘째, 주일마다 예배에 참석하는 사람들도 대부분 노약자들이다. 자식들이 모두 독립하고 다른 가족들의 보살핌 없이 외롭게 살아가는 노인들이 교회에 출석하는 사람들 중 대부분을 차지한다. 과거에 2,000~3,000명이 출석하던 대성당에도 요즘은 주일에 약 20~30명의 노인들이 찾아오는 것이 고작이다. 그들은 신앙이나 그리스도교적 삶의 진리를 추구하러 오기보다는 일주일에 한 번씩 자기와 같은 처지에 있는 사람들을 만나서 위로를 받고자 한다. 물론 그들에게 전혀 종교적 동기가 없는 것은 아니지만 그래도 사회적 동기가 더 강하다고 할 수 있다.

이렇게 교회를 찾아오는 사람들은 사회적 낙오자들이나 노약자들이다. 따라서 교회는 이런 사회적 낙오자들이나 노약자들을 돌보는 것을 당연한 임무로 생각하고 그들을 성심성의를 다해서 돌보고 있다. 우리가 교회의 임무를 치유적 임무(Healing Ministry)와 역동적 임무(Dynamic Ministry)로 구별해서 말할 때 서구의 교회들은 사회적 약자들이나 낙오자들을 돌보는 치유적 임무에 충실하다고 말할 수 있다. 우리는 다음과 같은 예수님의 말씀에서 오늘날 서구 교회의 현실을 정당화할 수 있지 않을까 생각한다. "예수께서 대답하여 가라사대 건강한 자에게는 의원이 쓸데없고 병든 자에게라야 쓸 데 있다"(누가복음 5: 31).

그러나 그들은 교회의 역동적 임무와 관련해서는 심각한 위기에 처했다고 할 수 있다. 그래서 우리나라에도 잘 알려진 신학자 본회퍼도 1940년대 히틀러 암살 음모로 감옥에 갇혀 재판을 기다리면서 독일이나 유럽의 교회가 변두리 인생들, 즉 '주변 실존자들(Randexistenz)'의 농성장이 된 것을 개탄하면서 새로운 종교개혁을 전망했다. 교회가 이러한 변두리 인생들의 농성장이나 치유의 장소를 넘어 사회나 세계를 변혁시키고 새롭게 하는 역동적 임무를 수행하는 사람들의 장소가 될 수 없는가 하는 것이다. 물론 교회는 변두리 인생들을 돌보아야 할 사명을 가지고 있다. 그러나 교회는 하나님께서 사랑하신 세계(요한복음 3: 16)를 보다 인간다운 세계, 즉 하나님 나라로 만들기 위해서 일하고자 하는 모든 사람들의 활동의 장이 되어야 하지 않을까?

왜냐하면 사회에서 지도적으로 활동하고 바쁜 나날을 보내는 사람들은 거의 교회에 오지 않기 때문이다. 물론 젊은 사람들도 거의 교회를 찾아오지 않는다. 그들은 건강한 사람들로서 자기들의 삶을 추구하는데 정신이 없다. 그들 가운데 일부가 성탄절이나 부활절에 예배에 참석하는 것을 '정기적으로' 예배에 참석한다고 생각한다. 필자와 함께 독일 하이델베르크 대학에서 교수로 있다가 지금은 베를린의 주교로 일하는 볼프강 후버 박사에 따르면, 독일인들은 세금의 약 10% 정도를 종교 세금으로 내는 것으로 종교적 의무를 다하고 있다고 생각하며, 요즘은 그것마저도 내지 않겠다고 교회를 탈퇴하는 사람들이 늘어난다고 한다. 이에 따라 교회가 심각한 재정 위기에 봉착했으며 이에 대한 대책 마련에 골머리를 앓고 있는 것이다.

그 다음으로 교회를 주일마다 찾아오는 사람들은 대개 매우 폐쇄적인 신앙을 가진 특수한 종파의 사람들이거나 아니면 종말론적 신앙을 갖고 세계관을 비관적으로 보는 이단적 성향을 가진 사람들이다. 그러한 사람들은 대체로 사회적으로 적응을 잘 못하거나 아니면 세상에 대해서 매우 비관적인 생각을 가진 사람들이다. 이것이 서구인들의 교회관이며 또한 서구 교회가 처한 오늘날의 형편이기도 하다.

3. 한국 교회의 현실: 신뢰성 위기

요즘 한국 사회에서도 점차 교회를 이런 부정적 시각에서 보려는 풍조들이 생기는 것 같아 걱정이다. 젊은 사람들이나 지식인들과 같은 사회적으로 주도적 역할을 하는 사람들 사이에 교회, 특히 개신교회에 대한 부정적 시각이 광범위하게 확산되고 있다. 이것은 지난 선교 초기부터 1960~1970년대에 이르기까지의 개신교회에 대한 사람들의 인식과 이해와는 전혀 다른 것이다. 당시 교회는 가난하고 어려운 사람들의 이웃이라는 인식뿐만 아니라 사회의 정의를 위해서 일하는 사람들의 집단이라는 생각이 지배적이었다. 말하자면 교회는 한국의 개화기에는 개화의 등불로서, 일제 식민지 시대에는 나라의 독립과 자주를 위한 투쟁의 장으로서, 한국전쟁과 그 이후 재건의 시기에는 전쟁의 피해자들을 지원하는 충실한 종으로서, 그리고 이승만 이후 계속된 군사독재 정권하에서는 민주주의와 인권, 사회정의의 실현을 위한 투쟁의 장으로서 인식되어 왔다. 특히 전태일 사건에서 보여준 개신교회의 헌신적 투쟁과 지원으로 개신교회는 노동자의 교회라고까지 생각되었다. 그들은 박해를 당하면 가장 먼저 종로 5가 기독교회관으로 찾아와서 피난처를 구하고 도움을 요청했을 정도이다.

그러나 1980년대 중반 이후 한국 개신교의 이미지는 어떻게 변해버렸는가? 현상적으로도 그렇고 연구 결과들을 봐도 그렇고, 한국의 개신교회는 스스로 게토화되었을 뿐만 아니라 일반인들에게는 '멀쩡하지 않은 사람들의 집단'으로까지 보이기 시작했다. 1980년대 말과 1990년대에 들어서 노동자들이 박해당하거나 어려운 사람들이 하소연할 데가 없을 때 개신교회를 찾아왔다는 소식을 들은 적이 없다. 그들은 거의 명동성당을 찾아간다. 몇 년 전 서울지하철노조 파업 때는 조계사를 찾아가기도 했다. 그러나 그들은 더 이상 개신교회나 불교를 찾지 않는다. 왜냐하면 개신교회나 불교는 믿을 수 없는 집단일 뿐만 아니라 정부에서도 우습게보는 단체여서 찾아가야 별 도움이 되지 않는다는 것이다. 한국의 개신교회는 신뢰를 상실한 집단이 되었다. 이러한 한국 개신교회의 신뢰성 위기는 앞으로 교회 자체의 존속을 위해서나 선교를 위해서 실로 심각한 사태가 아닐 수 없다. 그러면 한국 개신교회의 신뢰성 상실 혹은 신뢰성 위기의 이유는 어디에 있을까?

첫째, 한국 개신교인들의 선교 행태들이 잘못되어 간 것을 들 수 있다. 지하철이나 서울역 광장에서 커다랗고 시뻘건 십자가를 단 옷을 입은 사람들이 '예수 천당, 불신 지옥' 하고 사람들을 윽박지르듯 대할 때 사람들은 기겁해서 피해 달아난다. 전도한답시고 지하철에서 고래고래 소리를 지르거나 음악을 크게 틀어놓고 소리를 지르는 것은 피곤하고 삶에 지친 사람들에게 위로를 주기보다는 심한 혐오감을 불러일으킨다.

둘째, 얼마 전에 있은 일이지만 대부분의 기독교 계통의 소종파들은 허황한 말세론을 퍼뜨려서 사람들의 정상적인 사회생활을 방해하고 극단에 가서는 비정상적인 일들을 저지른다. 예를 들면 종교적 생활공동체를 만들어놓고 자기 종단에 속한 사람들의 노동을 착취하거나 탈퇴하려고 하는 신자들을 납치하거나 폭행하고, 여신도들에 대해서는 성폭행을 자행하고 심지어 살해까지 하는 등 악행을 일삼고 있다. 여신도들의 성폭행 사건, 이탈 신도들의 살해 암매장 사건, 종교적 광신주의에 빠져서 집단 자살 소동을 벌이는 집단들은 거의 예외 없이 개신교를 그 뿌리로 하고 있다. 문제는 이러한 반종교적이고 반사회적 개신교 집단들이 전에 없이 극성을 부리고 있다는 것이다.

셋째, 대부분의 소종파적 교회뿐만 아니라 전통 있는 교회들, 예를 들면 장로교회나 감리교회 같은 교회들에서도 최근에 와서는 매우 탈세상적이고 반세상적 성향으로 나아가고 있다. 사회에서 돌아가는 중요한 사건과는 전혀 무관한 설교가 행해지고 있다. 신도들, 특히 여신도들을 사회에 대해서는 무지몽매한 인간들, 그것도 건전하고 상식적이며 성숙한 인간으로서 살아가는 것을 방해하는 목사들의 설교 내용과 행태들이 행해지고 있다. 이러한 현상은 성직자들의 잘못된 교회관과 선교론에서 출발한다. 이러한 왜곡된 교회관과 선교론은 지난 1970년대 말~1980년대 초에 미국에서 들어와서 한국 개신교회를 휩쓸고 있는 이른바 '교회성장론'과 거기에 기초한 이른바 '적극적 사고', 그리고 그 실천 이론으로 나온 '하면 된다' 식의 왜곡된 성과주의에서 찾을 수 있다. 신학적으로 볼 때 적극적 사고나 '하면 된다'라는 명제는 개신교의 종교개혁 전통의 '은총만으로' 혹은 '믿음만으로'라는 명제와는 대립되는, 매우 인본주의적이고 나아가서 공로주의적인 명제이다. 루터는 가톨릭교회의 공로주의에 근거한 왜곡된 면죄부 장사와 투쟁했고 나아가 에라스무스의 인본주의라는 적극적 사고와도 투쟁했다. 이러한 업적주의와 공로주의는 오늘날 자본주의와 결합되어 모든 것을 성과에서만 판단하게 하는 가치관을 만들고 그 결과 사람들을 경쟁과 업적주의의 노예로 만들고 있다.

이러한 왜곡된 선교론은 순복음교회 등 열광주의적 성령파 교회들로부터 시작되었다. 그 교회의 지도자라고 할 수 있는 사람이 여의도에서 외형적 성공을 거두자 장로교회, 감리교회 등 종교개혁의 중심에 서있는 교회들의 목사들까지도 그 목사의 설교대로, 목소리대로, 몸짓대로 설교하기에 이른 것이다. 종교개혁의 전통 위에 서야 할 목사들이 거의 대부분 지금 순복음교회 식의 흉내를 내고 있다. 어떤 기장 목사의 설교는 눈을 감고 들으면 그 여의도의 성공했다는 목사로 착각할 수 있을 정도이다.

이러한 교회성장주의의 궁극적 목표는 교회를 대형 교회로 만드는 것이다. 원래 이 성장 이론은 원래 미국의 자본주의 철학에 기초를 둔 것이어서 자기 교회의 성장과 확장을 마치 기독교의 궁극적 목표인 것처럼 생각하게 만든다. 이러한 성장주의 철학이 한국의 개신교회를 완전히 지배하자 목사들은 자기 교회의 성장만이 자기가 살길이라는 생각에 사로잡힌다. 장로들도 자기 교회의 목사를 선정하는 데 일차적으로 제기하는 물음은 그 목사가 오면 우리 교회를 부흥시킬 수 있냐 하는 것이었다. 교회는 목회자보다는 CEO 타입의 성직자를 구한다. 그가 진정한 의미에서 참된 복음을 전하고 선한 목자가 되느냐 하는 것은 별개의 문제다. 그래서 교회를 부흥시킬 수 없는 목사들은 전전긍긍하고 초조해하며, 그런 목사들에 대해서는 장로들과 교인들은 은근히 압력을 가하고 때로는 엉뚱한 이유를 만들어서 교회에서 추방해 버리기도 한다. 따라서 교회가 성장하는 것, 큰 교회를 만드는 것은 가치있고 위대하고 아름다운 일이지만, 작은 교회는 초라하고 아름답지도 않고 참되지도 않게 생각했다. 큰 것은 도덕적으로 선하고, 미학적으로 아름답고, 철학적으로 참되다고 생각하는 풍조가 우리를 지배하고 있다. 이것이 갈릴리 예수가 우리에게 가르쳐준 복음의 내용인가?

이렇게 개신교회들은 성장을 궁극적 목표로 하기 때문에 이것을 달성하기 위한 모든 수단과 방법을 승인하고 있다. 그들은 이러한 오도된 성장주의의 선교 방식을 '적극적 사고' 혹은 '하면 된다'라는 왜곡된 낙관주의로 사람들을 몰아갔다. 이러한 성장주의적 방법론이 한국 사회를 지배하고 있던 자본주의적 경제 지향적 철학 사상과 결합되면서 성장을 위해서는 온갖 왜곡된 수단과 방법마저도 승인하게 된다. 이러한 '하면 된다'는 그 후 우리 사회에서 드러난 바와 같은 '부정과 부패', 그리고 윤리적 도덕적 기초를 상실한 '적당주의'적인 사고방식을 교회에까지 불어넣었다. 그 대표적 예가 장로교회에서는 총회장 선거, 감리교회에서는 감독 선거에서 잘 나타나고 있다. 그들은 하면 된다는 왜곡된 자본주의적 목표 달성을 위한 실천 철학에 기초해서 수단과 방법을 가리지 않고 당선을 시도한다. 큰 교단에서 이러한 교회의 수장 자리를 얻으려면 선거에만 적어도 10~20억 원이 들어간다는 것은 총회에서 총대가 된 사람들 사이에서는 공공연한 비밀로 되어있다. 여기에 총대로 파송된 목사들과 장로들은 이러한 사실을 눈감아줄 뿐만 아니라, 적극적으로 이러한 부정과 부패에 가담하고 있다. 한국 개신교의 이미지를 가장 강력하게 실추시킨 '김홍도 사건'에서 일부 감리교 목사들은 총회장이나 감독 선거에서 뇌물 수수 사건과 관련해서 언론과의 인터뷰에서 "교회 정치도 정치인데 거기서 돈 좀 받아 쓰는 맛이 없다면 무엇 때문에 총대를 하느냐?"라고 답하여 언론인들을 대경실색케 했다. 그러고도 자기가 말한 것이 잘못되었다고 생각하지 않는 목사들과 장로들의 후안무치가 오늘날 개신교회의 문제점이다.

이러한 성과주의는 결과적으로는 '경쟁주의'와 결합된다. 그래서 그리스도인들도 어떤 경쟁에서도 이겨야 한다는 사고방식을 가지게 된다. 지금은 좀 들어갔지만 1970~1980년대에 유행하던 '부흥회'는 일종의 왜곡된 경쟁주의에 그 뿌리를 두고 있었다. 성장하던 개신교회가 그 성장을 멈추거나 둔화되어 갈 때 성장주의에 환장했던 성직자들은 부흥회로 수단과 방법을 가리지 않고 다른 교회, 다른 교파의 교인들을 자기 교회로 끌어들이는 교인 쟁탈전을 벌인 바 있다. 옆 교회에서 부흥회를 하고 나면 근처 교회들의 자리가 비기 시작하고 초조해진 성직자들과 장로들은 부랴부랴 거금을 들여서 유명하다는 부흥사를 데려다 한바탕 잔치를 벌이고서야 안심했다. 부흥회로 인해서 교회의 재정적 손실과 함께 만담화 혹은 코메디 같은 설교로 인한 복음의 본질 왜곡 등의 문제는 생각할 틈도 없었다. 교인들 역시 다른 교회에 속한 교인들을 끌어들이는 것을 선교의 성과인 양 생각하는 등 너무나 종교인답지 못한 뻔뻔한 인간들로 변질되어 간다.

이러한 한국 교회를 지배했던 것은 성공주의였고 이는 지금도 마찬가지다. 오늘날 한국 교회를 지배하는 것은 성공주의를 넘어서 본회퍼가 말한 '성공의 우상화'로까지 나가고 있다. 대교회를 지향하여 수단과 방법을 가리지 않고 경쟁을 해서 마침내 큰 교회를 만든 사람은 목회에 성공한 목사며 그 교회의 장로도 성공에 동참한 사람으로 자처한다. 그들은 이러한 성과와 성공을 바탕으로 해서 노회장도 하고 총회장도 한다. 아무리 신앙이 돈독하고 덕망이 있거나 학식이 있어도 이러한 자본주의적 원리에 기초한 성장주의에 따라서 대교회를 만들지 못한 사람은 아무런 존경이나 영광이나 지위도 얻을 수 없는 것이 한국의 개신교의 실상임을 누가 부인할 수 있을까? 지금 한국 교회를 지배하고 있는 것은 낮아지신 하나님의 아들, 성육신한 그리스도, 고통받는 인간을 위해서 오신 예수 그리스도가 아니라, 자본주의 원리에 기초한 업적주의, 성공주의에 기초를 둔 맘몬주의이다. 한국 교회는 진정한 의미에서 하나님의 진리가 지배하지 않고 맘몬주의의 원리가 지배한다는 말이다.

이 모든 것의 일차적 책임은 성직자들에게 있다. 수능 시험 성적이 별로 좋지 못한 대부분의 목사 후보생들은 신학교를 다니면서도 별로 학문에는 뜻이 없다. 도덕적으로 건강하고 사회적으로 책임을 질 줄 아는 가정에 태어나지 못한 목사 후보생들은 목회의 성공을 정당한 길을 통해서 달성하려 하지 않고 비정상적인 방법을 통해 이루려고 하는 것이 오늘날의 현실이다. 따라서 지도자로서의 기본적 자질을 갖추지 못한 성직 후보생들은 지도자로서 권위를 행사해야 하는 부담을 감당하기 위해서 이러한 왜곡된 교회성장주의와 거기에 기초한 경쟁 원리에 탐닉하게 되는 것이다. 이것은 오늘날 한국 교회의 신학생 훈련과 지도자 양성이 직면하고 있는 심각한 난점이다.

이러한 성직자들의 신뢰 위기는 단적으로 다음과 같은 두 가지 예에서 나타난다. 우선 주한 미국대사관은 한국의 개신교회 목사들을 가장 믿기 어려운 집단으로 분류하고 있다. 그들이 미국행 비자를 신청하면 가장 엄격한 검사를 받는 것도 그 때문이다. 한국 목사들은 비자 신청 시에 약속한 대로 행동하지 않고 대개는 목회한답시고 미국이 그대로 눌러앉아서 불법체류자가 된다는 것이다. 다음으로 은행에서 신용카드를 발급하거나 신용대출을 할 때도 목사는 가장 신뢰할 수 없는 직업군에 들어간다. 그것은 목사들이 신용카드를 제대로 사용하지 않거나 대출금을 제대로 반환하지 않기 때문이다. 이렇게 한국이나 미국 사회에서 목사는 믿을 수 없는 직업군 내지는 인간군으로 분류되어 있다. 이러한 성직자에 대한 일반적 불신은 곧 한국 개신교회에 대한 불신을 말하는 것이기도 하다. 이러한 개신교회의 성직자들의 신뢰성 위기는 곧 한국 교회의 위기요 선교의 위기이기도 하다.

4. 개혁의 구체적 과제

그러면 이러한 복음으로부터 이탈하여 사회적 신뢰를 상실한 한국 교회를 새로운 세기, 아니 새로운 천년을 맞이해서 어떻게 개혁하고 갱신해 나갈 수 있을까? 이러한 물음에 대한 대답은 수많은 신학자들에 의해서 시도되었다. 여기서는 세계교회협의회의 신학적·교회적 방향을 간략하게 설명하고 필자의 생각을 덧붙여 말하고자 한다.

첫째, 교회는 진정한 의미에서 사회적 약자들과 낙오자들은 위한 치유적 임무를 보다 철저하게 조직적으로 전개해 나가야 할 것이다. 한국의 개신교회는 선교 초기에는 선교사들의 재정적 지원을 통해서 이러한 사회적 약자들을 위한 치유적 목회를 매우 적극적으로 그리고 조직적으로 전개했다. 이 일은 한국 전쟁 이후까지도 계속되어서 수많은 전쟁고아와 전쟁과부들을 돌보고 그들에게 삶의 터전을 만들어주었다.

그러나 1960~1970년대에 들어 한국 교회는 선교사들로부터 재정적으로 독립하기 시작했고, '교회주의'가 성직자들의 사고를 지배하기 시작하면서 이러한 치유적 업무는 등한시되거나 거의 포기 상태에 이르고 만 것이다. 물론 1960~1970년대 산업화 과정에서 세계교회협의회의 신학적·재정적 지원을 얻어 도시 선교, 빈민 선교, 사회 선교 등 사회적 약자들의 편에 서는 운동들을 전개하기는 했지만, 그것은 '치유적 운동'이라기보다는 오히려 사회 개혁을 지향하고 그것을 위해서 투쟁하는 '역동적 운동'이었다고 할 수 있다.

그것은 오늘날 성공회의 사회 선교 운동을 보면 잘 알 수 있다. 그들은 사회적 약자들을 돌보는 수많은 시설들, 예를 들면 가톨릭의 대표적 단체인 음성 꽃동네(사회복지 대학으로까지 발전했다)와 같은 시설들과 성공회의 '나눔의 집'을 전국적 단위에서 세우고 체계적으로 운영하고 있다. 이 음성 꽃동네가 사회적으로 신뢰받고 있다는 사실은 가톨릭 신자들뿐만 아니라 수많은 불신자들, 심지어 타 종교에 속하는 사람들까지도 돈을 보내고 자원봉사를 하고 있다는 사실에서 잘 알 수 있다. 체계적이라고 하는 것은 어떤 특정한 자비심 많은 목사나 장로에 의해서 교단의 전체적 정책과는 무관하게 진행되는 것이 아니라 교단 안에 전문가를 두어 연구하고, 거기에 따라서 전국적인 차원에서 필요한 장소를 택하고 인력을 훈련·배치·지원하는 형식으로 전개되고 있다는 말이다. 물론 이러한 조직적 운동은 최근에 와서는 정부의 막대한 지원도 받고 있다.

따라서 교회는 '세상 끝날 때까지' 존재하게 될 이러한 사회적 약자들을 위한 철저한 지원을 아끼지 않을 때 그 본래의 사명을 다하는 것이며 동시에 사회적 신뢰성도 회복할 수 있을 것이다. 이것은 앞으로 교회의 존속을 위해서, 아니 선교를 위해서 가장 역점을 두어야 할 내용이라고 생각한다. 주후 300년경 로마에 라우렌티우스(Laurentius)라는 집사가 있었다. 이방인들이 찾아와 교회의 보물을 구경하고 싶다고 했다. 당시 교회는 수백억에 달하는 보물들을 보관할 박물관 같은 건물을 짓고 있었다. 그런데 라우렌티우스는 그들을 빈민들을 돌보는 곳으로 안내하고 수백 명의 빈민들을 가리키며 그들이 '교회의 보물'이라고 했다. 가난한 자들과 약자들이야말로 진정한 의미에서 교회의 보물이다(Drewemann, 1992: 56).

둘째, 교회 자체 구조를 성직자 중심에서 평신도 중심으로, 남성중심에서 남성과 여성의 동등한 참여의 구조로 바꾸어 나가야 한다. 마르틴 루터의 종교개혁 사상의 핵심은 두 가지로 요약할 수 있다. 그는 1520년에 저술한 종교개혁 문서 「독일 개신교 귀족에게 보내는 글」에서 가톨릭교회의 성직자 중심주의를 강력하게 비판하고 있다. 우선 성서적 근거를 가지고 있지 못한 교황 제도를 비롯해서 고위 성직자들로만 구성된 공의회 제도(Konzil), 그리고 교회 안에서 성직자들에 의한 성사의 독점을 비판하고 "세례받은 모든 사람들의 공동 참여와 책임성에 기초한 만인사제론"을 제시했다. 교황이라고 하는 전지전능하고 무오한 존재는 개신교회에서 폐지되었지만 아직도 교회는 성직자들(여기에는 목사와 장로) 중심으로 운영되고 있다. 노회도 그렇고 총회도 현재의 제도보다는 교회의 다양한 구성원들이 동참할 수 있는 제도를 만들어가야 할 것이다. 세계교회협의회는 이미 그 총대를 성직자 대표들뿐만 아니라 여성 대표, 청년 대표로 구성하고 있는데, 우리 교회는 아직도 구태의연한 자세를 보이고 있다. 독일 교회는 총회나 노회에 여성들뿐만 아니라 청년들 대표를 파송하고 있다. 따라서 지교회 운영에 있어서도 이러한 교회를 구성하고 있는 다양한 지체들이 함께 참여할 수 있는 조직으로 개편되어야 할 것이다. 따라서 교회가 전반적으로 민주적이고 의회적으로 운영될 때 비로소 더 많은 젊은 세대들과 여성들이 거기에 참여할 수 있고 새로운 활력을 얻을 수 있을 것이다.

셋째, 교회는 그 지역의 사회 변혁 세력들(NGO)과 협조 체제를 구축해 나가야 한다. 21세기, 아니 앞으로 1,000년 동안 새로운 사회 형성에 있어서 결정적 역할을 할 세력은 '시민운동'이라고 말한다. 이른바 권력의 제5부로서(입법, 행정, 사법, 언론 다음으로서) 시민운동은 지난 30여 년 동안 사회 변혁을 위해 대단히 중요한 역할을 담당하고 있다. 지난 200여 년 동안의 계몽주의 시대에 세계 형성에 결정적 역할을 했던 앞서의 네 개의 영역들이 이루어놓은 성과는 대단하다. 정치에서 국민국가 형성이라든지, 의회민주주의를 통한 권력의 분산이라든지, 법의 통치를 통한 정의 사회 실현을 목표로 한 법치주의 등 삼권분립이 가져다준 놀라운 성과라고 할 수 있다. 동시에 이들의 기능을 감시하고 시민들의 알 권리를 위해서 노력한 언론의 성과들도 결코 과소평가할 수 없다.

그러나 이러한 제도들이 가져온 문제점들도 적지 않다. 우선 우리는 입법, 행정, 사법에서 나타난 전반적 관료주의를 들 수 있다. 온갖 잡다한 규제들을 만들고 관리들은 인가와 허가권을 이용하여 일반 국민들을 억압해 왔다. 입법기관들은 대체로 이익단체들의 이권 확대와 보호에 이바지하거나 특정 정당의 정치적 이해관계에 복무해 오는 병폐가 전 세계적으로 나타나고 있다. 사법부에 대해서는 의정부나 대구에서의 변호사, 감사, 판사들의 구조적 부정부패에서 볼 수 있듯이 자신들의 세력 보호 내지 이권 개입에만 몰두하는 경향이 나타나고 있다. 요즘은 신문 역시 특정 이데올로기나 기득권 세력에 복무하거나 과도한 상업성에 휘말려서 양심과 진리의 소리를 내지 못하고 있는 형편이다.

이러한 왜곡된 현실을 바로잡기 위해서 시민들 사이에서 자발적 운동이 전개되기 시작했는데 이것이 곧 시민운동이라고 할 수 있다. 이 중 괄목할 만한 것들은 가부장적 남성 문화의 지배 시대의 여성운동, 핵무기 경쟁 시대의 반핵 운동, 냉전 시대의 평화운동, 산업화 말기 시대의 환경운동 등을 들 수 있다. 우리나라에도 이런 운동이 YMCA와 같은 교회 운동을 통해서 전개되었지만 최근에 와서 환경을 살리기 위한 운동단체로서 환경운동연합, 불의한 경제체제를 바꾸기 위한 운동으로서 경실련, 잘못된 법적·제도적 장치들의 철폐를 주된 목표로 하고 있는 참여연대 등을 들 수 있다. 그중에서도 여성단체연합은 여성들의 참여와 권익 향상을 위한 운동을 활발하게 전개하여 짧은 기간 동안 많은 성과를 거두었다. 이런 운동들은 서울을 중심으로 전개되는 것이 아니라, 지방자치제 실시와 더불어 지역 단위 운동들과 결합되면서 점점 그 세력을 확대해 나가고 있다.

이러한 추세에 발맞추어 교회 역시 평신도 중심의 구조적 개혁을 단행함으로써 이들이 교회 안에서뿐만 아니라 이러한 시민사회 형성에도 지도적이고 중추적 역할을 하도록 지원해야 할 때가 왔다고 생각한다. 좀 더 구체적으로 말하면 교회 안에서 형성되고 성장한 지도력들을 이러한 시민운동에 동참하게 하고 이 운동들을 지원함으로써 명실 공히 교회가 그 사회에서의 중심점이 되어야 하는 것이다. 이를 위해서는 다음과 같은 일들을 고려해 볼 수 있다. ① 교회는 현재 실시되어 성장하고 있는 지방자치 운동에 인적으로나 물적으로 적극 참여해야 한다. ② 그 다음으로는 각 지역에서 등장하고 있는 시민운동에 적극적으로 참여함으로써 그 운동이 뿌리 내리고 성장하도록 도와야 한다. 필요한 경우에는 다양한 운동들에서 지도력을 발휘하고 회원으로서 적극적으로 동참하는 길을 모색해야 할 것이다. ③ 교회가 그 지역 사회에서 필요로 하는 프로그램들, 특히 사회적 약자들을 위한 프로그램들을 독자적으로 개발해서 실시하도록 한다.

5. 맺는 말

우리는 새로운 세기와 더불어 새로운 1,000년을 맞이하고 있다. 교회사적으로 볼 때 동방교회 500년, 서방 가톨릭교회 1,000년, 유럽 교회 500년의 시대가 지나가고 제3세계 교회들, 즉 제4교회 시대가 다가오고 있다고들 한다. 시대사적으로 보면 귀족 사회를 기반으로 한 500년의 동방교회, 봉건사회를 기반으로 한 가톨릭의 1000년 시대, 부르주아적 자본주의 사회를 기반으로 했던 개신교 500년이 지나가고, 이제는 제3세계의 민중들을 기반으로 한 새로운 교회의 시대가 이른바 시민 시대·민중 시대와 더불어 동터오고 있다. 이제 교회는 더 이상 지난 500년 동안의 부르주아적 시대, 즉 부유한 사람들을 기초로 해서 존속할 수 없게 되었다. 앞으로는 민중이 주인이 되는 진정한 의미에서의 민주주의 시대를 전망하고 있다. 이러한 진정한 민주주의가 제도권을 통해서가 아니라 시민·민중운동을 통해서 동터오고 있다는 말이다.

이러한 상황에서 교회는 성직자 중심의 조직과 운영에서부터 벗어나야 한다. 이러한 상황에서 교회는 자본주의적이고 업적주의적 미망에서 잠을 깨야 한다. 이러한 상황에서 교회는 가부장적이고 남성중심적인 사고의 틀에서 깨야 한다.

이러한 미망에서 깨어날 때 비로소 교회는 예수께서 우리에게 가르쳐주셨던 것, 사회적 약자들을 섬기고 그들이 중심이 되는 정의로운 사회를 건설하는 역동적 봉사자로 다시 제자리를 찾아가게 될 것이다. 이렇게 할 때 교회는 스스로를 위해서 존재하는 자기 완결적 기관이 아니라 하나님 나라에 봉사하는 기관이 될 것이다. 요한계시록은 이러한 전망을 다음과 같이 기록하고 있다. 하나님이 친히 통치하는 '새 예루살렘', 하나님 나라가 도래하면 교회(성전)는 사라지고 더 이상 볼 수 없게 된다는 것이다.

나는 새 하늘과 새 땅을 보았습니다. 이전의 하늘과 이전의 땅이 사라지고 바다도 없어졌습니다. 나는 또 거룩한 도시 새 예루살렘이 남편을 위하여 단장한 신부와 같이 차리고, 하나님으로부터 하늘에서 내려오는 것을 보았습니다. …… 보아라, 하나님의 집이 사람들 가운데 있다. 하나님께서 그들과 함께 계실 것이요, 그들은 하나님의 백성이 될 것이다. …… 하나님이 그들의 눈에서 모든 눈물을 닦아주실 것이니, 이제는 다시 죽음이 없고 슬픔도 울부짖음도 고통도 없을 것이다. …… 그러나 나는 그 안에서 성전을 볼 수 없었습니다. 그것은 전능하신 주 하나님과 어린양이 그 도시의 성전이기 때문입니다(요한계시록 21: 1~4, 22).

제16장

한국 교회 안의 군사 문화

1. 들어가는 말

한국 사회는 1961년 박정희 장군이 군사 쿠데타로 집권한 이래 30여 년 이상을 군사정권하에 지배당해 왔다. 그러나 한국 사회의 군사 문화적 전통은 그 이전으로 거슬러 올라갈 수 있을 것이다. 일본제국주의 36년간의 통치 역시 준군사적 기반하에 있었으며 해방 이후 3년간의 미군 정기간 역시 군사정부의 통치 기간이었다. 이승만 정권은 문민정부라고 할 수도 있지만 이 시기 또한 6·25 전쟁을 거치면서 군사적인 것이 사회 전반을 지배하던 시기로 봐야 할 것이다. 따라서 한국은 거의 1세기 가까이 이른바 군사정권 내지는 준군사정권 아래서 '군사 문화'의 지배 아래에 있었다고 봐도 과언이 아니다.

그러면 이러한 군사 문화란 무엇이고, 그 성격과 사회적 영향은 어떤 것일까? 군사주의(Militarism) 혹은 군사 문화란 군인들에 의한 국가기관의 지배와 공적 삶의 영역과 정치에서의 군사적 사고와 행동방식의 지배라고 정의할 수 있다. 이 군사주의라는 말은 1866년 프러시아 육군의 정치적 간섭과 1870년의 전쟁에서부터 사용되기 시작했다. 그리고 제1·2차 세계대전에서는 독일에 대항한 선전적 구호로 사용되었으나 그 후에는 다른 나라들에서의 군사주의 현상들에도 사용되게 되었다. 군사주의를 말할 때는 주로 정치적 의사 결정 과정에서의 군인들의 역할을 문제 삼지만 더욱 중요한 것은 이것이 가지는 사회문화적 영향들, 특히 반민주적 사고와 행동 양식들이 문제가 된다.

마르크스주의는 한걸음 더 나아가서 군사주의와 근대 자본주의의 경제적·사회적 역동성의 관계를 규명하려고 하는데, 그것은 결과적으로 식민주의, 나아가 제국주의의 기초를 이루고 있다는 것이다. 따라서 군사주의는 국내적으로는 독재와 반민주, 사회적 계층화, 경제적 경쟁화, 심리적으로는 인간 상호 간의 적대화 등 부정적인 요인들을 낳고 있다. 그리고 국제적으로는 다른 나라를 점령하여 통치하는 식민주의 및 제국주의의 기초를 형성해 준다고 할 것이다.

2. 한국 교회의 군사 문화

한국 교회사에서 군사 문화적 경향들이 강하게 나타나기 시작한 것은 1970년대 초반 교회성장 이데올로기의 도입과 더불어 대교회들이 등장하던 시기로 봐야 할 것이다. 이때는 박정희 군사정권에 의해서 근대화가 추진되면서 한국 사회가 본격적으로 국제 자본주의 영향권 안에 편입되어 갔다. 이러한 근대화는 엄청난 노동력을 필요로 했고 따라서 농촌 인구가 급격히 도시로 유입되기 시작했다. 이러한 도시화의 추세와 더불어 서울 같은 대도시들에서는 농촌에서 이주해 온 많은 사람들로 인해서 대형 교회들이 형성되기 시작했다. 이러한 대교회들에서는 전통적이고 목가적인 목회 방식을 통해서는 넘쳐나는 교인들을 제대로 관리할 수 없게 되었다. 우선 많은 수의 교인들을 관리하기 위해서는 이전과는 다른 방식의 조직이 필요하게 되었다. 그래서 한 교회에 보다 많은 성직자들이 필요하게 되었고, 또한 보다 폭넓은 교인들의 조직망이 필요하게 된다. 보다 효율적인 목회와 조직적인 교인 관리를 위해서 교회는 새로운 형태의 목회 방식을 모색하게 되었고, 이에 교회의 군사주의적 경영 방식, 즉 위계질서가 등장하게 된다.

1) 제도적 측면

(1) 성직자들 사이의 위계질서의 문제점

이러한 군사주의적 경영 방식의 도입은 불가피하게 교회 제도의 변화를 가져왔다. 그 대표적인 것이 대형 교회에서 많은 성직자들을 두고 그들을 관리하는 체제가 필요했던 것이다. 이리하여 생겨난 성직 제도가 담임목회자 혹은 당회장을 사령탑으로 하고 부목사나 전도사 등 하위직의 목회자들을 기초로 하는 피라미드식의 구조를 만든 것이다. 하위 성직자들의 숫자가 많을수록 위계질서는 더욱 세분화되었고, 이들 사이의 상하 관계는 더욱 엄격해졌다. 그리하여 당회장 혹은 담임목사 아래 부목사가 서고 그 아래 서열이 낮은 부목사가 오며 그 아래 전도사들이 오고 그 밑에는 여전도사들이 오게 되었다. 그래서 어떤 큰 교회 담임목사는 자신을 기업체 총수인 회장에 비견하여 '당회장'으로 불리는 것을 선호한다. 이 관계들은 평등주의적 초대교회가 가졌던 성직자들 사이의 관계와 같은 직무상의 차이가 아니라 계층 간의 차이로 나타나게 되었다.

이러한 제도는 독일이나 미국 등 오랜 교회의 전통을 가진 선진국과 비교해 보면 많은 문제점을 내포하고 있다. 독일을 예로 들면 거기에는 당회장이니 하는 한국의 피라미드식의 위계질서는 존재하지 않는다. 목회자 3인이 목회하는 교회를 예로 든다면 세 사람의 성직자는 상하

관계에 있지 않고 수평 관계에서 자기들에게 주어진 각각의 직무를 수행한다. 예를 들면 A목사는 A라는 구역을 전담하여 그곳에 사는 교인들을 목회한다. 그 구역의 교인들을 심방하고 상담하고 결혼과 장례식 등을 치러준다. B목사는 B구역에서, C목사는 C구역에서 같은 직무를 수행한다. 주일 설교는 담임목사인 당회장만이 맡아서 하는 것이 아니라 3인이 돌아가면서 번갈아 하며, 한 목사가 병이 나거나 휴가를 갔을 경우는 다른 목사가 그 구역의 심방과 결혼식, 장례식을 행한다. 이렇게 해서 목회를 위계적 질서에 따라서 하지 않고 성직자들이 팀으로 해나가는 것이다.

(2) 평신도들 사이의 위계질서의 문제점

이러한 한국 교회의 위계질서는 장로와 집사, 일반 평신도 사이에서도 더욱 선명해졌다. 왜냐하면 이들의 교회 내에서 역할과 기능이 전혀 다르기 때문이다. 장로는 가장 중요한 의사 결정 기관인 당회의 회원이 되므로 교회적 지위는 대단히 강화되었다. 당회원이 된다는 것은 안수에 의해서 이루어지는 특수한 직무로 오해되어 그것은 마치 군에서 장성에 진급하는 것과 같은 것으로 생각되기도 한다. 이러한 위계적 사고가 지배함으로써 자신들의 봉사의 직분을 망각하고 권세를 부리면서 여러 가지 비기독교적 발상과 행동들을 하게 된다. 집사는 제직회의 회원이 될 뿐이지만 교회 안에서 장로 직을 향해 가는 하나의 중요한 계층상승의 과정으로 파악된다. 평신도들은 1년에 한두 번 열리는 지극히 형식적인 공동 의회에 참석하는 것이 고작이어서 교회 내에 돌아가는 일들을 제대로 파악하지 못할 뿐만 아니라 참여의 기회도 주어지지 않는다. 이런 현상들은 교회가 크면 클수록 더 심하게 나타난다.

독일 교회의 경우 한국처럼 장로나 집사 등 위계적인 평신도 집단들은 존재하지 않고 교회운영위원회(Vorstand)가 있어서 한국의 장로교회의 당회와 같은 것을 구성해서 교회를 운영한다. 이들은 대개 5년의 임기로 선출되며, 따라서 한국에서처럼 안수를 받아서 항존직으로 활동하지 않는다. 그것은 항존직이 가지고 있는 여러 가지 모순을 극복하기 위해서이다. 예를 들어서 장로가 항존직으로 선출될 때 경우에 따라서는 개인적으로 많은 부담을 걸머지게 되며, 부적절한 사람이 선출되었을 때는 교회적으로도 커다란 부담을 안게 된다.

(3) 당회, 노회 및 총회의 장의 문제

한국 교회에서는 교회의 중요 기관인 당회나 제직회, 그리고 노회나 총회의 장은 당연히 성직자가 맡는 것으로 되어있다. 이처럼 모든 중요한 자리가 성직자들에 의해서 독점되는 것은 엄격한 의미에서 민주 사회가 지향하는 삼권분립에 의한 의회주의 원칙에 위반된다고 할 수 있다. 이렇게 되다 보니 교회 안에서 성직자들의 월권행위가 등장하고 때로는 재정 면에서 비리가 나타나기도 한다. 교회도 하나의 단체이고 거기에는 일정한 예산 집행 기능도 존재하기 때문에 여기에는 적절한 견제와 감시의 장치가 마련되지 않으면 안 된다. 따라서 성직자는 목회에 전념할 수 있어야 하고 평신도의 대표들이 치리와 관리를 담당하는 것이 타당하다.

독일 교회의 경우 담임목사가 아니라 장로 중에 한 사람이 당회라고 할 수 있는 교회운영위원회의 의장이 되어 회의를 주관하고 교회 살림을 위한 모든 절차를 진행하게 된다. 이렇게 되기 때문에 담임목사는 부의장으로서 의장과 협력하여 교회를 운영하는 데 참여한다. 그것은 노회나 총회에서도 마찬가지여서 평신도가 의장이 된다. 왜냐하면 거기서는 당회나 노회 그리고 총회는 우리 식으로 말하면 국회와 마찬가지여서 교인을 대표하는 의회 기관이며 성직자인 개별 교회의 담임목사나 감독(주교)은 집행기관(행정부)의 장으로서 활동하기 때문이다.

(4) 구역 운영 문제

군사 문화적 요소는 교인들의 관리를 위해 대부분의 교회가 설치·이용하고 있는 구역 제도에서도 잘 나타나고 있다. 구역 설치의 원래 목적은 일요일과 수요일 예배 사이의 공백을 메우고 각 지역에 이웃해서 살고 있는 신도들 사이의 친교를 위한 것이었다. 그러나 인구 이동이 많아지고 교회가 대형화되면서 구역은 교인들의 관리를 위한 수단이 되었다. 여기에서 구역장은 소단위의 교회를 관리하는 책임을 지게 됨으로써 그 지위가 격상되었다. 대교회들 가운데는 부목사가 구역을 맡아 관리하는 곳도 있다. 여기에서 구역은 일종의 중대나 소대의 역할을 하며 구역장은 중대장이나 소대장과 같은 역할을 하게 된다.

2) 프로그램의 측면

이러한 군사 문화적 사고와 행태는 제도에서뿐만 아니라 프로그램에서도 강하게 나타나고 있다. 특히 한국 교회의 성장 이데올로기와 더불어 교회의 선교 내지는 전도 프로그램들이 소위 승리주의에 기초하여 군사 문화적으로 조직되고 실천되어 왔다. 그 대표적인 예가 고지 탈환식 선교 방식이다. 고지 탈환식 선교 방식으로 얼마 전까지는 부흥회가 사용되었지만 근래에 와서는 예수 초청 잔치라는 새로운 방식이 이용되고 있다. 이 방식들은 대체로 군사 문화의 특징이라 할 수 있는 승리주의가 그 기초가 되고 있다. 즉 수단과 방법을 가리지 않고 타 종교의 신도나 다른 교파 교회의 신도를 자기 교회로 끌어오는 것이다. 여기에 성공하여 대교회를 세운 성직자는 목회에 성공했다고 말한다. 서울에서는 갑자기 몇 년 만에 몇 천 명씩 모이는 교회들이 등장하는데, 여기에 모인 신도들은 새로 신자가 된 이들이 아니다. 수단과 방법을 가리지 않고 다른 교회의 신도들을 끌어들인 것이다. 이러한 승리주의적 선교에 대항하기 위해서 다른 교회들도 동일한 방식을 사용한다.

이러한 군사 문화의 승리주의는 필연적으로 군사 문화의 또 하나의 특징인 적대감을 수반한다. 우선 타 종교에 대한 적대감이 그것이다. 한국의 전통종교, 특히 불교에 대한 적대감이 그 대표적 예라고 할 수 있다. 최근 감리교단 신학교에서 있었던 교수들의 추방도 이러한 군사 문화적 발상에 기인한다고 할 수 있다. 다른 종교를 인정하지 않을 뿐만 아니라 그러한 종교들을 인정하는 교수들은 제거되어야 한다는 것이다. 이러한 전투적 적대감은 비단 타 종교에 대해서뿐만 아니라 가톨릭교회에 대해서도 가해지고 있다. 보수적인 장로교회 가운데는 교황을 적그리스도로 보고 그 신도들을 저주하고 미워하는 것을 마치 좋은 신앙의 척도인 양 생각하는 사람들이 있다. 이러한 적대감은 같은 교파이면서 다른 교단을 형성하고 있는 이들에 대해서 더욱 심한 경우도 있다. 이러한 적대감의 대표적인 표출은 장로교회의 분열에서 가장 잘 나타난다. 수십 교단으로의 분열을 거친 장로교회의 경우 이러한 적대감은 더욱 심화되었고 내면화되었다.

이러한 한국 교회의 적대감의 대상이 된 것은 공산주의와 북한이라 할 수 있다. 얼마 전까지만 해도 공산주의의 지도 국가였던 소련은 악의 화신으로 인식되었다. 이들과의 국교가 성립된 이후에도 북한에 대해서는 여전히 깊은 불신과 적대감에서 벗어나지 못하고 있는 것이 한국 교회의 현실이다. 그래서 한국의 교회들은 그동안 반공의 보루였고, 역대 군사독재 정권의 충실한 지원자들이었다. 이것은 한국 교회가 화해의 복음의 선포자이며 실천자가 아니라 군사 문화의 하수인으로 전락했음을 웅변으로 증명해 주는 것이다. 북한 선교도 이러한 승리주의와 적대감에 그 깊은 뿌리를 두고 있다.

이러한 십자군적 승리주의와 숨겨진 적대감은 군사 문화의 또 하나의 특징이라 할 수 있는 흑백논리와 밀접하게 연결되어 있다. 선한 것이 아니면 악한 것이라는 지극히 미숙한 사고와 판단 논리로, 자기는 참되고 다른 사람은 참되지 않고, 친구가 아니면 적이라고 판단해 버리는 것이다. 99개의 공통점이 있어도 1개만 다르면 적으로 간주한다. 한국 그리스도인들이 가지는 이러한 미성숙한 판단 방식, 즉 흑백논리는 아군과 적군을 철두철미하게 구별하라고 강요하는 군사 문화적 영향하에서 생겨난 것이라 할 수 있다.

3) 언어의 측면

한국 교회의 조직과 프로그램에서의 군사 문화적 경향은 교회가 사용하고 있는 언어에서도 선명하게 나타나고 있다. 그 대표적인 것을 몇 가지만 들면 '총력 전도', '총동원 주일', '선교의 전선으로', '선교고지 탈환', '십자가 군병들아', '우리의 선교의 기수를 해외로' 등이 있다. 단지 선교와 관련된 것들을 몇 가지 들었지만 그 외에도 수없이 많은 군사적 용어가 교회 안에서 사용되고 있다. 이것은 그동안 교회가 그리스도의 정신이 아니라 군사 문화에 감염되어 있다는 것을 여실히 보여주는 것이다. 여기에서 나타나는 가장 큰 판단의 왜곡은 힘센 것과 강한 것이 좋다는 사고방식이다. 이러한 군사적 용어가 우리에게 말해주는 것은 강한 것, 힘이 센 것은 좋은 것이며 약한 것은 좋은 것이 아니라는 것이다. 지배 문화, 남성 문화가 좋은 것이며 거기에 구원이 있다는 것이다. 여기에 오염된 대부분의 한국 교인들은 강한 교회, 큰 교회, 돈이 많은 교회, 세력을 가진 사람들이 많이 모인 교회가 좋은 교회라고 생각한다. 그렇지 못한 교회는 좋은 교회가 아니라는 생각을 부지불식간에 가지고 있다. 여기에서 지배하고 있는 주된 사고는 '십자군적 사고방식'이다.

신학자 폴 틸릭(Paul Tillich)에 의하면 '십자가'와 '십자군'은 그 어원은 같지만 그 내용에 있어서는 가장 먼 거리에 있다고 했다. 인류를 구하기 위해서 성육신하고 인간이 되어 십자가에 죽은 그리스도의 십자가 사건이 우리에게 구원을 가져다주는 것이라면, 군사적 힘으로 모든 문제를 해결하려 했던 '십자군운동'은 그리스도의 정신과는 가장 거리가 먼 것이었다. 그리스도의 사건, 즉 성육신의 사건과 그의 수난의 길, 그리고 십자가에 죽으심이 우리에게 구원이 되는 것은 그의 강함이 아니라 그의 약함 때문이다. 이 십자가에 달려 죽으심으로 우리의 구원을 완성한 이 그리스도께서는 "내 능력은 약한 데서 완전하게 된다"(고린도후서 12: 9)라고 말씀하셨다. 그의 능력은 강한 데서 완전해지는 것이 아니라 약한 데서 완전해진다는 것이다. 본회퍼가 지적했듯 하나님은 약함에서 우리를 돕는다.

3. 맺는 말

우리는 한국 교회의 군사 문화적 경향들을 그 제도와 프로그램, 언어의 영역으로 나누어 살펴보았다. 한국 교회 특히 대교회를 지배하고 있는 군사 문화는 위계적 계층화와 함께 승리주의, 적대감, 흑백논리, 그리고 전투적 언어 사용으로 특징지을 수 있을 것 같다. 이러한 군사 문화는 교회 내에서 초대교회가 지녔던 형제애 넘치는 평등주의를 몰아내고 위계적으로 운영되는 조직 체계를 강화시켰다고 할 수 있다. 여기에서 교회가 진정으로 추구해야 할 코이노니아는 사라지고 익명성과 자본주의적 기업적 관리 체제가 지배하게 되었다.

승리주의와 적대감, 그리고 흑백논리는 자본주의 경쟁 논리와 결합되어 수단이 목적을 정당화한다는 교회성장론의 뿌리가 되었다. 여기에서 타 종교, 타 교단, 타 교회를 적대시하거나 아니면 이들과의 진정한 교제를 차단한 왜곡된 개별 교회주의가 탄생했다. 따라서 교회성장주의는 한마디로 자본주의적 경쟁 이론에 기초한 승리주의와 다를 바 없다. 이러한 개별 교회주의는 오늘날 결정적으로 요청되는 사회적 연대에 커다란 장애 요인으로 등장한다. 또한 승리주의에 기초한 적대감과 흑백논리는 신도들로 하여금 사물에 대한 객관적 인식을 불가능하게 하고 성숙한 판단에 장애가 되고 있다. 이것은 한국의 그리스도인들이 사물을 판단하는 데 있어서 왜곡된 편견에 사로잡혀서 건강한 판단을 하지 못하는 원인이 되기도 한다. 이러한 현상은 또한 종교가 가지는 사회적 통합 기능에 대해서 오히려 역기능을 한다고 말할 수 있다.

제17장

한국 교회의 열광주의

1. 서론적 고찰

중세기 로마 가톨릭교회라고 하는 거대한 종교적·정치적 세력이 자행한 기독교 복음 내용의 왜곡과 교회 질서의 파탄에 대항해서 독일의 종교개혁자 마르틴 루터(Martin Luther)가 교회 개혁의 횃불을 높이 들고 투쟁을 시작한 지 벌써 484년이 되었다. 그가 1520년에 저술한 이른바 3대 교회 개혁 문서[1]를 보면 루터는 그리스도를 대신해서 교회의 우두머리가 되려고 한 교황의 수장권 문제, 교황만이 성서를 바르게 해석할 수 있다는 교황무오설(教皇無誤說), 교황만이 공의회를 소집할 수 있다는 초대교회의 의회주의의 파괴를 주로 공격한다. 그 다음으로 루터는 예수께서 제정해 주신 두 개의 성례전만을 인정하고 가톨릭교회가 임의적으로 만들어 사용하고 있던 5개의 성례전[2]은 성서에 기초하지 않

---

1) 3대 종교개혁 문서는 다음과 같다. 「독일 개신교 귀족에게 보내는 글」(1520. 8), 「교회의 바빌론 포로」(1520. 10), 「그리스도인의 자유에 대하여」(1520. 11).

2) 가톨릭교회는 세례와 성만찬 외에 사제 서품식, 결혼식, 견진례, 죽은 자를 위한 도유식, 고해성사 등을 성례전으로 제정하여 사용하고 있다.

은 것이므로 무효라고 주장한다.

이렇게 루터는 성서 위에 군림하는 교황, 그리스도 대신 교회의 수장권을 주장하는 교황, 그리고 공의회 위에 군림함으로써 초대교회의 의회주의를 무력화한 교황을 비판함으로써 모든 교회의 교리나 제도나 치리는 오직 성서로부터만(sola scriptura) 규정되어야 한다고 주장한다. 그리고 당시 가톨릭교회의 스콜라주의적 자연신학에 기초한 업적론에서 파생된 이른바 면죄부와 같은 구원에 있어서 인간의 공로를 승인하는 관례를 거부하고 교회 안에서는 오직 은총으로만(sola gratia) 혹은 믿음으로만(sola fidei) 모든 것이 규정되어야 한다는 것을 제창했다.

이러한 거대한 로마 가톨릭 세력과의 대결 외에도 루터는 종교개혁이 전개되어 가는 과정에 다양한 사상적 방향을 가진 개신교 진영의 집단들과도 힘겨운 싸움을 경험했다. 1525년 농민전쟁의 와중에서 루터는 영주들 편에 섬으로써 농민들 편에 선 종교개혁 좌파 진영 토마스 뮌처(Thomas Müntzer) 등과 대결했다. 또한 루터는 자신을 직접 간접으로 지원해 주었던 로테르담의 인문주의자 에라스무스(Erasmus)의 신인협동설적 주장을 거부했다. 그리고 루터는 종교개혁이 완성되어 갈 때쯤 성만찬 문제(기념설과 실재설 차이)를 둘러싸고 개혁교 진영(칼뱅주의자들)과도 갈등을 빚었다. 이렇게 종교개혁 당시 개신교 세력들 안에서 벌어진 대결과 갈등 가운데 루터가 이론과 실천 면에서 가장 심각하게 생각하고 대결했던 집단은 이른바 '열광주의 집단(Schwärmertum)'이었다고 할 수 있다.

필자는 종교개혁 당시 등장했던 열광주의 운동의 내용을 검토해 봄으로써 오늘날 우리 개신교 안에서 일어나고 있는 유사한 현상들의 문제점을 살펴보고자 한다.

2. 종교개혁 당시의 열광주의자들

종교개혁 당시 루터에 의해서 정죄되고 비판되었던 열광주의자들이란 대체로 독일에서는 칼슈타트(Karlstadt)와 토마스 뮌처를 필두로 하고 스위스에서는 재세례파를 포함하는 일련의 '신비적이고 주관주의적 신앙 형태'를 공유하는 사람들을 의미한다. 이렇게 볼 때 당시 종교적 열광주의는 다음과 같은 세 가지 방향에서 파악할 수 있다.

첫째는 칼슈타트의 방향이다. 이들의 사상적·신학적 방향을 우리는 반율법주의(Antinomianism)라고 말한다. 간략히 말해서 이들의 주장에 따르면 예수 그리스도의 복음이 온 이후에는 구약의 율법은 그 기능을 중지당했고 따라서 율법은 더 이상 존재할 필요가 없다는 것이다. 이러한 주장은 성서(바울)에 의하면 "그리스도(혹은 복음)는 율법의 끝(마지막)이다"(로마서 10: 4)라는 명제에 근거하고 있다. 이 말은 실천적 의미에서 볼 때 신앙을 통해서 복음을 받아들인 신자들은 더 이상 율법에 얽매일 필요가 없다는 것으로 해석된다. 복음으로 거듭난 사람들은 더 이상 죄를 짓지 아니하기 때문에 인간의 죄를 드러내서 회개하게 하고 복음을 찾게 하는 율법의 역할과 기능(율법의 제2용법=루터)은 더 이상 존재하지 않다는 말이다.

이러한 반율법주의적 입장을 견지했던 칼슈타트에 대해서 루터는 강력하게 대응한다. 그에 의하면 복음을 받아들인 신자들도 지상에 살아가는 한(육신 가운데 사는 한) 죄를 지을 수밖에 없고, 따라서 그 죄를 드러내고 회개하여 복음에 이르게 하는 율법은 항상 존재해야 한다는 것이다.[3] 그러므로 율법과 복음은 항상 같이 존재함으로써만 그 기능

---

3) 루터에 따르면 율법에는 두 가지 사용법(usus legis)이 존재한다. 율법의 제1용법 혹은 정치적 용법(the political use of the law)은 하나님께서 행악자를 통제하고

과 역할을 수행할 수 있다. 율법 없는 복음이나 복음 없는 율법은 루터에게서는 생각할 수 없는 것이다. 여기서 우리는 루터의 인간관, 즉 "인간은 죄인이면서 동시에 의인이다(semper iustus et peccator)"라는 도식으로 이해할 수 있다. 인간은 항상 죄인이므로 율법 아래 있고 동시에 의인이므로 복음 아래 있다는 것이다. 우리는 여기서 루터의 균형 잡힌 신학이론, 즉 율법과 복음의 조화 혹은 병치(竝置)를 발견하게 되는 것이다. 따라서 율법 없는 복음을 말하는 칼슈타트와 그의 집단은 1522년경 루터에 의해서 뷔르템베르크에서 추방되었다. 왜냐하면 그들은 율법을 부정함으로써 종교개혁 운동에서 극단적 방향을 취했기 때문이다.

둘째는 토마스 뮌처 등의 방향이다. 그것은 '주관적 십자가 경험의 신비주의'라고 말할 수 있다. 뮌처는 농민전쟁의 지도자 중 하나로서 사회혁명가로 널리 알려져 있으나 그것은 그의 말년의 삶의 한 국면일 뿐이다. 그는 실제로는 십자가의 수난, 즉 영혼이 지옥의 고통을 경험함으로서 궁극적으로는 심령의 평안을 찾는 것을 추구한 신비주의자였다. 그는 하나님의 말씀이 인간의 마음속에서 초자연적 빛 혹은 비전으로 작용한다고 보고 성서를 신비주의적으로 해석하고 있다. 이러한 신비주의적 열광주의가 그를 농민들의 혁명운동에 동참하게 함으로써 새로운 지평을 열어놓았다. 다시 말하자면 주관적 십자가 경험의 신비주의가 개인적 신앙생활에서 뭔가 수직적·초월적 목표를 지향한다고 하면 동시에 사회적 관계에서는 뭔가 수평적·현세적 목표도 지향하게 된다는 것이다. 다시 말하자면 이러한 주관적 십자가 경험의 신비주의는

벌하기 위해서 정치적 권력에게 율법을 주신 것이다. 율법의 제2용법 혹은 신학적 용법(the theological use of the law)은 하나님께서 인간의 죄를 밝히고 회개하게 함으로써 복음을 찾게 하기 위해 교회에 주신 것이다.

내면적으로 흐르면 탈세상적인 것을 지향하지만 외면적으로 흐르면 세계 내적인 것, 즉 사회 변혁적인 것을 지향하게 된다는 것이다.[4)]

루터는 이러한 주관적 십자가 경험의 신비주의가 지향하는 것, 즉 탈세상적인 것을 일차적으로 부정했다. 그런 의미에서 루터는 종교개혁 초기에 에크하르트(Meiter Echhardt)나 타울러(Johannes Tauler) 등의 독일 신비주의에 많은 영향을 받았지만 그 자신이 신비주의자가 되지는 않았다. 그는 그러나 이러한 주관적 십자가 경험의 신비주의가 사회혁명적 목표를 지향함에 있어서 농민전쟁에서와 같이 폭력혁명으로 변하는 것도 반대했다. 잘 알다시피 그는 농민전쟁 초기에는 영주들과 농민들에게 보내는 권면의 글을 통해서 대립 투쟁하는 그들 사이에서 화해와 평화를 시도했었다.[5)] 그러나 그는 이러한 권면에도 불구하고 양자간에 폭력이 계속 사용되자 결국 영주 편에 서서 농부들을 비난하는 글을 쓴다.[6)] 루터에 의하면 신하들, 특히 그리스도인 신하들은 정치적 상위자의 억압에 대항해서 무력을 사용해서는 안 되고 오직 십자가의 수난을 감내해야 한다는 것이다.

셋째로 재세례파의 방향이다. 재세례파는 종교개혁 당시 가톨릭 세례와 유아세례를 부정함으로써 개신교인이 된 사람들은 성인이 되어서 다시 세례를 받을 것을 요구하고 1524년부터 그 주동자의 하나인 후버마이어(Hubermeier)가 재세례를 받음으로부터 시작된 운동이다. 이들은

4) 이러한 주관적 십자가 경험의 신비주의가 내면의 세계를 지향하여 초월적 경지로 나아간 것은 이용도의 삶과 사상에서 경험할 수 있고, 동시에 이러한 주관적 십자가 경험의 신비주의가 외면 세계를 지향하여 사회 변혁적 운동으로 발전한 것은 장공 김재준의 사상 세계에서 발견할 수 있다(서남동, 1976).

5) 「슈바벤 농부 집단의 12개 조항과 관련한 평화를 위한 권면」은 농부들과 영주들 사이의 화해를 구하기 위해서 쓴 글이다.

6) 「살육과 강도짓을 자행하는 농부들 집단에 반대하여」란 글은 하나님의 이름으로 폭력을 행사하는 농민들을 비판하고 있다.

'국가교회'를 철저히 부정하고 '내적 빛'이라는 신비적 교리를 강조하며 신약성서에서 신앙생활과 윤리의 준거로서 주로 '산상설교'를 내세우고 있다. 이들은 정치적 권력의 압박에 대해서는 고통을 감내할 것을 강조하기도 하지만 하나님을 반역하는 자들은 칼로 진멸해야 한다는 주장도 하여 이들 중 많은 사람들이 농민전쟁에 동참하기도 했다. 그들은 1535년에는 독일 뮌스트에 그들만의 하나님 나라를 세우기도 했었다. 재세례파는 그 후 네덜란드에서 메노 시몬의 인도를 받아서 이른바 메노나이트 종파, 평화교회 가운데 하나로서 오늘날까지도 활동하고 있고 특히 유럽에서 평화운동의 선봉장이 되기도 했다.

물론 루터는 이러한 재세례파 운동에 동의하지 않았다. 세례는 어떤 교파에 의해서 어떤 방식으로 받았든지 유효하다는 것이 루터의 입장이다. 동시에 그는 유아세례도 인정하였다.

3. 열광주의의 특성들

이러한 열광주의자들이나 집단들은 종교개혁 당시뿐만 아니라 오늘날에도 다양한 형태로 존재한다. 또한 이러한 열광주의는 비단 기독교 안에만 존재하는 것이 아니라 세계의 모든 고등종교에 존재하는 것이다. 이러한 종교적 열광주의는 종교가 다르다 해도 그 내용과 특성에 있어서는 유사한 점이 매우 많다.

첫째, 이러한 열광주의는 앞서 언급한 세 개의 집단에서 공통적으로 나타나는 바와 같이 내면적이고 신비주의적인 성향이 있다. 우선 이들의 신앙생활에서 추구되는 내면적 경향은 강한 탈세계적인 성격을 갖기 때문에 모든 세상적인 것에 대해서 적대적 사고를 하게 된다. 이러한 탈세상적인 것이 극단적으로 나가면 존재하는 모든 것을 악한 것으로 간주하는 초대교회에서 정죄되었던 영지주의적 방향으로 나가게 되는 것이다. 이러한 내면적 성향은 교회형의 운동으로 발전하지 않고 '소종파형'으로 나아가게 하여 결과적으로 신앙생활이 탈세상화·소집단화하는 경향을 나타내게 되기도 한다(트뢸치). 이러한 열광주의가 갖는 종파주의는 유럽 형의 국가교회주의나 미국식의 대교파주의를 거부하고 소종파를 이루어서 활동하는 경향이 있다. 우리나라에서 등장했던 소종파주의들, 예를 들면 박태선 장로의 신앙촌운동이라든지 문선명의 통일교회 운동 같은 것이 이러한 범주에 들어간다고 할 수 있다. 그 밖에도 오늘날 문제가 되고 있는 특정한 카리스마적 지도자를 중심으로 모인 집단들도 여기에 속한다고 할 것이다.

이러한 열광주의의 내면적 성향은 다시금 신비주의적 성향을 띠게 되어 뭔가 초월적이고 초자연적인 것을 깨닫고 경험하는 것만이 신앙생활에서 가치 있는 것으로 생각하게 된다. 신앙생활에서 비전을 본다든지, 또는 방언을 한다든지 또는 기적을 행하고 보는 것에 몰두하게 됨으로써 일상적 삶이나 신앙생활을 벗어나려고 하는 경향을 갖게 된다. 이러한 신비주의적 성향은 비단 특정한 종파주의에서만 나타나는 것이 아니라 일반 교회 안에서도 발견할 수 있는데, 특별히 방언을 강조한다든지 어떤 환상을 보는 것을 중시하거나 기적을 행하는 것에서 신앙의 척도를 찾으려고 하는 모든 행위들은 이러한 신비주의적 경향에서 온 것이라고 할 수 있다. 오늘날 수많은 한국의 교회들에서 특별히 방언을 강조하거나 아니면 환상을 보거나 기적을 추구하는 현상들은 다 여기에 속한 것이라고 할 것이다.

둘째, 열광주의는 매우 주관적 배타적 성격을 갖고 있다. 열광주의가 주관적 성격을 갖는다는 것은 이미 언급한 바 있다. 이러한 주관주의는 앞에서도 언급한 바와 같이 내면적이고 신비적 성격을 갖는 것과 같은 맥락을 가지고 있어서 객관적이고 입증 가능한 내용들을 가지고 있지 못하다. 따라서 이러한 주관주의적 성격이 실천적 영역에서 매우 배타적인 성격을 갖는 것은 지극히 당연하다고 할 것이다.

따라서 이러한 종교적 열광주의가 갖는 배타성은 종교가 갖는 긍정적 측면들, 즉 사람들로 하여금 세계 긍정을 가능하게 하거나 사회 통합에 기여하지 못하게 하고 그 반대로 세계를 부정하게 하고 사회 통합을 가로막음으로써 사람들을 부정적이고 배타적인 성격의 소유자가 되게 한다. 일단 사람들이 열광주의적 집단에 소속하게 되면 정상적인 가치 판단의 능력을 상실하고 일상적 사회생활에서 장애를 받게 되는 것이다.

오늘날 우리나라의 개신교인들 가운데 흔히 볼 수 있는 행태들, 지하철에서 '예수 천당, 불신 지옥'을 외치면서 전도하는 사람들에게서 우리는 이러한 열광주의적 신앙이 갖는 배타적인 면을 보게 된다. 이들은 자기들만이 구원받은 집단에 속하고 다른 사람들은 다 지옥에 갈 악마의 자식이라는 확신을 갖고 활동하는 사람들이라고 할 수 있는데, 이들에게는 극단적 배타주의가 지배하고 있어서 인간과 사회에 대한 균형 잡힌 판단을 하지 못하고 있다고 보인다.

셋째, 열광주의는 사회혁명적 성격이 강하다. 열광주의는 사람들로 하여금 존재하는 것에 대해서 부정적으로 판단하게 하고, 따라서 사람들은 소극적으로는 그것을 도피하거나 아니면 적극적으로 그것을 극복하려고 노력하게 된다. 세계를 부정적으로 보는 열광주의자들은 일상적인 삶에서 세계 부정적인 것을 극복하려고 할 때는 거기에 대해서 더욱더 배타적인 감정을 갖게 된다. 이러한 배타적 성격은 자기와 생각이 다르거나 실천이 다른 집단들과 같이 지내지 못하게 하고 그것을 적대시하거나 때로는 그것에 대해서 무력행사를 하게 만든다.

역사적으로 이러한 배타적 성격이 적대자를 진멸하려는 폭력으로 나타난 것이 재세례파의 일부가 농민전쟁에 가담하여 그들을 억압하는 영주들을 악마화하고 그들을 진멸하려고 했던 것에서 잘 나타난다고 할 수 있다. 오늘날에도 북아일랜드에서 벌어지고 있는 가톨릭과 개신교 열광주의자들의 테러 행위나 이스라엘과 팔레스타인 사람들 사이에서 벌어지고 있는 종교적 극단주의에 의한 테러 행위 등이 이러한 배타주의에 속하는 것이라고 할 수 있다.

4. 한국 교회가 극복해야 할 열광주의

한국의 개신교인들이 갖고 있는 열광주의적 요소 가운데 극복해야 할 것들은 어떤 것이 있을까? 위에서 언급한 것들을 배경으로 하고 살펴보면 수없이 많은 예를 들 수 있을 것이다.

우선 열광주의가 가지고 있는 과도한 주관성과 신비주의적 요소가 극복되어야 할 것이다. 동서양을 막론하고 종교들이 주관적이고 신비주의적인 요소를 가지고 있는 것을 부인할 수는 없다. 엄격하게 말해서 이러한 신비주의적 요소를 배제한다면 종교는 성립될 수 없을 것이다. 따라서 신비주의적인 것은 종교의 본질을 형성한다고 말해도 과언이 아닐 것이다. 그러나 종교란 단지 신비주의적인 것만으로 구성되는 것은 아니다. 거기에는 제도적인 것, 제의적인 것, 윤리적인 것, 나아가서 정치적인 것까지도 포함하는 매우 복합적인 요소들이 내포되어 있다. 따라서 종교에서 모든 것을 신비주의의 측면에서 판단하거나 신비주의적인 것만을 중요시하는 것은 바람직하지 않다. 종교가 단지 신비주의적인 것만을 추구할 때 그 종교는 쉽게 광신적인 것으로 흐를 위험성이 있기 때문이다.

박태선 장로교회의 전도관이나 최근에 방송을 통해서 문제가 된 바 있는 몇몇 종파들이 과도하게 그 창설자들을 신비화하거나 나아가서 그리스도마저도 대치하는 경향을 보여준 것들은 이처럼 신비주의에 과도하게 심취한 데서 비롯된 것이라 할 수 있다. 이렇게 교주를 신비화하는 일과 더불어 특별히 치유나 방언과 같은 기적의 은사만을 강조하는 열광주의적 신비주의는 대개는 건전하게 발전하지 못하고 특정한 세속적 목적, 예를 들면 신도들에게서 과도한 헌금을 강요해서 교주 자신을 위한 업적에 이용되는 경우가 대부분이다.

그 다음으로 이러한 열광주의가 가진 배타성이 극복되어야 할 것이다. 앞서도 언급한 바 있지만 열광주의는 다른 교단이나 타 종교에 대해서 매우 배타적이다. 따라서 배타적 열광주의에 사로잡힌 그리스도인 가운데는 타 종교에 대해서 극도의 적대감이나 혐오감을 갖는 사람들이 존재한다. 그들은 예를 들면 동국대학교 안에 세워진 부처상을 훼손한다든가 절간에 세워진 부처의 이마에 빨간 십자가를 그린다든가, 초등학교에 세워진 단군상의 목을 자르는 등의 행위도 서슴지 않는다. '여호와의 증인'이 추진하고 있는 병역의 대체 복무에 대해서도 그 내용을 깊이 생각해 보지도 않고 이단적 종파가 주장한다고 해서 무조건 반대한다. 미국을 비롯한 선진국에서는 사회봉사를 통해서 병역을 대신하는 것은 널리 알려진 사실이다. 사랑을 말하는 기독교가 총 대신 삽을 들고 봉사하겠다는 것을 반대할 이유가 어디에 있는가? 그동안 다른 고등종교들과의 대화를 통해서 세계 평화와 인류의 번영을 위해서 많은 일을 같이 해왔다. 다른 교파나 다른 종교들의 생각을 무조건 배격하거나 기물을 훼손하는 것은 올바른 종교인의 자세라고 할 수 없다. 한국에서도 가톨릭교회와 불교 사이의 대화는 앞으로 종교 사이의 협력을 위해서 바람직한 방향을 설정해 주고 있다.

단군의 건국이념인 홍익인간을 교육 이념으로 삼고 있다고 하지만 다양한 종교적 배경을 가진 어린이들이 공부하는 공립학교 안에 특정 종교의 숭배자이기도 한 단군의 동상을 설치하는 것은 바람직하지 않다는 것이 필자의 소견이다. 거기에다 예수상이나 부처의 상을 세운다면 다른 사람들이 그것을 용납할 수 있겠는가? 그러나 개신교인이 한밤중에 몰래 숨어들어서 단군상의 목을 전기톱으로 자르는 식으로 문제를 해결하려 드는 것은 결코 바람직하지 않다. 이것은 당당한 해결방식이 아니라 비겁한 행위에 불과하다. 공적 논의와 여론 형성을 통해서 공론화의 과정을 거쳐서 그것들을 철거하는 방법이 바람직하다고 생각된다. 아니면 공립학교라고 하는 공적 성격을 내세워서 여타의 다른 종교들과 협력하여 특정 종교의 숭배자 동상을 학교에 세우는 것을 금해달라는 소송을 제기해서 처리하는 방식도 가능할 것이다.

마지막으로 개신교 열광주의 안에 자리하고 있는 특정 이데올로기에 대한 극단적 반대나 찬양이 극복되어야 한다. 그 대표적인 예가 한국 개신교 안에 자리 잡고 있는 반공주의와 친자본주의이다. 기독교의 복음은 특정한 이데올로기와 일치되거나 그것을 적대시할 수 없다. 왜냐하면 이데올로기들은 모두 상대적인 것이고 따라서 시간이 감에 따라서 변하거나 지나갈 것들이기 때문이다.

해방 이후 분단과 한국전쟁에 이어 세계적인 차원에서의 냉전체제를 거치면서 한국인들, 특히 개신교인들 가운데서는 소련과 북한의 공산주의 사상을 악마화하고 그 주민들에 대해서 적대심을 갖는 이들이 유난히 많았다. 개신교인들 안에 깊이 내면화된 이러한 반공주의의 폐해는 오늘날에 잘 나타나고 있다. 이러한 반공주의와 거기에 기초한 반소·반북 정서와 자본주의 및 그 종주국에 대한 무조건적 신뢰는 이승만 정권으로부터 역대 군사독재 정권들의 비민주적이고 반통일적 정책을 지원했다. 이러한 개신교인들의 노골적이고 묵시적인 지원으로 인해서 한국에서 군사독재 정권의 정치적 억압이 가능했다고 봐야 한다.

사도 바울에 의하면 "하나님께서는 그리스도를 통하여 우리를 자기와 화해하게 하시고 또 우리에게 화해의 직분을 맡겨주셨다"(고린도후서 5: 18). 그러나 열광주의적 그리스도인들은 반공주의와 반북 이데올로기에 사로잡혀 결과적으로는 하나님이 주신 화해의 직분을 망각하게 되었다. 동서 냉전체제하에서 미국과 구소련이 극도로 대립하고 있을 때 미국의 열광주의적 그리스도인들은 소련을 악마화하고 "소련과 공산주의자만 이 지구상에서 사라지면 천국이 온다"라고 선전했었다. 그러나 구소련이 사라지고 공산주의자들도 대부분 자취를 감춘 오늘날의 소련, 자본주의적 러시아는 어떻게 되었는가? 빈부의 극심한 격차, 마피아 등 범죄 집단이 창궐하는 러시아가 아닌가! 자본주의가 곧 하늘나라를 가져다주는 것은 아니다. 냉전 시대에 카를 바르트는 동서 대결에서 어느 편에도 서지 않고 하나님의 말씀 안에 서서 이들의 싸움은 진리와 비진리, 정의와 불의 사이의 싸움이 아니라 단지 헤게모니 투쟁 즉 권력투쟁에 불과하다고 했다.

이러한 예들을 볼 때 오늘날 우리 개신교 안에서 점차 강한 힘을 가지고 등장하고 있는 다양한 형태의 열광주의는 매우 바람직하지 않다. 그것은 기독교의 사회적 신뢰성을 상실하게 하여 선교의 길을 막을 뿐만 아니라 나아가서 다른 고등종교들과 협력하여 평화롭고 정의로운 사회를 건설하는 데도 장애가 될 뿐이다. 모든 극단적 광신주의와 열광주의는 인간성 자체를 파괴할 뿐만 아니라 교회의 존립 자체를 위협하는 것이다.

제18장

민주화 과정에서 교회의 변용
— 군사정권에서 문민정부로 이양 과정에서

1. 들어가는 말

6·29 선언은 정통성과 합법성을 결여한 전두환 5공화국 정권이 직면한 정치적 위기를 극복하기 위해서 당시 노태우를 중심으로 한 신군부 세력에 의해 고안된 민주화를 향한 변혁의 약속이다. 따라서 이 선언은 두 개의 서로 모순되는 얼굴을 가지고 있다. 하나는 이 선언의 주체로 자처하는 이들이 주장하듯이 이전의 권위주의적 독재 정권에서 민주정권으로의 역사적 전환이다. 말하자면 박정희, 전두환으로 이어지는, 왜곡되고 반민주적인 절차를 거쳐 구성된 역대 군사독재 정권으로부터 보다 민주적인 절차에 따른 정권으로의 전기를 마련했다는 것이다. 여기에는 대통령 직선제와 지방자치제같이 이제까지 군사정권하에서 유보 내지 극도로 제한되었던 국민의 기본 권리들의 신장에 관한 부분들이 내포되어 있다.

다른 한편 이 선언은 전혀 다른 또 하나의 성격을 가지고 있다. 그것은 노태우가 언급하고 있듯이 국민들의 열화 같은 민주화의 요구에 대한 신군부 세력의 '굴복'이라는 측면이다. 말하자면 이 선언은 1987년까지의 한국의 민주화 세력이 얻어낸 결정적 성과로 평가할 수 있는 것이다. 이 선언이 나오기까지 민주화 변혁을 위한 투쟁의 열기와 그 세력을 고려한다면 이 선언은 전적으로 이 운동의 투쟁 성과로 파악하는 것이 마땅할 것이다.

그러나 6·29 선언은 사실상 민주화와 변혁을 갈망하는 세력 앞에서 위기에 처한 신군부 세력이 다시 한 번 호흡을 가다듬고 권력을 재장악하게 만드는 계기를 제공한 위장된 민주화 내지는 반민주주의적 '후퇴'로 평가되기도 한다. 왜냐하면 6·29 선언을 통해서 신군부는 자신들의 정치적 기반을 다시 가다듬어 이 선언의 주체로 나선 노태우를 대통령으로 당선시키는 성과를 거두었기 때문이다. 이러한 성과는 그동안 재야나 민주화 세력들이 갈망했던 민주화의 내용을 왜곡시키거나 희석시키고 그들이 추구했던 변혁운동을 좌절시켰다. 따라서 이 선언은 현 집권 세력의 선전에도 불구하고 민주화운동과 변혁운동에 대해서 역기능을 했다는 평가를 내리지 않을 수 없다.

여기서 한국 교회가 이 선언에 대해서 어떤 평가를 내리고 있고 어떤 대처를 하고 있는가를 말하기 전에, 먼저 우리는 6·29 선언이 한국 사회에 가져다준 몇 가지 긍정적·부정적 결과들을 평가해 보아야 할 것이다.

첫째, 6·29 선언은 위장된 약속들을 담고 있고 그러한 약속들이 제대로 실천되지 않았음에도 불구하고 외형적으로는 사회 전반에 걸친 민주화의 분위기가 확산되었음을 부인할 수 없다. 여소야대 정국에서의 선거법의 개정이나 지방자치법의 통과와 같은 것들이 그 대표적인 예라 할 것이고, 과거 5공화국 시절의 비리를 청산하기 위한 국회 청문회의 개최 역시 그러한 민주화의 가시적인 예라고 할 수 있다. 하지만 이러한 가시적 성과가 완전히 좌절되었다. 말하자면 이러한 점진적인 민주화 과정은 주권자인 국민의 위탁을 저버린 인위적인 3당 통합에 의해 여대야소를 만든 민자당의 출현으로 인해서 제자리걸음을 했거나 아니면 후퇴하게 되었다. 6·29 선언의 본래 취지와 의도는 완전히 후퇴하고 정권은 다시금 권위주의적인 길을 가게 된 것이다.

둘째, 6·29 선언은 그 위장된 성격으로 인해서 변혁운동의 차원에서 볼 때는 매우 심각한 역기능을 한 것으로 평가될 수 있다. 앞서도 언급했지만 이 선언은 그동안 민주화와 변혁운동의 집결된 힘을 좌절시키고 그 운동들을 결정적으로 후퇴시키는 기능을 했다. 노태우는 6·29 선언을 항복 선언이라고 했지만 그는 항복한 것이 아니라 주춤한 틈을 이용하여 권력 장악에 임했던 것이다. 이러한 민주화와 변혁운동의 좌절 내지 후퇴는 당시 줄기차게 진행되어 오던 민족 자주화와 통일운동을 다시 좌절시키는 결과를 초래했다.

셋째, 6·29 선언은 그것이 가진 이중성으로 인해서 한국 사회에서 엄청난 가치관의 혼란을 야기했다. 그동안 정통성과 합법성을 획득하지 못해서 언제나 위기에 처하곤 하던 군사정권들 가운데 노태우 정권은 야당이 분열된 틈을 이용하여 정권의 정통성과 합법성 획득에 성공한다. 이러한 정통성과 합법성의 획득은 군사정권이면서도 민주적 정당성을 주장할 수 있는 제도적 법적 장치를 마련한 것을 의미한다. 따라서 국민들 사이에서는 권위주의적 정권과 민주정권, 독재자와 민주주의자, 국민의 지지를 받는 자와 국민의 배척을 받는 자 사이의 명백한 기준을 모호하게 만들었다. 어제의 독재자가 오늘은 민주주의 신봉자가 되었고 어제의 권위주의자가 오늘은 민주 인사를 자처하는 가치관의 혼란을 야기했다.

여전히 고문이 있고 여전히 인권이 침해되는 상황에서 집권자는 민주주의를 외친다. 반통일적 세력이 가장 통일을 외치고 반민주적 인사가 가장 민주주의를 내세우는 왜곡된 가치관이 지배한다. 「국가보안법」이 인권을 마음대로 유린하는 상황에서도 법치주의는 주장되고 가장 법을 지키지 않는 자들이 준법을 가장 강조하는 판단의 혼란을 야기한다. 이것이 6·29 이후의 두드러진 현상이며 6공화국의 혼란스런 가치관이다. 5공은 정직하게 독재를 했지만 6공화국은 민주화를 내세우면서 독재를 하고 인권을 부르짖으면서 인권을 탄압하는 '가치관의 정신분열'을 초래했다.

넷째, 이념적으로는 신보수주의의 정착을 들 수 있을 것이다. 정치적 신보수주의는 1960년대 학생운동과 신좌파 운동에 대한 반작용으로 등장한 사상으로서 미국의 경우는 남침례교회 등 보수적인 개신교와 가톨릭의 지원을 받고 있는 운동이다. 이들은 교회와 정치에 있어서는 루터의 두 왕국론을 정치적 비판자에게 사용하면서 동시에 보수적 이념을 적극적으로 지원하고 있는 것이다. 이들이 과거의 보수주의와 구별되는 특징들은 다음과 같다. ① 신보수주의는 권력의 도덕성을 주장하던 과거의 구보수주의와 달리 이들을 철저하게 분리해서 생각한다. 권력은 꼭 도덕적일 필요가 없다는 것이다. ② 현대 과학기술의 발전에 대해서 매우 낙관적인 입장을 취하고 있다. 진보적인 사람들이 과학기술이 야기하고 있는 제반 문제, 이를테면 공해 문제와 같은 것에 이의를 제기하고 있지만 신보수주의자들은 과학과 기술의 발전만이 살길이라고 외친다. ③ 신보수주의자들은 구보수주의자들과는 달리 금욕적 삶을 존중하지 않고 물질적 풍요를 신의 축복으로 생각한다.

한국에서의 이러한 신보수주의의 정치적 확산은 정치권력의 탈도덕화 현상을 일으킨다. 권력의 도덕적 성격이 이탈됨으로써 권력에 대한 일반 시민들의 냉소주의 내지는 무감각이 극도에 달한다. "권력자는 곧 도둑이다"라는 도식과 함께 여야를 불문하고 정치가는 불성실하다는 냉소적 인식이 국민의 정치적 정서를 지배하게 된다. 이것은 집권자들에게는 매우 유리한 것이었고 변혁운동의 차원에서 보면 매우 실망스런 것이었다.

그리고 신보수주의의 기술 낙관주의는 어떤 비판도 받지 않은 채 그대로 관철되었다. 공해문제연구소 등의 비판이 있기는 했지만 재야세력들도 이러한 기술 낙관주의는 어느 정도 받아들이는 분위기였다. 그리고 신보수주의의 탈금욕주의, 즉 물질적 욕망의 충족에 대한 무한한 재가는 사회 전반에서 이루어졌다고 할 수 있다. 교회는 1970~1980년대 이른바 성장 이데올로기를 통해서 이러한 탐욕주의를 재생산하는 데 결정적인 역할을 했다.

따라서 이러한 신보수주의의 한국적 정착은 그동안 재야 운동권을 중심으로 전개되던 민주화나 사회 변혁운동을 근본적으로 좌절시키는 역할을 했다고 할 수 있다.

2. 6·29 이후의 한국 교회와 변혁운동

박정희 정권의 출현에서부터 6·29까지 교회, 특히 KNCC를 중심으로 한 에큐메니컬 신학에 충실한 교회들은 민족의 고난의 역사 한가운데서 민중과 더불어 고통을 같이하면서 교회에 주어진 역사적 사명을 감당했다. 1960년대 교회는 권위주의적 정권의 억압하에서 신음하는 민중들을 대변했다. 이러한 일들은 민주화를 외치던 학생들과 연대하고 근대화와 도시화의 그늘에서 신음하던 노동자들과 농민들, 도시 빈민들을 대변하는 일을 통해 구체화되었다. 이 일들은 도시 산업 선교, 농민 선교, 빈민 선교 활동을 통해서 이루어졌다. 이러한 일들은 에큐메니컬 운동의 신학적 영감과 서구 자매 교회들의 물심양면의 지원이 없었다면 불가능했을 것이다.

1970년대에 들어와서는 민주화와 함께 정의로운 사회 건설을 위한 사업에 앞장서왔다. 이때는 인도주의적인 차원의 인권운동을 넘어서서 한국 사회에 대한 구조적인 이해와 함께 구조적 변혁운동으로서 민주화와 사회정의 실현에 투신했던 것이다. 따라서 도시 산업 선교 운동도 수도권 선교 운동과 함께 보다 구조적인 이해와 실천들을 통해서 추진되었다. 왜냐하면 종래의 인도주의적이고 자선적인 교회의 인권운동을 통해서는 문제를 근원적으로 파악하고 해결할 수 없었기 때문이다. 그러나 사회문제에 좀 더 심층적·구조적으로 접근한 사회운동은 결과적으로 이념 운동으로 매도되어 수많은 일꾼들이 수난을 당했다. 남북이 분단되고 이념적 대결이 첨예화된 상황에서 사회를 변혁하려는 운동은 용공으로 조작되거나 위험시되었던 것이다.

그러나 1970년대 말에 들어서면서 주로 교회와 그리스도인을 중심으로 진행되던 민주화와 변혁운동은 몇 가지 문제점에 직면하게 되었다. 하나는 운동의 규모가 커짐에 따라 교회의 리더십과 지원이 한계에 부딪힌 것이다. 이제까지 작은 단위에서 진행되던 인권운동은 교회의 지도력과 재정적·인적 역량을 통해 떠받쳐졌다. 그러나 교회가 그동안 성장한 운동을 감당하기에는 물질적으로나 인적으로나 역부족이었다. 이것은 급격한 노동운동의 성장과 맥을 같이한다. 다른 하나는 변혁운동의 사회과학적 인식이 성숙해져서 교회가 이들 운동을 이끌 수 있는 이념적 한계에 도달한 것이다. 이 변혁운동들은 이전까지 교회가 지향해 온 인도주의적 목표를 넘어서서 보다 근원적인 사회 변혁을 지향하고 있었다. 이것은 또한 운동의 세속화를 의미하는 것이기도 하다.

박정희 정권의 몰락과 함께 광주항쟁을 거치면서 도달하게 된 변혁운동의 지향점은 민주화운동을 넘어서 통일운동으로 나아가고 있었다. 이러한 지향점 전환은 운동의 지향점으로서의 민주화운동이 이념적 대결에서 가지는 한계를 극복하고자 하는 데 있었다. 즉 그동안의 인권운동이나 민주화운동은 모두 반공이라고 하는 분단 이데올로기를 넘어설 수 없었다. 말하자면 인권도 민주화도 분단의 현실 앞에서는 유보당하는 것을 목격한 이들은 이런 모든 문제를 궁극적으로 해결할 수 있는 길은 통일의 길밖에 없다는 결론에 도달한 것이다. 이것이 모든 운동을 통일운동으로 집중시킨 결정적인 요인이다. 따라서 통일 없이는 인권도 민주화도 불가능하다는 결론에 도달하였으며, 이렇게 해서 통일운동이 지상 과제로 등장했다.

통일운동은 대체로 진보적인 교단들의 '교회의 선교적 과제로서의 통일론'과 보수적 교단들의 '북한 선교론'으로 분리해서 설명할 수 있다. 전자는 위에서 지적한 대로 통일을 민족적이고 교회적인 과제로 파악하고 통일을 통해서 그동안 추구해 왔던 민주적 제반 가치들을 실현할 수 있다는 신념에서 출발하고 있다. 그러나 북한 선교론은 민족의 화해나 통일된 조국이라고 하는 정치적 이상보다는, 북한에 현존하는 사회주의를 비기독교 혹은 반기독교 세력으로 파악하여 이들을 궁극적으로 제거하고 서구적 기독교를 이식하는 것을 목표로 하고 있다고 봐야 할 것이다.

진보적인 교단에서 암묵적으로 동의하고 있는 '선교적 과제로서의 통일론'도 실상 그동안 남북 분단이 가져온 인적·물적 손실을 해명함으로써 통일의 당위성을 강조하는 수준에 머물고 있다. 이것은 1988년 인천 송도에서 채택한 평화통일을 위한 희년 선포에서 남북 정부가 합의한 통일 3대 원칙과 거기에 부가해서 인도주의와 민중 우선의 원칙을 첨가한 정도에 머물고 있다. 또한 가장 핵심적인 사안이라고 할 수 있는 '남북 대단결의 원칙'에 대한 구체적이고 실천적인 신학적 평가를 아직 내리지 못하고 있다. 이 점에서 북한 선교론의 구태의연함은 말할 것도 없거니와 한국교회협의회를 중심으로 한 희년 운동도 그 이념적 지향성이나 실천적 내용 등이 제대로 구형되지 못하고 있으며 교회적 운동으로 확산되지 못하고 있는 실정이다. 1992년 8월에 열린 통일희년협의회에서는 통일을 위한 삶의 문제들을 다루었으나 이것들을 교회적 운동으로 확산시킬 수 있는 프로그램화는 요원하다.

이처럼 급변하는 변혁운동의 와중에서 교회는 무엇을 하고 어떤 목표를 위해서 일했는가? 이러한 질문에 답하는 일은 우선 교회의 자기 반성으로부터 출발하지 않을 수 없다.

3. 한국의 진보적 개신교회의 자기 성찰

첫째로 반성해야 할 것은 6·29 이후의 한국 교회, 특히 그동안 민주화와 변혁운동을 같이하던 진영에서의 분열 현상이다. 물론 한국 교회는 이미 1950~1960년대 '교리적 분열'을 거치면서 만신창이가 되었고, 1960년대 박정희 정권의 등장과 더불어 '정치적 분열' 현상도 경험했다. 정치적 분열은 교리적 분열과는 달리 집권 세력에 대한 정치적 고백 내지는 지원과 밀접하게 연관되어 있었다. 즉 비교적 보수적인 교단들이 정교분리의 이름으로 군부 정권들을 묵시적으로 지원했는가 하면 진보적인 교단들이 '그리스도의 왕권 통치' 신학에 입각해서 정치적 봉사를 이유로 반정부적 운동을 전개해 온 것이다.

그러나 6·29 선언 이후 소위 진보 진영 안에서의 분열은 이제까지의 '정치적 분열'과 양상이 다르다. 우선 한국 교회의 가장 뼈아픈 분열은 대통령 선거를 기점으로 불거진 양 김(兩金)의 권력 쟁탈전과 맞물려 있다. 여기에서 나타난 분열의 요인들은 다음 몇 가지로 정리할 수 있을 것이다. 무엇보다 민주 진영 내의 분열은 영남과 호남이라는 지방색이 크게 작용했다. 그 다음으로는 진보적인 세력과 온건한 세력들 사이의 괴리가 드러난다. 마지막으로 대통령 후보자인 양 김과의 개인적인 친분과 그들의 인격에 대한 평가에서 양자택일을 할 수밖에 없는 데서 분열이 생겼던 것이다.

이러한 민주화와 변혁운동 내의 분열은 대통령 선거에서 양 김이 패배함으로써 더욱 굳어지는 것 같았다. 서로 상대방에게 그 패배의 책임을 전가함으로써 분열의 상처는 더욱 깊어졌다. 이러한 분열은 한국의 민주화와 변혁운동 세력을 극도로 위축시켰다.

변혁운동을 추구했던 그리스도인들이 반성해야 할 점 두 번째는 6·29 이전의 군사독재와 맞서 싸워온 한국 교회의 경험과 성과들을 전 교회적·전 국민적 차원으로 승화시키지 못한 것이다. 오히려 일부 세력이 그 영광과 성과를 독점하려 함으로써 교회의 분열을 부추겼다. 이러한 현상은 다방면에서 나타났는데, 여기서 운동권의 인적·이념적 편협성을 비판하지 않을 수 없다. 그동안 변혁운동에 참여한 이들은 나름대로 수고와 고통을 감당하면서 투쟁한 것을 인정받아야 한다. 그러나 이들은 지도 이념이나 인적 동원에 있어서 너무 편협했기 때문에 변혁운동을 전 교회적·전 국민적 차원으로 확산시키지 못하고 끼리끼리의 운동으로 만들어버렸다. 이것은 결과적으로 지방색을 부추기는 집권 세력에 말려드는 결과를 초래하기도 했다.

그리고 그동안 변혁운동에 종사하던 이들이 여러 가지 이유로 정치 현실에 뛰어듦으로써 재야 운동으로 축적된 힘을 약화시켰다는 평가를 할 수 있을 것이다. 이것은 당시 힘이 약한 야당을 지원한다는 명분이 있기도 했지만 대선에서 보듯이 야당이 분열되었을 때 이들을 조정할 수 있는 힘을 가질 수 없게 되었던 것이다. 따라서 재야 운동 역량의 국민적 결집이라는 새로운 과제가 등장한다.

그러나 무엇보다도 분열 현상과 관련해서 지적해 두어야 할 것은 운동과 투쟁의 성과에 대한 과도한 집착이 변혁운동을 국민운동으로 확산시키는 것을 방해하고 여기에 동참하려고 하는 수많은 잠재력을 운동권 밖으로 몰아내는 결과를 초래했다는 것이다. 이는 6·29 선언 이후의 민주화와 변혁운동이 하나의 특수 집단, 운동 전문가와 명망가들의 운동으로 전환된 것을 보아도 잘 알 수 있다. 이러한 이념적 극단화와 인적 협소화는 변혁운동을 급진운동으로 전환시킴으로써 대중들과 유리되는 결과를 가져왔던 것이다. 변혁운동의 이념적 급진성이나 인적 게토화는 결과적으로 그 운동을 대중으로부터 유리시키고 국민운동의 성격을 상실하게 함으로써 마침내는 힘을 전적으로 상실하게 하였다.

요즘 경실련 등이 활발하게 전개하고 있는 시민운동은 앞서 지적한 문제를 반성하는 차원의 운동으로 지켜볼 만하다. 시민운동의 이념적 정향성에 대해 문제가 없는 것은 아니지만 이러한 운동이 활성화될 수 있었던 것은 변혁운동이 가졌던 이념적·인적 협소성을 탈피하겠다는 반성의 산물로 파악해야 할 것이다. 그동안 진보적인 변혁운동에서 이념적으로 소외당하고 전문 운동가들의 좁은 틈을 뚫고 들어가지 못했던 대다수의 참여 희망자들이 이러한 시민운동에 동참하고 있다.

이러한 비판은 민주화와 변혁운동 일반에만 해당되는 것만이 아니라 여기에 동참했던 교회와 그리스도인들에게도 해당된다. 인권운동으로부터 민주화운동, 그리고 통일운동으로 나아가는 전 과정에서 참여의 폭이 점차 축소되면서 이 운동들이 특정한 전문 운동가들의 손에 장악되었던 것이다. 이것은 운동을 극도로 위축시키고 여기에 동참하지 않는 대다수의 그리스도인들을, 전혀 의도하지 않았음에도 불구하고, 집권 세력의 동조자로 만들었던 것이다. 이 점에서 금후의 변혁운동이 보다 폭넓은 국민운동으로 발전할 수 있도록 방향을 수정하고 전략 전술을 전환할 필요가 있다.

마지막으로 6·29 선언을 전후한 기독교 변혁운동권에서의 리더십 문제를 지적하지 않을 수 없다. 우선 대통령선거를 통해 나타난 교회 내 변혁 세력의 분열은 그동안의 지도력을 심각하게 약화시켰을 뿐만 아니라 이들 간의 불신이 새로 등장하는 지도력을 왜곡시키는 결과를 초래하기도 했다.

대표적으로 KNCC의 새로운 지도력 창출 과정에서 일어난 잡음과 이로 인해 의외의 인물이 지도자로 등장한 것을 들 수 있다. 한국 교회의 미래와 전망을 고려하지 않은 특정인들의 권력욕은 해방 이후 최악의 리더십을 탄생시켰다. 이는 회원교단들의 원만한 합의 없이 오랫동안 밀고 당기는 줄다리기 끝에 도출된 결과였다. 새로운 지도자의 첫 번째 문제점으로는 지도자로서의 인격적 통일성의 결여를 들 수 있다. 지도자의 자질은 정치적 권모술수만을 말하는 것이 아니다. 지도자로서의 인격적 통일성은 그가 갖춘 도덕적 신뢰성과 지적 기초를 결합하는 데서 이루어지는 것이다. 거기에 더해서 한국의 건전한 민주적 발전과 한국 교회의 선교와 봉사에 통전적 비전을 제시할 수 있어야 한다. 비교적 이러한 조건을 갖추었던 이는 김관석 목사였다.

두 번째 문제점은 다른 교단들의 리더십과 보조를 맞추지 못했다는 것이다. KNCC의 리더십은 교단들의 리더십과 여러 면에서, 즉 질적인 부분이나 나이와 같은 외적 조건에 상응해야 하는 것이다. 교단의 리더십보다 급격하게 변화하는 KNCC의 리더십은 피차를 위해서 바람직하지 않다. 왜냐하면 교단 리더십의 지원 없는 어떤 협의체의 리더십도 제구실을 해낼 수 없기 때문이다. 예를 들어 재정 지원 같은 문제가 그러하다. 이러한 지도력의 인격적 통일성 결여와 교단의 지원 약화는 결과적으로 그동안 KNCC가 가졌던 전통적인 권위를 상실하게 하고 변혁운동의 중심 역할을 제대로 수행할 수 없게 했다. 기관의 이념적 지향성이 분명하지 않고 사회적으로 평가절하되며 교단과 유리된 게토화 현상이 일어나고 있는 까닭이 여기에 있다.

4. 보수적 교회들의 현실 인식

이러한 격변기에 보수 교회들의 현실 인식은 어떠했으며 현실에 대한 대응은 어떤 방향으로 나타났는가? 사실상 한국의 보수 교회는 그동안 진보적인 교회가 추구해 왔던 인권운동과 민주화운동 등 사회 변혁운동들을 외면한 채 자신들의 교회 안에 안주하고 농성하면서 다음의 몇 가지 목표를 세우고 그것의 달성에 전념했다고 할 수 있다.

첫째, 한국의 보수 교단들은 6·29 이전부터 추진해 오던 교회의 양적 성장을 마무리하는 일에 총력을 기울였다. 1970년대 산업화 도시화 현상과 더불어 시작된 한국 교회, 특히 도시 교회들의 양적 성장은 자본주의적 자기 팽창 논리와 맞물리면서 1980년대에 그 절정을 이룬다. 소비 유흥 문화를 알리는 네온사인의 숲 속에서 십자가의 네온사인도 여기에 뒤질세라 위세를 떨쳤다. 이러한 자본주의적 소비문화의 확장과 병행해서 교회도 확장해 나갔으며 이러한 확장을 이끌어가는 주된 이념 역시 자본주의적 시장경제 가치라는 점에서 일치하고 있다.

교파마다 5,000 교회 혹은 1만 교회 등 경제계획과 같은 목표들을 설정하고 모든 여력을 교회 확장에 투입했다. 교회만 확장되면 된다는 논리는 어떤 사회윤리적 규범도 용납하지 않았다. 그래서 한 건물 안에 임대 교회가 두세 개씩 들어서는 것은 별로 이상할 것이 없을 정도였다. 이러한 교세 확장 경쟁은 어느 정도 성과를 거두었지만 동시에 부작용도 적지 않았다. 그동안 교회가 가졌던 고귀한 가치관이나 교회의 신성함에 대한 이미지를 완전히 평가절하하는 결과를 초래한 것이다. 이러한 현상은 보수적일수록 더했고, 소종파에 속한 교회일수록 심했다.

둘째로 한국의 보수 교단들이 추구한 것은 해외 선교 활동이었다. 특히 중국의 개방과 동구권의 변화는 그동안 보수 교단들이 동남아나 회교권, 아프리카 나라들을 상대로 하던 해외 선교 활동을 더욱 확대하는 결과를 낳았다. 사실 공산권 혹은 사회주의 지역에 대한 선교는 그동안 그리스도교에 대해 적대적이었던 지역에 대한 선교라는 점에서 반공적 보수 교단들에게는 매우 고무적인 것이었다. 동시에 동남아시아나 회교권 등에서 그동안 부진하던 선교 활동이 과거의 사회주의 국가들에서 다시 활기를 찾는 계기가 되기도 했다. 그래서 동포들이 살고 있는 만주로부터 중국, 그리고 소련과 동구권으로 선교사들이 물밀듯이 밀려들어갔다.

여기에서 제기되는 문제는 우선 이곳에 들어가는 선교사들이 제대로 훈련을 받지 못했다는 점이다. 그래서 인적 자질에서나 신학적 수준에서 자격을 갖추지 못하고 단지 선교의 열정만을 가지고 달려든 선교사들, 그리고 이들에 대한 모국 교회의 체계적이지 못한 지원은 여러 면에서 부작용을 낳았다. 그리고 그곳에 있는 전통적인 기독교와의 불필요하고 불가피한 마찰도 하나의 문제점으로 등장했다. 오랜 전통을 가진 정교회와 불편한 관계를 맺은 소련의 경우가 대표적인 예이다. 마지막으로 이들이 선교하러 들어간 지역들은 대체로 서구의 교회들이 19세기에 선교를 시작했던 곳으로서 그들의 가시적·불가시적 기득권이 상존하고 있는데도 불구하고 그들과는 아무런 선교적 협의를 거치지 않은 것도 문제점으로 지적되어야 할 것이다. 온 세계로 가서 선교하라고 했지만 초대교회의 선교들을 보더라도 바울과 동역자들의 긴밀한 협의와 협조가 복음의 신빙성을 위해서 얼마나 중요한가를 알 수 있다.

한국의 보수 교단들은 교회의 성장과 해외 선교에만 열정을 쏟느라 진보적인 교회가 추구하던 민주화와 사회 변혁을 위한 일은 전적으로 외면했다. 그것은 결과적으로는 역대의 권위주의적인 군사정권에 대한 정치적 재가로 나타났다. 그들은 6·29 선언 이전 박정희 정권 시절처럼 적극적인 방식으로 군사정권을 지원하지는 않았지만, 한국의 보수 교단은 엄격히 말해서 신군부의 통치를 묵시적으로 재가했다. 여기에 대한 대가는 보수 교단들이 그동안 진행했던 대규모 전도 집회 등에 정권의 직·간접적인 지원을 받은 것이었다.

그러나 6·29 선언 이후에 뚜렷하게 나타난 현상 가운데 하나는 보다 온건한 개혁운동이라 할 수 있는 시민운동에 보수적인 교단의 인사들이 대거 동참한 것이다. 특히 변혁운동에 대한 보수 교단 젊은 청년학생들의 갈망과 참여는 괄목할 만한 것이다. 이러한 움직임은 1960년대부터 1980년대까지 역사 변혁의 과정에서 그리스도인이 책임적으로 동참하지 못한 것에 대한 반성에서 시작된다고 봐야 할 것이다. 역사의식을 갖는 것, 그리고 교회의 예언자적 사명을 감당하는 것은 어떤 특정한 진보적 기독교회의 전유물이 되어서는 안 된다는 인식에서 비롯된 것이기도 하다. 그러나 무엇보다 보수 교단들이 운동에 동참하게 된 동기는 6·29 이후 보다 확장된 변혁운동의 활동 공간을 무시할 수 없는 것이다.

이것은 한편으로는 보수 교단들도 한국의 역사적 현실에 대한 책임 있는 참여를 시작한 것으로 파악해야 할 것이며, 다른 한편으로는 소련과 동구권의 붕괴에 따라 새로운 대안을 모색하는 과정에서 이념적 지향성을 잡아나갈 수 있다는 확신에서 나온 운동이라고 평가할 수 있을 것이다. 동시에 한국의 보수적 교단도 과거와 같은 인습과 자기 안주에 머물 수 없다는 자기 인식이 시작되었다고 할 수 있다. 이러한 자기 인식은 그동안의 교회성장 이데올로기가 더 이상 기능하지 않는 현실에 직면하고 있으며, 해외 선교론도 교회 전체를 이끌어가는 동원 기능을 많이 상실하고 있다는 것에서 비롯되었다. 여기에서 보수 교회들은 새로운 선교 전략을 수립하지 않을 수 없는 한계상황에 도달해 있다고 봐야 할 것이다.

6·29 선언 이후 한국 교회는 진보적인 변혁 세력이나 보수적인 세력을 막론하고 한국 사회의 역사적 과제인 민족 모순, 계급 모순, 분단

모순 등 세쌍둥이 모순을 타파하는 데 제구실을 하지 못했다.

한국 교회의 보수 세력은 교회의 본래적 사명에서 이탈하여 자본주의적 성장 이데올로기에 안주함으로써 민족사적 사명을 등한시해 왔다. 이들은 이러한 탈역사화에 대한 대리 충족으로서 열성적인 해외 선교에 몰두하고 있었다. 그러나 한편으로는 6·29 선언 이후 조금 넓어진 민주적 활동 공간을 이용하여 시민사회에 집착함으로써 의사 변혁운동에 앞장서는 현상도 나타나고 있다.

따라서 6·29 선언 이후에는 이러한 다양한 요인들로 인해서 한국 교회의 민주화운동과 변혁운동이 결정적인 침체기를 맞이하고 있다고 봐야 할 것이다. 교회 운동의 약화는 상대적으로 일반 변혁운동에서도 나타나고 있다. 그 단적인 예로 1992년 국회의원 선거에서 혁신 정당의 간판을 들고 나온 민중당의 참패를 들 수 있을 것이다.

5. 한국 교회의 운동 방향과 과제

현실사회주의권의 몰락과 함께 세계는 새로운 질서를 형성해 왔다. 레이건이 주창하고 부시가 반복하고 있는 이른바 신세계 질서가 그것이다. 이러한 새로운 세계 질서는 미국을 중심으로 하고 유럽과 일본을 두 개의 축으로 하는 이른바 선진 자본주의 중심의 신질서라고 하는 현실적 이해와 함께 유엔이나 기타 제3세계 국가들이 갈망하고 있는 보다 정의로운 세계 질서로서의 당위성이나 규범적 이해로서의 신질서를 말하게 된다. 당위나 규범적 이해로서의 신질서는 동서 냉전의 군사적 대결을 청산함은 물론 한층 더 고조될 것으로 보이는 선진 자본주의 국가들의 자국 이기주의적인 경제정책에 대한 대안으로서 보다 정의로운 국제 질서를 지칭하고 있는 것이다. 여기에는 제3세계 국가들의 권리와 이익의 문제가 보다 중요하게 다루어져야 한다.

규범적인 의미에서 새로운 국제 질서의 형성을 바라볼 때 한국은 어떤 역할을 수행해야 하는가? 왜곡된 국제 질서와 강력하게 요구되고 있는 정의로운 국제 질서의 형성 사이에서 한국의 역할은 무엇인가? 민족 모순과 계급 모순, 그리고 분단 모순이 중첩되어 있는 현실에서 교회는 어떤 일을 감당해야 할 것인가?

우선 한국 교회는 성서의 예언자적 전통과 민중 전통에 대한 보다 확고한 이론적·신학적 이해 위에 서야 할 것이다. 이제까지 이러한 민주화와 변혁운동을 이념적으로 이끌어 왔던 민중신학에 대한 보다 깊은 탐구와 함께 이러한 지식의 일반화와 대중화를 위한 프로그램 마련에도 노력해야 할 것이다. 신학 운동이 특정한 인물이나 집단의 이익을 위한 활동이 아니라 전 교회적 운동으로 거듭나기 위해서는 그것의 확산 운동을 전개하기 위한 새로운 길을 모색해야 한다. 이러한 성서적 이해의 심화야말로 교회 변혁운동의 이론적 기초로서 무시할 수 없는 전제인 것이다.

그 다음으로는 변혁운동의 역사적 전통에 대한 이해가 요청된다. 교회사에는 무수한 신앙의 선배들이 역사의 전환기마다 변혁운동을 위한 이론과 실천의 작업들을 해놓았다. 여기에 대한 검정과 이해와 학습 없이는 항구적이고 지속적인 변혁운동이 불가능하다. 이러한 관점에서 민족적 시각과 민중적 맥락에서의 교회사 서술은 필수적이다.

차제에 한국 교회의 자기 갱신과 역사적 사명의 완수를 위한 훈련과 준비로서 신학 교육을 전반적으로 재검토하는 것이 필요하다. 오늘날 한국의 신학 교육은 전통적인 서양 신학의 전수와 이해라고 하는 한계를 넘어서지 못하고 있는 실정이다. 한국에서 등장한 민중신학마저도 신학대학에서 하나의 정규과목으로 자리 잡지 못하고 있는 현실이 신학 교육의 한계를 여실히 보여준다. 다른 한편 해방신학 등 제3세계

신학 운동에 대한 소개와 이해가 제1세계 신학 운동 못지않게 중요하다. 그리고 제2세계에서의 신학과 교회의 삶의 문제들도 보다 폭넓게 수용되어야 할 것이다.

마지막으로 한국 교회는 그동안의 분열과 게토화를 극복하고 하나가 됨으로써 민중과 국민 전체의 이익을 대변하는 기관으로 탈바꿈해야 할 것이다. 우선 한국 교회, 특히 장로교회의 분열은 세계 교회의 연구 과제가 되어 있다. 이러한 분열은 비단 신학이론에 기초한 교단 분열로만 나타난 것이 아니라 지방색 등 비신학적이고 인위적인 분열로 점철되어 있다. 이러한 분열에 대한 깊은 참회와 함께 분열을 극복하고 공동의 과제를 같이 모색하는 일이 급선무이다. 개신교 1,000만이 사회·정치적 영역에서 거의 발언권을 상실하고 있고 개신교가 가지는 말과 행위의 신빙성을 상실한 것은 이러한 분열에 기인하기 때문이다. 이것은 적은 숫자의 가톨릭이 가지는 공적 성격과 역할을 고려해 본다면 더욱 자명한 일이다.

여기에서 한국 교회들은 다음과 같은 몇 가지 사회윤리적 과제를 수행하도록 부름받고 있다. 첫째, 현 시점에서 한국 교회가 달성해야 할 가장 시급한 당면 과제는 법치주의에 기초한 기본 민주주의 질서를 수립하는 일이다. 한국이 기본 민주주의마저 정착시키지 못하고 있기 때문에 삼권분립을 통한 권력들 사이의 통제와 조정이 제대로 되지 않아 정치가 왜곡되거나 의회주의가 실종되는 일이 비일비재하다. 헌법재판소가 존재하지만 대부분 현직 대통령에 의해서 임명된 법관들은 사법권의 독립을 관철하지 못하고 있는 실정이다.

이런 의미에서 민주화와 진정한 의미에서의 민주 정부 수립은 오늘날 우리 한국 교회의 가장 시급한 역사적 과제로 등장하고 있다. 기본적 민주주의 질서가 이루어질 때 국민들의 기본 권리에 의거한 여타의 문제들도 비로소 해결될 수 있는 것이다.

둘째, 교회는 평등한 사회와 복지사회의 건설에 앞장서야 한다. 교회는 1960년대부터 근대화의 그늘에서 신음하는 이들을 위해서 사회정의를 외쳐왔다. 특수 선교 영역에서의 이러한 노력들은 매우 칭찬받을 만한 일이었다. 이로 인해서 수많은 박해를 당하기도 했다. 그러나 1980년대의 교회는 사회정의의 문제를 일차적 과제로 생각하고 해결하려는 노력이 소홀했다. 이는 교회가 상대적으로 통일 문제에 전념했기 때문이고 국민들의 생활수준이 전반적으로 향상되었다고 판단한 까닭이다.

앞서 말한 정치적 민주화는 그 내용에 있어서 평등과 복지사회를 지향하는 경제적 민주화의 실현 없이는 불가능한 것이다. 말하자면 사회적 정의와 경제적 정의가 실현되지 않은 정치적 민주화라고 하는 것은 허구에 불과하다. 가진 자들과 갖지 못한 자들 사이의 사회적 평화가 달성되고 노동자와 사용자 사이에서 기업의 평화가 유지되기 위해서는 이러한 평등과 복지를 지향하는 사회정의와 경제 정의가 달성되어야 한다.

세계교회협의회 개발위원회(CCPD)가 제안한 '신앙의 문제로서의 경제'에 관한 선언이나 통일된 독일 교회가 제출한 『공동의 복리와 사리: 그리스도교와 미래를 책임지는 경제활동』이라는 제목의 경제백서는 사회적·경제적 정의가 사회 평화 달성을 위해서 얼마나 중요한가를 보여주는 단적인 예라 할 것이다. 특히 통일된 독일 교회는 그동안의 이념적 대결과 경제적 격차에 의해 양 독일 지역의 사람들이 직면하고 있는 경제생활의 문제를 해결하기 위해 개신교인 전체를 위한 경제생활의 지침서로서 이 백서를 발간했던 것이다.

앞으로 한국 교회는 정치 민주화와 함께 경제의 민주화를 위해서 깊은 연구와 노력을 아끼지 말아야 할 것이다. 이러한 노력 없이는 복음이 가지는 본래적인 힘, 즉 '가난한 자의 복음'의 힘이 제 기능을 발휘하지 못할 것이다.

셋째, 한국 교회가 힘을 합해서 달성해야 할 과제는 국가의 자주와 자립의 건설이다. 인간이 자주하고 국가가 자주하는 것은 하나님이 허락하신 천부의 권리이다. 종교개혁적 신학의 전통에서 말한다 하더라도 구원이라고 하는 것은 개인의 존엄한 자주적 행위에서 이루어지는 것이다. 어떤 사람도 어떤 기관도 인간의 구원을 대리해 주거나 매개해 줄 수 없다는 것이 종교개혁자들의 구원관이다.

이러한 신학적 기초와 인권사상에서 볼 때 개개인의 자주성과 모든 삶의 영역에서의 자립성은 민주적 사회에서 가장 필수적인 조건이다. 이러한 자주성이 침해당하고 권리가 박탈당하는 상황은 용납될 수가 없는 것이다. 모든 개인들은 법 앞에서 동등하며 자주적이라는 것이다. 누구도 군림할 수 없으며 법적 제한 없이 임의적으로 권리를 침해당해서는 안 된다. 이러한 자주권은 특히 신체의 자유를 통해서 더욱 구체화된다. 신체적 자유는 법적 허가 없이는 체포되거나 구금되거나 또는 고문을 당해서는 안 된다는 것을 의미한다. 오늘날 흔히 행해지는 불법 구금과 체포 또는 변호인의 지원을 받을 수 있는 권리를 자의적으로 침해하는 행위 등은 민주 사회에서는 용납될 수 없는 일이다.

이러한 개인적 자주권은 국제 관계에서는 민족의 자주권으로 국제법에서 보장하고 있다. 국가의 자주권은 개인의 자주권과 같이 자의적으로 침해될 수 없는 것이다. 19세기 제국주의 시대의 유물인 식민주의가 오늘날도 신식민주의적 가면을 쓰고 상존하는 것도 사실이다. 이 점에서 한 국가의 건강하고 참된 발전을 도모하기 위해서는 민족의 자주성과 주체성의 확립이 필수적 조건이다.

이 점에서 그동안의 남한 사회가 가지고 있는 대미 관계는 신중하게 재검토되어야 할 것이다. 주한미군도 미국의 일방적 결정이 아니라 쌍방적 합의에 따라서 일정 기간 동안 일정한 조건하에서 주둔하고 철수하는 것이 마땅하다. 외국 군대의 주둔은 그것이 쌍방의 합의에 의한 것이라 하더라도 역사적으로 볼 때 바람직한 것은 아니다.

민족의 자주화에서 빼놓을 수 없는 것이 민족의 대다수를 이루고 있는 민중 우선의 원칙을 존중하는 것이다. 말하자면 민중의 이익이 우선한다는 차원에서의 자주화는 곧 민족 전체의 이익을 우선으로 하는 것으로 나아가게 되는 것이다. 그런 의미에서 매판적인 자본이나 기업들의 문제는 심각한 것이다. 국민적 이익을 고려하지 않은 근시안적 기업들의 이윤 추구는 중지되어야 할 것이다. 반면에 과거의 역사를 들여다보면 민족의 자주화를 위한 정책이 반민중적으로 정향하는 경우도 있었다. 그 대표적인 예가 히틀러의 독일 통치 방식이다. 그는 민족을 내세웠지만 민중을 압살하는 정책을 일삼았던 것을 기억할 필요가 있다.

그리고 민족의 자주화는 남북한 민족의 공동의 안보와 복지를 지향하는 것이어야 한다. 그동안은 미국이나 소련에 의지하면서 남한은 북한을 위태롭게 하는 것을 안보라 하고 북한은 남한을 교란시키는 것을 안보로 생각하던 시대가 있었다. 이러한 발상들은 진정한 의미에서 피차 안보에도 도움을 주지 못했을 뿐만 아니라 민족의 자주화에도 역행한 것이다. 스웨덴의 팔메 수상이 제안한 것으로 알려진 "공동의 안보"는 상대를 위협하거나 약화시키지 않는 조건하에서의 상호 발전과 번영을 전제로 한다. 민족의 자주성은 이러한 남북한의 공동 안보와 공동의 번영을 지향할 때 의미 있는 것이다.

넷째, 한국 교회는 통일과 평화의 사회를 건설하는 데 앞장서야 할 것이다. 앞서도 언급했지만 한국 교회는 해방 이후 오늘날에 이르기까지 민족의 화해와 갈라진 국토의 통일을 위해서 기도하고 모든 노력을 아끼지 않았다. 북한 선교론의 입장에서 통일을 생각하는 이들이나 선교적 사명으로서의 통일을 생각하는 이들이나 한국 그리스도인들 중에 통일의 당위성에 대해서 의심하는 이들은 없다. 그리고 이 일을 위해서 애쓰고 수고하다 옥고를 치르고 있는 이들도 수없이 많다. 이런 점에서 한국에서 개신교는 어느 종교보다도 통일운동, 민족의 화해 운동에 앞장서왔다고 자부할 수 있다.

그러나 사회주의권의 변화와 함께 소련과 중국과의 국교 정상화를 통해 통일을 현실로 만들어갈 수 있는 국제적 조건들이 성숙되어 갔다. 이러한 정치적 조건뿐만 아니라 탈냉전과 함께 전 세계적으로 강하게 불어닥치고 있는 민족주의적 열풍, 특히 민족 이익의 우선이라고 하는 현대적 사조는 민족 통일을 위한 호조건을 만들어주고 있다. 이미 독일인들은 이러한 조건들을 매우 능동적으로 이용하여 민족의 통일을 달성했을 뿐만 아니라 유럽 대륙에서의 정치적 발언권을 강화하고 경제적 힘을 과시하고 있다. 이러한 통일의 조건은 '민족의 이익 우선'을 전제로 한 민족 대단결을 구체적으로 실천하는 것이다.

그동안 정부는 7·4 공동성명을 통해서 자주, 평화, 민족 대단결의 원칙을 북한 정부와 합의한 바 있고 근래에 와서는 '남북의 화해와 협력 및 교류를 위한 합의서'를 채택했다. 이러한 합의서는 그동안 남한이 두려워했던 '적화통일'이나 북한이 두려워했던 '북진통일'이 아니라 평화적이고 자주적인 차원에서의 남북한 민족의 대단결의 의지를 표현한 것이다. 이러한 시점에서 정부는 보다 능동적이고 민족의 이익 우선이라는 차원에서 남북한의 통일을 달성하기 위한 노력을 게을리 해서는 안 될 것이다.

이러한 현실에서 교회의 사명은 그동안 이념과 체제를 달리하고 살아온 남북한의 동포들이 서로 화해하고 같이 살아갈 수 있는 삶의 조건들을 다방면에서 만들어가도록 노력하는 것이다. 이런 점에서 정부가 주장하고 있는 통일운동의 창구 단일화와 각종 법적·제도적 제한은 바람직하지 못할 뿐만 아니라 동시에 반통일적인 발상에서 나온 것이라는 비판을 면할 수 없을 것이다. 화해와 사랑의 공동체로서의 교회만큼 이러한 일을 잘 감당할 수 있는 기관은 없는 것이다. 이 점에서 교회는 보다 능동적인 차원에서 통일운동에 임해야 할 것이며 정부는 이러한 민간 차원에서의 통일운동을 적극적으로 지원하는 것이 마땅한 것이다.

앞서 필자는 한국 교회가 할 일들로서 민주 사회의 건설, 평등 복지 사회의 건설, 그리고 자주 자립의 사회 건설을 제안한 바 있거니와, 이러한 모든 것은 남북한이 통일되지 않고서는 진정한 의미에서 달성될 수 없는 것이다. 따라서 통일은 한국 민족이 진정으로 민주화·자주화·평등화의 길로 나아가는 첩경이라는 것을 강조해 두고자 한다.

제19장

한국 교회의 보수화와 에큐메니컬 운동의 과제

1. 들어가는 말

노태우의 부정 축재 사건이 터지기 전까지만 해도 한국 정계에서는 보수 논쟁이 뜨거웠다. 여당이나 야당의 지도자들 모두가 보수주의자로 자처하고 나섰다. 어떤 이는 자기야말로 '정통적' 보수주의자라고 주장하고 상대방을 '위장된' 보수주의자라고 규탄하기도 했다. 위장된 보수주의자는 보수주의를 단지 전술과 전략적 차원에서 이용하고 있다고 말하는 사람들도 있다. 따라서 한국에는 엄격하게 말해서 보수주의적 정치가만이 존재한다고 해도 과언이 아닐 것이다. 왜냐하면 그동안 진보적 입장에 있던 다수의 정치가들이 보수적인 집권당으로 가거나 아니면 보수당인 야당으로 들어갔기 때문이다. 그야말로 보수의 시대가 도래한 것이다.

보수란 한마디로 기존의 것, 전통적인 것에 대한 불변의 충성을 말하며 현존하는 것의 가치를 전적으로 수호하겠다는 신념 혹은 자세를 말한다. 오늘날 정치가들이 보수 혹은 보수주의를 말할 때 그들은 지금까지의 정치체제 혹은 경제 및 사회제도들을 그대로 보존하고 유지하겠다는 것을 의미한다. 한국의 보수적 정치인들이 지켜나가겠다는 정치체제 혹은 경제체제는 두말할 것 없이 '자유민주주의' 및 '시장경제 원리'에 근거한 자본주의를 말하는 것이리라. 이들은 자유민주주의야말로 민주주의의 기본 원리라고 파악하며 여타의 민주주의, 예를 들면 사회적 민주주의와 같은 것은 절대 거부한다. 그리고 한국의 보수주의자들은 오직 자본주의적 경제체제만을 용납하며 자본주의의 변형이라 할 수 있는 '사회적 시장경제'와 같은 서구 유럽의 발전된 나라들의 제도는 받아들일 수 없다는 입장을 취한다. 보수주의자들의 이러한 자세는 지난 50년 동안 남북 대결이라고 하는 비정상적 관계와도 밀접하게 맞물려있다.

그러나 이들 한국의 정통 보수주의자들이 지키기를 원하는 보수주의의 실체는 어떤 것인가? 이들이 지키고자 하는 자유민주주의의 정치체제는 오늘날까지 어떻게 기능해 오고 있는가? 이들이 지키고자 하는 '시장경제체제에 근거한 자본주의'는 우리 사회에서 어떤 기능을 하고 있는가? 이들이 추구했던 자유민주주의는 실상 이승만 정권의 문민 독재를 거쳐서 지난 30여 년간 군부독재의 충실한 하수인으로 전락해 오지 않았던가? 이 제도에 의해서 정상적인 정권 교체는커녕 건전한 정당정치의 기초조차도 마련되지 않았다. 역대 대통령들은 잔혹한 독재자이거나 아니면 부정 축재자들이며 그들의 말로는 한결같이 비극적이었다. 이러한 지도자들을 중심으로 형성되었던 정당들은 이들의 몰락과 함께 운명을 같이했다.

그리고 이들이 지키고자 하는 경제체제는 어떤 것이었나? 청산되지 못한 식민지 잔재와 함께 외세 의존적 산업 구조에서 혜택과 특권을 누리는 소수 재벌들에 의해서 독과점되어 있는 한국의 자본주의가 만들어낸 것은 사회적 불균형, 정경 유착, 기업 외적 부정과 부패에 의한 비정상적 성장들로 규정될 수 있을 것이다. 노동운동을 잔혹하게 억압하여 부의 정상적 분배를 차단하고 자본 및 금융시장의 독점를 통하여 비정상적 성장을 이룬 것이 한국의 자본주의의 현실이 아닌가? 오늘날 한국 사회에서 보수 혹은 보수주의를 말하는 사람들은 이러한 과거의 억압적 정치 현실과 철저하게 왜곡된 경제체제하에서 특권과 특혜를 누린 집단들임이 분명하다. 따라서 한국의 보수주의를 외치는 사람들은 이러한 왜곡된 현실에서 특권과 특혜를 누렸을 뿐만 아니라 앞으로도 지속적으로 누리기를 원하는 계층이라고 말할 수 있을 것이다.

2. 한국 개신교의 보수화 전통 및 정치적 보수화와의 결합

그러면 한국 개신교는 어떠한가? 보수 혹은 보수주의에 대한 논의와 주장은 사실상 한국의 교회사를 관통하고 있다고 해도 과언이 아니다. 그것은 보수 혹은 정통이라는 말은 옳은 것이고 진보 혹은 반정통은 틀린 것이라는 인식이 지배하고 있는 것이 한국 교회의 실정이다. 한국의 개신교는 미국의 가장 보수적인 선교사들에 의해서 선교되었다. 따라서 한국 교회는 선교 초기부터 철저히 보수적일 수밖에 없었다. 선교사들이 전해준 보수적 기독교는 신앙 선교(Glaubensmission)에 근거해서 '영혼 구원'만을 가르쳐야 했고, 정치와 종교라고 하는 당시의 민감한 사안에 대해서는 '정교분리' 원칙에 따라서 행동해야 했다. 1900년대 초 한국을 방문한 바 있는 미국 장로교 해외선교부 총무인 아서 브라운(Arthur Brown)에 따르면 한국에 온 선교사들은 100년 전에 그들의 조상이 스코틀랜드에서나 지키던 신앙 이론과 실천을 한국에 요구했다. 당시 미국에서도 요구하지 않던 보수적 신앙과 실천을 한국의 개신교인들에게 강요한 것이다. 따라서 한국 교회의 보수주의의 목표는 세상을 멀리하고 영혼의 구원을 얻어서 하늘나라에서 영생 복락을 누리는 지극히 개인주의적인 것이었다. 이러한 보수주의적 신앙 형태가 한국의 개신교의 기초를 만드는 데 결정적 역할을 했다.

그러나 선교 초기에 한국 교회는 민족운동 혹은 독립운동이라고 하는 심각한 신학적·민족적 문제에 직면했다. 이것을 우리는 한국 교회의 '정치화'라고 부른다. 선교 초기인 19세기 말~20세기 초 당시의 한반도의 상황은 서구 열강과 일본의 식민주의의 직면하고 있었다. 무능한 조정과 유교의 성리학을 기초로 하고 있던 지배 세력은 이러한 위기를 극복할 수 없었다. 동학 농민들이 대내외의 위기를 해결하기 위해서 일어섰지만 모두 실패했다. 의병 운동도 실패할 수밖에 없었다. 개신교인들도 만민공동회니 신민회와 같은 단체들을 통해서 민족문제에 가담했다. 개신교인들은 교회를 통해서 민족의 위기를 극복할 수 있는 길을 모색하게 된다. 이러한 애국적인 기독교인들의 독립운동이 보수적인 선교사들에게는 교회의 정치화로 낙인찍혔고, 이러한 운동은 선교 정책과는 배치되는 것으로 거부당했다. 장로교 공의회는 이러한 교회의 정치 참여를 금지하는 결의를 하는가 하면, 1907년 부흥 운동을 통해서 민족적 기독교를 '순수한' 기독교로 전환시키는 데 일정 정도 성공한다. 따라서 1907년의 대부흥 운동은 한국 개신교의 탈정치화 혹은 보수화의 기초를 형성한 전환점이며 이러한 보수성은 1920년대 사회주의 운동과 대결하면서 깊숙이 내면화·체질화되었다.

해방까지 한국의 개신교회는 거의 완전하리만큼 이들 보수주의의 보루가 되었다. 장로교의 경우 해방 후에 다소 진보적인 신학사상과 실천들이 도입되지만 선교사들과 그 동맹 보수 세력과의 대결은 매우 힘든 싸움이었다. 1950년대에 와서 기독교장로회의 출범이 이러한 보수주의의 벽을 허무는 운동이었지만 그것이 한국 개신교회 전체를 변화시키기에는 역부족이었다. 개신교회의 다수를 차지하고 있는 세력은 역시 보수 진영이었다. 그리고 그 후에도 신학적·실천적 이유들로 인해서 장로교회 안에서는 여러 차례의 분열이 있었지만 그것들은 어떤 진보적인 교회 갱신의 문제와는 무관한 것이었다. 단지 이들은 장로교회 안에서 보수성의 경쟁에 몰두하거나 아니면 교리 외적인 지방색 내지는 교회 정치적 요인들이 이들을 갈라놓았을 뿐이다. 장로교 안에서 있었던 여러 차례의 교회 분열도 이들의 보수성에 어떠한 편차도 제공하지 못했다고 봐야 할 것이다. 따라서 한국의 개신교회들은 전적으로 보수적이라고 말해도 과언이 아니다.

보수적인 한국의 개신교는 해방 후 50년 동안 한국의 정치적 보수주의와 그 궤를 같이하면서 충성스런 동맹 세력이 되었다. 한국의 개신교만큼 한국 정치사 한가운데서 이승만으로부터 시작되는 역대 정권의 지원자 노릇을 한 집단도 드물 것이다. 이승만 대통령이 기독교인이라는 사실 하나만으로도 개신교는 그에 대한 지원을 아끼지 않았다. 그가 온갖 부정과 부패에 둘러싸이고 부정한 방법을 통해서 대통령이 되려고 할 때도 교회 안에서 그에 대한 비판의 목소리는 없었다.

박정희로부터 시작되는 군사독재 정권들하에서도 그들을 투표로 지지해 준 세력 가운데 가장 강력한 집단은 보수적인 그리스도인들이다. 왜곡된 형태의 한일 국교정상화 추진에 대해서도 교회는 침묵했을 뿐만 아니라 지원하기까지 했다. 특히 KNCC 계열에 반대하는 보수적 장로교회들은 박정희 정권이 반공산주의 정권이라는 이유만으로 지원을 아끼지 않았다.

광주 학살의 원흉으로 군부를 장악하고 정권을 찬탈하여 수많은 정치적 적대자들을 고문과 투옥으로 탄압했던 전두환 정권에 대한 교회의 지원은 더욱 놀라운 것이었다. 그가 보안사령관으로 있을 때 그를 위한 기도회에 다수의 보수적인 교회 지도자들이 참석했을 뿐만 아니라 피 묻은 손에 신의 축복을 빌어주기까지 했었다. 그들이 단지 섭섭해했던 것은 그가 충실한 불교 신자였다는 것과 그가 기독교로 개종하지 않은 것이었다. 이러한 보수적인 한국 교회의 지원은 노태우 정권 시절에도 계속되었다. 이들 독재자들이 통치하는 동안에 보수적인 교회들은 더욱 성장할 수 있었다. 여러 차례의 초대형 교회 집회가 정부의 막강한 지원하에 조직된 것도 이 시기이다. 빌리 그레이엄 전도 대회니 엑스포 대회니 하는 것들이 이런 독재자들의 물심양면의 지원하에 이루어졌던 것은 누구나 다 아는 일이다. 한마디로 말해서 한국의 보수주의적 정치체제는 그동안 말할 수 없는 왜곡과 시행착오를 범했지만 한국 교회의 보수주의의 지원을 확보하는 데는 아무런 어려움도 겪지 않았다. 이러한 과정에서 정교분리의 원칙이 적용된 것이 아니라 그 원칙이 왜곡되어 악용되었다고 말할 수 있을 것이다.

3. 미국 신보수주의의 특성

그러면 오늘날에 와서 왜 이러한 보수주의가 문제가 되고 있는 것일까? 보수주의 혹은 신보수주의의 특성은 무엇이며 그것이 가지는 교회적 혹은 사회적 효과들은 어떤 것인가?

1970년대 중반을 기점으로 미국에서는 이른바 '신보수주의(Neokonservativismus)'가 등장한다. 이들이 등장한 역사적 배경으로서 우리는 당시 열광적으로 일어난 히피들의 반문화운동, 미국의 자본주의적 세계 지배에 항거한 월남전 반대 운동, 그리고 젊은 층에서 열화같이 일어난 마르크스주의적 사회 비판 등을 들 수 있다. 여기에는 여권 운동들도 가세한다. 이러한 전반적 변혁운동들이 미국 사회를 강타하자 여기에 대한 대항 세력으로서 자유주의적 이데올로기를 수호하려는 운동으로서 신보수주의가 등장한다.

이러한 신보수주의의 이론적 대변자들은 과거에 다소 진보적인 사상을 가졌으나 역시 자유주의자들인 대니얼 벨, 피터 버거, 나단 글라즈, 마틴 립셋, 에드워드 실스 등을 들 수 있다. 우리에게 잘 알려진 마이클 노박 등도 이 집단에 속한다. 이들은 미국의 자본과 깊은 유대를 가지고 그들의 지원을 받아서 다수의 잡지 등을 출간하면서 자신들의 사상을 미국 사회에 조직적으로 확산시키고 있다. 이들 신보수주의를 지원하는 가장 강력한 종교 세력은 보수적 가톨릭교회와 함께 보수적인 남침례교회와 루터 교회 및 장로교회들이다. 이들의 조직적 지원을 받은 공화당의 레이건 후보가 대통령에 당선되었다. 레이건의 당선은 이들 신보수주의 세력의 가장 찬란한 승리였다.

이러한 신보수주의는 이념에 있어서는 '자유주의'를 따르고 있지만, 신보수주의자들은 왜 미국이라는 '자유로운 사회가 반자유적으로 움직이는가?'라는 물음을 통해서 자유주의라는 구조를 넘어서 해답을 찾고자 한다. 이들은 급진주의로부터 자유주의를 수호하기 위해서 활동에 착수한다. 그러나 그들은 자유주의의 옹호자로 나섰지만 또한 자유주의를 어느 정도 비판하지 않을 수 없었다. 여기에서 정치적 사상은 점차 두 가지 방향으로 나아가는데, 그 하나는 민주주의적 사회주의자들로서! 자유주의의 약속을 완수하기 위해서는 현재의 자유주의를 넘어서야 한다고 느끼는 사람들이다. 다른 하나는 자유주의의 유산을 보존하기 위해서는 현재의 자유주의를 넘어서야 한다고 생각하는 신보수주의자들이다.

이들 신보수주의자들의 투쟁 목표는 간단히 말해서 반공주의와 반민중주의라고 할 수 있다. 첫째, 그들이 내세우고 있는 반공주의는 그들이 거부하고 있는 전체주의 개념과 맞물려있다. 즉 공산주의는 파쇼주의와 나치즘이 모두 일당 지배 체제를 공유하고 있다는 점에서 반대해야 할 정치적 체제라는 것이다. 이러한 정치체제야말로 자유민주주의적 정치체제와 가장 대립된다는 것이 그들의 주장이다. 다른 한편 반민중주의는 민주주의적 엘리트 지배 이론에 근거하고 있다. 즉 민주주의적 엘리트 지배는 권력분립을 보장하는 법치국가의 대의적 성격이 사회적 이해관계의 다원성과 함께 지도적 인물들의 이상적인 선별을 보장해 주는 데서 그 장점을 보고 있다. 신보수주의의 이와 같은 두 개의 공통분모는 미국처럼 산업이 발전된 사회에서 뭔가 모범적인 것으로 제시되어야 한다고 하는 것이다.

독일의 경우 이렇게 이념적으로 자유주의를 지향하고 있는 신보수주의는 1983년 자유민주당과 보수적인 기독교민주당의 연정과 더불어 구체적으로 정치사에 등장한다. 그동안 자유주의를 이념으로 하고 있던 자유민주당은 사회당과 연정을 하고 있었다. 그때만 해도 자유주의자는 진보주의자로 규정되었다. 그러나 이 자유민주당이 기민당과 연정을 맺음으로써 자유주의는 더 이상 진보적 이념에 속하지 않게 되었다. 따라서 자유민주주의자들은 철두철미 보수주의자들로 규정되게 되었다.

4. 한국 보수주의의 특성

한국의 상황은 어떤가? 1960년대 이승만의 독재 정권에 항거하여 '민주주의의 회복'을 외치던 인사들은 예외 없이 자유민주주의자들이었고 그들은 당시로서는 진보적인 인사들로 평가되었다. 이들은 민주주의적 기본 질서의 확립(혹은 회복)을 정치적 목표로 삼았다. 이승만의 의사 민주주의가 박정희의 군사정권에 의해서 붕괴되고 군사독재가 지속되는 동안에도 진보적 지식인과 학생들은 '민주 회복'을 투쟁 구호로 사용했다. 물론 4·19 이후에 소수의 젊은 학생들과 그 밖의 비합법적 운동 단체들이 자유민주주의 체제에 대해 회의를 가지기도 했지만,

대다수 국민들은 '민주주의 질서의 확립'을 군사정권에 대항한 투쟁 구호로 사용했던 것이다.

그러나 30여 년간의 군사독재 정권이 지속되고 자유민주주의적 정치체제가 가진 실체들이 드러나던 1980년대에 들어오면서 한국의 정치사에서 커다란 변화가 도래한다. 자유민주주의와 거기에 기초한 시장경제체제가 허다한 문제점을 지니고 있다는 것이 드러나게 된 것이다. 왜냐하면 억압적인 군사정권이 내세우는 정치체제가 자유민주주의며, 착취적인 시장경제체제가 내세우는 것 역시 자유시장경제였기 때문이다. 이때 사람들은 진정한 민주 질서의 회복과 함께 정의로운 사회의 실현을 위한 기본 조건으로서 통일이 달성되어야 한다는 확신에 도달한다. 이때 진보적 인사들의 투쟁 구호는 '민족 통일'로 바뀐다. 통일운동이 활화산과 같이 분출하면서 그동안 민주 회복이란 구호에 머물려고 하던 사람들은 보수주의자들로 규정된다. 물론 보수적인 사람들도 통일과 그 당위성을 말하고 있지만 그들이 생각하는 통일의 목표는 진보적 인사들의 그것과 큰 차이를 보이고 있다. 이들은 민족의 대단결보다는 '자유민주주의적 체제'로의 통일을 고려하고 있다. 이 점에서 그들은 그동안 자유민주주의를 외치는 것을 통해서 진보적 인사들로 규정되었지만 이러한 통일운동이 보다 진보적인 방향으로 나아가면서 그들은 보수적 인물로 남게 된다. 이때 자유민주주의를 외치는 이들은 극우적인 집단에 속하는 사람들이 되었다.

그러면 이들 한국 그리스도인들의 신보수주의의 특성들은 어떤 것들이며 그것의 사회적 효과는 어떤 것인가? 첫째, 오늘날의 한국 교회의 신보수주의의 특성으로서 탈집단화를 들 수 있다. 이미 앞서도 언급한 바이지만 신보수주의의 이념은 철두철미하게 자유주의며 따라서 이 자유주의는 어디까지나 개인의 자유에 기초하고 있다. 이 신보수주의자들은 집단주의를 철저히 거부한다. 그들이 반대하고 있는 공산주의도 그것이 전체주의 혹은 집단주의에 기초하고 있기 때문이다. 이들이 독일과 같은 나라들에서 채택하고 있는 '사회적' 시장경제 원리를 받아들이지 않는 것 역시 이러한 탈집단화와 밀접한 연관을 가지고 있다. 따라서 이들은 이해관계에 있어서도 권리들에 있어서도 어디까지나 개인적인 것을 중요시한다.

이러한 탈집단화 현상은 한국 개신교, 특히 장로교 교회 조직에도 잘 나타나있다. 총회나 노회와 같은 조직이 있지만 그것은 개체 혹은 개별 교회를 전제로 한 것이다. 총회나 노회에서 결의되는 사안들은 이러한 개체나 개인주의와 모순되지 않는 것들에만 국한될 뿐이다. 그리고 집단적 의지가 표현되어야 할 것들이 결의된다 해도 개체들은 마음에 들지 않으면 거부해 버리면 그만이다. 교회라고 하는 조직을 운영하기 위해서 헌금을 하는 자세도 역시 개인적이다. 개인의 결단에 따라서 헌금을 내는 것이지 공동체가 결정하는 어떤 틀에 따라서 헌금을 내는 것은 아니다. 그 헌금이 발휘할 수 있는 종교적 효력도 개인적인 것과만 연관되는 것이다.

그것은 비단 조직에서만이 아니다. 개신교회의 전통에서는 신과의 관계도 집단적 조직에서의 관계가 아니라 고독한 단독자로서 신과 대면하며 구원도 개인으로 받는다. 따라서 이러한 보수주의에서는 개인 구원만이 있을 뿐이며 사회 구원은 고려되지 않는다. 한국 개신교의 이러한 탈집단화 현상은 감리교회에서도 나타난다. 사실상 감리교회는 장로교회와는 달리 주교(감독)를 중심으로 한 집단 체제의 교회다. 개인적 이익이 아니라 집단적 이익을 대변하는 감독이 공동체의 건전한 형성을 위해서 목사들을 파송하고, 그들의 삶의 조건도 시장 원리에 맡기지 않고 공동체적으로 해결해 주는 것이 감리교회의 특징이다. 감독제도는 모순점도 있지만 잘만 운영하면 매우 많은 장점을 가지고 있는 제도이다. 그러나 한국의 감리교회는 근래에 그 조직과 실천에 있어서 탈집단주의적인 장로교회의 제도와 유사한 방향으로 바뀌고 있는 것을 볼 수 있다.

둘째, 한국 교회의 보수주의에서는 권력과 도덕성의 일탈 현상이 나타나고 있다. 과거의 보수주의는 권력을 도덕적인 것으로 보려고 했었다. 따라서 도덕적 기반을 상실한 권력은 그 권력으로서 자질을 상실한 것으로 간주되었다. 그러나 신보수주의에서 그러한 이해는 완전히 사라졌다. 신보수주의는 권력은 본질적으로 꼭 도덕적일 필요가 없다고 보며, 따라서 권력은 그 자체로서 자기 완결적 실체라는 것이다. 이러한 사정을 예증해 주는 실례는 얼마든지 발견된다. 즉 미국의 레이건 정부가 공산주의에 대해서 사용하던 무력행사는 어떤 도덕적 근거도 가지고 있지 않았다. 그뿐만 아니라 미국의 신보수주의자들은 제3세계의 독재자들을 지원하는 과정에서 어떤 도덕적 논거도 제시하려고 하지 않았다. 이러한 권력과 도덕의 일탈 현상과 관련해서 지미 카터 미국 대통령의 재선 실패는 시사하는 바가 많다. 미국의 보수적 투표자들은 권력의 도덕성을 강하게 주창하고 나온 지미 카터를 더 이상 그들의 대통령으로 뽑으려 하지 않았다.

이러한 권력의 도덕적 기반 상실은 비단 미국에만 있는 일이 아니다. 한국의 역대 정권들의 권력 행사에 대해서 도덕적 재가를 해줄 수 있는지에 대해서 많은 의문이 제기된다. 그것은 자신들의 정치적 이익을 위해서 권력을 폭력으로까지 사용했던 군사독재 정권들의 상황을 고려해 보면 자명해진다. 그뿐인가? 정치적 허무주의가 한반도를 지배하고 있는 것은 권력의 부패와 밀접하게 연관되어 있다. 정권을 강탈한 군사독재자들이 엄청난 부정 축재자로 등장한 것은 한국의 보수주의자들이 얼마나 비도덕적인가를 웅변으로 입증해 준다. 박정희, 전두환, 노태우 등 정치군인들은 그 청렴성과 도덕성을 생명으로 하는 군인 정신을 완전히 상실한 타락한 사람들로 나타났다.

이러한 권력과 도덕의 일탈 현상은 종교계에서도 얼마든지 찾아볼 수 있다. 1994년 드러난 조계종 총무원장의 부패한 행태가 불교계에서 그 대표적 예라 할 수 있으며, 기독교계 역시 사정은 마찬가지이다. 일부 총회장이나 감독이 되려고 하는 사람들의 부도덕성은 공공연한 비밀이다. 그 자리를 차지하기 위해서 권모술수와 모든 금전적 수단이 동원된다. 종교계에서는 이러한 도덕성의 일탈을 뭔가 영적인 것으로 위장하려고 하는 시도까지 등장하고 있다.

셋째, 신보수주의의 두드러진 특징들 가운데 하나는 업적을 미덕으로 삼는다는 것이다. 종교개혁 전통에 따르면 사람은 공로(업적)가 아니라 은총으로만 구원을 받는다. 세상에서의 모든 업적은 구원의 전제가 될 수 없고 단지 이웃에 대한 책임성에서만 이해되어야 한다. 따라서 개혁 교회 전통에서는 근검과 절약, 그리고 그것을 통해서 부를 축적하고 그 부를 이웃과 나누는 것을 예정된 사람의 징표로 생각했었다. 검소한 생활과 그것을 통해서 남는 재원을 타인과 나누는 것이 개혁교 윤리의 기초를 형성하는 것이었다. 그러므로 과거의 보수주의자들은 절약하고 금욕적으로 사는 것을 그리스도인의 가장 귀중한 미덕으로 생각했었다. 이러한 전통은 개혁교 정통주의자들과 경건주의자들 모두에게서 발견된다. 이들의 후예라고 할 수 있는 청교도의 생활도 금욕적 삶이 신앙생활의 기초였었다.

그런데 오늘날 신보수주의자들에게서는 그와는 정반대되는 현상을 발견하게 된다. 물질적 부를 향유하고 그것을 충분하게 사용하는 것이 그리스도인의 축복의 징표라는 것이다. 근검과 절약이 아니라 많이 벌어서 잘살아가는 것을 신이 준 축복으로 받아들인다. 따라서 자본주의적 경제 원리가 교회 생활에도 철저하게 관철된다. 큰 교회를 짓고 많은 성도들을 모아서 많은 헌금으로 많은 일을 하는 것이 곧 목회에 성공한 것이다. 이렇게 목회에 성공한 사람들이 총회장도 노회장도 하고 교단에서 높은 자리에 앉는다. 업적주의가 교회에서도 그대로 통용된다. 그렇지 못하고 어려운 사람들과 함께 근검하고 절약하는 삶을 살아가는 것은 성공한 목회가 아니다. 따라서 교회도 과소비하는 단체들 가운데 하나가 되었다.

오늘날 금욕주의자들은 오히려 진보적인 그리스도인들이다. 이러한 과도한 욕망의 충족과 소비문화가 하나님의 창조의 질서를 파괴하고 지구의 미래를 위협한다고 생각하기 때문이다. 그들에게는 물질적 풍요가 축복이 아니라 저주며 미래 세대에 대한 오늘날 세대의 무책임성으로 받아들여지고 있다. 과거 보수주의자들의 금욕적 윤리가 오늘날에는 진보주의자들의 윤리가 되었다.

마지막으로 신보수주의자들은 과학기술의 발전에 대해서 낙관적 태도를 취한다. 과거의 보수주의자들은 다윈의 진화론이 등장했을 때 까무러치기까지 했다. 그들은 이러한 과학기술의 발전을 세속화의 근원으로 보고 그것을 반(反)신적인 것으로 생각했었다. 그러나 오늘날의 보수주의자들은 그와는 정반대의 생각을 가지고 있다. 과학기술의 발전과 그것에 의한 대량생산과 대량소비만이 국제 경쟁 사회에서 살아남을 수 있는 유일한 대안이라고 생각한다. 따라서 오늘날 과학기술의 신화를 믿는 사람치고 보수적 생각을 하지 않는 사람은 없다.

이러한 보수주의의 특성들인 탈공동체화, 권력과 도덕의 일탈, 탈금욕주의, 그리고 과학기술에 대한 과도한 낙관주의 등은 서로 밀접한 연관을 맺고 강화해 가고 있다. 탈공동체성은 권력과 도덕의 일탈을 가져오고 과학기술에 대한 낙관주의가 금욕주의적 세계관을 무력하게 만드는 것이다. 이 반대의 도식들도 마찬가지이다.

5. 에큐메니컬 운동의 미래

앞에서 새로운 세계 질서의 재편으로 요약되는 새로운 보수주의 물결이 가져다주는 교회적·사회적 효과들에 대해서 간략하게 살펴보았다. 이러한 신보수주의의 미래는 거의 확실하다. 새로운 세계 질서 개편 과정에서 틀이 짜인 이른바 세계무역기구(WTO)는 이러한 신보수주의의 관철을 위한 가장 확실한 장치로 등장했고, 이러한 신보수주의의 조류는 선진 강대국을 중심으로 해서 거세게 밀려올 것이 분명하다. 그것은 우리나라에서도 모든 국내시장의 예외 없는 개방 압력에서도 잘 나타나고 있다. 따라서 신보수주의가 주장하고 있는 자유주의는 한마디로 체급 없이 자유로이 하는 권투에 비유할 수 있을 것이다. 어떤 체급의 선수도 핵 주먹을 가진 타이슨과 싸우지 않을 수 없고 그 결과는 자명한 것이다.

그동안 에큐메니컬 운동의 사회론에서는 이러한 자유주의적 정치 질서와 시장경제적 경제체제의 모순점들을 밝히고 그것들을 제거하는 것을 그 주된 사명으로 삼았었다. 1948년 세계교회협의회가 창설될 시기에 올담(Ohldam)이 제창한 '책임사회론(Responsible Society)'은 양차 세계대전이 가졌던 제국주의적 성격을 간파하고 그것을 막지 못한 유럽 교회들의 책임을 묻는 동시에 그리스도인들 개개인이 사회와 세계의 구성원으로서 구체적인 현장에서 책임적으로 살아야 할 것을 강조하고 있다. 제3세계의 식민지적 상태에서의 해방과 함께 선진 공업국가들에 의한 정치적 억압과 착취로 인한 빈곤의 문제를 개발의 신학을 통해서 해결하려는 시도 등이 그 대표적인 예이다.

1963년 방콕의 세계선교대회에서 주제로 내건 '오늘날의 구원(Salvation Today)'은 그동안 전통적 구원론(즉 영혼 구원론)과 함께 사회 구원의 책임을 교회가 져야 한다는 것을 강조하고 있다. 또한 여기서는 구원이란 개인의 영혼 구원이나 종말에 올 뭔가 피안적인 것이 아니라 차안에서의 인간다운 삶을 가리키는 것으로 해석하게 되었다. 따라서 여기서 말하는 구원론은 통전적 구원론, 즉 사회적 구원론이다.

1960년대 들어 등장한 세계교회협의회의 사회신학은 빈곤의 문제와 관련해서 주로 '사회정의(Social Justice)'에 집중하고 있다. 앞서의 신보수주의의 교회적 사회적 효과에서 다루었던 탈공동체성이 가져온 가장 심각한 결과는 사회적 불의였다. 이러한 사회적 불의는 국가 안에서뿐만 아니라 국제적 문제로 파악되었다. 여기에서 빈곤의 문제가 심각한 신학적 주제로 등장하게 된다. 여기서 말하는 빈곤은 아시아나 아프리카에서 말하고 있는 하나의 문화적 현상으로서 선택된 빈곤이 아니다. 여기서 말하고 있는 빈곤은 정치적 억압과 경제적 착취에서 발생하는 '만들어지는 빈곤(Poverty made)'을 말한다. 이러한 빈부의 엄청난 격차로 발생되는 사회적 평화의 파괴는 결과적으로 세계교회협의회의 사회론에서 '사회정의'를 우선적 과제로 다루게 만들었다.

그리고 세계교회협의회는 1960년대에 제시했던 개발의 신학의 문제에서 오늘날의 과학기술의 실체를 파악하고 '지속 가능한 사회(Sustainable Society)'를 제창한다. 빈곤의 문제를 단순히 개발을 통해서 해결하려고 하는 것은 자원의 고갈을 초래할 뿐만 아니라 환경을 파괴함으로써 인류의 집이라고 할 수 있는 지구의 미래를 위협하는 것이다. 사실상 개발의 신학은 신보수주의적 미래 논리에 말려들었던 결과였다. 여기에서 제기된 문제가 이른바 '창조 질서의 보전'이라고 하는 신학적 도식이었다. 창조 질서의 보전 없이는 인류의 미래도 없다는 것이 공통된 인식이었다.

동시에 제2차 세계대전 이후부터 세계교회협의회의 사회론의 중심적 주제로 다루어져 오던 동서 냉전체제의 문제가 1980년대에 들어와서 매우 중요한 신학적 주제로 등장했다. 세계교회협의회는 유럽과 미국의 평화운동과 손잡고 이것의 극복을 위해서 많은 노력을 기울였었다. 그 결과로서 등장한 세계교회협의회의 사회론이 '정의, 평화, 창조 질서의 보전'이다. 이 세 가지 분야가 오늘날 세계 그리스도인들이 힘을 합해서 해결해 나가야 할 가장 시급한 과제로 받아들여졌고, 1990년 서울에서 하나님과 계약을 체결했다.

6. 맺는 말

이렇게 볼 때 에큐메니컬 운동은 오늘날 새로운 질서 개편 과정에서 불어 닥치는 신보수의의 역풍을 안고 나아갈 수밖에 없다는 것을 발견하게 된다. 그동안 한국의 에큐메니컬 운동은 이러한 세계 에큐메니컬 운동의 흐름과 손을 잡고 탈공동체적 사회가 아니라 공동체적인 책임사회 구현을 위해서 노력했다. 과학기술의 신화에 사로잡힌 개발 이데올로기의 숨은 정체를 폭로하고 기술 진보가 가져다줄 묵시문학적 재앙을 밝혔으며, 새로운 금욕적 삶이야말로 미래를 보장해 준다는 약속을 같이 나누며 지난 50여 년 동안의 권력의 탈도덕적 남용에 대항해서 힘든 투쟁을 계속해 왔다.

시행착오도 많았고 인적 요인으로 인한 장애에 직면하기도 했지만 한국의 에큐메니컬 운동은 복음과 종교개혁의 전통에 서서 사회적 책임을 다하여 하나님 나라를 이 땅에 실현하려고 노력을 다했다고 평가할 수 있다. 앞으로는 이제까지 걸어온 길 가운데서 '정의, 평화, 창조 질서의 보전'이라고 하는 과제를 우리의 현실에서 보다 구체적인 프로그램을 통해서 추진하고 실천해야 한다. 특히 평화 문제와 관련해서 남북통일을 달성해야 하는 중대한 과제가 한국의 에큐메니컬 운동에 주어져 있다. 그동안 희년 운동을 통해서 이 과제를 신학적으로 그리고 실천적으로 담당해 오고 있지만 만족하다고 자평하기에는 미흡한 점이 많이 남아있다.

마지막으로 한국 에큐메니컬 운동이 이런 모든 과제들을 감당하기 위해서는 인적 자원들과 물적 자원들을 필요로 한다. 그동안 에큐메니컬 운동은 해외 원조에 과도하게 의존함으로써 이러한 물적 토대를 장만하는 데 게을렀다. 해외에서의 지원이 끊어지면서 KNCC뿐만 아니라 에큐메니컬 단체들이 재정적 문제에 직면하게 되는 것은 심각한 문제이다.

한국의 에큐메니컬 운동은 교회, 아니 교단의 운동이라기보다는 교단의 엘리트들의 운동이라는 약점을 안고 있다. 에큐메니컬 정신과 그 실천이 교단이나 개별 교회들에 확산되어 나가지 않고 있다. 그것은 교단들이 이러한 운동을 확산시키고자 하는 의지를 가지고 있지 않을 뿐만 아니라 그것을 담당한 수 있는 부서나 인원들도 갖추어져 있지 않은 데 그 원인이 있다고 보인다.

이러한 에큐메니컬 운동에서의 저변 확대의 실패는 앞서 언급한 바 있는 물적 토대 형성에도 실패하게 만들었다. 중요한 사회신학적 방향들을 발굴해 내는 지적 작업도 중요하지만 그것을 실천할 수 있는 장과 사람들의 확보가 무엇보다도 중요하다. 이 일을 위해서는 지금까지의 엘리트 중심의 에큐메니컬 운동을 지양하고 이 운동을 한국의 교회 운동으로 정착시키는 작업부터 해야 할 것이다. 여기에서 우리는 오늘날 에큐메니컬 운동이 직면한 고뇌를 풀 열쇠를 찾을 수 있을 것이다.

제20장

민중신학의 교회론

1. 문제 제기

민중신학은 남미와 아프리카의 해방신학과 함께 이제까지의 유럽과 북미 중심의 신학 운동을 청산하고 상황성(contextuality)과 지역성에 기초한 새로운 토착화 신학으로 등장했다. 이러한 제3세계의 신학적 자의식은 대체로 제2차 세계대전의 종결 이후 이념 국가들의 등장과 더불어 동서 냉전체제가 강화되면서 제기되기 시작한 제3세계 국가들의 정치적·경제적 독립의 확보를 위한 투쟁들, 즉 비동맹국가들의 탄생과 연관시켜 생각할 수도 있다. 그러나 다른 한편 이러한 제3세계의 신학 운동은 이제까지의 피선교지의 교회들이 자신들의 역사적 경험과 실천에 기초한 신학적 이론을 제시함으로써 선교 모국으로부터 강제되었던 신학적·교회적 미성숙 상태로부터 벗어나 성숙한 교회로 나아가려는 운동으로 파악할 수도 있다. 그리고 이러한 제3세계의 신학 운동들은 계시의 보편성이라고 하는 유럽적인 도식을 뛰어넘어 그것이 가지는 특수성을 개개 나라들과 대륙들의 구체적인 역사성에서 파악하려는 노력이라 할 수 있다(Wiedenmann, 1987: 7~19).[1]

한국에서 민중신학의 등장은 이제까지 영미 계통의 보수적이고 근본주의적인 선교사들의 신학적·교회적 사상에 지배를 받아오던 한국 교회에 깊은 충격과 함께 새로운 변혁을 가져왔다. 이 신학은 1970년대 박정희 군사독재 정권하에서 정치적으로 억압당하고 경제적으로 착취당하던 절대 다수 '민중'의 삶의 현실을 증언하고 그들과 연대함으로써 새로운 기독교적 이론과 실천을 제시하려 했다. 한걸음 더 나아가 민중신학자들은 이들 민중과 현장에서 만나고 그들과 연대하여 이들을 억압하는 세력들과 투쟁하는 것을 통해서 이른바 '민중 사건'의 현장에 섬으로써 과거의 이론신학, 즉 서재의 신학을 뛰어넘어 이론과 실천을 결합시켰다. 이렇게 민중신학은 한국의 토양에서 출생하고 성장한, 명실상부한 '제3세계적' 정치신학이라고 할 수 있다(안병무, 1991: 17).

이러한 민중신학에 영감을 받은 젊은 성직자들은 그 이론과 실천을 단순히 그때그때 주어지는 민중 사건의 현장에서 개인적인 참여(Commitment)를 통해서뿐만 아니라 보다 조직적이고 체계적으로 이들 민중을 결집시켜 스스로 자신의 운명을 개척해 나가는 역사의 주체로 서게 하기 위한 하나의 운동으로서 민중교회를 설립하게 되었다. 이러한 민중교회의 등장은 민중신학의 탄생만큼이나 획기적인 사건이었다. 왜냐하면 신학이라는 것이 단순한 이론으로 끝나거나 일정한 역사적 순간에 자기의 과제를 완성하면 그 생명력을 다하는 것이 되지 않기 위해서는 그 사상을 담을 틀과 그 사상을 현장에서 구체화할 역사적 실체로서의 조직체를 가지는 것은 불가피하기 때문이다. 이 점에서 민중신학과 더불어 민중교회의 탄생은 이론과 실천의 결합 가능성을 보여준 대단히 의미

---

1) 비텐만은 제3세계 신학 운동의 기원과 특성들을 자세히 다루고 있다. 그는 기독교와 다른 문화와의 만남이라는 주제로 '토착화 신학' 내지는 종교신학을 다루고 혁명의 신학으로서 '정치신학' 등을 언급하고 있다.

있는 예라고 할 수 있다. 따라서 민중교회에 대한 국내외적 관심과 기대는 민중신학 못지않게 컸다고 할 수 있다(안병무, 1991: 156).

그러나 그동안 민중신학은 몇 가지 문제에 유보적 입장(예를 들면 민중에 대한 정의와 같은 것)을 취함으로써 그 학문성에 대해 의심을 받게 되었고, 현장성과 사건성의 강조로 인해 그 신학과 더불어 탄생한 민중교회들과의 관계 규정에 있어서 문제를 야기했다. 말하자면 현장성과 사건성의 강조는 그것이 민중교회들과 가지는 신학이론적 체계화를 거부하거나 민중교회들이 목회적 실천에서 기대하는 신학이론적 지원을 제대로 하지 못했다는 입장이 있다. 이것은 민중신학이 강조하는 현장성과 사건성이 초래한 불가피한 귀결일 수도 있을 것이다. 왜냐하면 그동안 민중신학은 수난당하고 아파하는 민중들의 삶의 현장과 그들이 해방과 사회정의를 위해서 투쟁하는 데서 일어나는 사건들에 초점을 맞추었기 때문이다. 이것이 사건의 신학, 현장의 신학으로서 민중신학이 가지는 장점이기도 하다.

그 결과 신학사상의 담지자라고 할 수 있는 교회의 문제, 즉 '민중신학의 교회론'에 대해서는 이렇다 할 기여를 하고 있지 못한 것이 사실이다. 여기서 우리가 '교회'를 신학의 실천적 담지자라고 전제할 때 제기되는 몇 가지 문제들이 있다. 첫째 물음은 민중신학이 '교회 일반'을 그 사상을 담지할 수 있는 틀로서 받아들이고 있느냐 하는 것이다. 좀 더 구체적으로 말하면 교회 안에 들어와있는 소위 그리스도인들을 민중신학을 담지하고 실천해 나갈 주체로 보느냐, 혹은 기성 교회는 제외하더라도 민중교회를 민중신학의 담지자로 받아들이느냐 하는 것이다. 민중신학의 교회론을 논함에 있어서 민중신학은 이러한 물음에 대한 답을 계속 유보할 수는 없는 시점에 도달한 것 같다.

2. 서구에서의 신학과 교회

현대 신학의 아버지라고 할 수 있는 슐라이어마허(Schleiermache)는 자기의 신학을 통해서 말하고자 하는 대상을 '종교를 멸시하는 지식인들'로 삼았다. 이것은 당시 사회를 휩쓸고 있던 계몽주의와 과학적 발전을 통한 급격한 세속화 과정에서 발생한 반기독교화 내지 탈기독교화한 서구 사회에서 불가피한 결정이라 할 것이다. 이러한 그의 변증적 신학은 당대의 무신적 세계관이 지배하던 사회에서 경건주의적 뿌리를 가지고 있던 사람들에게 커다란 위안을 주었다(Schleiermacher, 1960; 1967). 리츨(Ritschl, 1988) 같은 신학자는 신칸트학파의 철학적 틀을 거점으로 삼아 자신의 신학을 도덕률에 환원시켰고, 로데 같은 이는 당시의 진보사상의 구체적 현현이라고 할 수 있는 자연과학적 발전에서 자기의 신학적 논거를 찾으려고 했다(슈레이, 1985). 이러한 이른바 '자유주의적' 신학자들의 주된 관심사는 계몽주의적 서구 사회의 발전과 여기에서 도출되는 탈기독교화에 집중되어 있었다. 이들에게서는 당시 제도로서의 '교회'는 신학 연구의 중요한 관심사가 될 수 없었다. 교회는 사실상 '주변 실존자들'(본회퍼)의 안위처 정도로 파악되었다.

이러한 계몽주의와 거기에 기초한 세속화의 문제에 지속적으로 자기의 신학적 작업을 집중시킨 이는 고가르텐(Friedrich Gogarten)이다. 그에게서 교회론은 별 관심의 대상이 되지 못했다. 이러한 인식은 초기 바르트의 사상에서도 찾아볼 수 있다. 그는 스위스의 작은 마을 사펜빌(Safenvil)에서 목회를 하던 시절에 종교 사회주의 운동에 가담하면서 교회를 통해서보다는 오히려 동터오던 사회주의적 노동운동에서 하나님 나라 운동을 찾으려고 했다(Busch, 1975: 80~84). 즉 당시의 교회는 그의 신학적 관심의 중심이 아니었던 것이다. 이러한 입장은 같은 변증법적 신학의 틀 안에서 활동했던 불트만에게서도 볼 수 있다. 그는 하이데거의 실존 분석을 신학의 기본 범주로 삼음으로써 하나님의 계시는 그것이 인간의 현존재의 규정으로서 말해질 때만 인간에게 의미를 가진다는 점을 강조했다.

그러나 바르트는 1919년 『로마서』를 쓰면서, 그리고 『기독교교회학』을 『교회교의학』으로 제목을 바꾸어 쓰면서 자신의 관심사를 변화시켰다. 그것은 '하나님의 말씀의 절대성'과 그 매개와 실천의 장으로서의 교회가 중요성을 갖게 되는 것이다. 따라서 바르트에 의하면 "신학은 교회를 섬기는 학문이다"(Busch, 1975: 222). 여기에서 신학의 교회성(Kirchlichkeit)이 문제된다. 우리가 흔히 신학이 가지는 4중의 과제를 말하고 있다. 첫째는 신학의 하나님의 위대한 구원 행위들을 찬양하는 것으로서 '송영(Doxologie)'이라는 것이다. 따라서 신학은 교회의 예배적 사건들과 밀접한 관계를 가진다는 것이다. 둘째로 신학은 사람들 앞에서 신앙을 고백하는 '설교학(Homologie)'인데, 그렇기 때문에 신학은 비의적 사안이 아니라 사회와 세계에 대한 교회의 공적 위탁 행위(Öffentlichkeitsauftrag)이다. 셋째로 신학은 설교를 통한 케리그마(Kerygma)의 현재화에 대한 봉사로서 '성서 주석'인데, 따라서 신학은 교회 안에서 전통의 현재화에 대한 봉사이기도 하다. 마지막으로 신학은 교회의 책임적 발언에 봉사로서 시대의 자기 이해를 수용하고 비판한다는 점에서 '신앙의 변증학'이기도 하다(Schmid, 1958: 770).

여기서 우리는 위에서 이미 제기했던 문제들로 되돌아가지 않을 수 없다. 즉 현실적으로 교회 없는 신학 운동이 가능한가? 역사적으로 그것은 가능했다. 그러면 민중신학도 교회 없는 신학인가? 아니 한걸음 더 나아가서 민중신학이 '반(反)신학'이라고 한다면 그것은 동시에 '반교회적'이라고 말해도 좋은 것인가? 그리고 만일 민중신학이 서구적 신학과 교회에 대해서 반신학적이고 반교회적이라면 민중교회와의 관계는 어떠한가? 이런 물음들을 답하는 것이 이 글의 과제가 될 것이다.

3. 민중신학의 교회 이해의 출발점

민중신학의 교회론은 체계적으로 정립되어 있지 않다. 그것은 앞서도 언급했지만 제1세대 민중신학자들이 기성 교회에 대해서 가지는 비판적 거리감을 가지고 있지 않을 뿐만 아니라 민중신학은 그 청중을 주로 교회 밖에서 찾은 데에 그 주된 원인이 있다고 보인다. 말하자면 정치신학으로서 민중신학은 그 이념의 실천의 장을 교회보다는 교회 밖에서 찾았다고 할 수 있을 것이다. 그리고 해방신학이나 민중신학의 주된 관심은 억눌리는 민중의 해방 사건에 집중되어 있다고 할 수 있다. 이러한 민중신학의 자기 이해와 방향성을 고려하여 이 글에서는 서남동(1983: 11~28)의 「예수, 교회사, 한국 교회」와 안병무(2005: 156~184)의 「민중의 공동체: 교회」를 중심으로 그들이 교회를 어떻게 파악하고 있는가를 살펴보고자 한다. 서남동의 글은 1970년대 중반 이후에 쓰인 글로서 민중신학에서의 교회론을 전개하기 위한 것이라기보다는 민중신학 일반과 세계 교회사, 그리고 한국 교회의 과제를 제시하기 위한 것이라고 할 수 있다. 따라서 민중교회를 염두에 두었다기보다는 기성 교회의 개혁을 의식하고 쓴 글이라고 생각된다. 그러나 안병무의 글은 서남동의 글보다 약 10년 정도 후에 나온 것으로서 민중신학과 민중교회가 직면하고 있는 문제의식에 충실한 글이라고 할 수 있다. 이 점에서 서남동의 글보다는 시간적으로뿐만 아니라 내용적으로도 매우 진일보한 면을 보여주고 있다. 이 두 대표적인 신학자의 글을 통해서 민중신학에서 교회를 어떻게 이해하고 있는가를 살펴보자.

이들 두 신학자는 다같이 민중신학도 교회론을 가지고 있어야 한다는 전제에서 출발하고 있다. 따라서 그들은 교회 비판적이지만 교회 그 자체를 부정하고 있는 것은 아니다. 그러나 민중신학에서 교회론의 비중은 대단히 미약한 것으로 볼 수 있다. 안병무는 “민중신학을 발전시켜 나가는 과제가 시급했기 때문에 '교회론'을 다루지 못했을 뿐만 아니라 …… 교회론을 구체화하지 않고 있으며 …… 교회론을 말하기 위해서는 그런 요청에 대해서 '굳이 대답을 한다면' 하는 식의 전제가 따라야 한다"라고 말하고 있다(안병무, 1991: 157). 여기에서 감지할 수 있는 것은 교회론이 민중신학에서 중요한 항목이 아니었다는 사실이다. 이는 곧 민중신학의 실천의 장으로서 교회가 설정되고 있지 않다는 것이다. 따라서 민중신학에서는 교회론은 부수적인 것이거나 아니면 기존 교회를 비판할 필요가 있을 때 주로 언급되는 것으로 보인다.

이러한 입장은 교회의 기원에 대한 이해와도 밀접하게 연관된다. 즉 '교회'라고 하는 것은 본래 그 기원을 예수에게서 찾을 수 없는 뭔가 비본래적인 실체라는 인식에 기초하고 있는 것이다. 이것은 로이시(Loisy)가 언급하고 있듯이 "예수는 하나님 나라를 선포했는데 탄생한 것은 교회였다"라는 인식 노선을 따르고 있다고 할 것이다(Schmid, 1958: 1132). 서남동은 이렇게 말하고 있다.

> 예수는 왕국(하나님 나라)의 도래를 위해서 십자가를 졌다. 예수의 십자가 이후의 신국 도래의 기다림은 '예수의 재림(parousia)'으로 다시 표현되었다. 이것이 원시 교단의 본래적인 신앙 곧 기다림이며 또 교단의 출현이다. 그것은 종말을 기다리는 공동체며 새 질서를 기다리는 혁명적인 신앙이었다. '암하레쯔'의 꿈이었다(서남동, 1983: 15).

이러한 입장은 안병무에게서도 발견할 수 있다.

> 교회란 말은 바울로 서신에서 46회나 사용되고 있어요. 그만큼 그에게서 교회의 비중이 커진 것입니다. 그런데 공관복음서에는 마태오 복음에만 2번 나오죠. 그러나 이것들을 어떤 각도에서 보더라도 근원을 예수

에게 돌릴 수는 없어요(안병무, 1991: 157).

한걸음 더 나아가서 바울의 서신들보다 훨씬 후대에 쓰인 공관복음서에서 교회의 모습이 거의 언급되고 있지 않은 것은, 예수가 교회를 세울 의도가 없었고 또한 제도화되어 가는 교회에 대한 비판 세력이 존재했다는 증거로 볼 수 있다. 말하자면 이러한 제도화의 대표적인 예로서 사도권의 확립과 함께 의식(예배 및 성례전), 그리고 교리화를 들 수 있다는 것이다.

그러면 교회는 어떻게 탄생하게 되었는가? 여기에 대해서 안병무나 서남동 모두 재림의 지연에서 교회 탄생의 원인을 보고 있다. 즉 예수가 죽은 후에 하나님 나라가 곧 올 것이라고 생각했던 기대가 이루어지지 않으니까 그 자리에 교회가 생기게 되었다는 것이다(안병무, 1991: 159~160; 서남동, 1983: 16). 서남동은 교회의 출현 원인을 좀 더 자세하게 설명하고 있다.

> 역사의 궁극적 종말인 '신국'과 준궁극적 종말인 '천년왕국'으로 정형화되었다. 신국은 역사의 종말(the end of history)이고 '천년왕국'은 역사 안에 있는 종말(the end in history)이다. …… 미래의 약속된 '새것'에 대한 기다림 대신에 '마지막 때'인 이 시대에 선택받은 공동체라는 교회 신앙—땅 위에 있는 신성한 제도인 교회—이 탄생한 것이다(서남동, 1983: 16).

무엇보다도 제도적 교회는 본래적 종말 신앙의 쇠퇴의 대가로 얻어졌다는 것이 서남동의 생각이다(서남동, 1983: 16). 여기서 발견할 수 있는 공통점은 교회는 예수가 선포한 핵심 내용인 하나님 나라라고 하는 종말론적 현실이 사라지고 그것의 실행자인 예수의 재림의 지연으로 인해서 생겨날 수밖에 없었던 탓에 무엇인가 비본질적인 속성을 갖고 있다는 인식이다.

이러한 비본질적인 실체로서 생겨난 교회가 처음에는 종말론적 신앙을 가지고 예수의 임박한 재림을 기다리고 있었지만 그 재림이 지연되면서 더욱더 비본질적인 제도적 교회로 변질되었다는 것이다. 이러한 비본질적 교회의 출현도 문제지만 그것의 제도화는 더욱 큰 문제였다는 것이다. 이러한 교회의 제도화 혹은 교리화는 초대교회의 '헬레니즘화'를 통해서 이루어졌다고 볼 수 있지만, 이 교회의 제도화 혹은 절대화는 313~337년의 콘스탄티누스적 전환을 거치면서 더욱 가속화되었다. 말하자면 이제까지의 박해받던 종교가 박해하는 종교가 되었고 눌린 자의 종교가 누르는 자의 종교가 되었다. 즉 기독교는 황제의 종교가 된 것이다. 여기에서 기독교의 본래적인 종말론적 재림을 추구하는 교회는 소종파나 이단으로 간주되어 박해의 대상이 되었다. 제도화에 반기를 들었던 몬타니즘(Montanism) 운동이나 제국 교회화 과정에서 일어났던 도나티스트 운동이 그 예이다. 즉 예수의 본래의 입장이 제도 교회에서는 이단으로 취급당했다는 것이다. 이러한 제도적 교회의 입장을 신학적으로 정형화한 것은 아우구스티누스였다(서남동, 1983: 16).

이처럼 제도화되어 지배자의 종교가 된 기독교 내에서 개혁을 시도하던 이들이 있었는데, 본래적 복음으로 돌아가려고 한 대표적인 인물이 13세기의 피오레의 요아킴(Joachim von Fiore)이나 종교개혁 운동의 좌파에 속했던 토마스 뮌처 같은 이들이다. 그리고 오늘날에 와서 다시 종말론이 신학의 중심을 이루고 있는데, 마르크스주의와의 대화를 통해 촉발된 혁명, 정치, 해방의 신학들이 '기독교 시대 이후'에 기독교에 활력을 불어넣어서 다시 민중 종교로 복귀를 시도하고 있다는 것이다. 첫째, 기독교는 잃어버렸던 복음의 사회적 차원, 사회적 구원을 되찾았다. 둘째, 기독교는 신의 초월을 형이상학적 영역으로부터 미래의 초월로 환원한다. 셋째, 기독교는 지금까지의 '억압자의 이데올로기'로부터 민중의 종교, 해방의 복음으로 복귀한다. 넷째, 기독교는 정통적 교리가 절대적으로 주어진 규범이라는 생각에서 탈출하여 역사적 현실에서 실험과 행동으로 진리를 검증하는 태도로 바뀐다. 다섯째, 교회는 정통적인 교회사의 족보를 자랑하는 것을 의심하고 이 시점에서 소종파들과 이단들의 동기와 족보를 찾기 시작했다. 여섯째, 교회와 사회 사이의 두꺼운 담을 헐기 시작했다. 교회신학이 아닌 정치와 세계의 신학이다. 하나님의 선교다. 교회의 보편성(catholicity)의 새로운 이해다(서남동, 1983: 19).

종합하자면 민중신학에서의 교회론은 예수 자신이 세우지 않은 비본래적 교회의 역사적 실체를 인정하지 않을 수는 없지만 교리화되거나 제도화되지 않은 '예수 공동체'나 제도화되기 이전의 '종말론적 본래성'으로 되돌아가는 것이다(안병무, 1991: 168). 그렇게 함으로써 교회는 현장성과 사건성을 회복해야 한다.

여기에서 우리가 또 하나 주목하게 되는 것은 기독교 혹은 교회는 민중들의 종교가 되어야 한다는 것이며, 그런 방향으로 운동을 전개했던 것은 정통 기독교회가 아니라 소종파들이나 이단들이었다는 것이다. 이러한 '민중의 종교'로서의 기독교 혹은 교회관은 안병무에게서 더욱 구체적으로 묘사되고 있다. "교회는 민중이 주도하는 공동체여야 합니다. 이에 따르면 민중과 예수의 만남, 민중과 예수 사이에서 일어난 사건 속에 참 교회라는 것이 무엇인가를 추구해야 할 것입니다"(안병무, 1991: 160). 민중이 주인이 되는 교회라고 하는 민중신학의 명제는 '민중이 메시아다'라고 하는 명제와 더불어 많은 오해를 불러일으킬 수 있는 내용이다.

안병무는 민중이 교회의 주인이라는 명제를 예수는 당시 가난하고 수난당하면서 새로운 사회를 기다리다가 예수의 운동에 동참하는 사건과 현장에서 교회의 원 모습을 보기 때문에 민중만이 하나님 나라의 약속의 대상이 된다는 것으로 이해했다(안병무, 1991: 160). 말하자면 예수 운동에 초청받고 참여한 이들은 민중들이라는 것이다. 예수의 공동체는 "종교적인 특권층이나 또는 선별된 사람들이 주도하는 것이 아니라 …… 도덕적·종교적 범주나 규율에 매이지 않는 …… 하나님 나라의 도래라는 천지개벽에 참여한 공동체"이기 때문에 거기에서는 예수 주변에 모였던 가난하고 억눌린 민중이 주인이 된다는 것이다(안병무, 1991: 160). 이러한 입장은 서남동에게서도 발견된다. 그는 주로 민중신학의 성서적 전거를 말하고 있는데, 이스라엘의 출애굽 전통, 구약의 예언자 전통, 그리고 예수의 민중 전통에서 민중은 하나님 나라 운동을 위한 계약의 파트너요 그 주된 추동자라는 것이다(서남동, 1983: 50).

4. 민중들의 '사건으로서 교회'

그리고 민중신학자들은 제도로서의 교회보다 하나님과 민중들 사이의 만남에서 일어나는 '사건으로서의 교회'를 말하고 있다. 이 사건으로서의 교회가 무엇을 의미하는지를 살펴보자. 사건으로서의 교회에 관해서는 비단 민중신학자들만이 말하고 있는 것은 아니다. 현대 서구의 신학자들도 교회를 다양한 측면에서 사건으로 파악하고 있다. 이것은 교회를 하나님의 백성의 모임이라고 정의할 때는 당연한 귀결이라 할 것이다. 왜냐하면 하나님의 백성이 모일 때 거기에는 사건이 일어날 수밖에 없기 때문이다.

'사건으로서의 교회'는 "형제들의 공동체로서 그 안에서 그리스도가 말씀과 성례전 가운데 성령을 통해서 현재적으로 행동한다"(Die Bekennde Kirche, 1935).[2] 이와 유사한 입장은 에밀 부르너(Emil Brunner)의 『교회의 오해(Das Missverständnis der Kirche)』에서도 나타나고 있다. 그에 의하면 교회란 것은 세상에 대해서 순수한 인격 공동체의 사건이라는 것이다(Ott, 1981: 360). 여기에 대해서 호켄다이크(Hoekendijk, 1964: 45)는 "교회는 세계 안에서 세계를 위한 하나님의 행위의 사건"이라고 보고 있다.

이들 서구 신학자들이 교회를 '인격 공동체의 사건', '하나님의 사건', 혹은 '그리스도의 사건'이라고 말하지만 민중신학자들은 구체적으로 '민중과 예수와의 만남에서 일어나는 사건'으로 그 사건의 성격을 구체화하고 있다. 말하자면 교회가 '그리스도 사건'이라고 할 때 그것이 바르트가 말하고 있듯이 말씀 선포에서의 사건일 수도 있고 가톨릭교회에서 말하는 성만찬에서의 사건일 수도 있는데 "이것은 그리스도를 따르는 일이 너무도 힘드니까 도피하기 위해서 만들어낸 종교의식 외에 아무것도 아니다"라는 것이다(안병무, 1991: 108). 즉 고난받는 민중 현장에 그리스도가 계시고 그 현장에서 그리스도가 말씀하고 있다는 것이다. 이것이 그리스도인이 해야 할 참 증언이다. 중요한 것은 민중과의 만남에서 일어나는 사건이다. 이러한 발상은 '민중이 역사의 주체' 혹은 '민중이 하나님의 계약의 파트너'라고 하는 전제에서 왔다고 볼 수 있다(김용복, 1988: 825).

여기서 얻게 되는 결론은 민중신학자들이 보기에 교회는 예수 자신이 설립하지 않은 비본래적인 것이긴 하지만, 이들이 역사적 실체로서의 교회 자체를 전적으로 부정하고 있는 것은 아니라는 사실이다. 이것은 지상의 예수가 교회를 세우지 않은 것은 사실이지만 동시에 지상의 예수가 없었다면 교회가 세워질 수 없었다는 한스 큉의 논제와 일치한다(Küng, 1970: 46~50). 그러나 그들이 지향하고 있는 것은 '종말론적

---

2) 여기서는 '말씀과 성례전의 집행'이라고 하는 종교개혁의 교회론에 서서 교회를 하나님의 말씀의 사건으로서 파악하고 있다.

신앙의 역동성', 즉 하나님 나라를 지상에 건설하려는 역동성을 교회가 회복해야 한다는 것이다. 교회는 하나님의 선교 신학에서 말하듯이 세상 한가운데서 민중들과 만나는 현장성을 확보하는 동시에 초대교회가 가졌던 사건성을 확보해야 한다는 것이다. 따라서 민중신학자들은 제도화되기 이전 종말론적 신앙의 역동성을 가졌던 원시기독교 공동체로의 복귀를 지향했다고 말할 수 있다.

그러나 여기에서 이러한 교회를 '민중이 주인이 되는 교회' 또는 '그리스도가 민중과 만날 때 일어나는 사건'으로 이해한다고 할 때 두 가지 제기되는 문제가 있다. 그 하나는 교회의 주인이 민중이라는 의미는 무엇을 말하는 것이며 동시에 교회를 사건이라고 할 때 그 사건의 주체가 되는 것은 누구인가 하는 것이다. 이러한 물음은 신학적으로 분명히 해둘 필요가 있다. 왜냐하면 여기에 대한 불분명한 대답들이 많은 오해와 신학적 혼란을 야기하고 있기 때문이다.

교회의 주인은 민중이 아니라 그리스도이다. 역사적 예수가 현재 우리가 가지고 있는 것과 같은 이른바 제도적 교회를 형성하지는 않았지만, 그는 자기 주변에 하나님 나라를 건설한 '새로운 이스라엘'을 모았다. 이 사람들이 교회의 뿌리를 형성했다. 또한 그들이 예수의 메시지를 계속 선포함으로써 하나님 나라 운동의 사건, 즉 교회를 이루어갔다. "부활절 이전의 예수는 그의 설교와 활동을 통해서 부활절 이후의 교회의 출현을 위한 기초를 만들었다. …… 부활절 이후의 교회의 성립은 부활절 이전의 예수의 활동과 직접적인 관계를 가진다"(Küng, 1970: 46). 여기에서 민중교회론은 오히려 교회의 주인은 그리스도며 민중들은 교회의 주체라고 말하는 것이 신학적으로 타당하다고 생각한다. 민중이 메시아라는 명제도 마찬가지이다. 메시아는 그리스도이며 민중은 하나님 나라 운동에서 주체이다. 교회를 사건이라고 말할 때도 그 사건의 주인은 하나님이며 민중은 주체로서 거기에 참여한다.

5. 민중교회론의 새로운 지평

만일 민중신학자들이 종말론적 신앙의 역동성을 가졌던 원시공동체로 복귀하는 것이 민중교회의 일차적 과제라고 한다면, 민중교회는 우선적으로 다음과 같은 역사적 교회의 외피를 벗어버려야 할 것이다.

주후 500년까지 이른바 초대교회는 주로 그리스 철학 사상과 형이상학과의 대화를 통해서 주요 교리 체계를 확립해 나갔다. 그래서 교회사가들은 이 기간을 기독교의 그리스화의 시대라고 말하고 있다. 이 기간은 기독교회가 교리화되어가는 시기라고 할 수 있다. 이 시기에 삼위일체론과 기독론 등 중요한 교리들이 그리스 철학의 지원을 받아서 제정되었다. 여기서 기독교의 중요 항목들은 형이상학적 논리의 틀에 사로잡히게 되어 그 종말론적 역동성과 생명력을 잃어가기 시작했다. 그리고 중세기 1,000년간은 로마적·게르만적 교회로서 로마법과 게르만적 법체계에 따라서 교회의 강력한 제도화가 시행되었다. 이러한 제도화에서 가장 강력하게 등장한 것은 성직 계급(Hierarchie)의 출현이라 할 수 있다. 교황제를 비롯해서 성직자들의 계층화와 함께 평신도들에 대한 차별화가 나타난다. 의사 결정과 제의 집행은 성직자들의 독점물이 되었고, 평신도들은 하나님 나라 운동의 주체가 아니라 객체로 전락한다. 이러한 객체화의 가장 대표적인 예가 여성들이다. 즉 이러한 성직 계급의 출현과 더불어 교회는 남성들이 모든 것을 독점하는 '남성적 교회'로 되어간다. 이러한 남성 지배적 전통이 오늘날까지도 가톨릭은 물론 개신교에도 그대로 남아있다.

그리고 기독교는 지배자의 종교가 되었다. 종교개혁은 이러한 그리스화의 교리적 교회와 로마적·게르만적 제도 교회를 어느 정도 붕괴시키고 교회를 다시 원시기독교 공동체로 복귀시키려고 했지만 그것을 완전히 달성하지 못하고 말았다. 계몽주의와 더불어 출현한 시민사회에서 기독교는 여전히 지배자의 종교였고, 복음이 가진 종말론적 역동성은 사라지고 신앙은 사적이고 내면적인 것이 되었다.

그 결과 오늘날 점점 사회적으로 통합되고, 부르주아적인 핵심 조직이 되어버리고 '사건의 교회'를 거부하는 교회가 등장했던 것이다. 그것이 예수가 법적으로 제정한 구원의 기관과 신자들의 공동체로 정의되건, 하나님 말씀의 선포의 사건으로 규정되건, 아니면 하나님 말씀의 피조물(creatura Verbi divini)이면서 동시에 경험적으로 존재하는 제도화된 조직의 형태로 존재하건 간에 지금의 교회는 초기의 원시공동체가 가졌던 종말론적 신앙과 사회 변혁적 역동성을 상실하고 있는 것을 부정할 수 없다(Ott, 1981: 358).

여기에서 민중신학의 교회는 이러한 교리화의 교회, 제도화의 교회, 그리고 사적이고 내면적인 종교의 교회를 떨쳐버리는 것에서부터 출발해야 할 것이다. 여기서 우리는 제4교회로서의 민중교회 출현을 다음과 같은 몇 가지 논제를 통해서 전망해 볼 수 있을 것이다.

① 민중교회가 진정한 의미에서 교회가 되기 위해서는 우선 기존의 교회들로부터 교리적으로뿐만 아니라 기구적으로도 탈출해야 한다. 이러한 논제는 교회의 보편성(Katholizität), 거룩성(Heiligkeit), 사도성(Apostolizität)과 상충되는 것이며, 동시에 세계 에큐메니컬 운동 정신에도 위배되는 것으로 생각할 수 있다. 그러나 교회의 보편성은 제도적 혹은 기구적 결합에서만 이루어지는 것은 아니며 거룩성이나 사도성도 기존의 교회에 교리적 기구적 소속성을 통해서 이루어지는 것은 아니다. 이러한 보편성과 거룩성, 그리고 사도성은 중세 교회의 제도화 과정에서 만들어진 개념일 뿐이다. 그리고 에큐메니컬 운동에서의 일치성은 엄격한 의미에서 종교개혁 이후의 분열된 교파들의 일치도 고려되지만 그리스도의 말씀과 실천에의 신실성에서 일치성을 찾아야 할 것이다. 이런 관점에서

민중교회가 진정한 의미에서 원시기독교로의 복귀를 지향하자면 기존의 제도적 교회와의 기구적 단절은 불가피하다고 생각한다. 여기서 우리는 종교개혁 좌파의 교회들, 즉 평화 교회들의 존재와 역할을 염두에 둘 필요가 있다. 그들은 종교개혁 우파 교회들의 형식적이고 제도적인 개혁에 대해서 원시공동체의 종말론적 신앙의 역동성을 지향했었다.

민중교회가 기존의 제도적 교회와 단절해야 하는 또 하나의 이유는 제도적 교회와의 기구적 재정적 협력 관계에 들어가면 궁극적으로 새로운 교회 혹은 원시공동체의 이상을 실현할 수 없다는 것이다. 기존 교회와 기구적 틀과 재정적으로 연계되어 있는 한 민중교회는 그 이상과 목표를 실현할 수 없다. 이것이 평화 교회들이 보여주는 역사적 경험이다.

② 민중교회는 '하나님의 백성'의 교회가 되어야 한다. 즉 민중이 교회의 주체가 되어야 한다. 이러한 논제가 전제하고 있는 것은 민중교회는 '성직화된 교회(klerkalisierte Kirche)'가 되어서는 안 된다는 것이다. 여기서 가톨릭 전통의 성직자 평신도의 전통적 구별은 사라져야 한다. 만인사제론의 실질적 실현이 전망되어야 한다. 민중이 주체가 된다는 전제에도 불구하고 성직자와 평신도의 모델이 그대로 사용된다면 그것은 민중교회가 아니다. 예배 의식과 말씀의 선포에도 모두가 참여해야 한다. 그리고 나눔의 실천으로서의 성만찬도 축도와 같은 내용들로 새롭게 해석될 때 그것이 성직자들의 전유물이 되어서는 안 된다. 따라서 하나님의 백성들로서의 민중교회는 성차별을 포함한 모든 계층성이 완전히 철폐된 것이어야 할 것이다.

또한 전통적 개신교 목회 형식인 목회자의 삶의 기초를 평신도에게 전적으로 의존하는 것도 고려해 볼 문제이다. 목회자도 자기의 삶을 영위하기 위해서 일정한 직업을 가지는 것도 고려해 볼 수 있다. 우리는 그 대표적인 예를 바울에게서 본다. 이 점에 있어서 민중신학의 이론과 현재의 민중교회의 목회 방식에는 편차가 있다고 보인다. 이념은 새롭지만 그 실천에 있어서는 전통적 교회의 관습을 그대로 따르고 있는 것이다.

③ 민중교회는 전통적인 교리 체제에 대한 새로운 해석과 실천을 필요로 한다. 위에서도 언급했지만 오늘날 기독교 교리 체계나 신학적 이론들은 많은 노력에도 불구하고 여전히 그리스의 형이상학적 철학에 기초해서 형성된 틀을 깨지 못하고 있다. 그 대표적인 것이 성만찬 이론과 삼위일체론 및 기독론과 같은 것이다. 성찬은 예수의 밥상 공동체, 즉 나눔의 공동체의 종교화 내지 의식화라고 할 수 있을 것이다. 이와 같은 지금까지의 주요한 신앙 항목들을 하나님 나라의 빛, 즉 종말론적 신앙의 빛에서 새롭게 해석하고 실천하지 않고서는 진정한 의미에서 민중신학의 교회론은 성립될 수 없을 것이다.

④ 민중교회는 제의 공동체에서 삶의 공동체로 전환되어야 한다. 이러한 운동은 사실상 산상설교의 정신에 기초해서 또는 예수에 대한 철저한 복종을 목적으로 초대교회부터 중세기를 거치면서 수도원 운동을 통해서 포기되지 않고 계속되어 왔다. 그들은 자기들이 가진 삶의 토대인 물질을 포기함으로써 나눔의 공동체가 되고자 했다. 그러나 이러한 운동들은 대개는 가장 물질적 토대를 확실하게 장악한 단체로 바뀌었다. 그러나 삶의 동체로서 수도원 운동이 가졌던 가장 심각한 문제는 이들이 세상과 단절함으로써 그것을 변혁시키는 역할을 감당하지 못했다는 것이다. 민중교회가 제의 공동체에서부터 삶의 공동체로 나아간다고 할 때는 종교적 울타리 안에서의 수도원적 삶의 공동체를 지향해서는 안 된다. 여기에는 폭넓은 개방성이 요구된다. 민중교회원들 사이

의 공동체적 삶을 실습할 수 있으며 동시에 굶주리고 억압당하는 모든 민중들의 권리를 되찾아주고 그들의 평등하게 살아갈 수 있는 길을 모색하는 데 모든 사회운동과 연대하고 협력하는 것도 이들의 삶의 공동체의 한 존재 방식이 될 수 있다.

이러한 민중교회 운동은 비단 신학을 공부한 목회자들에 의해서뿐만 아니라 일반 신도들에 의해서도 실천되어야 할 것이다. 여기에서 평화교회의 모델과 일본의 무교회 운동의 방식들에 대해서 진지한 연구가 요청된다고 할 것이다.

제21장

심원 안병무의 교회 이해

1. 들어가는 말

1998년 심원 안병무를 회상하고 추모하는 글을 모아 출판한 책『갈릴레아의 예수와 안병무』에는 생전에 그와 가까이 지냈던 57명의 국내외 학자, 친지, 제자들의 글이 실려있다. 그 글의 제목들 중에서 특별히 안병무의 삶을 잘 표현해 주는 것들이 눈에 띈다. 예를 들면「지식인의 전범」(이문영),「민중의 투쟁 속에 있는 희망」(위르겐 몰트만),「역사와 증언을 깨우쳐준 스승」(안재웅),「민중신학적 예수상의 재발견」(김진호),「역사의 현장 한가운데서 산 구도자」(손규태) 등이다. 이 책에서 제시된 안병무의 상은 크게 보아 성서 신학자 혹은 민중신학자로서, 역사의 현장에서 투쟁의 동지로서, 그리고 다정하면서도 엄격했던 스승으로서 묘사되고 있다.

이렇게만 보면 안병무는 마치 교회와는 무관했던 것으로 보일 수도 있다. 그 책에서 그를 목회자나 설교자로서 회상하거나 추모하는 글은 거의 나타나지 않기 때문이다. 그가 그렇게 오랫동안 관련했던 향린교회와 관련해서도 그를 회상하거나 추모하는 글이 거의 없다. 물론 그

책의 출판 목적이 교회나 목회 활동과 관계되어 있지 않았기 때문이라고 할 수도 있다.

이 책에서 안병무를 기독교 공동체 혹은 교회와 관련해서 회상하고 추모한 글은 「예수의 얼굴을 닮은 교회」(김경호, 1998: 262~273)와 「안병무 선생님과 한국 디아코니아 자매회」가 전부이다. 이렇게 보면 김경호 목사가 지적하듯이 안병무는 교회에 대해서는 흔히 무관심했거나, 심지어 '적대적'이기까지 했다고 생각할지도 모른다. 그는 전통적인 교회에 대해서 적대감까지는 표현하지 않았지만 그것이 사실상 대단히 잘못되어 가고 있는 집단이라고 항상 생각한 것만은 확실하다. 그것은 그가 젊은 시절부터 새로운 교회의 모델을 추구하고 실험한 것이나 함석헌 등 무교회주의적 성향을 띤 인물과 깊은 친교를 맺은 것에서도 추론할 수 있다. 그는 특히 한국에서 1970년대 초부터 계층적으로 구형된 제도 교회의 성직자 중심주의나 기업형으로 경영되는 대교회주의, 자본주의적 경영 원리를 택하고 있는 교회성장주의 등에 대해서는 매우 부정적 입장을 취하고 있었다. 이러한 왜곡된 기성 교회에 대한 부정적 시각이 그로 하여금 기성 교회들을 멀리하고 때로는 적대적 태도를 취하게 했던 것으로 생각된다.

그래서 그런지 안병무는 향린교회를 비롯한 수많은 교회들에서 설교를 했지만 안수를 받고 성직자가 되지는 않았다. 그는 외국에까지 나가서 전문적으로 신학 공부를 하고 교단의 신학대학에서 교수로 지내면서 많은 후학들을 가르쳐 성직자가 되게 했지만 자신은 끝까지 평신도로 남았다. 그는 한신대학교에서 신학과 교수는 모두 성직자가 되어야 한다는 요구를 끝내 거절하였다. 그는 많은 기독교 단체에서 성서와 신학에 대해 강연했지만 그것은 어떤 기독교적 직책이나 직무를 맡은 분으로서가 아니라 단지 하나의 평신도 그리스도인으로서였다.

이렇게 기존의 제도적 교회에 대해서 부정적 시각을 가졌지만 안병무는 놀랍게도 평생 동안 뜻을 같이하는 믿음의 동지들과 함께 세 개의 교회(향린, 한백, 강남향린)를 창립하는 데 주도적으로 참여했다. 그는 1953년 한국전쟁 이후 폐허와 좌절 속에서 새로운 삶의 양식을 실험하기 위해서 믿음의 동지들과 공동체 생활을 목표로 향린교회를 설립했다. 당시 장공 김재준이 선린회 동지들과 함께 '나라의 재건'이라는 문제를 가지고 씨름하고 있을 때 안병무는 향린 동지들과 함께 이 나라 사람들이 살아가야 할 삶의 모델을 교회 공동체를 통해서 설계하고 있었다는 것은 우연한 관련이 아니라고 생각한다. 그는 평신도 설교자로서 이 공동체를 주도적으로 이끌어가다가 좀 더 신학적으로 무장하고 동시에 기독교 공동체를 체험하기 위해서 서독으로 떠났다. 그는 신학을 공부하면서 독일에서는 물론 프랑스와 스페인 등을 여행하면서 오랜 전통을 가진 수도원 공동체 등을 둘러봤다. 이러한 관심은 계속되어 그는 1970년대 중반 민중신학을 시작하면서 민중 시대의 민중교회를 위한 실험의 장으로서 다시 한백교회 창립에 동참했다. 이렇게 하면서 안병무는 1993년에는 어느 정도의 규모를 갖추고 기성 교회로 나아가고 있는 향린교회를 분가시켜 강남향린교회를 설립하여 제도화된 대교회주의를 극복하려는 운동에 동참했다.

사람이 일생동안 세 개의 교회를 설립한다는 것은 쉬운 일이 아니다. 오늘날 한국의 대교회들이 하듯이 교회에서 넘쳐나는 헌금을 가지고 은행이나 대기업이 지점과 지사를 내듯이 지교회를 설립하는 것은 사실 그렇게 어려운 일이 아니다. 큰 교회들처럼 돈이 넘쳐나서 담임 성직자의 권위와 위세를 과시하기 위해서 지교회를 세우는 것과는 달리 바른 교회의 상, 즉 '예수의 얼굴을 바로 그리려는 교회'를 설립하는 일은 더더욱 쉬운 일이 아니다.

이렇게 보면 단순히 안병무가 교회에 대해서 무관심했다거나 적대적이었다고 말할 수 없다. 서구 2,000년 교회사에서 제도적 교회들이 시대마다 자기 편의에 따라서 예수의 상을 제멋대로 일그러뜨렸고, 오늘날 한국 교회들에서 온갖 부조리와 모순들이 발견되어도 그는 '교회' 자체를 버리거나 내던지지 않았다.

그러면 그는 왜 이 교회에 대해서 애착을 가지고 이 문제와 씨름했는가? 그는 교회의 개혁을 시도했는가 아니면 새로운 교회의 출현을 기대했는가? 그가 개혁자였다면 그 목표는 어떤 것이었을까? 만일 그가 기성 교회를 포기하고 새로운 교회의 출현을 기대했다면 그 교회의 모습은 어떤 것이었을까?

그는 롤란드 베인톤(Roland Bainton)이 루터의 전기에서 말한 것처럼 '교회를 교회되게 하려고' 노력한 한국의 '교회(종교)의 개혁자'라고 말할 수 있다. 아니, 그는 개혁자로서보다는 새로운 모델의 교회의 출현을 기대하고 실험했던 '새로운 교회의 창설자'라고 말할 수도 있을 것이다. 우선 결론부터 말하자면 그는 이 '새로운 교회의 상'을 설계하고 실험하기 위해서 그 모상으로서 '예수의 모습'을 찾았다고 말할 수 있다. 디트리히 본회퍼가 그의 윤리학에서 '형성의 윤리학(Gestaltungsethik)'을 통해서 그리스도교 윤리학이란 바로 그리스도의 모습(Gestalt Christi)을 '닮아가는 것(Gestaltung)'이라고 주장했듯이 안병무는 교회를 그리스도의 모습을 닮아가는 공동체로 파악하고 있었다고 보인다. 즉 교회는 그리스도의 모습으로 변모되기를 희망했고, 그 일을 위해서 그는 특별히 '예수 연구', 즉 그리스도론에 연구를 집중했다고 할 수 있다.

> 교회는 그리스도를 주인으로 한 공동체이며 그리스도의 것이다. 이 점을 분명히 해야 한다. 그러기 때문에 그리스도를 뺀 조직, 그리스도의 뜻을 뺀 조직, 그리스도를 뺀 관리, 지혜, 그리스도를 뺀 무리 …… 이것은 벌써 교회의 본질에서 떠났으며 이미 교회가 아니다. 그리스도에 대한 관심이 없는 인간관계, 인간 집단은 사실상 냉철하게 비판해 보면

그리스도 교회라는 간판 밑에서 영위되는 기만적인 단체이다. 그런데 우리는 자신들을 개혁하려는 생각을 등한시한다(안병무, 1998a: 299).

이렇게 안병무가 일생 동안 성서 연구, 특히 예수 연구에 집중한 것은 예수의 모습을 닮은 교회를 추구한 것과 맥을 같이하고 있다고 할 수 있다. 따라서 안병무가 그리스도 이해는 곧 교회론과 밀접하게 관련된다고 할 수 있고, 그렇기 때문에 그의 그리스도 이해 없이는 그의 교회 이해는 불가능하다고 할 수 있다.

2. 안병무의 부정적 교회 이해

안병무는 그리스도론에 기초한 교회 이해, 아니 '교회의 교회됨'을 어떻게 이해하는가? 안병무의 교회 이해를 파악하기 위해서는 우선 그의 그리스도론을 이해하지 않으면 안 될 것이다. 왜냐하면 그는 일생 동안 교회론을 체계적으로 전개하기보다는 예수 이해, 즉 그리스도론에 총력을 집중하고 있기 때문이다. 그러나 안병무는 그리스도에 관해서는 수많은 단행본과 논문을 썼지만 전통적 분류 방식에 따라서 '교회론(Ekklesiologie)'을 전개했다고 볼 만한 체계적 논문들을 남기지 않고 있다. 그렇기 때문에 안병무는 교회론을 그리스도론의 부록과 같이 다루고 있다고 말할 수 있다. 그것도 어떤 이론적이고 체계적이고 학술적인 의미에서가 아니라 그가 관련하고 있던 현실의 교회, 즉 향린교회와 한국 교회 일반을 고려하면서 교회의 당위적 상을 서술하고 있다.

전통적 분류 방식에 따르면 교회론의 주제들은 대체로 다음과 같이 설정되어 설명된다. 여기서는 독일의 저명한 신학자 한스 큉(Hans Küng)의 분류법을 대표적으로 선택했다. ① 신앙의 대상으로서 교회, ② 교회의 기원, ③ 교회와 하나님 나라, ④ 하나님의 백성으로서 교회, ⑤ 성령의 피조물로서 교회, ⑥ 그리스도의 몸으로서 교회, ⑦ 교회의 일치, ⑧ 교회의 보편성과 거룩성과 사도성, ⑨ 교회의 직무들, ⑩ 교회와 세계(Küng, 1970) 등 안병무가 교회와 관련해서 쓴 글들을 읽어보면 가톨릭교회가 특별히 강조하고 있는 8항, 즉 교회의 보편성, 거룩성, 사도성 등을 제외하고는 거의 모든 주제가 단편적으로나마 취급되고 있다. 따라서 안병무는 성서학자이면서도 조직신학적 차원에서 논의되고 있는 교회론의 내용을 모두 꿰뚫고 있었다는 점에서 놀라움을 금할 수 없다. 우리는 여기서 그가 성서학, 그것도 신약성서학에 연구를 집중하고 있으면서도—비록 체계적 논문들로 발전시키지는 않았지만—교회의 본질과 실천의 문제에 대해서 얼마나 깊이 연구하고 관심을 가졌는지를 다시 한 번 발견하게 된다.

그러면 안병무가 오늘날 기존의 전통적 교회들에 대해서 가지고 있는 부정적 이해의 내용들을 살펴봄으로써 그가 지향한 교회의 상을 재구성하는 데 기초로 삼고자 한다. 안병무의 표현대로 하자면 '그리스도를 뺀 교회'가 오늘날 어떤 형태로 그 모습을 나타내는가를 먼저 해명해 보자는 것이다. 안병무는 '그리스도를 뺀 교회'의 상을 교회 내적인 측면에서 두 가지 범주로, 교회 외적인 측면에서 다시 두 가지 범주로 나누어 그 왜곡된 상을 비판하고 있다. 물론 그 범주를 더 확대할 수도 있겠지만, 필자는 이 네 가지 범주에 국한하고 다른 범주들은 부수적 범주로서 다루어보고자 한다.

1) 교회 내적 문제로서 왜곡된 교회상

(1) 교리에 속박된 교회

교리에 속박된 교회에 대한 안병무의 비판의 출발점은 성서적 진리와 메시지로부터의 일탈을 들고 있다. 안병무는 기회가 있을 때마다 한국에서의 신학 교육과 신학 운동과 관련해서 "성서학이 교리학에 포로가 되었다"라고 한탄했다. 그것을 극복하지 않고는 진정한 신학 교육은 말할 것도 없고 교회 개혁은 불가능하다는 것을 역설했다. 왜냐하면 성서의 메시지가 가톨릭의 경우 교황의 권위에 굴복당했고 개신교 특히 정통주의나 근본주의의 경우 교리의 권위에 압도당함으로써 그것을 장악하고 있는 교회가 성서 위에 군림하게 된다는 것이다. 이러한 성서 및 성서 해석이 이러한 교리 체계와 그것의 장악자에게 굴복당하는 것은 일차적으로 '성서만으로(sola scripture)'라고 하는 종교개혁의 정신에서 일탈하는 것이다. 안병무는 1969년도 서울대학교 문리대에서 한 강연 "종교 고발"에서 특히 교리주의를 강력하게 비판하고 있다.

> 법황의 절대권, 교회 제도, 교리의 절대화 그것을 우상으로 선언하고 출발한 것이 신교이다. 그것은 옳은 출발이다. 하늘 아래 어떤 형상이든지 만들지 말라는 지상명령을 받아들인 결단이다. 그러나 그렇게 출발한 신교는 여러 가지 또 다른 우상을 만들어냈다. 그것은 첫째는 성서주의, 둘째는 교파주의, 셋째는 개인의 종교 경험의 절대화 등을 신교가 만들어낸 대표적인 우상으로 말할 수 있다. …… 넷째는 각 교파의 교리 지상주의이다(안병무, 1999a: 96).

안병무에 의하면 가톨릭의 교리주의는 교황권을 강화해서 그만이 '바른 성서 해석을 할 수 있는 자'로 규정함으로써 교황에게 성서 해석의 독점권을 줌으로써 제반 모순을 가졌으나 개신교의 교리주의는 우선 가톨릭의 개신교적 수정판이라고 할 수 있는 '성서주의(Biblizismus)'를 내세워서 성서를 교황으로 만들고 모든 삶의 판단에 준거로 삼아 오히려 현실 인식을 왜곡하거나 불가능하게 했다는 것이다. 그 다음으로 이러한 교리주의는 개신교 역사에서 다양한 개혁 방향에 따라서 교파를 분열시키고 동시에 서로 적대시하는 역사적 불행을 초래했다는 것이다.

(2) 교권에 속박된 교회

교권에 속박된 교회에 대한 안병무의 비판의 출발점 역시 성서의 진리와 메시지로부터의 일탈에 두고 있다. 다시 말하자면 성서에 나타나 있는 '종말론적 의식으로 세워진 초기의 공동체'는 사실상 하나님의 구원과 해방의 전위대로서 특정한 조직이나 구성원에 의해서 좌지우지되지 않는 공동체였다(안병무, 1999: 138). 다시 말하자면 이 공동체는 임박하게 도래할 그리스도와 하나님의 통치를 기다리며 가진 재산을 공동으로 사용하고 식탁을 같이 나누던 공동체였다(사도행전 2: 42~47; 4: 32~37).

예수의 재림(Parusie)이 지연되고 종말론적 공동체가 가진 임박한 재림의 긴장이 이완되자 이러한 사랑과 나눔의 공동체가 붕괴될 조짐이 나타났다(사도행전 5: 1~11). 이러한 원시공동체의 붕괴의 자리가 바로 교회의 출현의 자리라고 할 수 있다. 이러한 교회는 안병무에 따르면 예수가 "세운 일도 (없고) 세우려고도 안 했었다"(안병무, 1999: 138).[1] 이렇게 세워진 교회는 2세기 초에 와서 다양한 형태의 제의가 발달하면서 그것을 집행할 직무를 받은 성직 계급과 평신도의 구별이 등장한다. 교리의 수호자며, 제의에서 하나님과 인간 사이의 중보자요 교회의 치리자인 주교 밑에 계층화된 성직 계급이 등장하면서 평신도(laici)들은 교회에서 더 이상 주체가 되지 못하고 대상화된다(Heussi, 1976: 80).

앞서도 언급했지만 안병무는 그의 교회 이해에 있어서 불변의 질서

---

1) 프랑스의 성서학자 알로이에 의하면 예수는 하나님 나라를 건설하려 했으나 제자들이 교회를 세우고 말았다고 한다.

인 안수(ordo)에 의한 성직 계급이 지배하는 교회는 예수가 지향했던 공동체가 아니라는 것이다. 그는 「예수 공동체의 신앙고백」이란 글에서 이렇게 말했다.

> 이 고백에서 중요한 것은 예수가 하나님과 같은 높은 자리를 포기하고 인간의 종의 위치에 있었으며, 그는 십자가에 처형되기까지 자기 사명, 즉 하나님의 뜻에 철저히 복종했다는 것이다. …… 이로써 예수 공동체의 고백은 십자가라는 한마디로 집약될 것이다. …… 이 운동은 전형적인 민중운동이다(안병무, 1999: 623~624).

안병무에 의하면 주후 300년경 로마 제국이 기독교를 공식으로 인정하고 기독교가 박해받던 종교에서 박해하는 종교로 바뀌게 되면서, 성직 계급이 교회 안에서 지배력을 장악했을 뿐만 아니라 교회 밖에서도 정치 세력과 결합됨으로써 하나의 지배계급으로 둔갑하여 더욱더 복음으로부터 이탈하게 되었다는 것이다. 이렇게 되어 초대교회가 추구했던 평등 공동체는 점차 성직 계급이 주도하는 제도적 교회로 뒤바뀌게 되었다.

이러한 성직 계급은 중세기에는 주로 유럽의 명문 가문들에게 독점되었다(대표적인 예로 이탈리아의 메디치 가문). 이들 성직 계급은 그들이 누리는 특권과 부를 현세에서뿐만 아니라 미래까지 연장하여 자손들에게 물려주기 위해 온갖 비리와 부조리를 저질렀다. 이런 현상이 한국에서도 나타나는 것은 이 땅에서도 성직주의가 가히 파시즘적 성격을 띠게 되었기 때문이라고 생각된다.

2) 교회 외적 문제로서 왜곡된 교회상

(1) 체제 안주적 기득권의 교회

다음으로 안병무는 교회가 사회 혹은 세계와의 관계에서 체제와 부에 안주하는 기득권 세력의 교회가 되었다는 점을 강력하게 비판하고 있다. 이 점은 특히 주후 4세기 초에 있었던 콘스탄티누스적 전환(Konstantinische Wende)에서부터 본격적으로 시작되었다. 기독교는 콘스탄티누스 황제의 밀라노 칙령에 의해서 로마 제국 내에서 유일하게 국가에 의해서 공인된 종교로 인정받음으로써 사실상 누가복음 기자의 꿈과 전략이 성공했다고 할 수 있다(누가복음 22: 24~27).[2] 다시 말하자면 기독교는 300년이라는 짧은 기간에 그 본래의 목표를 상실하고 로마 제국이라고 하는 강력한 정치 세력과 동맹 관계를 맺게 된 것이다. 이와 같은 잘못된 역사적 결정이 기독교가 정치 종교로 전락함으로써 오늘날까지도 기독교가 그 본래의 궤도에 돌아오지 못하게 되는 결정적 원인이 되었다. 기독교는 더 이상 임박한 종말을 기다리는 '시간의 종교'(혹은 카이로스의 종교)가 아니라 이 땅에 안주하는 '공간의 종교'가 된 것이다. 안병무는 이렇게 말한다.

---

2) 누가복음 22장 24~25절, "또 저들(제자들) 사이에서 그중 누가 높냐 하는 싸움이 일어나니 예수께서 말씀하시기를 이방인의 임금들은 사람들을 다스리고 그 집권자들은 은인이라 불리지만 너희는 그렇지 않다"에서는 기독교의 생존 전략으로서 친로마적 성향이 나타난다. 하지만 같은 내용을 다룬 마태복음 20장 25절에서는 "예수께서 제자들을 불러다가 말하기를 이방인의 집권자들이 저들을 멋대로 다스리고 그 강자들이 저들에게 권세를 부리는 줄을 너희가 알지만……"이라면서 노골적인 반로마 정서를 나타내고 있는 것이 대조적이다. 안병무도 이점에 주목하고 교회 지도층들은 충돌을 피하면서 생존을 도모하는 길을 택했다는 것이다(안병무, 1999: 625).

> 무엇이든지 존재한다는 데는 두 가지 필수 조건이 있다. 그것은 공간과 시간이다. 시간(역사)의 특징은 지향성이다. 계속 앞으로 나간다. 이에 대해 공간은 정착성이 그 특성이다. 시간은 계속 앞으로 끌고 간다. 그러나 공간은 언제나 끌어 앉힌다. 시간은 계속 낡은 것(과거)에서 탈출하게 한다. 그러나 공간은 자리를 마련하고 그것을 거점으로 정착하게 함으로써 과거의 줄에 매인 채 그것을 조금씩 확대 연장하게 된다. 시간은 이동하게 한다. 따라서 그것은 개혁(Reform), 변혁(Transform)하게 하는 동력이 된다. 따라서 공간은 정착, 안정 마침내 보수를 강요함으로써 일정한 틀에 가둔다(안병무, 1999: 577~578).

이렇게 공간에 속박된 가톨릭교회에서는 시간의 내용인 종말론은 증발하고 정치체제에 따라서 조직이 강화되고 성직 제도는 더욱 계층적으로 분화된다. 이러한 체제에 안주하는 교회가 종교개혁을 맞이하지만 반로마 가톨릭 동맹(Torgauer League)인 독일 영주들의 지원하에 성공한 프로테스탄트 교회는 곧 다시 공간적 교회, 즉 '지방 영주들의 교회(Landeskirche)'가 됨으로써 기득권 세력과 하나가 되어 부와 영예를 누린다. 가톨릭교회는 중세 봉건영주들의 교회로, 서구의 개신교회는 그 이후에 등장한 부르주아 사회의 부자들의 교회로 그리고 오늘날에는 자본주의 체제에 안주함으로써 그 공간을 확실하게 확보해 오고 있다.

> 요는 교회의 체질 개선이 문제이다. 중세기 이후부터 고수한 체제와 부에 안주하여 좀처럼 그 점에서 깨어나지 못하고 있는 한 문제는 점점 커져서 민중의 원한의 대상까지 될 것이다. 말하자면 저들의 부가 저들을 강화시키는 것이며, 시대의 지각생이 되게 하고 있는 것이다(안병무, 1998b: 361).

이처럼 체제와 부에 안주하는 교회는 그 기득권을 포기할 수 없다. 동시에 이런 교회들은 필연적으로 점차 대형 교회를 지향하게 된다. 이러한 현상은 비단 교회의 역사가 오래된 유럽이나 미국 등에서만 나타나는 현상이 아니고 최근에는 우리나라에서도 나타나고 있다. 부르주아들을 축복하고 안위하는 교회, 그들에게서 얻은 부와 영예를 누리는 교회들에서 우리는 기독교와 자본가들의 동맹을 본다.

(2) 자기 완결적으로 게토화된 교회

이렇게 임박한 종말론적 시간성을 상실하고 정치적·경제적 체제에서 확고한 공간을 차지한 교회는 이제 더 이상 도래하는 하나님 나라를 위한 전위대로서 존재할 필요를 느끼지 않게 되었다. 그래서 로마 가톨릭교회에서는 콘스탄티누스적 전환 이후부터 "현존하는 교회가 곧 하나님 나라다"라는 명제를 내걸고 스스로를 이미 완결된 존재, 더 이상 미래의 시간의 차원을 필요로 하지 않는 존재로 확인했다. 이것은 이미 교회가 그리스도의 도래를 통해서 완성될 미래의 하나님 나라를 더 이상 기대하거나 원하지 않는다는 것을 선언한 것이다. 이 과정에서 로마 가톨릭교회는 어떤 미래의 종말론적 공동체를 포기했기 때문에 항구적인 조직과 체제를 완성하고 세상의 제왕들과 권력을 다투게 되었다. 교회는 제왕을 능가하는 교황제를 도입하고 그를 정점으로 하는 조직체를 만들었다. 이 조직체를 뒷받침하는 제반 교회법을 제정하고 성직자들의 위계를 관료 체제와 같이 조직하고 강화해 나갔다. 로마 가톨릭교회는 초기에는 세속 정권과 협력하는 자세를 취했으나 점차 경쟁자로 나타났고 마침내 교황권이 제왕권 위에 군림하는 시대가 도래하기도 했다. 그것은 1077년 1월 25~28일 북이탈리아의 카노사(Canossa)에서 시작된다. 교황에 의해서 파문당했던 독일 황제 하인리히(Heinrich) 4세는 여성 귀족의 별장 성채에서 휴가를 보내고 있는 교황 그레고리 7세를 찾아가서 성채 밖에서 눈 위에 무릎을 꿇고 3일 동안 빌고 나서야 용서를 받고 다시 왕위에 오를 수 있었다(Heussi, 1976: 189~190). 당시 교황이 통치하던 교회 국가(Kirchenstaat)는 이탈리아 중부 지방 대부분을 차지했었고, 이러한 교황의 세력은 15세기에 들어와서 로마 가톨릭교회가 분열되고 강력한 절대군주 국가가 형성되기까지 지속되었다.

종교개혁 이후 로마 가톨릭교회의 교회와 정치의 결합이 깨어진 다음 개신교회에서는 교회의 자기 완결적 주장을 이른바 정교분리의 원리를 도입함으로써 지키려고 했다. 이것은 이른바 루터의 두 왕국론(Zwei Reich Lehre)에 기원을 두고 있다. 그러나 루터는 정교분리(Separation)가 아니라 정교구별(Distinction)을 시도한 것으로 해석하는 것이 타당하다(손규태, 1991). 어쨌든 최근까지도 보수적인 루터 파들은 그것을 정교분리로 해석해서 히틀러의 제3제국의 만행에 대해 "정치에 개입하지 않는다"라는 원리를 내세워 600만 명의 유태인 학살에 대해 눈을 감고 죄책감도 느끼지 않았다. 안병무는 정교분리에 대해 다음과 같이 비판하고 있다.

> 그러나 이러한 주장(정교분리)만을 오늘날에 이동하여 이원적 설법 위에서 사회에 대한 자기의 책임 회피를 정당화하는 일을 제발 그만두자. 만일 교회가 권력과 야합해서 어떤 이득을 노렸거나 결탁이 되어 있다면 정교분리를 끝내 황금률처럼 부르짖으려는 자는 자기 개혁의 슬로건으로 이것을 내걸 수 있다(안병무, 1999, 410).

안병무에 따르면 정교분리를 주장하는 이른바 탈정치적 교회들은 게토화된 교회로 발전해 나감으로써 세상적인 것과는 담을 쌓았다.

> 우리 자신의 개혁에 시급한 것은 스스로 만든 달팽이 껍질 같은 게토

> 화된 자기방어의 갑옷을 벗어버리는 일이다. …… 날이 갈수록 그것은 비겁한 자의 자기 방어의 방패가 되고 비겁한 자들이 그 안에 안주하기 시작하므로 민족의 수난과 유리된 군살 같은 것이 되며, 3·1 의거와 같은 의거가 민족사에 잊을 수 없는 일익을 담당했는데도 오늘에 이르기까지 우리 민족사와 관계없이 이질적인 종파라는 인상을 남기고 있다. 그 이유는 간단하다. 그것은 한국 교회의 체질이 그렇기 때문이다. 말하자면 스스로 폐쇄적이 됨으로써 한국 안에 있으면서 물 위에 뜬 기름처럼 민족적 현실 문제에 오불관언의 자세를 취한 긴 세월이 남겨준 인상이다(안병무, 1999, 410).

이처럼 공간적으로 게토화된 개신교회는 결과적으로 이 세상과는 단절하고 피안적 교회로 나아간다는 것이 안병무의 생각이다.

> 교회는 영과 피안을 담당하고 정부는 육과 차안을 담당한다는 것이다. 인간을 관념상으로는 이분화할 수 있을지 몰라도 그 현장은 차안뿐이다. 정권은 사실상 모든 것을 지배한다. …… 따라서 이따위 이분법적 발상이나 제도는 서구 역사가 빚어낸 것이고 그리스도교와 아무 상관도 없다. …… 이 같은 이원론에 한국 교회는 크게 오염되어 파렴치하게 되었다(안병무, 1999: 413~414).

안병무는 교회가 세계와의 관계 설정에 있어서 중세 가톨릭교회는 양자의 종합 모델을 택함으로써 정교유착을 가져왔고 그렇게 함으로써 하나의 기득권 세력을 자처하게 됨으로써 복음의 본질로부터 이탈했다고 비판한다. 다른 한편 개신교는 거기에 대한 반동으로 교회와 정치적 권력 사이의 철저한 단절 모델(정교분리)을 택함으로써 세상을 장망성으로 보고 그것과 담을 쌓고 오불관언의 자세를 취함으로써 세상을 구원하러 온 그리스도의 정신으로부터 일탈했다는 것이다. 이 두 모델 가운데 전자는 차안에서 기득권자로서 자기 완결의 길을 추구했고 후자는 피안에서 자기 완결의 길을 찾았다는 것이다.

3. 그리스도와 통전된 교회

안병무는 이렇게 네 가지 범주에서 2,000년 동안 '그리스도의 얼굴'을 왜곡시킨 교회의 상을 분석하고 그에 대한 비판과 대안을 제시하고 있다. 따라서 이러한 교회에 대한 비판적이고 부정적 인식을 통해서 우리는 안병무가 지향했던 교회관의 그림을 파악할 수 있으리라 생각된다. 왜냐하면 부정은 이미 긍정을 지시하고 있기 때문이다. 필자는 여기서 간략하게 안병무가 그리스도의 삶에 비추어서 지향했던 교회론 내지는 교회관을 몇 가지 범주로 나누어서 설명해 보겠다. 여기서는 안병무의 교회관을 역사적으로 검토하는 것은 생략하고 체계적 방식으로 개괄해 보고자 한다.

1) 삶의 공동체로서 교회(초기 향린교회)

안병무는 향린교회를 창립할 때 이미 신약성서, 특히 복음서 연구를 통해서 예수의 하나님 나라 운동과 그 후에 출현한 교회(특히 제도 교회) 사이에는 많은 모순들이 존재하고 있다는 것을 확인한 것 같다. 따라서 그리스도인으로서 그의 관심은 제도화된 교회 자체가 아니라 예수에 집중되어 있었다. 그것도 교리 체계로 옷 입은 그리스도보다는 '인간적' 면모를 지닌 예수에게 더 집중되었다. 그는 사석에서 자신이 신학 공부를 본격적으로 하게 된 것은 '인간 예수'를 알아보기 위해서이며,

희랍철학으로 옷 입혀진 신인간의 모습을 한 초대 그리스도론이나 게르만의 기사들의 관습에 근거한 대속자 그리스도에는 관심이 없다고 했다. 그는 처음부터 갈릴리 지방에서 활동하며 그렇게도 보통 사람들의 마음을 사로잡았던 인간 예수가 어떤 사람인가를 알기 원했다.

따라서 안병무는 예수 자신은 의도하지 않았으나 제자들에 의해서 만들어진 교회, 그리고 지난 2,000년에 걸쳐 다양한 변용을 한 제도권 교회에 대해서는 별 관심이 없었다. 그는 특히 일본의 무교회주의자 우치무라 간조(內村鑑三)와 그 계통의 학자들의 영향을 받아서 제도권 교회들의 제반 모순들에 대해 대단히 비판적인 입장을 취했다. 안병무가 일생 동안 다석이나 함석헌같이 제도권 그리스도인들과는 거리를 둔 분들과 깊은 인간적 관계를 맺고 산 것에서도 그 점이 잘 나타나있다.

그러나 서론적 부분에서도 언급했듯 안병무가 교회 그 자체를 부정하는 무교회주의자나 반교회주의자는 아니다. 그는 인간 예수와 그 제자들의 공동체적 삶에 주목했다. 그래서 그는 1950년대 전쟁의 소용돌이와 폐허 한가운데서 교회가 아니라 향린 공동체를 통해서 인간다운 삶의 형식을 찾기 시작했다. 그것이 바로 믿음의 자매형제들의 공동체적 삶이었다. 그는 개인주의를 악의 기원으로 보고 기득권을 포기한 사람들의 모임, 그야말로 사랑의 공동체를 향린에서 실현하고자 했다.

> 이것(한국전쟁)을 몸소 경험한 20대 후반에 들어선 젊은이들이 제도교회대로는 별 의미가 없다는 판단 아래 새로운 그리스도인 운동을 일으킬 것을 다짐하기 위해 전란 중에 한 장소에 모여 살며 기도와 성서연구로 마음을 다져왔다. 거기에서 얻은 결론은 다음과 같다. 첫째는 교회의 주역이 될 만한 사람들은 공동체 생활을 한다. 그럼으로써 부분적인 것이 아닌 전체의 삶을 바쳐서 그리스도를 위해 일할 수 있다고 믿었기 때문이다. 그 공동체 회원들은 비록 각기 다른 직장을 가지고

있지만 한 곳에서 한 가마솥의 밥을 나누어 먹으며 사는 것이다(안병무, 1999: 615).

그는 이 운동에서 엄격한 로마 가톨릭교회의 수도원 제도를 그대로 따르지 않았고 독일 등 개신교 국가에서 실천되고 있는 '형제자매단 운동(Geschwesterschaft)'의 모델을 택한 것으로 보인다. 왜냐하면 이런 운동들은 지도적 위치에 있는 사람들은 독신으로 한 집에서 공동체 생활을 했으나 여타의 회원들은 결혼도 하고 밖에서 거주하면서 공동의 목표를 위한 일을 같이하고 있기 때문이다. 이런 정신으로 세워진 향린교회가 점차 제도권 교회를 지향하게 되는 과정에서도 그는 문동환 박사가 주관했던 새벽의 집 운동에 '친척' 자격으로 참여하면서 거기에 깊은 관심을 기울였다. 그 후 독일의 디아코니아 운동의 협력을 얻어서 한국 디아코니아 자매회를 창설했던 것 역시 안병무가 초기에 가졌던 꿈을 잃지 않았음을 발견하게 된다. 이 운동을 신학적으로 목회적으로 지도한 안병무는 여기에 전념하기 위해서 다른 회원들은 결혼을 해서 가정을 이루었음에도 불구하고 늦게까지 독신으로 지냄으로써 본을 보이려고 했었다.

2) 반성직주의적 카리스마의 공동체

안병무는 직업적 성직자 중심으로 운영되는 교회를 전형적인 제도교회로 생각했다. 그래서 그는 향린교회를 창립할 때 목회자 중심의 공동체가 아니라 평신도 중심의 교회를 지향했다. 1960년대 유럽을 중심으로 일어났던 평신도 신학 운동과 평신도 교회운동이 일어나기 10여 년 전에 안병무가 평신도 중심의 교회를 시작한 선구자라고 말할 수 있다. 그는 평신도가 교회의 중심이 되어야 하는 이유를 다음과 같이 간략하게 언급하고 있다. "목회자에게 월급을 주고 그에게 모든 것을 다 맡기고 그 밖의 사람들은 무조건 수동적이 되거나 관조자가 되는 그런 체제는 그리스도 공동체가 될 수 없다"(안병무, 1999: 615). 교회에서 직무를 받기 위한 서품(혹은 안수)이 성직자를 평신도와 구별되는 요건으로 이해되고 있는데, 종교개혁자 루터는 이러한 안수(ordination)를 가톨릭에서와 같이 불변하는 신적 질서(ordo)로 이해하지 않고 단지 신의 축복(Segen)으로 파악했다. 따라서 성직자든지 평신도든지 교회 내에서 일정한 직무나 위탁을 받을 때는 그때마다 머리에 손을 얹고 하나님의 축복을 간구해야 한다고 했다. 그러므로 성직자뿐만 아니라 평신도도 이 의식에서 축복(안수)을 할 수 있다. 이것이 프로테스탄트 전통에서 안수의 의미이다.

안병무가 물론 극단적으로 성직 제도 자체를 부정한 것은 아니다. 그는 오히려 교회 안에서 성직자와 평신도의 신분적 구별이나 역할 분담을 반대한 것으로 보인다. 그가 그것을 반대하는 것은 이러한 신분적 혹은 역할상의 구별이 성서에서 제시하고 있는 신자들의 역할론, 즉 카리스마(은사)를 박탈하고 있기 때문이다.[3] 말하자면 성직자 중심의 교회가 되면 평신도들은 교회 안에서 대상화되고 객체화되어 자신이 가진 카리스마를 발휘하지 못하게 되는 것이다. 안병무는 이러한 카리스마, 즉 은사의 공동체를 다음과 같이 말하고 있다.

> 교회의 일원, 교회의 지체인 각 사람의 지식, 능력, 모든 소유는 자기 개인에게 속한 것이 아니라 은혜 혹은 성령의 선물(카리스마)임을 인정

---

3) 여기에 대해서는 남미의 해방신학자 보프(Boff)의 교회론 『권력과 은사(Macht und Charisma)』를 참조하기 바란다. 여기서는 안병무의 관점에서 권력에 치우친 성직자 위주의 교회와 은사에 중점을 둔 민중교회와 관련된 물음들을 다루고 있다.

> 하는 것이다. …… 모두는 똑같은 그리스도의 지체들이다. 그러나 기능은 다르다. 기능의 역할은 높은 자리, 낮은 자리가 아니라 성령의 선물, 은혜에서 위탁받은 역할에 불과하다. …… 이러한 기본적인 자세가 없으면 모르는 동안에 교회가 그리스도의 몸이라는 것을 잊게 된다(안병무, 1998a: 299).

그래서 안병무는 그리스도교 "공동체에 참여한 사람은 모두 어떤 형태로거나 그리스도 전선에 서야 한다"라고 말한다(안병무, 1998a: 615). 그리스도의 공동체에 참여한 사람들은 따라서 주체적으로 자기에게 주어진 카리스마를 가지고 그리스도의 일꾼으로서 그의 나라를 이루는 일에 동참해야 한다는 것이다.

3) 하나님 나라 지향적 전위대(아방가르트)인 교회

안병무는 교회를 지구상에 있는 어떤 완결된 기구가 아니라 종말론적 공동체로 이해하고 있다. 따라서 교회 자체가 궁극적 목적이 아니라 하나님 나라가 궁극적 목적이다. "예수는 교회를 만들지도 만들려고도 하지 않았다"라는 안병무의 주장은 교회가 자기 완결적 조직이 되어서는 안 된다는 것을 말해주고 있다. 재림 지연으로 인해 예수의 제자들이 결국 교회라는 조직을 만들었다는 것이다. 따라서 안병무의 관심은 이런 교회를 완전히 폐기하는 데 있지 않고 그것을 다시 하나님 나라 운동을 위한 전위대로 만드는 것이었다.

안병무는 이 일을 위해서는 우선 오늘날의 교회가 자기 진단, 즉 현주소를 확인하는 것이 중요하다고 했다. 한국에는 1,000만이 넘는 그리스도인이 있고 수만 명이 모이는 대형 교회가 존재하며, 100만 명 이상이 모이는 대집회들이 열리고 있지만 이들이 사회 변혁에 아무런 역할도 하지 못하는 이유는 어디에 있을까?

> 이것은 이 땅의 교회가 예수의 대열에서 단절된 증거가 아니겠는가! 이에 대해서 이 땅의 양식은 눌린 자의 인권을 위해 자기 몸을 내대는 한 줌밖에 안 되는 소수의 그리스도인들의 움직임에 깊은 관심을 가지며 정부들도 긴장한다. 그것은 우리 역사적 현실에서 가장 예민한 부분에 개입되기 때문이다(안병무, 1999: 427).

아무리 수많은 교회와 그리스도인들이 있다 해도 그들이 하나님 나라, 하나님의 대의를 이 땅에 실현하려는 의지와 실천이 없다면 아무런 의미가 없다는 것이다. 교회가 정교분리를 내세워 세상과 담을 쌓고 달팽이 껍질 속에 안주하면서 스스로를 게토화한다면 더 이상 예수 그리스도의 교회가 될 수 없다는 말이다. 하나님 나라를 위한 전위대로 나설 때에만 교회는 그 의미를 발견할 수 있다.

> 이 교회는 스스로 하나님의 나라라 하지 않고 하나님 나라가 곧 도래한다는 것을 증거하는 공동체로 행동했다. 하나님의 나라는 완전히 하나님의 통치권이 지배하고 지금까지 있는 모든 것을 끝내고 새롭게 시작되는 창조의 현실이다. 그러므로 교회는 곧 하나님의 나라의 시작이거나 부분도 아니다. 그러나 위에서 말한 대로 교회는 이 땅에서 만물을 포함한 모든 인간들을 낡은 세계에서 해방시킴으로써 오고 있는 하나님 나라에 참여하기 위해 이 역사에 있는 전위대이다(안병무, 1997: 367~368).

안병무는 이러한 교회의 모델을 처음에는 세계교회협의회가 주창했던 '하나님의 선교(Missio Dei)' 신학과 '타자를 위한 교회'라는 본회퍼의 교회론에서 찾았다(안병무, 1999: 406). 하나님의 선교 개념은 사실상 서구 계몽주의와 그 결과로 나타난 세속화 과정에서 교회의 사회적 역할이 줄어들고 대신 인문주의 등 공공성의 영역이 확대되어 가는 과정에서 신의 뜻을 발견하고 거기에 동참하는 것을 선교 운동으로 파악한 데서 온 개념이다. 말하자면 하나님은 교회에서뿐만 아니라 교회 밖, 즉 세상에서도 활동함으로써 하나님 나라를 이 땅에 건설하고 계시다는 것이다. 본회퍼 식으로 이해하자면 교회는 곧 '타자를 위한 존재'를 말하며 그들이 일정한 신앙고백을 하느냐 하지 않느냐 하는 것은 별개의 문제이다. 타자를 위해서 일하는 자들은 모두 하나님의 자녀라는 것이다. 따라서 하나님의 선교 신학에서 교회는 현존하는 '가시적 교회(sichtbare Kirche)'일 뿐만 아니라 교회 밖에 있는 '불가시적 교회(unsichtbare Kirche)'이기도 하다. 여기서는 익명의 그리스도인들이 동일한 목표, 즉 하나님 나라의 건설을 위해서 일하고 있다는 생각이다.[4)]

안병무는 부르주아 사회를 지나서 새로 등장하는 민중의 시대에서 이러한 교회의 선교와 하나님의 선교, '가시적 교회'와 '불가시적 교회' 사이를 매개하는 새로운 교회 모델로서 민중교회를 상정한 것으로 해석할 수 있을 것 같다. 안병무가 구상했던 민중교회는 궁극적으로 하나

---

4) 루터에 의하면 가시적 교회는 모든 그리스도인들이 속해 알곡과 죽정이가 섞여있지만 불가시적 교회는 알곡만이 속해있다. 하나님의 선교에서 가시적 교회는 제도적 교회를 말하며 불가시적 교회란 그리스도를 고백하지 않지만 다양한 방식으로 하나님 나라를 위해서 일하는 사람들의 집단들(예를 들면 종교개혁 당시 인문주의자들을 비롯해서 오늘날의 다양한 시민단체들)을 가리킨다. 영국 버밍엄 대학의 선교 신학 교수인 우스토프(Ustorf)는 그의 논문 「선교에 대하여(On Missions)」에서 영국의 상황을 설명하고 있다. 영국인 약 80%가 그리스도인이라고 고백하지만 실제로 교회의 주일예배에 참석하는 수는 3% 이하이다. 그리스도인이라고 고백하는 사람들 대부분은 교회에 정기적으로 출석하지 않지만 환경운동 등 300여 개의 시민단체에서 활발하게 활동하고 있다. 이런 사람들은 '교회의 선교'가 아니라 '하나님의 선교'의 현장에서 일하고 있다고 볼 수 있다(마태복음 25: 31~46).

님 나라와 정의를 위해서 일하는 모든 사람들(신자든지 불신자든지)의 공동체, 종말론적 공동체를 말한다고 할 수 있다. 여기서는 성직자와 평신도, 성과 속, 교회와 세상 등의 울타리가 무너지고 하나님과 더불어 정의와 사랑 가운데 한 가족이 되는 것을 말한다. "하나님의 나라는 먹는 것과 마시는 것이 아니고, 오직 성령 안에서 의로움과 평화와 기쁨이다"(로마서 14: 17). 이 일에 동참하는 자들은 모두 (익명의) 그리스도인이다.

4. 맺는 말

우리는 지금까지 안병무가 교회를 어떻게 이해하고 있는지를 살펴보았다. 그의 생각을 요약하자면 다음과 같다. 그는 기성의 제도적 교회를 멀리하고 때로는 적대시했으나 그것의 철폐를 주장하지 않았다. 오히려 그는 신자들이 자기의 삶을 같이 하는 삶의 공동체를 지향했다. 또한 그는 예수가 "이 땅 위에 임할 하나님 나라"(주기도문)를 위해서 전위대로 일할 수 있는 '새로운 공동체'를 탄생시키기 위해서 일생 동안 씨름했다. 그는 기존 체제에 안주하는 '공간의 교회'가 아니라 다가올 하나님의 통치를 위해서 나아갈 '시간의 교회', 즉 하나님의 전위대를 만들기 위해서 설교했다. 그는 성직자가 중심이 된 권력과 부에 안주하는 교회가 아니라 모든 평신도들이 자기가 가진 카리스마를 가지고 하나님 나라의 전선에 설 투사들의 공동체를 희망했다.

안병무는 일생 동안 이러한 그리스도론에 기초한 교회 이해를 몇 개의 교회를 통해서 실험하면서 '이상과 현실' 사이에서 고민한 것으로 보인다. 그가 이상적으로 생각하고 시작했던 향린 공동체는 시간이 지남에 따라 '제도적' 교회로 나아가고자 하는 사람들과 '이상적' 교회로 머물고자 하는 사람들 사이의 갈등이 점차 커져갔다. 그가 독일에서의 유학을 마치고 돌아왔을 때 이 교회는 상당히 달라진 모습을 보였으며 거기에서 자신의 위치를 설정하는 일도 전과 달랐던 것 같다. 그는 전과 같이 거기에서 리더십을 발휘할 수 없었을 것이다. 그는 중앙신학교와 한국신학대학에서 교수로 봉직하면서 주로 한국 교회 전체의 신학적 문제와 씨름하게 된다. 이 과정에서 향린교회는 1970년대 초에 정식으로 목회자를 초청하면서 급속히 제도적 교회로 탈바꿈하게 된다.

그렇지만 그는 이상적 교회를 포기하지 않았다. 그는 민중교회인 한백교회의 창립에 동참함으로써 그 꿈을 다시 한 번 실험했다. 이것은 매우 급진적 시도였다고 할 수 있다. 동시에 그는 '분가 선교'의 이상인 강남향린교회를 설립하는데, 이것은 전자가 전혀 새로운 꿈이었던 반면 후자는 타협적 시도라는 점에서 좀 더 온건한 시도라고 평할 수 있다. 이들 교회들은 현재 과정 중에 있어서 그 미래를 예측하기 힘들다.

그는 이 세 개의 교회를 통해서 자기의 이상적 교회상을 실험하였고 이것들의 성공 여부는 앞으로 이들 교회들을 담당해 갈 후학들의 노력 여하에 달려있다고 할 수 있다. 오늘날 미국 자본주의의 신자유주의적 세계관과 결합된 교회성장론이 강력한 지배 세력으로 등장한 현실을 감안할 때 그 성패는 쉽게 예측할 수 없는 형편이다. 그들의 미래는 매우 불투명하다고 말하는 것이 솔직한 심정일 것이다.

이 글을 마치면서 아쉬웠던 점은 안병무의 교회 이해와 실천의 장이었던 세 개 교회를 개별적으로 검토하지 못한 점이다. 그것은 다음 기회로 미루어놓으며 후학들의 과제가 될 것으로 기대한다.

참고문헌

강남순. 1995.『현대여성신학』. 기독교서회.

김경재. 1992.『종교다원시대의 영성』. 다산글방.

_____. 1998.「해방 후 한국 기독교의 역사인식과 죄책고백」. http://www.doingtheology.co.kr/articles/articlesroom/history.html.

김경호. 1998.「예수의 얼굴을 닮은 교회」. 심원 안병무 선생 기념사업회 엮음.『갈릴레아의 예수와 안병무』. 한국신학연구소.

김광수. 1995.「애덤 스미스의 자연신학과 그 방법론의 의미」. 한국경제학회 정기학술대회 발표물.

김영한. 1992.「포스트모더니즘과 한국 신학」. ≪목회와신학≫, 8월호.

_____. 1994.「포스트모던 시대의 개혁신학」. ≪기독교사상≫, 1월호.

_____. 1995.「해체주의 신학과 개혁신학」. ≪기독교사상≫, 8월호, 9월호.

김용복. 1988.「민중교회론 시론」. ≪신학사상≫, 겨울호.

김욱동. 1992.『모더니즘과 포스트모더니즘』. 현암사.

김재준. 1971.『장공 김재준 저작전집 I』. 한국신학대학.

니젤, 빌헬름(Wilhelm Niesel). 1973.『칼빈의 신학』. 이종성 옮김. 대한기독교서회.

독일개신교공공책임성위원회(Kammer der Evangelischen Kirche in Deutschland für Öffentliche Verantwortung). 1994.『공동의 복리와 사리: 그리스도교와 미래를 책임지는 경제활동』. 손규태 옮김. 한국신학연구소.

두크로, 울리히(Ulrich Duchrow). 1997.『성서의 정치경제학』. 손규태 옮김. 한울.

리히, 아르투르(Arthur Rich). 1993.『경제윤리 1』. 강원돈 옮김. 한국신학연구소.

_____. 1995.『경제윤리 2』. 강원돈 옮김. 한국신학연구소.

민경배. 1981.『교회와 민족』. 대한기독교출판사.

밀러, 제임스(James B. Miller). 1990.『근대 후기 세계의 출현』. 세계신학연구원 옮김. 조명문화사.

박이문. 1996.『이성은 죽지 않았다』. 당대.

박종천. 1990.『종교 다원주의와 신학적 과제』. 한국기독교학회 엮음. 대한기독교서회.

_____. 1991. 『상생의 신학』. 한국신학연구소.

번햄, 프레데릭(Fredric Burnham). 1990. 『포스트모던 신학』. 세계신학연구원 옮김. 조명문화사.

변선환. 1991. 「토착화 논쟁 30년」. 기독교학회 엮음. 『복음과문화』.

보인, 로이·알리 라탄시(Roy Boyne and Ali Rattansi). 1992. 『포스트모더니즘과 사회』. 김보현·신명아 옮김. 한신문화사.

부에스, 에두아르드·마르쿠스 마트뮐러(Eduard Buess and Markus Mattmüller). 1987. 『예언자적 사회주의』. 손규태 옮김. 한국신학연구소.

브로델, 페르낭(Fernand Broudel). 1995. 『물질문명과 자본주의 1-2: 일상생활의 구조(하)』. 주경철 옮김. 까치.

사이드, 에드워드(Edward W. Said). 1991. 『오리엔탈리즘』. 박홍규 옮김. 교보문고.

서광선. 1996. 「포스트모더니즘과 기독교」. 『한국기독교정치신학의 전개』. 이화여자대학교 출판부.

서남동. 1976. 「한국 교회의 십자가 이해」. 『전환시대의 신학』. 한국신학연구소.

_____. 1983. 『민중신학의 탐구』. 한길사.

손규태. 1991. 「루터에 있어서 율법과 복음, 율법의 제3용법을 중심으로」. ≪성공회논총≫, 5집, 7~52쪽.

_____. 1992. 『사회윤리학의 탐구』. 대한기독교서회.

_____. 1997. 「2000년대를 향한 에큐메니컬 사회윤리학의 전개방향의 탐구」. ≪신학사상≫, 98호, 212~251쪽.

_____. 1998. 『개신교 윤리사상사』. 대한기독교서회.

슈레이(H. H. Schrey). 1985. 『개신교 사회론 입문』. 손규태 옮김. 대한기독교서회.

스미스, 애덤(Adam Smith). 1996. 『도덕감정론』. 박세일·민경국 옮김. 비봉출판사.

스타인펠스, 피터(Peter Steinfels). 1983. 『현대미국지성사』. 김쾌상 옮김. 현대사상사.

심일섭. 1982. 『한국 민족운동과 기독교 수용사고: 민족·교회·토착화』. 아세아문화사.

안병무. 1991. 『민중신학 이야기』. 한국신학연구소.

_____. 1997. 「교회란 무엇인가?」. 『구원에 이르는 길』. 한국신학연구소.

_____. 1998a. 「그리스도의 공동체」. 『구걸하는 초월자』. 한국신학연구소.

_____. 1998b. 「그리스도 교회의 진통」. 『불티』. 한국신학연구소.

_____. 1999. 『기독교의 개혁을 위한 신학』. 한국신학연구소.

앤더슨, 제랄드(G. H. Anderson). 1975. 『선교신학서설』. 박근원 옮김. 대한기독교서회.

오재식. 1969. 「본회퍼의 현대적 의의」. ≪기독교사상≫, 10월호, 65~72쪽.

윤평중. 1992. 『포스트모더니즘의 철학과 포스트마르크스주의』. 서광사.

이원규. 2000. 『한국 교회 어디로 가고 있나?』. 대한기독교서회.

이은선·이정배. 1993. 『현대이후주의와 기독교』. 다산글방.

이장식. 1973. 「본회퍼와 주기철」. ≪기독교사상≫, 4월호.

이형기. 1995. 「모더니즘, 포스트모더니즘 그리고 새로운 신학의 패러다임 추구」. ≪로고스≫. 장로회신학대학원. 36~72쪽.

조승혁. 1986. 『한국 교회와 민중선교의 의식』. 정암사.

_____. 1992. 「한국의 노동선교」 이계준 엮음. 『현대선교신학』. 전망사.

_____. 1994. 「한국사회변혁」. 『발전과 기독교 사회선교운동의 역할』. 정암문화사.

지명관. 1996. 「민족주의에서 부족주의로?」. ≪대화≫, 여름호.

최태영. 1929. 『최태영 전집: 영과 진리』. 기독교대한복음교회.

케네디, 폴(Paul M. Kennedy). 1993. 『21세기 준비』. 변도은·이일수 옮김. 한국경제신문사.

콕스, 하비(Harvey Cox). 2002. 『세속도시』. 현영학 외 옮김. 대한기독교서회.

큉, 한스(Hans Küng). 1989. 『현대신학은 어디로 가고 있는가?』. 박재순 옮김. 한국신학연구소.

한국기독교산업문제연구원. 1987. 『도시산업화와 교회사명』. 민중사.

한국여성신학회 엮음. 1997. 『성서와 여성신학』. 대한기독교서회.

홍정수. 1991. 『베짜는 하나님: 이단자를 위한 한국신학』. 조명문화사.

丸山眞男. 1984. 『現代政治の思想と行動』. 東京: 未來社.

Alfred Herrnausen. 1999. "Gesellschaft für Internationalen Dialog." *Der Kapitalismus im 21. Jahrhundert*. München, Zürich.

Altvater, E. 1992. *Der Preis des Wohlstandes oder Umweltplünderung und neue Welt(un)ordnung*. Münster: Monsenstein und Vannerdat.

Arbeitsgruppe Alternative Wirtschaftspolitik. 2001. *Memorandum: Modernisierung durch Investions- und Beschäftigungsoffensive 2001*. Köln: Apay Rossa.

Ashcroft, Bill, Gareth Griffiths and Helen Tiffin(ed). 1995. *The Post-Colonial Studies Reader*. London: Routledge.

Bastiat, F. C. 1855. *Harmonies Economique*. Paris: Adamant Media Corporation.

Binswanger, H. C. 1982. "Geld und Wirtschaft im Verhältnis des Merkantilismus. Zu den Theorien von John Locke(1632~1794) und John Law(1671~1729)." *Studien zur Entstehung der ökonomischen Theorie II*. Berlin: Surhkamp.

Bitterof, Wilhelm. 1991. "Der Raub der Neuen Welt." *Spiegel* (1991. 12. 31.).

Blair, William Newton. 1909. *The Korean Pentecost*. Banner of Truth Trust.

Bonhoeffer, Dietrich. 1970. *Widerstand und Ergebung*. Christian Kaiser Verlag.

_____. 1998. *Widerstand und Ergebung: Briefe und Aufzeichnung aus Haft*. Kaiser Verlag.

Brakelmann, Günter. 1989. "Wirtschaftsordnung. Eine ironische Formel. Ordnungs-politische Fundamente der Sozialen Marktwirtschaft." Ulf Claussen(Hg.). *Moderne Zeiten-Soziale Gerechtigkeit?*. Bochum.

Brown, Arthur Jr. 1919. *The Mastery of the Far East*. Yew York: Charles Screibners.

Bühlmann, W. 1974. *Wo der Glaube lebt*. Freiburg: Herder.

Büscher, Martin. 1991. "Gott und Markt: religionsgeschichtliche Wurzeln Adam Smiths und die 'Invisible Hand' in der säkularisierten Industriegesellschaft." Arnold Meyer-Faje, Peter Ulrich(HrgS.). *Der andere Adam Smith-Beiträge zur Neubestimmung von Ökonomie als Politische Ökonomie*. Bern und Stuttgart.

Busch, Eberhard. 1975. *Karl Barths Lebenslauf, Nach seinen Briefen und autobiographischen Texten*. Chr. Kaiser Verlag.

Callinicos, A. 1982. *Is there a Future for Marxism?*. London: Palgrave Macmillan.

Calvin, Johannes. 1958. *Institutes of the Christian Religion 2*. John T. McNeill(ed). The Westminster Press.

Clark, Allen D. 1971. *A History of the Church in Korea*. Seoul.

Clark, C. A. 1901. *Korean Information Papers*. New York: Foreign Mission Board, Presbyterian Church.

Cohen, Daniel. 1999. *Fehldiagnose Globalisierung*. Frankfurt: Campus Sachbuch.

Collingwood, R. 1960. *The Idea of Nature*. London: Greenwood Press.

Daly, Mary. 1973. *Beyond God the Father: Toward a Philosophy of Women's Liberation*. Boston: Beacon Press.

Deutschmann, Christoph. 1999. *Die Verhesserung des absoluten Reichtums, Zur religiösen Natur des Kapitalismus*. Frankfurt: Campus Sachbuch.

Die Bekennde Kirche. 1935. *Barmer Theologischer Erklärung*.

Drewermann, Eugen. 1992. *Werrn der Himmel die Erde berubt*. Herder.

Duchrow, Ulrich. 1983. *Christenheit und Weltverantwortung*, 3rd ed. Stuttgart: Pieper.

_____ und Martin Gück. 1997. "Wirtschaften für das Leben im Wahljahr 1994: Nach 50 Jahren tödlicher Verarmung wie grenzenloser Bereicherung im Bretton Woods-System." *Kairos Europa*. Bremen.

Eckstein, W. 1985. "Einleitung des Herausgebers." *Theorie der ethischen Gefühle*. S. L. VIII.

Evangelische Lutherische Kirche. 1956. *Die Bekenntnisschriften der ev-lutherischen Kirche*.

Evangelische Pressedienst. 1991a. *epd-Dokumentation*, Vol. 44.

_____. 1991b. *epd-Dokumentation*, Vol. 47.

_____. 1992, *epd-Dokumentation,* Vol. 14.

Fabiunk, G. 1963. *Martin Luther als Nationalökonom*. Berlin.

Fetscher, Iring. 1985. *Karl Marx und der Marxismus: Von der Ökonomiekritik zur Weltanschauung*. München: Piper Verlag.

Floren, Franz Josef. 1998. *Wirtschaftspolitik im Zeichen der Globalisierung*. Paderborn: Schöningh.

Galtung, Johann. 1981. *Die struktuelle Gewalt*. Rowohlt.

Greider, W. 1987. *Secrets of the Temple. How the Federal Reserve runs the Country*. New York/London: Simon & Schuster.

Griffin, David Ray, William. A. Beardslee and Joe Holland(ed.). 1989. *Varieties of Postmodern Theology*. State of University of New York Press.

Habermas, Jürgen. 1981. *Theorie des Kommunikativen Handelns*. Bd. I. Frankfurt am Main: Suhrkamp.

_____. 1987. "Die Kulturkritik der Neokonservativen in den USA und in der Bundesrepublik Deutschland." *Die Neue Unübersichtlichkeit*. Frankfurt: Suhrkamp.

Haller, W. 1989. *Die heilsame Alternative. Jesuanische Ethik in Wirtschaft und Politik*. Wuppertal: P. Hammer.

Hankel, W. 1992. *Dollar und ECU. Leitwahrungen im Wettstreit*. Frankfurt.

Hawken, Paul. 1996. "Kollaps oder Kreislaufwirtschaft." *Wachstum nach dem Vorbild der Nature*. Berlin: Siedler.

Heussi, Karl. 1976. *Kompendium der Kirchengeschichte*. Tübingen: Mohr.

Hippler u.a. 1992. *Totaler Krieg gegen die Armen: Geheime Strategiepapier der amerkianischen Militars*. Guetersloher Verlagshaus.

Hobbes, Thomas. 1984. *Leviathan oder Stoff, Form und Gewalt eine kirchlichen und bürgerlichen Staates*. Suhrkamp taschenbuch Wissenschaft.

Hoekendijk, Johannes Christian. 1964. *Die Zukunft der Kirche und die Kirche der Zukunft*. Stuttgart: Kreuz Verlag.

_____(ed). 1966. *Planing for Mission*. Geneva: WCC-Publication.

Horkheimer, M. 1947. *Eclipse of Reason*. Oxford: Continuum International Publishing Group. p.187.

_____ and T. W. Adorno. 1969. *Dialektic of Enlightenment*. Fischer.

Hottinger, Olaf. 1998. *Eigeninteresse und individuelles Nutzenkakül in der Theorie der Gesellschaft und Ökonomie von Adam Smith*. Jeremy Bentham und John Stuart Mill. Marburg: Metropolis.

Huber, Wolfgang. 1990. *Friedensethik*. Stuttgart, Berlin, Köln: Kohlhammer.

_____. 2000. *Die Rolle der Kirchen in der intermediärer Institutionen in der Gesellschaft*. Vortrag bei dem Symposion "Die Zukunft des Sozialen." in der Humboldt-Universit ät zu Berlin am 14. September 2000. Berlin.

Hume, David. 1968. *Dialog über natürliche Religion*. Hamburg: Ditzingen.

Husserl, E. 1970. *The Crisis of European Science and Transcendental Phenomenology*. Evanston: Northwestern University Press..

Jameson, F. 1991. *Postmodernism or The Cultural Logic of Late Capitalism*. Duke University Press.

Janssen, H. G. 1982. *Das Theodizee-Problem der Neuzeit: Ein Beitrag zur historisch-systematischen Grundlegung politischer Theologie*. Frankfurt: Bern.

Jöhr, W. A. 1943. *Theoretische Grundlagen der Wirtschaftspolitik. Bd. I. Die Argumente der Wirtschaftsfreiheit: Das Modell der vollkommenen Konkurrenz und seine Annährungen an die Wirklichkeit*. St. Gallen: Siebeck.

Kant, I. 1968. *Kritik der reinen Vernunft*. Philipp Reclam jun. Verlag GmbH.

Katterle, Siegfired. 1989. "Jenseits der sozialen Marktwirtschaft. Zurück in die Vergangenheit oder ordnungspolitische Innovation?." *Alternative zur neoliberalen Wende*. Bochum: Frangelische Kirche in Deutschland.

Keynes, J. M. 1926. *Das Ende des Laisser-faire*. München.

Krieg, Carmen, Thomas Kucharz and Miroslav Volf(Hrsg.). 1996. *Die Theologie auf dem Weg in das dritte Jahrtausend: Festschrift für Jürgen Moltmann zum 70. Geburtstag*. Chr. Kaiser.

Küng, Hans. 1970. *Was ist Kirche?*. München und Hamburg: Siebenstern Taschenbuch Verlag.

Kunstmann, Wilfried. 1986. "Verständingungsprozesse und Lebenswelt: Einige kritische Anmerkungen zur Theorie des kommunikativen Handelns von J. Habermas." *Parabel(Schriftenreihe des Evangelischen Studienwerks)*, Bd. 3. Münster: Villigst.

Lechler, Gotthard Viktor. 1841. *Geschichte des englischen Deismus*. Tübingen.

Lessing, Gotthold Ephraim. 1778. *Nathan der Weise, Die Erziehung des Menschengeschlechte*. Wolfenbütteler Fragment. Deutscher Bücherbund.

Lohfink, Gehardt. 1993. *Wem gilt die Bergpredigt?*. Herder.

Lohfink, Nobert. 1996. *Das Jüdische im Christentum*. Herder.

Lossky, Nicholas et al(eds.). 1991. *Dictionary of the Ecumenical Movement*. WCC Publications.

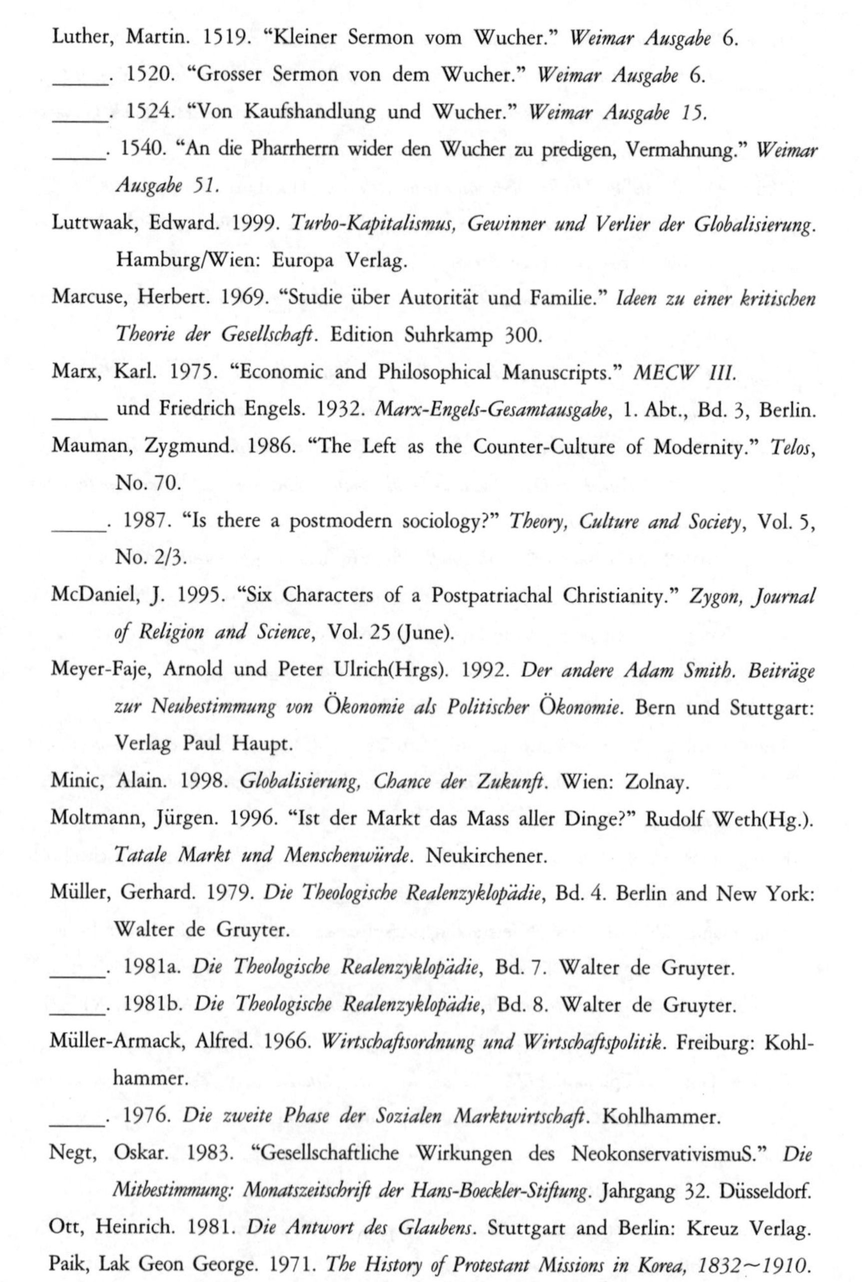

Luther, Martin. 1519. "Kleiner Sermon vom Wucher." *Weimar Ausgabe* 6.

_____. 1520. "Grosser Sermon von dem Wucher." *Weimar Ausgabe* 6.

_____. 1524. "Von Kaufshandlung und Wucher." *Weimar Ausgabe 15.*

_____. 1540. "An die Pharrherrn wider den Wucher zu predigen, Vermahnung." *Weimar Ausgabe 51.*

Luttwaak, Edward. 1999. *Turbo-Kapitalismus, Gewinner und Verlier der Globalisierung*. Hamburg/Wien: Europa Verlag.

Marcuse, Herbert. 1969. "Studie über Autorität und Familie." *Ideen zu einer kritischen Theorie der Gesellschaft*. Edition Suhrkamp 300.

Marx, Karl. 1975. "Economic and Philosophical Manuscripts." *MECW III.*

_____ und Friedrich Engels. 1932. *Marx-Engels-Gesamtausgabe*, 1. Abt., Bd. 3, Berlin.

Mauman, Zygmund. 1986. "The Left as the Counter-Culture of Modernity." *Telos*, No. 70.

_____. 1987. "Is there a postmodern sociology?" *Theory, Culture and Society*, Vol. 5, No. 2/3.

McDaniel, J. 1995. "Six Characters of a Postpatriachal Christianity." *Zygon, Journal of Religion and Science*, Vol. 25 (June).

Meyer-Faje, Arnold und Peter Ulrich(Hrgs). 1992. *Der andere Adam Smith. Beiträge zur Neubestimmung von Ökonomie als Politischer Ökonomie*. Bern und Stuttgart: Verlag Paul Haupt.

Minic, Alain. 1998. *Globalisierung, Chance der Zukunft*. Wien: Zolnay.

Moltmann, Jürgen. 1996. "Ist der Markt das Mass aller Dinge?" Rudolf Weth(Hg.). *Tatale Markt und Menschenwürde*. Neukirchener.

Müller, Gerhard. 1979. *Die Theologische Realenzyklopädie*, Bd. 4. Berlin and New York: Walter de Gruyter.

_____. 1981a. *Die Theologische Realenzyklopädie*, Bd. 7. Walter de Gruyter.

_____. 1981b. *Die Theologische Realenzyklopädie*, Bd. 8. Walter de Gruyter.

Müller-Armack, Alfred. 1966. *Wirtschaftsordnung und Wirtschaftspolitik*. Freiburg: Kohlhammer.

_____. 1976. *Die zweite Phase der Sozialen Marktwirtschaft*. Kohlhammer.

Negt, Oskar. 1983. "Gesellschaftliche Wirkungen des NeokonservativismuS." *Die Mitbestimmung: Monatszeitschrift der Hans-Boeckler-Stiftung*. Jahrgang 32. Düsseldorf.

Ott, Heinrich. 1981. *Die Antwort des Glaubens*. Stuttgart and Berlin: Kreuz Verlag.

Paik, Lak Geon George. 1971. *The History of Protestant Missions in Korea, 1832~1910.*

Yonsei University Press.
Pilz, Frank. 1981. *Das System der Sozialen Marktwirtschaft*. München: UTB.
Pippin, Robert B. 1999. *Modernism as a Philosophical Problem: On the Dissatisfactions of European High Culture*. Cambridge: Blackwell Publishing Professional.
Raiser, Konrad. 1996. "Die Welt im 21. Jahrhundert. Herausforderungen an die Kirchen." Carmen Krieg u.a.(Hrsg.). *Die Theologie auf dem Weg in das dritte Jahrtausend: Festschrift fur Jürgen Moltmann zum 70. Geburtstag*. Chr. Kaiser.
Rendtorff, Trutz(Hrgs.). 1982. *Handbuch der Christlichen Ethik*, Band. 2. Guetersloher Verlagshaus.
Reuter, Nobert. 1998. *Wachstumseuphorie und Verteilungsrealität: Wirtschaftliche Leitbilder zwischen Gestern und Morgen Metropolis*. Marburg: Metropolis.
Rich, Arthur. 1987. *Wirtschaftsethik: Grundlagen in theologischer Perspektive*, Band I. Gerd Mohn: Gütersloher Verlagshaus.
_____. 1990. *Wirtschaftsethik: Marktwirtschaft, Planwirtschaft, Weltwirtschaft aus aozialethischer Sicht*, Band. II. Gerd Mohn.
Ritschl, Albrecht. 1988. *Die christliche Lehre von der Rechtfertigung und Versöhnung*. Bd. III. Gerd Mohn.
Rüstow, Alexander. 1945. *Das Versagen des Wirtschafsliberlaismus als religionsgeschichtliches Problem*. Bad Godesberg.
_____. 1952. "Wirtschaftsordnung und Staatsform." Ernst Winkler u.a.(Hg.). *Magana Charta der sozialen Marktwirtschaft*. Heidelberg: Zielgelhausen.
_____. 1955. "Wirtschaftsethische Probleme der Sozialen Marktwirtschaft." Patrick M. Boarman(Hg.). *Der Christ und die Soziale Marktwirtschaft*.
Sabet, H. 1991. *Die Schuld des Nordens. Der 50-Billionen-Coup*. Bad König.
Sachs, W. 1992. "Von der Verteilung der Reichtumer zur Verteilung der Risiken. Sicherheit: zum Aufstieg eines neuen Leitbegriffs." *Universitas*. H. 9.
Sautter, H. 1983. "Wie moralische ist der Markt? Mit Adam Smith gegen angebotsorientiertes Wirtschaften." *Ev. Kommentare*.
Scheler, Max. 1919. "Schriften zur Soziologie und Weltanschauungslehre." *Gesammelte Werke,* Bd. 6.
Schilling, Paulo R. 1994. *Mercosur: Integration oder Beherrschung?*. Berlin: Edition Latein Amerika.
Schleiermacher, Friedrich. 1960. *Der christliche Glaube*. Berlin: Verlag Walter de Gruyter.
_____. 1967. *Über die Religion*. Verlag Vandenhoeck und Ruprecht Göttingen.

Schmid, H. H. 1989. "Kirchlicher und politischer Liberalismus." K. Müller(hrgs.). *Option Liberalismus-Freiheitliche Antworten auf neue Herausforderungen*. Zürich.

Schmid, M. Deismus. 1958. *Die Religion in Geschichte und Gegenwart(RGG)*. Band. II. Tübingen: J. C. B. Mohr.

Schmidt, Burghart. 1986. *Postmoderne-Strategien des Vergessens: Ein kritischer Bericht von Burghart Schmidt*. Darmstadt und Neuwied: Suhrkamp.

Schumann, Harald. 1998. *Die Globalisierungsfälle. Der Angriff auf Demokratie und Wohlstand*. Rowohlt.

_____. 1999. "Revolution des Kapitals." *Die Globalisierun.*

Shearer, Roy. 1966. *Wildfire! Church Growth in Korea*. William B. Eardmans Publishing Company.

Smith, Adam. 1985. *Theorie des Ethischen Gefühls*. von W. Eckstein(hrgS.). Deutscher Taschenbuch Verlag.

Spiegel, Yorck. 1992. *Wirtschaftsethik und Wirtschaftspraxis: ein wachsender Widerspruch?*. Stuttgart, Berlin: W. Kohlhammer.

Stavenhagen, G. 1957. *Geschichte der Wirtschaftstheorie*. Göttingen: Vomdenhoek Ruprecht.

Steinfels, Peter. 1979. *The Neoconservatives: The Men who are Changing American Politics*. New York.

Stützel, Wolfgang. 1981. "Sicherung der Sozialen Marktwirtschaft durch konsequente Ordnungspolitik." Ders u.a.(Hg.). *Grundtexte zur Sozialen Marktwirtschaft*. Stuttgart and New York.

Taylor, Mark Kline. 1990. *Remembering Esperanza: A Cultural-Political Theology for North American Praxis*. Orbis Books.

Theißen, G. 1997. "Gruppenmessianismus. Überlegungen zum Ursprung der Kirche im Jüngerkreis Jesu." *Jahrbuch für Biblische Theologie.* B. 7.

Thielicke, H. 1983. *Glauben und Denken in der Neuezeit-Die grossen Systeme der Theologie und Religionsphilosophie*. Tübingen: C. J. B. Mohr.

Thomas von Aquin. 1985. *Summa theologiae.* II/2. Knömer.

Thurneysen, E. 1985. "Sozialismus und Christentum." *Zwischen den Zeiten,* I.

Tillich, Paul. 1967. *A History of Christian Thought*. New York: Simon and Shuster Inc.

Troeltsch, E. 1898. "Deismus." *Die Theologische Realenzyklopädie*, Bd. 8. Walter de Gruyter.

_____. 1923. "Die Soziallehren der christlichen Kirchen und Gruppen." *Gessammelten Schriften I*. Sientia Verlag.

Tuchtfeldt, Egon(Hg.). 1973. *Soziale Marktwirtschaft im Wandel*. Freiburg: Paul Haupt.

UNDP. 1992. *Human Development Report*. UNDP.
Ustorf, Jürgen. "On Mission." The unpublished paper.
Vicedom, G. F. 1961. *Missio Dei*. Kaiser Verlag.
Weber, Max. 1968. *Economy and Society*. G. Roth and K. Wittich(eds.). New York: University of California.
_____. 1988. "Die protestantische Ethik und der Geist des Kapitalismus." *Gesammelte Aufsätze zur Religionssoziologie*. Tübingen: Mohr.
Wendland, H. D. 1967. "Der religiöse Sozialismus bei P. Tillich." *Die Kirche in der revolutionären Gesellschaf*. Gütersloher Verlag.
Wiedenmann. Ludwig S. J. 1987. "Theologie der Dritten Welt: Eine Einführung." *Den Glauben neu verstehen: Beiträge zu einer asiatischen Theologie*. Herder.
Wingren, Gustaf. 1957. *Luther on Vocation*. Philadelphia: Muhlenberg Press.
Wittgenstein, Ludwig. 1986. "Die Bestimmung der Philosophie aus der Sprache des Alltags." Volker Spierling(HrgS.). *Die Philosophie des 20. Jahrhungderts*. Piper.
Worsley, P. 1967. *The Third World*. London: University of Chicago Press.

≪기독신보≫. 1901년 10월 3일자.
≪한겨레≫, 2006년 10월 9일자.

▌찾아보기

지은이

손규태

한국신학대학교·연세대학교 연합신학대학원 및 한신대학교 대학원에서 조직신학을 공부하고 「루터에 있어서 율법과 복음, 그 제3용법을 중심으로」로 석사학위를 받았다. 독일 하이델베르크 대학교에서 「일제하의 한국 개신교의 민족운동에 관한 연구」로 박사학위를 받았다. 귀국하여 성공회대학교 신학과에서 기독교 (사회)윤리학 교수로 재직하고 2005년에 정년 은퇴하였다.

저서로는 『기독교 윤리학의 탐구』(1992), 『개신교윤리사상사』(1998), 『마르틴 루터의 신학과 윤리사상』(2002), 역서로는 『성서의 정치경제학』, 『평화윤리』, 『세계교회사』 등 다수가 있다.

한울아카데미 933

세계화 시대 기독교의 두 얼굴

지은이 | 손규태
펴낸이 | 김종수
펴낸곳 | 도서출판 한울

편집책임 | 김경아
편집 | 박희진

초판 1쇄 인쇄 | 2007년 3월 20일
초판 1쇄 발행 | 2007년 3월 30일

주소 | 413-832 파주시 교하읍 문발리 507-2(본사)
121-801 서울시 마포구 공덕동 105-90 서울빌딩 3층(서울 사무소)
전화 | 영업 02-326-0095, 편집 02-336-6183
팩스 | 02-333-7543
홈페이지 | www.hanulbooks.co.kr
등록 | 1980년 3월 13일, 제406-2003-051호

Printed in Korea.
ISBN 978-89-460-3694-9 93230 (양장)
ISBN 978-89-460-3695-6 93230 (학생판)

* 가격은 겉표지에 있습니다.
* 이 도서는 강의를 위한 학생판 교재를 따로 준비하였습니다.
강의 교재로 사용하실 때에는 본사로 연락해 주십시오.